丛书主编　丁见民
丛书副主编　付成双　赵学功

美洲史丛书

加拿大通史简编

张友伦　主编

南闹大学出版社

天　津

图书在版编目(CIP)数据

加拿大通史简编 / 张友伦主编. —天津:南开大
学出版社,2022.4
(美洲史丛书 / 丁见民主编)
ISBN 978-7-310-06257-7

Ⅰ.①加… Ⅱ.①张… Ⅲ.①加拿大—历史 Ⅳ.
①K711

中国版本图书馆 CIP 数据核字(2021)第 272454 号

加拿大通史简编
JIANADA TONGSHI JIANBIAN

南开大学出版社出版发行
出版人:陈　敬

地址:天津市南开区卫津路 94 号　　邮政编码:300071
营销部电话:(022)23508339　营销部传真:(022)23508542
https://nkup.nankai.edu.cn

雅迪云印(天津)科技有限公司印刷　全国各地新华书店经销
2022 年 4 月第 1 版　　2022 年 4 月第 1 次印刷
238×170 毫米　16 开本　20.25 印张　5 插页　342 千字
定价:188.00 元

如遇图书印装质量问题,请与本社营销部联系调换,电话:(022)23508339

南开大学中外文明交叉科学中心
资助出版

编者的话

自从 1492 年哥伦布发现"新大陆",美洲开始进入全世界的视野之内。不过,哥伦布认为他所到达的是东方的印度,故误将所到之地称为印度群岛,将当地原住民称为"印地人"。意大利航海家阿美利哥在随葡萄牙船队到南美洲探险后,于 1507 年出版的《阿美利哥·维斯普西四次航行记》中宣布哥伦布所发现的土地并非东方印度,而是一个新大陆。稍后学者为了纪念新大陆的发现,将这一大陆命名为"亚美利加",即美洲。此后很长时期内,欧洲人,无论是西班牙、葡萄牙还是英国、法国的探险家,都将这一大陆称为美洲。葡萄牙航海家费迪南德·麦哲伦,西班牙探险家赫尔南·科尔特斯、弗朗西斯科·皮萨罗,英国探险家弗朗西斯·德雷克、沃尔特·雷利无论在发给欧洲的报告、书信还是出版的行记中,都将新大陆称为美洲。甚至到 18 世纪后期,克雷夫科尔撰写的《一位美国农夫的来信》使用的依然是"America",而法国人托克维尔在 19 世纪 30 年代出版的名著《论美国的民主》也是如此。可以说,在"新大陆"被发现后的数百年中,美洲在欧洲人的观念中都是一个整体。

1776 年,随着英属北美 13 个殖民地的独立,美洲各区域开始走上不同的发展道路。首先独立的美国逐渐发展壮大,西进运动势如破竹,领土扩张狂飙猛进,到 19 世纪中期已经俨然成为美洲大国。接着,原在西班牙、葡萄牙殖民统治之下的广大拉丁美洲地区,也在 19 世纪 20 年代纷纷独立,建立了众多国家。不过,新独立的拉美各国在资源禀赋极为有利的情况下,却未能实现经济快速发展,社会问题丛生,现代化之路崎岖缓慢。现代学者在谈及拉美问题时,屡屡提及"现代化的陷阱"。最后,加拿大在 19 世纪中期经过与英国谈判才获得半独立地位,但此后其"国家政策"不断推进,经济发展和国家建设稳步提升,于 20 世纪初跻身经济发达国家之列。

表面上看,似乎美洲各国因为国情不同、发展道路各异而无法被等同视之，但当历史进入 19 世纪末期以后，美洲一体化的趋势却日渐明显，似乎应了"分久必合"的老话。1890 年 4 月，美国同拉美 17 个国家在华盛顿举行第一次美洲会议，决定建立美洲共和国国际联盟及其常设机构——美洲共和国商务局。1948 年在波哥大举行的第九次美洲会议通过了《美洲国家组织宪章》，联盟遂改称为"美洲国家组织"。这一国际组织包括美国、加拿大与拉丁美洲大部分国家。

除了国际政治联合外，美洲经济一体化也在第二次世界大战后迅速发展。美洲区域经济一体化首先在拉丁美洲开启。拉美一体化协会（Latin American Integration Association）是最大的经济合作组织，其前身是拉丁美洲自由贸易协会，主要成员国包括阿根廷、玻利维亚、巴西、智利、哥伦比亚、厄瓜多尔、墨西哥、巴拉圭、秘鲁、乌拉圭和委内瑞拉。此外，1969 年成立的安第斯条约组织（又称安第斯集团），由玻利维亚、智利、哥伦比亚、厄瓜多尔和秘鲁组成。1994 年，安第斯条约组织正式组建自由贸易区。1997 年，安第斯条约组织更名为安第斯共同体，开始正式运作。与此同时，加勒比共同体、中美洲共同市场、南方共同市场等区域经济一体化组织纷纷出现。其中，1995 年建立的南方共同市场是拉美地区发展最快、成效最显著的经济一体化组织。北美自由贸易区的建立，则是美洲一体化的里程碑。1992 年，美国、加拿大和墨西哥三国正式签署《北美自由贸易协定》。1994 年 1 月 1 日，协定正式生效，北美自由贸易区宣布成立。

时至今日，美洲各国在经济和政治上的联系日益紧密，美洲在政治、经济和文化等诸多方面依然是和欧洲、亚洲、非洲迥然不同的一个区域。无论是被视为一个整体的美洲，还是走上不同发展道路的美洲各国，抑或走向一体化的美洲，都值得学界从历史、文化、外交、经济等多维度、多视角进行深入研究。

南开大学美洲史研究有着悠久的历史和深厚的学术传统。20 世纪二三十年代，曾有世界史先贤从美国学成归来，在南开大学执教美国史，为后来美国史的发展开启先河。不过，南开美国史研究作为一个具有影响的学科则可以追溯到杨生茂先生。先生 1941 年远赴海外求学，师从美国著名外交史学家托马斯·贝利，1947 年回国开始执教南开大学，他培养的许多硕士生和博士生成为国内高校美国史教学和科研的骨干。1964 年，根据周恩来总理的指示，国家高教委在南开大学设立美国史研究室，杨生茂先生任主任。这是中国高校中最早的外国史专门研究机构。此后，历经杨生茂先生、张友伦先生和李剑鸣、赵学功教授三代学人的努力，南开大学美国史学科成为中国美国史研究一个颇具影响的学术点。2000 年，美国历史与文化研究中心成立，成为南开大学历史学院下属的三系三所三中心的机构之一。2017 年，以美国历史与文化研究中心为基础组建的南开大学美国研究中心，有幸入选教育部国别与区域研究（备案）基地，迎来新的发展机遇。不过，南开大学美国研究中心并非仅仅局限于历史学科。南开美国研究在薪火相传中一直都具有跨学科的多维视角特色，这可以追溯到冯承柏先生。冯先生出身于书香世家，数代都是南开学人。他一生博学多才，在美国研究、博物馆学与图书情报等数个领域都建树颇丰，在学界具有重要的影响，他为美国研究进一步开辟了交叉学科的宽广视野。在冯先生之后，南开美国研究的多学科合作传统也一直在延续，其中的领军者周恩来政府管理学院的韩召颖教授、美国研究中心的罗宣老师都是冯先生的杰出弟子。

南开大学拉丁美洲史是国家重点学科"世界史"主要分支学科之一，也是历史学院的特色学科之一。南开大学历史系拉丁美洲史研究室建立于 1964 年，梁卓生先生被任命为研究室主任。1966 年，研究室一度停办。1991 年，独立建制的拉丁美洲研究中心成立，洪国起教授为第一任主任，王晓德教授为第二任主任，董国辉教授为现任主任。2002 年南开大学实行学院制后，拉美研究中心并入历史学院。1999 年，中心成为中国拉丁美洲史研究会秘书处所在地。洪国起教授在 1991—1999 年任该研究会副理事长，1999—2007 年任理事长。2007—2014 年，王晓德教授担任研究会理事长，韩琦教授担任常务副理事长；2014 年后，韩琦教授担任理事长，王萍教授、董国辉教授担任副理事长。

此外，加拿大史研究也一直是南开大学世界史学科的重要组成部分。20 世纪 90 年代，张友伦先生带队编著并出版《加拿大通史简编》，开启研究先河。杨令侠、付成双教授分别担任中国加拿大研究会会长、副会长，先后担任南开大学加拿大研究中心主任。南开大学加拿大研究中心是中国加拿大研究的重镇之一，出版了众多加拿大研究成果，召开过数次大型学术研讨会。

深厚的学术传统结出丰硕的学术成果，而"美洲史丛书"就是前述研究成果的一个集中展现。这套丛书计划出版（或再版）18 部学术著作，包括杨生茂著《美国史学史论译》、张友伦主编《加拿大通史简编》、冯承柏著《美国社会文化与中美交流史》、洪国起著《拉丁美洲若干问题研究》、陆镜生著《美国社会主义运动史》、韩铁著《美国历史中的法与经济》、王晓德著

《拉丁美洲对外关系史论》、李剑鸣著《文化的边疆：美国印第安人与白人文化关系史论》、韩琦著《拉丁美洲的经济发展：理论与历史》、赵学功著《战后美国外交政策探微》、付成双著《多重视野下的北美西部开发研究》、董国辉著《拉美结构主义发展理论研究》、王萍著《智利农业与农村社会的变迁》、丁见民著《外来传染病与美国早期印第安人社会的变迁》、张聚国著《上下求索：美国黑人领袖杜波依斯的思想历程》、罗宣著《美国新闻媒体影响外交决策的机制研究》、王翠文著《体系变革与中拉发展合作：跨区域主义的新转向》与董瑜著《美国早期政治文化史散论》。

与其他高校和科研机构的相关成果相比，这套丛书呈现如下特点：第一，丛书作者囊括南开大学老中青三代学者，既包括德高望重的前辈大家如杨生茂、张友伦、冯承柏、洪国起，又包括年富力强的学术中坚如王晓德、李剑鸣、赵学功、韩琦等，还包括新生代后起之秀如付成双、董国辉和董瑜等；第二，丛书研究的地理区域涵盖范围宽广，涉及从最北端的加拿大到美国，再到拉丁美洲最南端的阿根廷；第三，涉猎主题丰富广泛，涉及政治、经济、文化、外交、社会和法律等众多方面。可以说，这套丛书从整体上展现了南开大学美洲史研究的学术传统特色和专业治学水平。

为保证丛书的编写质量，南开大学历史学院与南开大学出版社密切合作，联手打造学术精品。南开大学中外文明交叉科学中心负责人江沛教授在担任历史学院院长时启动了"美洲史丛书"的出版工作，并利用中外文明交叉科学中心这个学术平台，提供学术出版资助。余新忠教授继任历史学院院长后，十分关心丛书的后续进展，就丛书的编辑、出版提出了不少建设性意见。南开大学世界近现代史研究中心主任杨栋梁教授对丛书的出版出谋划策，鼎力支持。此外，美国研究中心、拉丁美洲研究中心的博士及硕士研究生出力尤多，在旧版书稿与扫描文稿间校对文字，核查注释，以免出现篇牍讹误。

南开大学出版社的陈敬书记、王康社长极为重视"美洲史丛书"的编辑出版工作，为此召开了专门的工作会议。项目组的编辑对丛书的审校加工倾情投入，付出了艰巨的劳动。在此向南开大学出版社表示衷心的感谢！

丁见民

2022 年 4 月

序　言

　　加拿大是世界上的一个大国。就领土面积而言，仅次于俄罗斯，居于世界第二位。其自然资源十分丰富，具有极大的潜力。加拿大的历史虽然不长，但经济发展极为迅速，已经成为发达资本主义国家中的一员，在经济上、政治上都占有相当重的分量。

　　加拿大 1970 年 10 月与我国建立外交关系，之后两国在政治上和经济上交往都比较频繁。对于这样一个国家我们应当进行全面的了解和深入的研究。尽管已经有一些史学工作者编写了介绍加拿大的书籍，但这仅仅是一个开端，更多的工作需要我们努力去做。这部简史就是我们努力的初步成果，希望它能够对读者进一步了解加拿大有所帮助。

　　加拿大历史是十分独特的。加拿大在从一个英属殖民地转变为独立国家，进而跻身于世界发达国家之林的过程中，没有经过暴风骤雨式的流血革命和激烈斗争。M. H. 赫斯坦等几位加拿大史学家在《挑战和生存：加拿大史》一书中讲了如下一段话："对于一些人来说加拿大的历史是平淡的，对于要在加拿大历史中发现革命、极端主义和战争的人，确实是这样。在充满暴力和血腥的世界上，加拿大人可以骄傲地回顾他们的基本上是和平和温和的过去。假使这种'平淡'能够成为所有民族未来的道路，那么这个世界就会成为更为美好的生息之地。"[1] 的确，这足以使加拿大人引以为傲。他们享受着长期的相对的安宁稳定，在和平环境中取得了引人瞩目的成就。在世界各国人民的心目中，加拿大也确实是一个远离战争纷扰的世上乐园。但这绝不是说，加拿大本身没有矛盾，没有经历过任何战争。只不过战争的规模都比较小，历时也很短暂，没有造成严重的影响和后果。同时也应当指出，这

---

[1] M. H. Herstein. *Challenge and Survival: The History of Canada*. Scarbarough: Printice Hall of Canada, 1976: 5.

种和平发展是以长期屈居于英国控制之下为代价的。是福是祸？很值得研究和探讨。本书的有关章节当然会涉及这个问题，但由于篇幅和研究水平的限制，不可能做专门的、深入的分析，只好作为一个问题提出来，留待将来解决。在序言中可以对全书的内容做一个概略的提示，也可以对某几个重要问题进行剖析。但我认为对加拿大史学的形成和发展做一个概略的介绍，或许对读者更加有所裨益，因为在正文中不可能专门论述这个问题，而对史学的初步了解又与掌握加拿大的历史梗概密切相关。权衡的结果还是把序言的主要篇幅用于加拿大史学的概略述评。

按照加拿大史学家卡尔·伯杰的看法，尽管 19 世纪的神父们和记者们曾经进行史料整理和著述，留下了一批颇有价值的成果，"但是批判地研究加拿大的过去的真正开端却是始于 1894 年，那时乔治·朗被任命为多伦多大学历史系主任，亚当·肖特开始在女王大学教授加拿大早期经济史和社会史课程。两人通过和过去完全不同的途径致力于研究，使得历史研究的性质发生了决定性的变化"①。伯杰在这里强调的是历史研究方法的转变。在此之前的历史著作大多限于资料的汇集、风土人情的介绍，对所引用的材料一般不加核查，其可靠性颇成问题。1894 年以后，德国兰克学派注重史料的研究方法通过美国的大学和学者传入加拿大，使加拿大的史学发生了明显的转变。从这个意义上说，加拿大的史学是始于 19 世纪 90 年代的。但这绝不是说在此之前的历史著作无关紧要，因为这个转变是经过整整一代人的准备酝酿才得以实现的。所以 1894 年以前的历史时期在加拿大史学发展中应当占有一席之地。

资料的整理和搜集是这一时期的一大贡献。早在 1824 年，托马斯·坎德勒·哈利伯顿就整理和出版了《新斯科舍的历史统计报告》。这虽然是一个地区性的史料汇编，但对于研究加拿大殖民地时期的整体历史有重要参考价值。1824 年建立的魁北克文化和历史协会曾长期进行殖民地发现时期和新法兰西军事史方面的文献资料的整理和出版工作，并且从历年的报纸广告中搜集和整理了大量有关居民家庭的文献。1857 年以后，新斯科舍地方政府采取措施保存和有选择地出版殖民地早期的历史文献，并向加拿大自治领政府申请拨款资助出版工作。

1872 年，加拿大自治领议会通过决议，拨款 4000 加元在农业部建立档

---

① Carl Berger. *The Writing of Canadian History*. Toronto: University of Toronto Press, 1986: 1.

案馆，由道格拉斯·布里蒙纳担任馆长。后来，档案馆曾从英国国防部获得40万件军事文件和记录，并搜集了大量国内地方政府的文件，收藏渐丰。为了加强档案管理工作，1873年布里蒙纳赴英国考察访问。他先后参观了伦敦塔、英国博物馆和一些政府部门的档案。他的助手阿贝·维劳特也访问、考察了德国和俄国圣彼得堡的档案馆。由于他们引进了成功的管理方法，档案馆的管理工作日臻完善。1902年，当布里蒙纳去世时，档案馆已经拥有珍贵手稿、原件和复制件3155件，其他文件、记录多种。这为日后的加拿大历史研究创造了良好的条件。

此外，加拿大史的撰写也取得了颇为显著的成果。新闻记者约翰·默西埃·麦克马伦于1855年出版了《从第一次发现到当代的加拿大史》。这是一部比较早的系统论述加拿大历史的著作，内容比较广泛，涉及美国对殖民地的影响、殖民地自治政府的发展，以及物质文明的进步和人民生活的改善。1845至1852年，法裔加拿大人法兰西斯-泽维尔·加劳陆续出版了四卷本的加拿大史，一时颇有影响。英裔加拿大人也奋起直追，希望出版英文版大部头加拿大史。新闻记者约翰·查尔斯·登特继麦克马伦之后，于1881年出版了《最近四十年：1841年联合后的加拿大》。同年，加拿大皇家协会建立，并把加拿大历史作为英国文学的一部分并入第二分部。1885年，登特又出版了《动乱史》。散文作家、工程师威廉·金斯福德于1887至1898年陆续出版了十卷本的加拿大史。不过，他的书显然受到英国和美国帝国学派的影响，特别强调殖民地的地方自治政府同英国皇家政府的协调一致，因而受到激进派的指责。美国著名历史学家弗朗西斯·帕克曼的著作对加拿大的史学也有一定影响。1851年出版的《庞蒂亚克阴谋》和1892年出版的《半个世纪的冲突》等书都涉及加拿大的早期历史。他的治史风格和所提供的丰富材料后来为加拿大的一些史学家所沿用。

尤其重要的是加拿大历史学家围绕1812至1814年战争撰写的历史著作。他们在这些著作里明确地提出了加拿大的民族主义问题。加拿大史学家赫斯坦对1812至1814年美英战争赋予了特别重要的意义。他写道："众多的历史学家都把1812至1814年战争叫作加拿大民族主义的真正开端。那场战争被描写为，同时也被加拿大人认为是一个强大国家反对一个弱小的、非进攻性的邻国的一个例子。"① 戴维·汤普逊在他的著作《大不列颠和美国的近日之战》中已经提到反美情绪和加拿大民族主义的产生，但未展开论述。1864 年，威廉·科芬在《1812：战争及其精神，加拿大编年史》中认为，加拿大方面在 1812 至 1814 年战争中成功的防御是"民族主义的胜利"。这种思想对当时加拿大史学的发展是很有影响的。不过，加拿大的不同地区对战争的反应是不同的。反美情绪或者说民族主义情绪主要集中在上加拿大，因为这里是美英交战的主战场之一。当地加拿大人对死难的同胞和被毁的家园记忆犹新。所以美国准将威廉·赫尔率领 2000 名士兵在温泽登陆后，不但没有得到上加拿大居民的支持，反而遭到他们和英军的联合进攻。赫斯坦曾经这样评论说："诸如昆斯通高地、斯托尼溪、克莱斯勒农庄的胜利，乃至兰迪斯兰有争议的结局，都激起了上加拿大人的自豪感和举国一致的同仇敌忾。"②

　　加拿大史学界公认乔治·朗和亚当·肖特是加拿大史学的奠基人，以他们的教学和研究活动为加拿大史学的开端。

　　乔治·朗 1860 年出生于加拿大西部埃尔金县的一个农家。大学毕业后在威克利夫学院开设基督教会史和基督教义课程。1894 年在多伦多大学任教，担任历史系主任，在那里一直工作到 1929 年退休。由于朗的努力，历史学科逐渐在多伦多大学发展起来。1904 年，朗在校内创建了历史俱乐部，向全校高年级学生开放，经常举办讨论会。讨论的题目不限于历史，还涉及政治改革、经济政策和国际关系。1897 年，他创办《加拿大历史著作评论》，对那些随意引用神话和传说材料而不加审查的著作持批评态度。此外，朗还做了两项奠基性工作，一项是出版加拿大的历史文献和绝版历史著作，另一项是主编出版历史丛书，普及历史知识。为此，他于 1905 年创立了钱普林协会，并于 1914 至 1916 年和 H. H. 兰顿共同编辑出版了《加拿大编年史丛书》。朗还十分注重教科书的编写。他的辛勤耕耘为历史研究的专业化和历史成为独立的学科奠定了良好的基础。朗著有《加拿大领地及其领主》（多伦多，1908 年）、《加拿大的衰落》（牛津，1914 年）、《新法兰西的兴起和衰落》（多伦多，1928 年）。

---

① M. H. Herstein. *Challenge and Survival: The History of Canada*. Scarbarough: Printice Hall of Canada, 1976: 116.

② M. H. Herstein. *Challenge and Survival: The History of Canada*. Scarbarough: Printice Hall of Canada, 1976: 121.

另一位奠基人亚当·肖特是通过哲学和政治经济学研究而后进入历史领域的。他比朗年长一岁，出生在安大略西南部沃克顿郊区。年轻时他没有接受完正规教育，是在沃克顿工学院的图书馆里自学成才的。1879 年，他进入女王大学攻读神学和哲学。1883 至 1886 年，他在英国爱丁堡和格拉斯哥的学院里继续深造。1886 年，肖特回到女王大学，担任哲学课程指导教师、植物学讲师、化学辅导员，并在哲学系讲授政治经济学，1891 年受聘为政治学讲座教授。1894 年，肖特开始讲授加拿大社会经济史，从此进入了历史研究和教学领域。他侧重经济史，1896 年以后的 10 年内，在《加拿大银行协会杂志》上发表了 32 篇论述加拿大币制、银行和交换的文章，同现实结合紧密。1893 年《女王季刊》创刊后，肖特成为该杂志的一位重要撰稿人。他相信资本主义制度的优越性，赞成自由贸易原则。1927 年，他代表加拿大参加日内瓦的国际经济会议，并在会上发言说："德国和法国的卡特尔和托拉斯对于保卫欧洲和平比国际联盟更为有效。"肖特对社会主义持否定态度。他认为社会主义是一种空想，因为社会缺陷不是社会制度和社会结构造成的，而是由于人的自身不完善造成的。改变社会制度并不能消除社会弊端。[①] 由于肖特的观点和所研究的经济问题符合官方的需要，他经常受到官方和大公司的邀请，为他们提供咨询，并接受他们的聘请，担任一定的职务。他同亚瑟·道蒂合编的《加拿大宪法史文件汇编：1759 — 1791》于 1907 年出版。此外，他同道蒂合编的加拿大及其各省丛书，共 23 卷，也于 1913 至 1917 年间陆续出版。这套丛书不仅包含历史选题，而且涉及众多的现实问题。1917 年，肖特被任命为历史书籍出版委员会主席。他曾计划出版有关移民和移民点、新斯科舍宪法、货币、银行的材料以及国内和国际交换领域的文献。肖特和朗一样做了大量的奠基性的工作，为其后的加拿大历史学家开辟了前进的道路。卡尔·伯杰曾经这样评论说：肖特是一个开创者。他同所有的拓荒者一样，"为探险提供装备，并标出大致的探险方向，却让别人去发现广阔前景中尚无人知晓的土地"[②]。

在早期加拿大历史著作中集中论述的问题是加拿大自治领政府的作用及其演变。加拿大和美国不同，没有走武装革命的道路，而是在大英帝国内部宪法允许的范围内争取自治，最后走向独立。这条道路是否合理？在当时的

① Adam Shortt. "Recent Phases of Socialism." *Queen's Quarterly*, Vol. 5 (July, 1897): 11-12.

② Carl Berger. *The Writing of Canadian History*. Toronto: University of Toronto Press, 1986: 99-100.

政治家和历史学家当中引起过激烈的争论。肯定这条道路，并加以论证是当时加拿大历史学界的主要倾向，也是这一时期史学的特点。这一时期主流派史学家们因而也被称为宪法史学家。W.S. 华莱士认为，加拿大历史的真正重要意义在于"它在多国组成的大不列颠帝国中起到了主导作用"，"这里殖民地的民族主义力量最先在帝国范围内得到自由表现"①。朗的继承人切斯特·马丁在他的《帝国和联邦：关于加拿大的治理和自治的研究》一书中，把从殖民地政府转变为自治政府，进而取得独立作为加拿大的理想发展道路。他认为，如果"七年战争"后英国政府不加紧对北美十三殖民地的控制，那么殖民地政府同英国王室之间的矛盾绝不会导致武装起义。而加拿大则通过争取自治政府避免了流血②。马丁主张温和改革，反对激进措施和流血革命。他笔下的英雄人物不是激进派而是温和的改革者，诸如德拉姆、埃尔金、鲍德温、拉方丹等殖民地上层人物③。另一位颇有影响的加拿大历史学家 W. P. M. 肯尼迪也不赞成当时曾一度流行的所谓"主权理论"。他认为，现代民族主义和追求绝对主权是退步的和危险的④。他不赞成一个民族必须独立并建立自己的国家。他写道："十分清楚，关于民族国家的思想，关于民族概念必须同政治概念等同起来的思想不仅不实际，而且基本上是不健康的。"⑤他甚至认为坚持民族国家的观点是极其有害的，他说："把民族和国家等同起来就是把民族主义作为国家的基础。照此办理，民族就将取代放之四海而皆准的正义和人道原则这一理想的国家基础。"⑥

　　肯尼迪的观点显然比朗和马丁的观点更为保守。他深受当时英国和美国

　　① W. S. Wallace. "Notes and Comments." *Canadian Historical Review*, Vol. 1, No. 1, 1908: 344.

　　② Chester Martin. "The United States and Canadian Nationality." *Canadian Historical Review,* Vol. 18, No. 1, 1937: 5.

　　③ Chester Martin. *Empire and Commonwealth: Studies in Governance and Self-Government in Canada.* New York: Oxford University Press, 1979: 149, 305, 341.

　　④ W. P. M. Kennedy. "Nationalism and Self-Determing." *Canadian Historical Review*, Vol. 2, No. 1, 1921: 14, 15.

　　⑤ W. P. M. Kennedy. "Nationalism and Self-Determing." *Canadian Historical Review*, Vol. 2, No. 1, 1921: 14, 15.

　　⑥ W. P. M. Kennedy. "Nationalism and Self-Determing." *Canadian Historical Review*, Vol. 2, No. 1, 1921: 14, 15.

的帝国学派的影响。①

与上述主要倾向同时存在的是较为激进的思潮，其特点是对英国的殖民政策持批判态度，主张维护加拿大的自身利益，并同美国接近，以摆脱对英国的依赖。这一思潮在第一次世界大战后，特别是在 20 世纪 20 年代形成一个强劲的反正统派别。其代表人物有 O. D. 斯凯尔顿、弗兰克·昂德希尔和弗兰克·斯科特等人。斯凯尔顿对英国的政策表示不信任，认为"外交关系首要的是同南方邻居的关系"②。他在多伦多加拿大俱乐部的一次讲演中进一步阐述了这个想法。他认为大多数国家的外交都和经济、商务联系在一起。加拿大根据其经济利益所关心的外交关系主要是同美国的商务关系，而不是同英国的外交政策协调一致。因此，他反对通过会谈在大英帝国内部协调外交政策的主张。③

最激进的反传统观念的人物是弗兰克·昂德希尔。他是一位记者，对老一代宪法史学家的因循守旧提出了尖锐的批评。他认为，过分强调加拿大历史的继续性和稳定性必然趋于保守。所谓稳定就是缺乏活力，在工业化和经济发展方面，加拿大比美国落后整整一个时代，而且事实上加拿大并不稳定。例如，英裔、法裔之间时有冲突，落后农业地区和先进工业地区的利益矛盾很难缓解。④

这一时期，要求发展加拿大自己的民族文化、艺术、历史的势头也越来越强劲。1920 年，加拿大作家协会成立，出版了《加拿大论坛》。1922年，加拿大历史协会成立。

除此以外，这一时期还出现了以经济原因解释历史的新潮流。其代表人物有哈罗德·英尼斯、阿瑟·洛厄等人。英尼斯认为加拿大的历史发展取决于经济的发展，而经济的发展又取决于农作物的变化和发展，以及交通运输的变革。他著有《矿山边疆》（1936 年）和《渔业法规》（1940 年）等。伯杰曾把英尼斯的观点归结为一句话："交通运输技术的变化、变换作物的需

---

① 帝国学派是 20 世纪初兴起的一个保守的历史学派。1912 年，帝国研究所在英国伦敦成立。学派的代表人物有英国的休·埃杰顿、赖杰纳德·库普兰德和 A. D. 牛顿，美国的赫伯特·L. 奥斯古德、乔治·路易斯·比尔和查尔斯·M. 安德鲁。他们为大英帝国的政策辩护，对美国的独立战争和加拿大争取自治的运动持否定态度。

② O. D. Skelton. *The Canada Dominion*. New Haven: Yale University Press, 1919: 158.

③ O. D. Skelton. *Canada and Foreign Policy*. Toronto: University of Toronto Press, 1923: 124-154.

④ Frank Underhill. "On Canada." *Canadian Forum*, Vol. 11 (Oct, 1930): 12.

要是政治变化和历年政策演变的根本原因。"① 洛厄著有《方木贸易》(1932
年)、《东加拿大的居民点和森林边疆》(1932 年)、《北美对加拿大森林的侵
犯》(1938 年)等书。他在这三部著作中集中研究木材贸易对加拿大经济的
影响和加拿大历史的特点。他认为:"新世界的历史主要是人类同自然斗争
的历史,是一场对荒原的战争……这对居民们心理状态和行为的形成具有长
期影响。"② 北美新兴国家就是依靠自然资源发展起来的。而木材贸易在加拿
大的发展中具有尤其重要的意义。他写道:"骤然致富的新的文明国家所取
得的进步主要是通过开发易于取得的资源来实现的。"③ 洛厄受美国边疆学派
创始人特纳的影响很深,他赞成特纳关于民主产生于荒原的观点,并主张加
拿大的民主产生于丛林之中。他这样写道:"民主是一种状态而不是理论,
它是边疆和丛林的产物。"④ 因为"在一个没有什么财富,每个人在积累财富
方面差不多在同一条起跑线上刚刚起跑的地方,不可能形成固定的阶级划
分……社会是平等的和民主的"⑤。

1939 年以后的 15 年是加拿大史学的转折时期。第二次世界大战的影
响、国家地位的改变以及重视民族文化的呼声都促使加拿大史学向新的高度
和广度发展。既要求全面地、系统地论述加拿大历史,又要求采用新的角度
和新的解释。在这种形势下,老一代史学家中有人重新考虑自己的论点,新
一代史学家则对过去的传统观点重新进行考察。D. G. 克莱顿的《北方自治
领》(1944 年)、A. R. M. 洛厄的《从殖民地到国家》(1946 年)、埃德加的
《加拿大政治社会史》(1947 年)都是全面的、系统的历史著作。30 年代的
著名历史学家英尼斯在充分研究第二次世界大战和法国在战争中的迅速溃败
以后,修正了自己过去关于农作物和交通运输并重的观点,而对交通运输的
技术进步赋予特殊的意义。1945 年,他把自己的研究成果写成长达 1000 页
的通讯史初稿。

在新一代历史学家中,塞缪尔·德尔伯特·克拉克异军突起。他着重研

---

① Carl Berger. *The Writing of Canadian History*. Toronto: University of Toronto Press, 1986: 99-100.

② Arthur Lower. *The North American Assault on the Canadian Forest: A History of the Lumber Industry between Canada and the United States*. Toronto & New Haven: University of Toronto Press, 1938: 1.

③ Arthur Lower. "The Trade in Squere Timbers." *Contribution to Economics,* Vol. 6, 1933: 40.

④ Arthur Lower. "Some Neglected Aspects of Canadian History." *Canadian Historical Association Annual Report*, 1929: 71.

⑤ Arthur Lower. "The Origins of Democracy in Canada." *Canadian Historical Association Annual Report*, 1930: 69.

究社会史，著有《加拿大的社会发展》（多伦多，1942 年）、《加拿大共同体的宗教部门》（多伦多，1962 年）。他采用某些社会学的方法研究历史，令人耳目一新。英尼斯曾经称克拉克为"加拿大社会科学的灰姑娘"。1943 至1944 年间，洛克菲勒基金会曾向加拿大社会科学研究委员会提供一笔研究费。该委员会决定将这笔钱用于研究加拿大西部农业同经济发展的关系，并在此基础上出版一套社会信用丛书，由克拉克担任丛书的主编。其中有W. L. 莫顿的《进步党》（1950 年）、V. C. 福克的《国家政策和小麦经济》、J. R. 马洛里的《社会信用和加拿大的中央权力》（1954 年）等。克拉克还开展比较研究，他对加拿大和美国边疆的社会状况都进行过深入的研究。他认为加拿大和美国都有丰富的反对中央权威的经验，但在美国是成功的，民主精神在宪法中得到充分反映；而在加拿大却是失败的，形成了反革命的传统。

在对传统观点进行重新考察的过程中，边疆学说也受到了批判。加拿大史学界认为，边疆学派的主要缺点是把边疆社会从整个世界中孤立出来，低估了欧洲体制和传统的重要影响。青年学者 J. M. S. 卡利斯曾在《加拿大历史评论》上著文加以评论。他认为，无论从经济上还是从政治上说，英国的影响都不能忽视。例如，上加拿大自由派同英国的格拉德斯通自由派是一脉相承的。加拿大东部的商业和英国有密切联系，而多伦多和蒙特利尔的商业对于加拿大社会具有同等重要的意义。他也不同意把西部边疆同"农业主"等同起来，把东部同"商业保守"等同起来，主张通过重视城市的作用来弥补边疆学说的缺陷。这在加拿大，尤其重要，因为"在加拿大，由于它的居民少，而且集中在几个地区，城市的影响更容易发挥"[1]。他的结论是，用城市的发展"解释加拿大的历史比用边疆学说解释更清楚、更合理"[2]。

另一位加拿大西部史专家威廉·莫滕也认为边疆学说、地理环境决定论，或者草原生活的特殊环境说都不能解释加拿大的历史，起决定性作用的是城市和周围地区的关系。东部的工业体制，当代资本主义的技术——铁路、银行、市场和投递手段——的扩展，以及城市对社会、宗教、教育和政

---

[1] J. M. S. Careless. "Frontierism. Metropolitanism and Canadian History." *Canadian Historical Review*, Vol. 35 (March, 1954): 20.

[2] J. M. S. Careless. "Frontierism. Metropolitanism and Canadian History." *Canadian Historical Review*, Vol. 35 (March, 1954): 21.

治机构的控制都不断影响着加拿大的发展。[1] 同时，莫滕也看到了工业地区和农业地区经济利益的冲突。1950 年，他出版了《进步党在加拿大》一书。他认为进步党的成立是农业地区对城市控制反抗的加强，是从自由贸易向管理经济过渡的一种现象，也是对政府偏向加拿大中部工商业地区政策的一种批判。

第二次世界大战期间及其后，加拿大军事史成为一个热门课题。起初，加拿大史学界并未给予特别的关注，但在政府部门的大力支持下，逐渐形成了研究军事史、战争史的热潮。1940 年，加拿大军事史学家 C. P. 斯泰西被任命为加拿大驻伦敦军事总部的参赞，负责收集战时有关加拿大军队活动的材料。之后，加拿大政府又在每一个野战师设一名历史官员。他们研究每天的战报并提出总结性报告，到 1945 年第二次世界大战结束时已经积累了相当可观的历史资料，包括上千种印刷品和 10 万件军事日志。存放在渥太华的资料有 700 箱，在伦敦的也有几百箱。根据加拿大政府的决定，斯泰西负责编辑出版四卷本第二次世界大战史通俗读本。此外，他本人还著有《六年战役：在加拿大、美国和太平洋的军队》（1955 年）、《胜利的战役：西北欧的战事，1944—1945》（1960 年）、《军队、人民和政府：加拿大的战争政策，1939—1945》（1970 年）。另一位加拿大军事史学家 G. N. 塔克主持编辑和出版了有关海军史的书，其中《加拿大的海军部及其历史》（渥太华，1952 年，两卷本）是比较突出的一部著作。

60 年代以后，加拿大史学经历了一个向纵深和横广发展的时期。无论从出版著作的数量，还是涉及领域的广泛来看，都是空前的。加拿大的历史学家们再也不愿意局限在狭小的范围内，而是多角度地、多方位地开展自己的研究。跨学科研究因而蔚然兴起。传统的课题，如加拿大国家的产生、自治政府的演进，已不再是人们研究的中心问题。即便是研究传统课题的历史学家也改变了看问题的角度和研究方法。例如，在两次世界大战之间出生的历史学家 H. 布莱尔·尼特里、P. B. 韦特和拉姆齐·库克等人虽然仍以加拿大国家这一传统课题作为研究主体，但持多元化观点，特别强调地区的特点、差异及其不同作用。他们认为加拿大并不是统一的、和谐的政治主体，而是充满了地方、种族和经济利益的矛盾，完全是由于各个方面的妥协才能

---

① William Morton. "The Significance of Site in the Settlement of the American and Canadian Wests." *Agriculture History*, Vol. 25 (July, 1951): 97-104.

够维持统一的局面。他们也反对老一代历史学家的民族主义情绪。库克认为，在历史上，一切把加拿大变成民族国家的企图都会使自由主义受到威胁；民族主义传统是错误导向，是退步的。[①]

　　30 年代曾经颇为流行的经济史东山再起，取代了传统的政治史的地位。汤姆·内勒专门研究美加经济关系史，对美国的经济扩展持批评态度，认为直到第一次世界大战以前，加拿大都是美国工业的原料基地和商品市场，而两国的商人则是媒介体，是加拿大工业发展的敌人。[②]另一位经济史学家杰拉尔德·图尔须斯基持相同的看法，把商业同加拿大的交通运输、工业发展联系在一起，著有《水上巨商：蒙特利尔商人和工业、交通运输业的增长》（1977 年）。也有一些历史学家专门研究原料、农作物对加拿大经济发展的影响。约翰·麦科列姆在他的著作《不平等的开端：1870 年前魁北克和安大略的农业和经济发展》（1980 年）中对两个城市的发展做了对比。他认为小麦对城市发展起了决定性作用。安大略经济发展迅速，主要由于广种小麦和出售小麦带来的巨额利润。而魁北克则不具备这一条件，因而发展缓慢。还有的经济史学家不限于研究农作物对经济的影响，而是从更广阔的角度探讨原料和工业发展的关系。1974 年，H. 维维奈尔斯的《关于发展的政治，安大略的矿山、水力发电：1849 — 1941》是这方面的代表作。这部书还涉及对企业家作用的评价，以及对地方政府的工业政策的批评。

　　这一时期地方史的研究也受到加拿大史学界的重视，并取得引人瞩目的成果。[③]地区史兴盛的原因之一在于许多史学家认为加拿大是由各个地区组成的。各个地区都对加拿大的历史做出过自己的贡献，因此地区史在加拿大历史研究中占有特殊的重要地位。即使研究专史的历史学家也倾向于把专史研究同地区史研究结合起来。例如，1981 年在多伦多出版的、由 W. 彼得·沃德和罗伯特·A. J. 麦克唐纳主编的《不列颠哥伦比亚：历史文集》就刊登了许多这种类型的论文。有的文章把地区史和欧洲人同印第安人的关

　　① 这一思想贯穿库克（Ramsay Cook）的《加拿大与法裔加拿大人问题》（*Canada and The French-Canadian Question*, Toronto: Macmillan, 1966）全书。

　　② 内勒（Tom Naylor）著有《加拿大商业史，1867—1914》（*The History of Canada Business, 1867-1914*, Toronto: James Lorimer & Company, 1975）。他在书中到处都强调这个观点，但很少得到人们的支持。

　　③ 例如：Margaret Ormsby. *British Columbia: A History*. Toronto, 1958; W. Stewart Macnut. *New Brumswick: A History, 1784-1867*. Toronto, 1963; Gerald Killan. *Preserving Ontario's Heritage: A History of the Ontario Historical Society*. Ottawa, 1976。

系结合起来。有的结合政府政策、种族冲突、工人运动、激进主义以及经济发展来开展地方史研究。①

社会史的研究也在这一时期勃然兴起。社会史学家们探讨的主要课题是加拿大社会的结构和人们在不同历史时期的生活方式。费尔南德·奥勒特的两部著作《魁北克经济和社会史：1760—1850》《结构、结合和下加拿大，1791—1840：社会变更和民族主义》颇具代表性。他采用法国年鉴学派的方法，整理和分析价格、出口、农产品、人口和税收方面的统计资料来说明长时期的经济变化和社会阶级特点。他在第二部著作中着重论述了 1837 至 1838 年的起义，认为法裔加拿大人的民族主义产生于对经济变化的不适应。

1976 年，安大略教育研究所制订了一个庞大的加拿大社会史研究计划，开展资料的搜集和研究工作。迈克尔·卡茨担任这个项目的负责人。1975 年，他出版了《西加拿大汉密尔顿的人民：一个 19 世纪中叶的城市的家庭和阶级》。卡茨的研究说明：该城市居民的流动性很大。1851 到 1861 年间，有三分之二以上的居民迁往别处；贫富差距越来越大，并从财富分配的不平等和拥有财富状况的悬殊来证明这一点。此外，戴维·盖根也发表了命题大致相同的著作。② 他们两人都运用计量方法研究社会史，给人们留下了深刻的印象。

工人运动史是社会史的一个分支，从 20 世纪 70 年代开始受到加拿大史学界的重视。在加拿大工人运动史研究中出现了几种值得注意的倾向。一种倾向是把工人作为左翼力量的组成部分加以研究。其代表人物为 G. 霍罗威茨，他著有《加拿大工人对政治的参与》。他强调工人运动和资产阶级的合作关系，力图证明社会主义同加拿大的政治观点是格格不入的。另一位加拿大史学家米切尔·霍恩持同样观点，并在自己的著作中加以论证。

第二种倾向是着重研究工会及其在工人运动中的作用，认为工会是工人手中最重要的机构，是进行集体谈判的有力工具。其代表人物有 H. A. 洛根、尤金·福西等人。洛根著有《加拿大的工会》一书。他强调工会的作

---

① 例如：S. J. R. Noel. *Politics in Newfoundland*. Toronto, 1971; Dick Harrison. *Unnamed Country: The Struggle for a Canadian Prairie Fiction*. Edmonton, 1977。

② 盖根（David Gagan）的著作是《充满希望的旅行者：西加拿大维多利亚中部皮尔郡的家庭、土地和社会变迁》（*Hopeful Travellers: Families. Land and Social Change in Mid-Victorian Peel County, Canadian West*. Toronto, 1981）。

用，认为加拿大共产党人在工会中的活动只会给工会带来损害，主张将共产党人排斥在工会之外。他在书中写道："在非马克思主义者的眼里，尽管共产党人具有高尚的牺牲精神，但他们的努力似乎只会给加拿大的进步工会主义带来损失。"① 继洛根之后，福西于 80 年代初出版了《加拿大的工会，1812—1902》一书，对工会的起源、发展和活动进行了探讨。1974 年，罗伯特·巴布科克出版了《加拿大的龚伯斯：第一次世界大战前美国大陆主义研究》。他着重谈论美国劳联对加拿大工会的强大影响：其结果是，破坏了加拿大民族工会中心的建立，并推广了只允许熟练工人加入工会的原则。

第三种倾向是新工人史。加拿大的新工人史学家直接受英国工人史学家 E. P. 汤普逊和 E. J. 霍布斯鲍姆的影响，着重研究工会以外的工人活动和工人的文化生活。在研究方法上，他们又受法国年鉴学派和新社会史的影响，以研究地方工人史为主。其代表人物有格雷戈里·基利、拉塞尔·汉恩、韦恩·罗伯茨等人。汉恩和基利等曾共同主编《加拿大工人阶级史的原始材料，1860—1930》，韦恩·罗伯茨曾主编《汉密尔顿的工人阶级，1820—1977》。② 20 世纪 70 年代初，加拿大工人史委员会（Committee on Canadian Labour History，简称 CCLH）成立。该委员会强调工人社会文化史的重要性，曾在其机关刊物《工人/旅行家》的社论中指出："加拿大的历史缺少对工人的充分的了解。人类的创造性力量在加拿大社会的发展中起过决定性的作用。我们的日常生活也受惠于男工和女工们世世代代的文化贡献。"③

在加拿大工人史委员会中还有一个由新马克思主义者所组成的小团体，其中有利奥·潘尼奇、加里·蒂博、华莱士·克莱蒙特、汤姆·奈依纳等人。他们不仅著书立说，批判资本主义，而且开展社会活动扩大自己的影响。正如诺曼·彭纳所说："知识界中一个小小的但不断扩大的团体正在转向马克思主义，这不仅是学术活动，而且带有影响社会思潮沿着革命路线发展的目的。"④

此外，妇女史和少数民族史的研究在这一时期也有很大的进展。

---

① H. A. Logan. *Trade Unions in Canada*. Toronto: Macmillan, 1981: 344.

② Russell Hann, Gregory Kealey, and Peter Warrian. eds. *Primary Sources in Canadian Working Class History, 1860-1930*. Kitchener, 1973; Wayne Koberts. ed. *The Hamelton Working Class, 1820-1977*.

③ Kenneth McNaught. "E. P. Thompson vs Horald Logan, Writing about Labour and the Left in the 1970s." *Canadian Historical Review*, Vol. 62, No. 2 (June, 1981): 145.

④ Norman Penner. "The Canadian Left: A Critical Analyses." *The Canadian Historical Review*, Vol. 62, No. 2 (1977): 146.

　　总起来看，加拿大史学和这个国家一样都很年轻，但在不长的历史时期内，经历了风风雨雨，取得了长足的发展和进步。作为一个大国，加拿大的前途不可限量。我们当怀着友好的和期望的心情拭目以待。本书是在对上述大量史学著作研究的基础上几个人合作编写的成果，由于编写水平和参考书刊的限制，书中定有不少缺点和错误，恳请读者指正。

目 录

第一章　新法兰西的兴亡

一、加拿大的早期居民

　　加拿大早期历史的发展，受到地理环境的很大影响。加拿大位于美洲大陆北端，南与美国接壤，北至北冰洋，地域辽阔，地貌、气候条件复杂多样。太平洋沿岸地区依山临海，得太平洋的西风之利，气候温和湿润，植被丰厚。再东为狭长的山岭地带（Cordilleran-region），有四大山脉自南向北延伸，进入育空地区，其中不少山峦属北美最高峰之列。山中多河流溪涧，可容小舟航行。向东越过落基山脉，是一片广袤的大平原，虽然冬季漫长，无霜期很短，但土地肥沃，雨量适中，宜于农作物生长。由于地理上的阻隔，在欧洲人到来后的很长时期内，这一地区尚不为人知晓，对那些探险家来说，乃是一个神秘而诱人的地方。圣劳伦斯河谷和大湖区为加拿大最南部地区，气候比较温暖，且雨量充沛，适合发展农业。特别是圣劳伦斯河谷，在加拿大的早期发展中占有重要地位。圣劳伦斯河连接大西洋圣劳伦斯海湾和五大湖，是最初欧洲人进入加拿大内地的主要通道；其流域地区土地肥沃，法国人在北美最早的移民定居点即建立在这里。大西洋沿岸与新英格兰相连的地区称阿卡迪亚，属于美洲海岸平原向北的延伸，也宜于农耕，阿巴拉契亚山脉将它与内地隔开，海岸线十分曲折，港湾众多，海产资源丰富。往北的纽芬兰为天然渔场，那里丰盛的鱼类一度是吸引欧洲人来北美的主要因素之一。占整个加拿大领土一半的是属于远古冰川遗迹的地盾区（The Shield），环绕哈得孙湾呈一个巨大的"U"字形，其北端伸入北极，下部覆盖今魁北克和安大略的大部分。地盾区内丘陵纵横，湖泊密布，岩石嶙峋，虽然森林茂盛，矿藏丰富，但由于农作物无法生长，所以在前工业时代很少有人类定居。

　　加拿大境内很早就有人类活动，但由于没有产生文字记载的历史，所以，欧洲人到来以前的漫长年代，只能称作加拿大的史前时期。和美洲其他地区一样，加拿大迄今尚未发现类人猿和远古人类的遗迹，其早期居民亦属大约 1 万—2.5 万年前通过白令海峡迁徙而来的亚洲人的后裔（关于美洲最早人类的来源，学术界有多种看法，今取其中一说）。这些美洲最早的移民，在加拿大这块土地上繁衍生息，逐渐发展出适应这里的环境的生存模式，成为北美开发的先驱者。

　　加拿大的土著居民，一般指印第安人、生活在北极地区的因纽特人以及后来土著与欧洲人的混血人种。其中印第安人占绝大多数，在欧洲人初到之际约有 22 万人 [1]，主要分布在大西洋沿岸、圣劳伦斯河谷、大湖区、大平原及太平洋沿岸地区。印第安人没有文字，方言甚多，大多属于阿尔衮琴语（Algonquian）和阿萨巴斯卡（Athapascan）语系。主要的部落有活动在今加、美边境地区的易洛魁联盟诸部落、休伦人、渥太华人；阿卡迪亚地区的密克麦克人、马勒塞特人；圣劳伦斯河谷的蒙塔格奈人；大湖区的奇帕瓦人（又称奥吉布瓦人）以及更西地区的克里人；太平洋沿岸的萨利什人、海达人和卢特卡人。

　　在欧洲人到来的时候，印第安人尚处于石器时代。其经济生活以狩猎、采集、捕鱼为基本内容。只有易洛魁人和休伦人拥有比较粗放的农业，用石制和木制的工具进行生产。他们先放火烧掉土地上的树木和杂草，然后种植玉米、豆类、南瓜、向日葵等作物。由于工具粗糙，生产方法简单，作物产量不高，所以农业部落也须辅以渔猎才能获得足够的食物来源。各部落均很少驯养动物，尤其没有马、牛、猪等大型牲畜，常见的只有狗。土著居民也尚未发明轮子，无论车轮还是陶轮，对他们来说都是陌生的东西。总之，印第安人对资源的开发还处于相当简陋的阶段，其生存环境无疑是十分艰苦恶劣的。

　　印第安人的社会结构以氏族为基础，若干氏族组成部落。但一个部落往往不是一个组织严密、内部联系密切的实体，只有以血缘为纽带的氏族才是基本的社会单位。每个氏族都推举勇武善战的武士和猎手充当首领，有时出于战争等大型活动的需要，几个氏族往往联合起来，由其首领组成首领大会或者参事会进行领导。部落和部落之间交往较少，往往因语言、风习不同和

---

① J. M. S. Careless. *Canada, A Story of Challenge*. Cambridge: Cambridge University Press, 1953: 18.

生存竞争而处于敌对状态。不过也有例外，如易洛魁人诸部落即具有相当发达的社会组织，于16世纪建立有五个部落参加的比较稳定的部落联盟，1722年其成员增加为六个部落。联盟事务由一个50名首领组成的联盟会议管理，负责协调其成员部落之间的争端，举行谈判，决定对外战与和的问题。各部落可自己处理内部事务，但在对外时必须以联盟为整体。这种较牢固的联合，使易洛魁人成为一个拥有很大实力的土著群体。

由于与欧洲人的接触和白人文化的渗透，印第安人的社会生活发生了重大变动。其中最突出的莫过于铁器、火枪和酒的传入所造成的种种后果。铁制工具加强了印第安人的谋生能力；先进的火器改变了狩猎和战争的方式；饮酒的习惯则损害了部落武士的身体和战斗力。更严重的是，这些器物和技术都非印第安人所拥有，而必须从白人那里获得，这就使他们对白人及其文化产生很强的依赖性，危害了部落的独立和生存。

与此同时，印第安人的文化成就也对加拿大的殖民和开发进程产生了很大影响。他们那些在湍急的河流上航行的独木舟技术、就地取得材料制造住房和衣服的本领、种植玉米的方法、在厚厚的雪地里行走的雪鞋、狩猎捕鱼的技巧，等等，给早期来到加拿大的欧洲人提供了极大的帮助，使他们在荒野中站住了脚跟，获得了在这块新的土地上生存的本领。特别是在毛皮贸易兴起并成为殖民地经济的支柱后，印第安人的作用就更为重要，因为他们是毛皮的主要供应者。

二、法国人在北美的探查和新法兰西的建立

传说最早到达北美的是北欧的维京人。此后很可能又有其他地区的人到过这里。但相对说来，在1492年前整个美洲大陆都处于孤立隔绝的状态。克里斯托弗·哥伦布航行美洲，开通了新旧大陆之间频繁交往的渠道，北美也就开始感受到来自欧洲的冲击。首先到北美探查的是约翰·卡波特。他本是威尼斯航海家，受到英国国王的支持和布里斯托尔商人的资助，于1497年5月率18名船员，乘"马修"号向西航行，目的地是东方的亚洲。英王亨利七世授予他统治他所发现的任何地方的权力。但他到达的却是今加拿大东部海岸，可能是纽芬兰，也可能是布雷顿角。他同哥伦布一样，相信自己到达的是亚洲。次年他率300人再度西航，并携带货物准备同东方进行交

易。这次他虽未抵达他想象中的富庶之地，但却证实他所到的地方不是亚洲，而是一个新大陆。数年后，卡波特之子塞巴斯蒂安也到过北美，可能通过了哈得孙海峡。他声称自己发现了通向东方的航路，但无人理睬。这些早期航行虽然到达了加拿大海岸，不过没有在人文和地理方面产生很大后果，因此可以说加拿大仍未被"发现"。

真正开始对加拿大内陆进行探查的是法国人。法国长期以来一直与西班牙存在矛盾，在对美洲的探查和殖民方面也是如此。1523 年，法王弗朗西斯一世曾派维拉扎鲁航行到北美海岸，目的是寻找通向亚洲的水道，但未成功。雅克·卡蒂埃（1491—1557）是一个著名的航海家，抱着寻找金银财宝的心愿，决定对圣劳伦斯河谷地区进行探查。他于 1534 年航抵纽芬兰，穿过贝尔伊斯尔海峡，首次进入加拿大内地，发现了一个过去欧洲人未曾知晓的地区，并为法国取得对这个地区的领有权。他遇见一些印第安人，同他们进行货物交易，还从他们那里得知一些有关内陆的情况，带回两个土著儿童以训练作为翻译。他此行的最大收获，就是发现圣劳伦斯河是一条河流，而不是通向太平洋的海峡。第二年，卡蒂埃又带 110 人乘三艘船向北美进发。这次他先沿着圣劳伦斯海湾仔细搜寻，以证实确无其他通向内地的水路，然后沿圣劳伦斯河航行，在印第安人的引导下，到达今魁北克城，当时叫斯塔达科纳（Stadacona），是一个印第安人的村落，他称之为"加拿大"，并把圣劳伦斯河叫作"加拿大之河"（The River of Canada）。印第安人对他的到来十分欢迎。接着他继续沿河向前航行，到达霍切拉嘎，即今蒙特利尔，当时也是一个土著村落。最后他来到一个易洛魁人村镇，由于河道滩多水急，不能再向前航行了。当地的印第安人为了取悦法国人，编造了不少有关加拿大内地的美妙神话，吸引卡蒂埃和法国国王不断对北美大陆进行探查。卡蒂埃返回斯塔达科纳过冬，预备开春后继续西行。但在那个寒冷艰苦的冬天，他手下的人受到严冬和疾病的夹击，多人丧生，加之给养不足，他不得不返回法国。这次他带了一名叫唐纳科纳的土著首领同往，以便向法王描绘加拿大西部内陆的情况。此举有助于维持法王对北美的兴趣。

1541 年，法国人组织了一次新的北美探险。这次行动除了继续寻找财宝和亚洲通道之外，还在为移民做准备。这是一个具有历史意义的转变。一开始西班牙对法国的举动甚感不安，担心法国人在新大陆建立据点，从而威胁其在美洲的利益，意欲联合葡萄牙在海上袭击法国探险队。但是年 5月法国人出海后却一路十分顺利。这次带队的仍是卡蒂埃。他指挥五条船浩荡西行。船上载有从法国各监狱集合的犯人，作为新大陆的移民，此外还有300名士兵。他们在罗格角过冬。这里冬天苦寒，疾病侵扰，印第安人充满敌意，迫使卡蒂埃放弃西进计划，一开春就匆匆返回法国去了。随他之后而去的罗伯瓦尔在罗格角建立定居点，但一个冬天即有50人死于坏血病（即维生素 C 缺乏症），而罗伯瓦尔的兴趣又不在移民，只热衷于寻找金矿，结果金矿没有找到，殖民地也无法维持，只得于1542年撤回法国。法国在加拿大的第一次殖民尝试即告失败。

卡蒂埃在加拿大的探查中是个很重要的人物，其最大贡献在于发现了圣劳伦斯河这条通往内陆的主要水路，并且确立了法国在圣劳伦斯湾地区的权力。他的探查奠定了建立新法兰西的基础。

卡蒂埃之后法国政府对加拿大的兴趣消沉了若干年。但此期间北美却成了法国民间向往的捕鱼基地，前去捕捞的船只穿梭不断，1578年仅纽芬兰海域就有150条法国渔船。[①]这些捕鱼的法国人顺便与印第安人进行贸易，换回当地的毛皮到国内出售，毛皮贸易由此兴起并很快成为有利可图的事情，再次刺激起法国政府探查和开发北美的热情。16世纪末，法国国内也度过了长期内战和外国入侵的动荡局面，亨利四世（1589—1610年在位）确立其统治之后，有精力注重向海外发展。对当时正处于兴盛之中的专制王权来说，占领加拿大和用基督教改造那里的土著居民，可以极大地增强法国的影响和势力。另外，这一时期在西欧广为流行的贸易独占权制度，也对法国在加拿大的殖民活动有很大的推动作用。那些从事海外殖民和贸易的国家，多把贸易、移民和新大陆土地的开发特权授予一些与王室关系密切的贵族和商人，这种独占权通常由王权以特许状的方式予以确认。法国也援用这种办法，鼓励民间冒险公司对新大陆进行探查和开发

1602年，在亨利四世的支持下，阿伊马·德·蔡斯特斯组成一个殖民冒险公司，吸收当地有钱的商人，对加拿大发起新的探查。这次扮演主角的是塞缪尔·德·尚普兰（1570—1635）。他是法国人，曾于1599年参加一次西班牙探险，到过美洲。他有很丰富的航海和地理学知识，深得法王亨利四世信任。1603年，他首次参加对圣劳伦斯河谷的探查，沿河行进到拉钦，已接近五大湖地区。他从印第安人那里听说休伦湖水是咸的，猜想那可能是南部大海，或许通向太平洋。这种想法乃是驱使他继续进行探查的动力

---

① Agenes C. Laut. *Canada, The Empire of The North*. Toronto: Dodo Press, 1924: 23.

之一。他回国后，与新近获得阿卡迪亚地区贸易独占权的德蒙取得联系。德蒙为发展毛皮贸易，决定在阿卡迪亚建立永久殖民地。尚普兰受德蒙之托，具体负责执行这一计划。1604 年，他带领 125 人驶向阿卡迪亚，把移民点建在芬迪湾的圣克罗伊克斯岛上。结果很快发现这里气候寒冷，资源有限，难以长久定居，于是他只得于转年将移民点迁往安纳波利斯盆地的罗伊尔港。这里冬天气候比较温和，作物充足，且能与印第安人友好相处，一开始似乎充满成功的希望。但未料德蒙在 1607 年失去了阿卡迪亚的贸易独占权，罗伊尔港殖民地也就暂时放弃了。

到 1608 年，法国才在加拿大建立第一块永久殖民地。这一年德蒙获得圣劳伦斯河谷的贸易独占权，再次支持尚普兰在这个地区建立永久殖民地。于是魁北克就出现在了加拿大的土地上。巧合的是，17 世纪初乃是欧洲各国在北美的殖民活动取得突破性进展的时期，英国人于 1607 年建立詹姆斯敦；1609 年荷兰移民来到哈得孙河流域定居。法国在北美的殖民活动开始得并不算晚，但由于法王和毛皮商人的主要兴趣都不在移民开发，很少有人愿意终老加拿大，来到这里的目的不过是从事毛皮贸易而赚一笔钱，然后返回法国，所以，魁北克在建立后的相当长时间内并无永久居民，其地亦未得到开发。1617 年携家迁来的路易·赫伯特才是加拿大的第一个永久居民。据尚普兰估计，1627 年魁北克的人口仅 65 人[1]。

1628 至 1629 年间，魁北克又遭英国人袭击，几乎覆灭。在黎塞留（1624—1643 年任法国首相）的支持下，法国成立新法兰西公司，因其富有股东有 100 人，故又称一百合伙人公司（the Company of One Hundred Associates）。黎塞留试图利用这个公司实现对海外的扩张。该公司制订了向北美移民的庞大计划，预计在 1643 年使魁北克的人口达到 4000 人。但到这一年其人口实际仅 300 人。而且，此时法国政府逐渐对新法兰西失去兴趣，任其自生自灭。因此，法属北美的命运仍处于风雨飘摇之中。

法国政府和社会对北美的永久殖民和开发没有太大兴趣，主要是由于缺少国内因素的推动。法国没有发生英国那样的农业革命，因而没有形成一支人数众多的失去土地的农民队伍，很少有人愿意到北美的荒野中安身立命，早期的移民多为被迫迁移的在押犯人；另外，殖民冒险公司刻意排斥宗教异

---

[1] Edgar McInnis. *Canada, A Political and Social History*. New York and Toronto: Rinehart & Company, 1959: 34.

端分子胡格诺教徒，使得宗教界对北美也无多大热情。法王表示："我们不能用减少法国人口的办法来增加加拿大的人口。"①这与英国对北美的殖民政策判然不同。英国由于多种条件的促成，其北美殖民地发展甚快。

尚普兰建立魁北克的目的，在于以此为基地继续向内地发展。他遇到的头一个考验，就是与印第安人的关系。人数甚少、力量弱小的法国人要在圣劳伦斯河谷立足，必须首先得到当地土著部落的接纳。在魁北克初建的时期，印第安人各部落对毛皮贸易的争夺日趋激烈。圣劳伦斯河下游北岸的蒙塔格奈人要求法国人帮助他们对付强大的易洛魁人，尚普兰为取得他们的信任，只得答应与之联手。在这次行动中，法国人依靠先进的火器，轻而易举地打败了易洛魁人，但却和北美最强大的部落结下仇怨，给新法兰西后来的发展带来很大麻烦。不过对尚普兰来说，这次远征有意外的收获，他发现了后来以他的姓氏命名的尚普兰湖。1613 年，他对渥太华河做了考察，1615年又对圣劳伦斯河与五大湖的关系有新的了解，发现休伦湖水并不咸。但他仍不知道伊利湖的存在。尚普兰毕竟是一个很了不起的人物，由于他的努力，法国在加拿大建立殖民地的活动才取得实质性的进展。作为新法兰西早期的总督，他对加拿大的开拓也有很重要的贡献，他得到"新法兰西之父"的称号，可以说是实至名归的。

1634 年，尚普兰在魁北克的上方建立三河（Three Rivers），这是法国人在加拿大的第二个较大的定居点。1642 年，一些出于宗教和贸易动机的移民，在保罗·德·科默迪的带领下，建立维尔玛丽，此即蒙特利尔的前身。史上将这些殖民点的区域统称为新法兰西。之后不久，整个新法兰西陷入了重重困境，殖民贸易公司无力加以解决，需要法国政府进行扶植。恰值此时，法王路易十四执政，专制王权空前强盛；财政大臣科尔柏推行重商主义政策，十分注重殖民地的作用。这种双向的要求，使法国政府在 17 世纪 60年代取得对新法兰西的全面控制。

三、新法兰西的政治、经济和社会生活

新法兰西初建时期，名义上属于法国国土，实际统治殖民地的乃是殖民

---

① Agenes C. Laut. *Canada, The Empire of The North*. Toronto: Dodo Press, 1924: 123.

贸易公司。在程序上，先由法王把新法兰西总监的头衔授予某个贵族或独占商人，总监再任命一名总督，代表他在殖民地行使统治权。稍后，总监不复存在，殖民地的最高首领就是总督。总督由公司提名，国王任命。1647年，根据法王的命令，成立魁北克议会（Council of Quebec）作为新法兰西的最高权力机关，由总督、殖民地最高宗教首脑和蒙特利尔总督组成。此外，还允许魁北克、三河和蒙特利尔的居民选举若干名理事参加议会并在会上发表意见。这是一个带有民主色彩的现象。次年，议会经过改组，规定总督任期限于三年，退职总督仍为议会成员；还增加两至三名成员，由议会固定成员会同三个城镇选出的理事推选产生。1657年，议会再度改组，排除退职总督及教会首脑，代之以由新法兰西公司任命的代表以及由三个城镇选举的四名议员。有史学家称此为代议制政体①。新法兰西在政治上的这种民主特征，与法国国内的专制统治形成强烈对照，其出现不过是法国政府对殖民地忽视的结果，因而只是一种暂时现象。

17世纪50至60年代，法国的封建专制统治趋于强盛，出于争夺欧洲霸权的需要，开始注意营建其海外殖民体系。在新法兰西，法国政府逐步消除了殖民统治机构中的民主因素，居民选举的理事不再参加议会，民众集会被绝对禁止。1663年，法国政府按照其国内的专制统治模式，为新法兰西规定了新的政府，把权力授予主权参事会（Sovereign Council），其成员包括总督、主教、五名任命的参事以及一名书记官、一名司法官。最初主权参事会中并无省督（Intendant）的位置，但1665年让·塔隆出任省督后很快在参事会取得一席之地，并于1675年取代总督成为参事会的主持人。1703年，参事会成员增至12人，起初参事的任命权由总督和主教掌握，后来则全部落入法王手中。主权参事会后来也改称最高参事会（Superior Council）。该机构名义上集立法、行政、司法诸权于一体，但实际上殖民地的一切法律法令均由巴黎制定，它只负责执行国王的谕令和条文，并处理各种民事和刑事案件，重大事务的最后决定权在法国政府；稍后省督一职越来越重要，逐步掌握殖民地的具体管理权力。1726年以后，省督和总督完全控制新法兰西的统治权，参事会也就形同虚设。通过这几次政治上的改组，新法兰西逐步落入法王的高度控制网络之中。

---

① Edgar McInnis. *Canada, A Political and Social History*. New York and Toronto: Rinehart & Company, 1959: 45.

实际负责新法兰西各项事务的是总督、主教和省督。但三者的职能、权限从一开始就界线不明、相互交错，因此彼此牵制、不断摩擦的局面在所难免。总督是殖民地名义上的政府首脑，实际负责军事问题和对外事务；主教虽为宗教职务，但对许多世俗事务亦有权干预；特别微妙的是省督一角。省督的设立仿照的是法国国内的成例，不过，在法国国内省督的作用是代表王权制约地方贵族，而新法兰西根本不存在什么贵族，所以省督之设，显然是为了牵制总督以保证专制王权对殖民地的有效控制。省督名义上是行政长官，专司法律的执行，实际乃是殖民地统治体系的关键。三职之间的这种关系，导致争议不断，三者均经常上诉巴黎，法国政府往往借调解之机，对殖民地事务巨细无遗进行全盘操纵。一切都必须依照巴黎的指令行事。那时法国专制王权如日中天，辐射到新法兰西也是不足为怪的事情。加拿大以南的英属殖民地的情况与此迥然不同。除几个皇家殖民地之外，其他殖民地都拥有相当大的自治权，尤其在与阿卡迪亚毗邻的新英格兰，民主的因素趋于不断增强。这种自治和民主的传统，或许是后来这些殖民地摆脱宗主国统治的一个重要原因。

为加强新法兰西的防务和对付印第安人（主要是易洛魁联盟），法国政府于1665年派出一千余名正规军，长期驻守殖民地；还沿黎塞留河修建三座要塞以阻断易洛魁人进攻新法兰西的路线。此外，法国为殖民地制定严厉的法律，对各种犯罪施以很重的处罚，以强化对民众的控制。

新法兰西经济生活的基石是领主制（Seigniorial System）。这种土地制度也是从法国移植过来的。根据这一制度，领主从国王那里获取土地，以承担多种义务为代价；领主再把土地划分成小块，分封给低一级的领主，或交给佃农耕种，而佃户又对领主承担义务，交租纳税。所以领主制确立的是一种典型的封建关系。

法国在新法兰西实行领主制的主要目的，一是刺激移民和定居，一是在殖民地培植一个特权阶层以便于控制。推行领主制是法国在对北美的殖民活动开始之初即已确定的方针。1598年，法王签发了一份特许状，授权那些同意支持加拿大防卫的人建立领地。不过用这种办法刺激移民却没有产生多大效果。1627年以前仅建立三个领地。新法兰西公司曾授予60个领地的领有权，但获得者只关心其土地权利而无意进行开发。结果是领地不少，然而殖民地的人口却增长缓慢。针对这种状况，法国政府于1663年发布公告，规定如在六个月内仍未清理开垦的土地将被没收。1679又有新的条令颁布，规定对未开发的土地逐年收回其所授予面积的二十分之一。可是这些法令都未得到切实执行。领主们热心的是毛皮贸易，不愿把金钱和精力花在开发土地上。佃农也因毛皮贸易有利可图而不去从事耕作。1711 年，法王发布《马利判决》（Arrets of Marly），对领主制做了统一规定，领主不得拒绝把土地授予愿意定居的移民，亦不得因授予土地而额外收费；如遇上述情况，移民可向当局申诉，当局可按移民的意愿将其安置在领主的土地上，地租上缴国库；领主如不开发其土地，则着令没收；佃农若不事耕种，亦将失去土地。这一政策也很少付诸实行。

在领主与佃农的关系中，佃农对领主须负担法国国内通行的各种封建义务，而领主则对佃农享有许多特权。在新法兰西实行的封建义务有劳役（corvee），一般是每年三至六天，也可用货币代替；此外佃农还须为当局服劳役，不过比较轻微。地租分两种形式，一是货币地租（cens），按年度以现金交纳；一是实物地租（rentes），但也可折合成货币。这两项构成领主的主要收入来源。起初地租额定得很低，为的是吸引移民，例如，在蒙特利尔一阿朋特（arpent，旧时的土地单位，合 3424.8 平方米）土地通常只交纳半个苏（sou，旧时法国货币，1 法郎＝20 苏）和半品脱（pint，1 品脱约合0.568 升）小麦①。另外，如在非继承的情况下转让、出卖土地，还须交纳售地金（Lods et ventes），数额相当于地价的十二分之一。领主的特权包括对佃农的司法权等。不过也有不少细节上的变化，如领主在佃农土地上的狩猎权、养鸽权，在殖民地就没有意义；佃农必须在领主的烤房里烤面包的习惯也行不通；普遍实行的只有佃农在领主的磨坊里磨面的做法。

新法兰西的经济发展水平不高，获得开发的土地较少，农业没有多大的进展，制造业更为薄弱，基本生活用品依赖从法国输入。毛皮贸易乃是殖民地经济的支柱，也是绝大多数来到加拿大的法国人所沉溺其中的事情。

毛皮贸易先于移民开发而兴起。它是作为法国人在纽芬兰捕鱼的副产品而出现的。最初，那些到北美捕鱼的人顺便携带一些工具、手工艺品与印第安人进行交易，换来的毛皮带回国内出售。16 世纪末，欧洲人发现了毛皮的价值，特别是海狸皮，用于制作时髦的帽子和披肩，很受上流社会的欢迎，于是毛皮贸易迅速扩大，成为法国在加拿大进行殖民活动的主要内容。海狸主要生活在比较寒冷的地方，越往北的地带所产的毛皮质量越高。北美

---

① Francis Parkman. "France and England in North America." *The Library of America*, Vol. I, 1983: 1278.

从俄亥俄河流域经大湖区到加拿大的大部分地区都盛产毛皮。因此，加拿大成了毛皮贸易的主要基地，毛皮贸易也就构成新法兰西建立和存在的经济条件。在相当长的时期内，毛皮贸易实际是新法兰西财政收入的基本来源和维持进出口平衡的重要依托。到 18 世纪，毛皮贸易量每年合 150 万利弗尔（livre，旧时法国货币，1 利弗尔＝1 法郎），其中半数为海狸皮贸易。多的年份，如 1754 年，贸易额达 400 万利弗尔。据此，有的史书十分形象地说，是海狸"打开了加拿大的地图"①。

毛皮贸易的进行，在很大程度上有赖于印第安人的合作。毛皮兽的捕猎和剥制技术，乃是印第安人的专长，白人毛皮商人必须从他们那里获取毛皮来源；而且，贸易渠道的畅通与否，基本上取决于土著部落的态度，如遇某些强大部落的封锁，就会给毛皮贸易进而给整个殖民地带来灾难。最初，毛皮贸易的据点多设在圣劳伦斯河谷，后来蒙特利尔兴起为北美最大的毛皮贸易站。法国商人并不直接和猎取毛皮的部落打交道，而假手休伦族、渥太华族为中介人。这些部落利用其中介地位，在毛皮贸易中扮演重要角色。法国人曾多方设法摆脱中介部落，直接与毛皮猎取者取得联系。后来，由于毛皮产地的西移和部落势力的消长，毛皮贸易的形式发生了很大变化。休伦人、渥太华人丧失了中介地位，一般移民也不复能轻易染指其间，因为产地遥远，在交通十分困难的条件下，毛皮的运输不是一般人所能解决的问题。此时，毛皮贸易日益为一批职业毛皮商人所垄断，他们以魁北克、蒙特利尔为基地，建立起连接西部产地的贸易网络，从而使毛皮贸易成为一种组织性和专业性都很强的大规模经济活动。

毛皮贸易虽然给殖民地和宗主国带来了可观的财富，但是却对新法兰西的发展产生了很大的消极作用。毛皮贸易吸引了大批的劳动力，制约了对其他资源的开发，特别是妨碍了农业的发展；殖民地长期未能形成日用品的生产能力，在经济和社会生活方面对宗主国存在很强的依赖性。经济的单一性和依赖性所产生的致命弱点，使法国在英、法两国对北美的争夺中处于极其不利的地位。

宗教在新法兰西的政治和社会生活中具有值得强调的重要性。法国是天主教占统治地位的国家，因此新法兰西的居民即以天主教徒为主。天主教连同殖民政府、领主制一起，构成新法兰西社会的三大支柱。新法兰西建立之

---

① Peter C. Newman. *Company of Adventures*. Vol. I. Toronto: Penguin Books. Canada Ltd., 1985: 41.

初，传教士便接踵而至，其中影响最大的是耶稣会。教会在加拿大的殖民运动中起过很大的推动作用，他们在法国宣传新法兰西的情况，鼓动人们移居新大陆，声称"生活在新法兰西，实际就是生活在上帝的怀抱"[①]。新法兰西社会的宗教色彩很浓，不仅居民有较强的宗教情绪，而且教会也在政治和社会生活中扮演着重要角色。教会首脑参与殖民地最高统治机构，主教是参事会的成员，特别是在拉瓦尔任魁北克主教的 1674 至 1684 年间，新法兰西几乎形成一种神权统治。教会还是一支极大的经济势力，拥有领地，征收什一税，1700 年时殖民地约有一半的居民生活在教会的领地里，向教会交租纳税。教会控制着殖民地的教育，移民社区的教师多由牧师充任，1635 年即在魁北克建立耶稣会学院，蒙特利尔也有神学院。新法兰西居民的文化教育程度不低，这与教会的努力分不开。教会在殖民地的另一项重要活动乃是同化和改造印第安人。从宗教上改造印第安人，可以说是法国最初向加拿大发展的动机之一。尚普兰曾表白说，他在新法兰西的不断探查，一方面是为了法国的荣誉和利益，一方面也是为了使土著居民了解上帝。[②] 传教士很早就在印第安人中建立传教点，学习土著语言，宣讲基督教义，为印第安人施洗，兴办学校，对土著儿童进行教育，力图使他们接受白人的生活方式。[③]但是，印第安人很难接受基督教，也不愿意把孩子送进白人办的学校，部落传统和土著生活方式有着极强的生命力。传教活动是十分艰苦和困难的。印第安人居无定所，尤其在冬天，他们必须在冰天雪地中不断迁移才能获得食物，此时传教士也不得不随之行动。

　　殖民当局之所以重视改造印第安人，是因为与印第安人的关系一度是有关殖民地生死存亡的大事。新法兰西的人口长期稀少，必须与当地土著部落和平相处。另外，毛皮贸易的发展也需要印第安人的配合。在印第安人一方，由于对法国人的物质和技术日益依赖，也不得不和白人友好相处。所以，从总体上说，新法兰西的印、白关系，比英属十三殖民地相对和平一些。但法国人常常利用一些部落打击另一些部落，为其殖民扩张服务。不少部落卷入法国人和易洛魁人的冲突，招致深重的灾难，如一度十分强大的休

---

　　① Edgar McInnis. *Canada, A Political and Social History*. New York and Toronto: Rinehart & Company, 1959: 71.

　　② Masson Wade. *The French Canadians, 1760-1945*. London: Macmillan, 1955: 4.

　　③ Harold F. McGee. Jr. ed. *The Native People of Atlantic Canada*. Ottawa: Canadian Museum of Civilization, 1983: 20-37.

伦人，就因此而大受削弱。

还值得一提的是，新法兰西社会等级分明，显得比较封闭。贵族和权势者高高在上，下层社会成员处于他们的控制之下。不是贵族的人如使用贵族头衔则会被罚款。这反映了宗主国社会的特点。不过，总的说来，新法兰西尚处于加拿大开拓的初期，经济较为粗放，社会比较单纯，贫富悬殊不大。那时的新法兰西，还不过是荒野中的一些小小村落。

四、新法兰西的发展与扩张

新法兰西的发展首先表现为人口的增长。魁北克、三河和蒙特利尔建立后的很长一个时期内，定居移民甚少。1641 年，新法兰西居民有 240 人，到 1663 年亦不过 2500 人。法国政府和殖民地当局采取多种措施来增加加拿大的人口。那时殖民地最缺的是劳动力，如手艺人、清整土地的农夫等，此外还需要年轻健壮的妇女来与移民建立家庭和生儿育女，以促进人口的自然增长。1661 年，法王许诺在之后十年中每年向新法兰西输送 300 人。为吸引移民，当局免除移民的交通费，并在授予土地时放宽条件。1659 至 1673 年间，约有 4000 移民进入加拿大。大批的未婚女子也纷纷到来，大多一登岸即许配移民成婚。1671 年一年内有 165 名妇女抵达加拿大，一年后又有 150 余名到来，她们多为农村姑娘，身体健壮，吃苦耐劳。殖民地还制定鼓励早婚多育的政策，规定女子 16 岁、男子 20 岁必须结婚，遵守这一规定的男女每人可得到 20 利弗尔的奖励，推迟结婚的人将受到处罚。从法国运来的女子，一下船就配给丈夫，并由省督赠予 50 利弗尔以供开始新生活之用。不结婚的男子得不到毛皮贸易许可证，单身汉要被罚款。多生多育的父母受到奖励，一对生有 10 个存活的孩子的夫妻，每年可得到 300 利弗尔的年金；如有 12 个子女，年金则为 400 利弗尔。多子女的男子还可获得荣誉和优先得到任命机会。这些政策奠定了加拿大高出生率的基础。1675年以后，很少有外来移民进入加拿大，其人口的增长基本上为本土出生率的提高所致。1666 年，新法兰西人口为 3215 人，1673 年为 6705 人，1698 年为 15255 人，1763 年为 6 万人①。增长速度不算太慢，但相对广袤的地域来说，人口还十分稀少；如果与英属北美殖民地的 150 万人口（1763 年）相比，就更显得微不足道。

在经济上新法兰西也力图摆脱以毛皮贸易为唯一支柱的状况，注意发展多种经济。在塔隆任省督的时期，曾大力发展造船、磨面、制革、腌鱼、炼油等产业，帮助兴办家庭毛纺织业，试图使殖民地做到自给自足；扩大木材的出口，并与西印度群岛之间进行木材和渔业产品的贸易；殖民当局还鼓励土地开发。18 世纪上半叶，新法兰西获得较大发展。首先是交通运输这个长期制约加拿大开发的问题得到改善。过去，交通完全依赖水路，而一年中长达六个月的冰冻期内，整个商业活动都处于停滞状态。在 18 世纪 30 年代，新法兰西建成了第一个陆路交通体系。获得开垦的土地面积有所扩大，1719 年为 6.3 万阿朋特，1734 年增至 16.3 万阿朋特；小麦的产量大幅度提高，有人甚至预言小麦将取代海狸皮而成为加拿大的主要出口产品。木材生产也趋于兴盛，1719 年有 19 个锯木场，1734 年增至 52 个②。不过，新法兰西对外贸易的主要内容仍然是出口原料，进口制成品。因此，经济生活的单一性和依赖性并未从根本上得以扭转。

路易十四当政后，一心想建立法国的殖民帝国体系。在美洲则计划以新法兰西为基地，向西和向南扩张。塔隆提出，要将佛罗里达、新荷兰、新瑞典和新英格兰统统囊括进法国的怀抱。他的这一梦想反映了法国在北美的强烈扩张倾向。弗朗特纳克出任总督后，继续推行扩张计划。因此，新法兰西在地域上不断扩大。

阿卡迪亚本是法国最早进行移民实验的地区，但当殖民重心转向圣劳伦斯河谷后，这个地方几乎被法国人遗忘。17 世纪曾几次在这里建立移民定居点，都不很成功。当地移民为争夺控制权而发生内战。17 世纪 50 年代曾一度落入新英格兰人之手。1667 年重新为法国所取得，1671 年从新法兰西迁来 60 人，使其人口达到 500 人。此后阿卡迪亚的人口逐渐增加，到 1714 年达 1773 人。塔隆任省督时，计划修建一条道路，把魁北克和阿卡迪亚连接起来。不过这一地区从未处于新法兰西的有效控制之下。

新法兰西向哈得孙湾地区的扩张遇到英国人的有力挑战。1670 年，哈

---

① Edgar McInnis. *Canada, A Political and Social History*. New York and Toronto: Rinehart & Company, 1959: 55.

② Masson Wade. *The French Canadians, 1760-1945*. London: Macmillan, 1955: 32.

得孙湾公司从英王那里获得对加拿大西北地区的贸易独占权，并很快在加拿大的毛皮贸易中取得一席之地，还在哈得孙湾沿岸建立鲁珀特地（Rupert's Land）。新法兰西当局对英国人的这一动向十分警觉，于 1671 年发起一次探查，打通从萨格内（Saguenay）到詹姆斯湾的路线，声明法国对这一地区拥有主权。此后 40 余年间，法国一直致力于抵消英国在哈得孙湾地区的影响。1713 年的《乌特勒支条约》使哈得孙湾公司完全取得对这个地区的控制权。

新法兰西在扩张中最为成功的是向密西西比河流域和大湖区以西地区的推进。法国人探查密西西比河的最初动机，仍旧是寻找通向太平洋的水路。17 世纪 70 年代以后，新法兰西几度派人进入这条众河之父，发现它不断向南流去，一直通向墨西哥湾。1712 年建立路易斯安那，1718 年兴建新奥尔良城。在五大湖地区，从 17 世纪 70 至 80 年代开始，法国人拉萨尔在法王的支持下，兴建要塞，安置武装，力图控制这个地区，并尝试用船只装运货物，以减少西部毛皮贸易的运输费用。从此向西和向北，法国人的势力逐渐往前延伸。1731 至 1734 年间，在雷尼湖（Rainy Lake）建立圣彼埃尔要塞；在伍兹湖建立圣查尔斯要塞；在红河河口建立莫里帕斯要塞；同时对温尼伯格湖一带进行探查，触角伸向萨斯喀彻温，发现一条通向西部的重要水路，来到一个印第安人进行毛皮贸易的主要汇合点。法国人还在这一地区建立几处要塞以便于控制。1738 年又在珀提格-拉-普雷尔利（Portage La Prairie）建立拉雷恩要塞，试图通过密苏里河而到达太平洋。

在一个多世纪里，新法兰西经过不断探查和扩张，其地域范围变得十分广阔，从圣劳伦斯湾经密西西比河直达墨西哥湾。如就地域而言，新法兰西已不逊于英属北美殖民地；但由于地广人稀，开发程度较低，所以在综合实力方面较后者还有很大的差距，这一差距对英、法两国在北美的殖民争夺产生了十分明显的影响。

五、殖民争夺与新法兰西的割让

在北美进行殖民活动的欧洲国家有英国、法国、荷兰和西班牙。荷兰在哈得孙河流域的新阿姆斯特丹于 17 世纪中叶落入英国之手；西班牙把主要精力放在拉丁美洲，在北美的势力限于佛罗里达。这样，英、法就成了北美的主要争夺者。双方在土地、毛皮贸易、纽芬兰捕鱼权等一系列问题上存在矛盾，英国试图向北发展，而法国则一心往南扩大自己的地盘，由此引发多次殖民战争，法国在 18 世纪中期的"七年战争"中失去了新法兰西。

英国殖民者对加拿大的觊觎由来已久。在尚普兰时代，英国人就曾对魁北克发起过长时间围攻，几乎使法国在北美的基业毁于一旦。1628 年，英国人戴维·克尔克及其两个兄弟带领一支队伍，包围魁北克达数月之久，次年 7 月城中断粮，尚普兰不得不投降，把 30 个人留在魁北克，率其余人撤回法国。1632 年，英、法经过谈判，魁北克重新回到法国手中，殖民地始得以重建。但此后英国人并没有放弃对加拿大的野心。

印第安人在英、法的殖民争夺中起过重要作用。印第安人一方面需要白人先进的火器和其他物资，一方面也想获得盟友以对付敌对的部落，所以尽力在英、法之间周旋。而英、法殖民者为使自己在竞争中处于有利地位，也极力利用土著部落为其效力。他们以贸易为纽带，把印第安人拉入自己的营垒。英国人在这种竞争中占有明显优势，因为英国的制造业发达，生产的货物质高价廉，颇受印第安人欢迎；而且英国人卖的朗姆酒比法国人的白兰地价格低得多，迎合土著人的需求。因此，英国在和印第安人的贸易中占据上风，特别是哈得孙湾公司打入加拿大以后，对法国构成更大的威胁。与英国人结盟的易洛魁人，长期阻止着新法兰西向南的扩展。

一般说来，北美的殖民争夺不过是英、法争夺欧洲霸权活动的一种延伸，殖民地的命运与其宗主国在欧洲的胜败息息相关。1689 年，欧洲发生奥格斯堡联盟战争，在北美称之为威廉王之战，新法兰西和英属北美之间也展开了交锋。英国人利用易洛魁人向北推进，威胁加拿大的边疆居民点。法国则试图以加拿大为基地，水陆两路并进，一举夺取英属殖民地，但由于其海军太弱和加拿大实力甚小而作罢，结果只对新英格兰和纽约的边疆定居点进行了一些血腥的洗劫。英属殖民地进行报复，同时对阿卡迪亚和新法兰西发起袭击，前锋抵达蒙特利尔和魁北克附近，但最后无功而返。易洛魁人也同意与法国人媾和，新法兰西得以保全。1702 年，欧洲爆发西班牙王位继承战争，殖民地的英人称之为安妮女王之战。新法兰西对新英格兰发动袭击，新英格兰人则对阿卡迪亚进行反击，占领了罗伊尔港。尽管新法兰西并未受到多大冲击，但根据 1713 年的《乌特勒支条约》，英国取得阿卡迪亚、纽芬兰和哈得孙湾，法国在北美的殖民利益第一次受到沉重打击，北美东部沿海的控制权几乎完全落入英国手中。尤其是阿卡迪亚的失去，使法国损失很大。以往法国对它不够重视，直到易手他人，才发现其价值。于是，法国下决心夺回这个大西洋沿岸的重要据点，在靠近新英格兰的地方兴建武装要塞路易斯堡，并力图使之成为移民定居点。1744 年发生的乔治王之战，即欧洲的奥地利王位继承战争，又在北美引起轩然大波。新法兰西得知欧洲开战的消息，立即从路易斯堡派兵进攻英属坎索，并威胁安那波利斯。新英格兰为解除威胁，于 1745 年组成一支 4000 人的队伍，在英国海军的配合下，发动对路易斯堡的远征，陆上围城，水上断绝其供给线，迫使守军投降。1746 年，法国发动反攻，但未能夺回该要塞。英属殖民地还准备远征整个新法兰西，因未得到英国政府的支持而告吹。1748 年，欧战议和，路易斯堡归还法国。

英、法争夺的阴影也笼罩着阿卡迪亚。英国入主这一地区后加紧了移民和开发。1749 年，建立哈利法克斯，并向新斯科舍大量移民，其人数不久即超过原有法裔天主教居民。1750 年，阿卡迪亚的人口达到 1 万人，农业发展很快，呈现比较兴旺的局面。但不幸的是，在英、法的殖民争夺中，阿卡迪亚首当其冲。新法兰西武装对新斯科舍的移民村落发动袭击、劫掠，小规模冲突一直不断。殖民当局还鼓动这里的法裔居民反对英国统治。1755 年，英国人攻克一个法属要塞，发现守军中有 300 名阿卡迪亚人。阿卡迪亚当局认为这种行为有害于英属殖民地的安全，于是要求所有阿卡迪亚人宣誓效忠英国，但遭到大部分人的拒绝。当局对拒绝宣誓者实施大流放，八年间约有 6000—10000 人被赶出家园，放逐到英属各个殖民地。这次行动使阿卡迪亚元气大伤。

到 18 世纪 50 年代，英、法在北美的争夺发展到一决雌雄的地步。事端由法国向俄亥俄河流域的扩张所引发。该地区位于英属殖民地的西面，不少人希望在这里获得土地，一些英国毛皮商人则早已在这个地区建立了贸易据点。1748 年，以弗吉尼亚殖民地为主成立俄亥俄公司，从英王那里获得 50 万英亩（约合 2023 平方千米）土地和向这里移民的权利。新法兰西一直希望把边疆推进到俄亥俄河流域，将英国人从这一地区赶出去。1749 年，法国针对英国人的动向，派一支探险队沿俄亥俄河而下，一路上树立标志法国占领权的记号，勒令英国毛皮商人离开这一地区，只许印第安人与法国人打交道。接着，法国人又从伊利湖开始沿法兰西河修建许多要塞，一直通到俄亥俄河。法国人的这些活动在英属殖民地激起不同的反响，以弗吉尼亚最为不安。该殖民地总督丁威迪于 1753 年派乔治·华盛顿率民兵到博伊弗要塞，要求法国人撤走。对方未予理睬。转年，华盛顿再率 300 人前去和法国人交涉，但法国人反而要求华盛顿撤走。双方发生冲突，华盛顿率部退走。这次小规模战斗揭开了一场北美争夺大战的序幕。

当时英、法在欧洲尚处于和平状态，但在北美却紧锣密鼓地准备打仗。法国向加拿大派遣由 3000 人组成的军队，英国企图在海上拦截这支队伍，未果；英国向弗吉尼亚调派两个团，各殖民地联合人力物力，准备应付法国的进攻。英方选择新法兰西在大湖区的要塞作为突破口，以打通进攻加拿大的道路。不过，一开始进展很不顺利。1756 年，欧洲"七年战争"爆发，北美的军事行动也跟着升级。蒙特卡尔姆侯爵出任法国驻北美军队司令，在加拿大采取严密防御、以静制动的方针，使英军在 1756、1757 年发起的几次进攻均遭失败。相反，法军一举攻克英国设在乔治湖的威廉·亨利要塞。从 1758 年开始，战局发生重大转折，英方占据了主动。威廉·皮特主持的英国政府决定彻底摧毁法国在加拿大的势力，夺取新法兰西。英军确定以加拿大三个边界据点为进攻重点。在提康德罗加、杜魁松、路易斯堡这三个要塞中，蒙特卡尔姆以提康德罗加为防御的核心，因为它扼守着通往加拿大的咽喉要道。英军先攻下弗朗特纳克要塞，切断杜魁松的补给线，迫使法国人放弃这个据点。不久，路易斯堡也落入英军手中，此时魁北克已暴露在英军的枪口之下。蒙特卡尔姆向法国本土请援，而法国在欧战中自身难保，无力顾及北美。与之相对照，英国向北美大举增兵，其兵力几乎相当于整个加拿大的人口。蒙特卡尔姆感到新法兰西的陷落只是个时间问题。1759 年，英军兵分三路，从圣劳伦斯河、大湖区和尚普兰湖直取加拿大。法军放弃提康德罗加，集中绝大部分兵力死守魁北克。英国凭借海军优势，水陆两路夹击，并封锁新法兰西的所有通道，断绝它和外界的一切联系，使魁北克变成一座孤城。詹姆斯·沃尔夫指挥一支英军攻陷奥尔良岛，来到魁北克城下。但该城地势险要，易守难攻，英国人一时难以得手。其时隆冬将至，英国海军将不得不撤走，魁北克之围似有可解之望。不料英军在 9 月间发动偷袭，迫使蒙特卡尔姆出城与英军决战。由正规军、民兵还有印第安人拼凑起来的法军不堪一击，很快溃不成军。英军取得决定性胜利，攻下魁北克城。蒙特卡尔姆和沃尔夫均在战斗中受伤死去，不过临终时的心情大不一样：前者庆幸自己没有活着看到魁北克陷落；后者则因得知大获全胜而感到死得很

幸福 ①。1760 年 9 月，在英军水陆两路夹攻之下，蒙特利尔也易主英国。至此，整个加拿大全部为英国所占领。1763 年的《巴黎和约》肯定了这一既成事实，法国在北美的殖民体系基本崩溃。加拿大的历史也就进入英属殖民地时期。

　　新法兰西的这种结局实际上是不可避免的。在欧洲诸国的争夺中，殖民地只是其中的一个筹码，其归宿与宗主国的兴衰休戚相关。英国在当时是一个工业获得初步发展的中兴之国，其国力日益走向强盛，特别是海上运输和作战能力，在欧洲首屈一指；法国则正处于专制王权日渐衰朽的时期，以落后的封建农业为立国之本，与英国相比，一个如日方升，一个日薄西山，国力上的差距可想而知。宗主国之间的这种实力对比，同样也反映在北美殖民地。英属殖民地共 13 个（新斯科舍除外），从建立之初起即十分重视农业和制造业，对土地和其他资源加以有效利用，形成较为合理的经济体系，基本生活用品能够在北美生产；而且人口达到 150 余万，社会景象显得比较繁荣。新法兰西的经济与社会状况，如前文所述，与英属殖民地有很大的差异，在实力上根本无法和英属殖民地相抗衡。因此，战争开始后，新法兰西既难以征集一支强大的民兵，也不能在殖民地内获得充足的物资供应，使法国军队陷于困难境地。另外，法国国力日微，应付欧洲事务已感力不从心，觉得北美殖民地无论在财政上还是在军事上都是一个沉重的包袱，放弃新法兰西的议论早已流布于朝野。这就使新法兰西得不到宗主国的重视，一旦需要付出重大代价，法国当然只有急流勇退。由此可见，新法兰西割让给英国的确是势所必然的。

---

① A. G. Bradley. *Canada*. New York: Palala Press, 1972: 63.

第二章 1763 至 1815 年的加拿大

一、"七年战争"后的加拿大

1763 年《巴黎和约》的签订结束了英法"七年战争"。在该条约中，法国不仅承认了英国对新法兰西的占有权，还将路易斯安那转让给西班牙。除了在圣劳伦斯湾仍占有两个小岛以及享有在纽芬兰西岸和北岸的捕鱼权外，法属北美殖民地几乎全部落入英国之手。[①]

1760 年以后，后来成为英属加拿大的北美殖民地由四个行省组成，即魁北克、新斯科舍、纽芬兰和鲁珀特地，其中后两个地区尚不发达，最重要的地区是魁北克，其次是新斯科舍。

新斯科舍原为法属阿卡迪亚。早在 1713 年结束"西班牙王位继承战争"的《乌特勒支条约》中已割给英国，成为英属新斯科舍。1760 年后，新英格兰人源源涌入，原法裔阿卡迪亚人受到排挤。新英格兰人首先占领了芬迪湾沿岸土地，接着向北移入大西洋沿岸地带，捕鱼业随即兴旺起来。他们还把新英格兰的城镇大会制度和公理教会带到那里。新斯科舍是一个面向大西洋的岛屿，是英国海军据点。为对抗法国在新斯科舍建立的据点——路易斯堡，1749 年英国修建了哈利法克斯，此地很快发展成为英国在北美的海军重镇。为了建立哈利法克斯，英国从本国和其他欧洲国家迁入了大批移民，其中有约克郡人、高地苏格兰人、德国人。这些人同当地法裔阿卡迪亚人构成新斯科舍的主要居民。在这个地方，操英语的居民占多数，政府官员和殷实的供应商人在政治上势力很大，以总督为首的寡头政治使得议会软弱

---

① 《巴黎和约》中除上述规定外，法国还在西印度群岛保留了几个小岛，在南美保留圭亚那的一部分。在印度法国只允许保留几个贸易站，不许派驻军队或修筑堡垒。

无力。①

　　1627 至 1763 年间，魁北克是新法兰西最重要的地域，魁北克城是圣劳伦斯河下游地区的重镇。1760 年，圣劳伦斯法国殖民地落入英国手中时，沿圣劳伦斯河两岸及其支流定居者约 6.5 万人，其中主要是法国人和法-印（印第安人）混血儿。英国人来了以后，法国官员、商人、高级天主教教士和一些大领主、工厂主都纷纷返回法国，但一部分低级教士、地主和贫穷居民却留了下来。新来的英国殖民者对这块土地实行了四年的军事管制，让定居下来的英国军人都可分得土地，借此吸引英国移民。为了不激化与占多数的法裔居民的矛盾，允许当地居民信奉天主教，以农为主的社会经济也未打乱。1764 年 8 月，詹姆斯·默里将军成为第一届英国文职政府的领导人。他和他的后任盖伊·卡尔顿总督都坚持认为，法裔加拿大人的古老法律和习俗应得到保护，在他们的统治下，法国民法仍作为法院判案的依据。② 1760 年后，讲英语的人很少移入这个地区，为数很少的英语移民大都是原先为英军提供给养的商人。他们定居蒙特利尔和魁北克两地，从法国人手中接过有利可图的毛皮贸易。在伦敦和蒙特利尔英国商人的财政支持下，在新英格兰商人和当地熟悉西部森林地带环境的法裔狩猎者的帮助下，一个新的圣劳伦斯毛皮帝国逐渐形成。在这里讲英语的居民虽然占少数，但财富和权势都集中在他们手中。500 名英国商人却统治着 7 万名法裔居民。在魁北克创立的第一家报纸《魁北克公报》就是兼用英法文印刷的。③

　　但好景不长，操两种语言的居民间出现了矛盾。除毛皮贸易外，法裔居民主要从事农业，而英裔居民主要从事商业。经济生活和政治地位的不同埋下了种族矛盾的种子。

　　为了缓解种族矛盾和安抚印第安人，1763 年 10 月，英王公布了"王室诏谕"，从阿巴拉契亚山脉的顶峰划一条"诏谕线"，不准移民逾线，并将位于阿巴拉契亚山脉以西的土地全部保留给印第安人。英国政府原想以这个诏谕吸引操英语的人移向魁北克，以便像在新斯科舍一样，冲淡法语居民的影响，实行逐步同化政策；同时缓和印第安人反抗白人占取土地的斗争，以便来日改用条约形式夺取他们的土地。虽然诏谕答应给魁北克人以他们所习惯

　　① J. M. S. Careless. *Canada—A Story of Challenge*. Cambridge: Cambridge University Press, 1953: 98-99.

　　② Gerald S. Graham. *A Concise History of Canada*. New York: Viking, 1969: 95.

　　③ J. M. S. Careless. *Canada—A Story of Challenge*. Cambridge: Cambridge University Press, 1953: 101.

的英国式的代议制，但操英语的人很少进入魁北克，因为他们所向往的是越过阿巴拉契亚山脉进入气候温和的俄亥俄河流域。结果却事与愿违，这个诏谕不仅没有达到将魁北克人完全同化的目的，反而引起北美殖民地居民的强烈不满，最终成为北美十三殖民地发动争取独立战争的原因之一。

当十三殖民地反抗英国统治的风暴日益迅速发展时，英国放弃了同化魁北克人的设想，把"王室诏谕"搁置起来，改而在魁北克建立一个永久性政府，以巩固英国在北美的立足点，期望日后北美发生任何动乱时，都可以从法裔加拿大人中募集军队。于是，在盖伊·卡尔顿总督的倡议下，1774 年英国议会公布了《魁北克法案》。法案规定扩充魁北克的边界，将阿巴拉契亚山脉以西、俄亥俄河以北的大片土地划归魁北克，原划归纽芬兰的部分土地也并入魁北克；取消军事管制制度；取消在魁北克建立代议制度的规定，代之以民事政府，即除总督外，成立一个由英裔和法裔加拿大人组成并由英国王室指定的立法委员会；旧的土地制和天主教会的各种特权，其中包括什一税和主教制被保留下来。残酷的法国民法和英国刑法开始实施；过去法国建立的庄园制加以保留；法语和英语同为官方语言；在英国本土设置一个管理殖民事务的大臣。这种措施的目的在于加强殖民统治，以避免出现像十三殖民地那样发生滑出英国之手的可能。正如一位历史学家所说，假如英国对待魁北克的不公平程度只及对待新英格兰不公平程度的一半，那么美国的领土就会延伸到北极圈！ ①

这个法案被北美十三殖民地视为暴政之一。他们看到英国拱手将俄亥俄河流域交给天主教徒，以此来联合法裔加拿大人反对北美殖民地反抗宗主国统治的斗争。这对十三殖民地争取政治自由的运动无异于火上加油。这个法案还取消了将法裔加拿大融化于英裔加拿大的计划，使这两个种族的矛盾成为加拿大政治上的一大难题。事实上，同法案设计者的初衷相反，在北美殖民地反英的斗争中，魁北克并未成为英国坚实的军事基地。

二、北美十三殖民地反英战争对加拿大的冲击

《魁北克法案》并不是北美十三殖民地发动反英战争的唯一原因。自

---

① Agnes C. Lant. *Canada: The Empire of The North*. Toronto: Dodo Press, 1924: 281.

"七年战争"后，英国在经济和政治上不断强化对北美十三殖民地的控制，促使殖民地人民反英斗争的持续高涨，终于导致殖民地独立运动的爆发。

北美十三殖民地在 1774 年成立的大陆会议上，试图将魁北克和新斯科舍纳入反英斗争中来。他们派人把号召法裔居民起来共同反抗英国统治者的标语贴在魁北克各地教堂的门上，① 但未获得积极响应。至于纽芬兰和鲁珀特地，因远离独立革命运动的发生地，并未受到多大影响。

新斯科舍和魁北克未投向独立运动的主要原因，应归结于这两个地区与十三殖民地的利害关系并不一致。虽然这两个地区同样抱怨英国的殖民统治，但反对独立的势力比较强大。

新斯科舍的多数居民来自新英格兰。虽然他们中有许多人同情十三殖民地的革命运动，如 1776 年考伯兰县曾发生一次短暂的起义，但一般来说，居民中多数倾向中立，因为十三殖民地对英不满的缘由在新斯科舍并不存在。例如，"王室诏谕"中关于关闭西部土地的规定对他们未发生任何影响，因为在新斯科舍内地还有许多尚未开垦的土地。更重要的是，他们从英国《航海条例》中非但未遭受损失，而且还得到好处。他们的经济力量单薄，需要不列颠市场，也需要不列颠重商主义条例的保护。作为英国在北美的海军基地，在战争期间新斯科舍为英军提供一些军需，这是有利可图的生意。而且由于英国海军控制着新斯科舍及其附近水域，它根本没有可能举行成功的起义。②

在魁北克情况也是一样。这里的法裔天主教徒对南部新教殖民地并无好感，封建庄园主对于资产阶级民主思想也不愿容纳。另外，由《魁北克法案》引起的英裔居民，尤其是代表毛皮贸易势力的商人对于什一税和庄园主特权的愤愤不平，都使魁北克离弃了同情十三殖民地革命运动的倾向。圣劳伦斯毛皮贸易帝国同哈得孙河流域的阿尔巴尼毛皮商人存在矛盾。有势力的圣劳伦斯毛皮商人反对同与南方接壤的美国联合。正如新斯科舍人一样，他们宁愿留在英国重商主义的体系下生存。

魁北克是一个举足轻重的地方。十三殖民地在发动独立运动后，软硬兼施，试图用劝说或武力办法去占取魁北克，希望除十三殖民地的起义队伍外再增加一支起义军。1775 年，大陆会议派遣军队从纽约向北进入魁北克。

---

① Agnes C. Lant. *Canada: The Empire of The North*. Toronto: Dodo Press, 1924: 298.

② J. M. S. Careless. *Canada—A Story of Challenge*. Cambridge: Cambridge University Press, 1953: 105-106.

设防单薄的蒙特利尔很快于 11 月陷入美军之手。大陆会议向美军发出命令，要求在魁北克成立临时议会，并向大陆会议选送代表。在魁北克城下，从蒙特利尔开来的大陆军与从缅因经荒原向魁北克进攻的另一支大陆军会合，对魁北克实行了包围。但因兵力不足，攻城未获成功，美军统帅亦一伤一亡。魁北克城内英军在盖伊·卡莱顿爵士率领下坚守阵地，整个冬季固守待援。1776 年春，英国海军 1 万人溯河开至魁北克，美军自知力量不敌，随即撤退。英国海军的到来扭转了局势，使魁北克转危为安。① 这次战争后，加拿大人更不愿信赖美国人了。虽然美国大陆军总司令华盛顿并不积极支持大陆会议向加拿大法国人使用武力的决策，因为他生怕得罪法国，但假如卡莱顿爵士在魁北克城不能力御美军并转败为胜的话，那么，加拿大落入美国手中是极其可能的。1775 年 5 月，佛蒙特 200 名自称是"绿山健儿"的民兵也跨过尚普兰湖，高喊"以耶和华和大陆会议的名义"，要求驻守提康德罗加的英军投降，接着沿黎塞留河直至圣劳伦斯河。这支民兵队伍在 9 月间进攻蒙特利尔时被击败，部分人投降被俘，更多人逃进森林地带。② 1776 年 2 月，即《独立宣言》发表前夕，大陆会议还派遣本杰明·富兰克林等四人至魁北克，企图劝说魁北克派代表参加大陆会议，但未获结果。③ 在 1783 年巴黎和会上，富兰克林还提出占取加拿大的要求，但遭到英国的坚决反对。④

　　1783 年《巴黎和约》中，英国虽然失去了北美十三殖民地，但牢牢地控制了新斯科舍和魁北克，再加上纽芬兰和鲁珀特地，形成了其新的北美殖民地。

三、"效忠派"移民大量涌入

　　在美国革命之前，加拿大基本居民是法国人，英国人很少。美国独立战

---

① J. M. S. Careless. *Canada—A Story of Challenge*. Cambridge: Cambridge University Press, 1953: 105-106.

② Agnes C. Lant. *Canada: The Empire of The North*. Toronto: Dodo Press, 1924: 279.

③ William. A. Williams. ed. *From Colony to Empire*. New York: J. Wiley, 1972: 18.

④ S. F. Bemis. *A Diplomatic History of The United States*. New York: Holt, Rinehart and Winston, Inc., 1942: 58.

争期间，有大量曾经支持过英国的"效忠派"移民从十三殖民地逃往魁北克、新斯科舍和安大略滨湖区。这些人被十三殖民地人称为托利党人，可视为加拿大的英国移民的先驱。

在"七年战争"结束时，加拿大有 6 万法国人。在美国革命期间，有 4 万效忠派移民逃往加拿大。当时，至少有五十多个效忠派队伍参加支持英国的战斗。战争结束时，他们的住处被抢劫，财产被没收，不时受到人身攻击。他们感到难以忍受这些报复行动，至少有 10 万名效忠派移民离开美国，他们多来自美国的弗吉尼亚、宾夕法尼亚、纽约、马萨诸塞和佛蒙特诸州。其中约有三分之一的人返回不列颠，另一些人移往西印度群岛或西属佛罗里达，其余逃往加拿大。逃至加拿大滨海省份的约有 3 万人，逃至魁北克东部、多伦多以及金斯敦和尼亚加拉一带的约 2 万人。

当时美国大陆会议对于各州并无有效的管理实权，它虽然号召不要没收效忠派移民的财产，但令行不止。逃往新斯科舍的人主要是从纽约出发的，出逃的效忠派移民都得到英国军方的支持。1783 年春季，占领纽约的英军统帅盖伊·卡莱顿爵士组织大批难民外逃。海军船舰挤满出逃的成人和儿童，随身携带的有衣物和家庭陈设等。当时在新斯科舍人家中常见使用的核桃木和红木家具都是这些移民带去的。移民们大都来自美国海滨各地，其中有不少是殷商富贾。后来新斯科舍的许多望族世家同马萨诸塞和纽约有钱人家大都同姓。而移往人烟稀少的内地或森林地带的移民的生活则比较艰苦。凡军官或户主每人可以从英国政府领到 2000 至 3000 英亩（约合 8.09 至 12.14 平方千米）土地，他们的儿女每人可领到 200 英亩（约合 0.81 平方千米）土地。此外，合家还可领到 300 英镑现款。虽然政府授以土地、农具和食物，但不少人感到失望。有的返回美国，有的移往不列颠，但大多数人坚持留了下来。新斯科舍原有居民 1.7 万人，效忠派移民移入后，人口陡增一倍。[①]

许多效忠派移民迁往芬迪湾北岸，此地离新斯科舍首府哈利法克斯很远，生活环境更为严峻。移民登岸后，砍树伐木，开辟农田，于 1784 年与新斯科舍分开，另建新不伦瑞克省。圣约翰为其主要港口，位于圣约翰河上的弗雷德里克顿为其首府。另一些移民登陆定居的地方是爱德华王子岛。

移往魁北克的人为数不多，约有 1 万。这些从美国弗吉尼亚和马里兰

---

① J. M. S. Careless. *Canada—A Story of Challenge*. Cambridge: Cambridge University Press, 1953: 111.

州去的移民多半是从陆地向北徒步前进，携带的小孩和物品都载在车上，有的人还带着黑人奴隶。迤逦而行的队伍俨似后来向西移民的情景，不过在规模上没有那么庞大，所遇的气候和生活环境都比较严酷，而且越往北越寒冷。有的移民沿尚普兰湖和黎塞留河，通过易洛魁印第安人聚居区，到圣劳伦斯河上游地带或安大略湖北侧滨湖区定居下来。有的人跨过尼亚加拉瀑布城，直至安大略湖的最北端住下。大部分协同英军作战的易洛魁印第安人移往安大略湖以西地区。移民得到英国殖民当局的鼓励，也得到生活必需品和土地。

英国向英属北美殖民地移民真正开始于 1820 年以后，早期移入者主要是美国人。美国独立后，仍有许多美国移民来此，他们主要是为了取得土地而来定居的，其人数超过了效忠派移民。这批美国移民主要定居于《1791年宪法》所划出的上加拿大。在 18、19 世纪之交移往上加拿大的美国人有数万人，而移往下加拿大的人数还不足 1 万，他们正是 1812 至 1814 年英美战争中反抗美国侵略的骨干力量，也是安大略省最早的奠基人。

四、《1791 年宪法》及其后

外来移民大量涌入加拿大，使当地社会发生了许多变化。移居西部荒原的移民披荆斩棘，砍伐树木，开垦荒地，种植庄稼，经历了一段饥寒交迫的日子后，生活才逐渐好转，经济才逐渐繁荣。在魁北克，居民还是以法裔为主。新移民较少，且不习惯当地宗教、习俗和政治生活。英国殖民当局从美国独立战争中也吸取了一些经验教训。他们认为，自治是危险的事情，采用分而治之的办法，最符合帝国的利益。因此，1791 年英国制定了宪法法案，以渥太华河为界，将魁北克一分为二，即上、下加拿大。位于河西的上加拿大（即今安大略省）使用英语，采用英国法律和政治制度。位于河东的以法裔居民为主的魁北克称下加拿大（即今魁北克省），包括魁北克城和蒙特利尔城，控制着圣劳伦斯河。在这里保存了庄园主权利和《魁北克法案》所允许保留的法国法律、天主教会及其权利。在上、下加拿大都实行了代议制。

《1791 年宪法》的出台翻开了加拿大历史新的一页，它所建立的新的政治形式暂时解决了自 1763 年以来悬而未决的矛盾。但这种解决办法对于加拿大本身的发展并没有起多大的促进作用，反而留下很多隐患。这部宪法反映了不列颠王国一贯施展的"分而治之"的帝国政策。尤其在北美十三殖民地高举义旗、发动声势浩大的独立战争并取得胜利后，英国更是支持这种政策。英国殖民当局认为，殖民地分得越小，民主制保存得越少，越不易发生变乱，英国统治地位也就越易巩固。

英属北美殖民地仍然被置于英国重商主义政策的罗网之中，昔时的《航海条例》并未取消。殖民地贸易虽然受到种种限制，但在英国海军的保护伞下，也得到某种程度的发展。这时，独立后的新兴美国已对加拿大构成威胁，所以，新宪法并未受到加拿大人的反对，至少在一段时间内（即直至1837 至 1838 年起义前），加拿大与宗主国英国大致相安无事。

《1791 年宪法》规定，设立一个总督统管不列颠全部北美殖民地，其权利仅是象征性的。在上、下加拿大各设一个副总督、一个行政委员会、一个立法委员会和一个立法议会。立法委员会相当于英国的贵族院，成员由英王指定。立法议会相当于英国的众议院。虽然立法议会掌有财政权力，但受到很多限制，例如它不能约束总督，并有两个委员会置于其上。行政委员会由总督任命，名义上是咨询机构，实际上承担政府的主要职能。立法委员会的成员也是任命的，且为终身职。没有立法委员会的赞同，任何法案均不得成立。立法委员会和行政委员会主要由获得土地授予的大地主组成，形成一种寡头政治。立法议会只是一种辩论场所。殖民地政府直接向伦敦主管殖民事务的政府部门负责。

另外，宪法还增加了新教教会的权力，规定七分之一的公有土地不许授予私人，只能授予新教教士，即英国国教教士。加拿大的英国国教日益成为最有权势、最为保守的势力，是寡头政治中一个组成部分。政教寡头的专断和立法议会所受的种种限制，为加拿大政治、经济的发展带来很多后遗症。尤其在法裔居民占多数的下加拿大，大地主和天主教教士拒绝承担应负的赋税，把大部分捐税推给英国商人。这些都是引发未来不安定局势的因素。

英国欲通过宪法使下加拿大英国化的企图终究归于失败。为了制服下加拿大，英国在 1807 年不得不又指派一个军人詹姆斯·克雷格担任总督。克雷格于 1810 年解散了立法议会，撤除了民兵中的法国军官，取缔了报纸，还叫嚣要取消天主教教士的职务。在 1812 至 1814 年英美战争前夕，克雷格被免职，英国另派一个总督去缓解与法裔加拿大人的紧张关系。[①]

《1791 年宪法》实施后，上、下加拿大以及其他不列颠北美殖民地都发生了许多变化。除纽芬兰和鲁珀特地两地地处偏远，在政治和经济上仍不发达外，新斯科舍和新不伦瑞克两省都发展起来。

在法国统治的年代里，加拿大是由荒原上一系列毛皮贸易站构成。而此时，加拿大已分成若干个行省。原新斯科舍分为四个省，爱德华王子岛于 1769 年、新不伦瑞克省和布雷顿角于 1784 年从新斯科舍分离出来。在滨海的这四个省份中，除布雷顿角外，都成立了代议制议会。议会、总督和一个行政委员会共同掌权。布雷顿角由一个指派的行政委员会实行统治。1820 年布雷顿重新合并于新斯科舍后，加拿大实际由六个省组成：上加拿大省、下加拿大省、新斯科舍省、新不伦瑞克省、爱德华王子岛和纽芬兰省。新斯科舍、新不伦瑞克和爱德华王子岛议会的势力很弱。爱德华王子岛的统治者大多是境外地主，其家庭仍未离开欧洲本土。新不伦瑞克的居民多为效忠派移民，对宗主国表示顺服。英国赋予这些殖民地议会以征税权，这既可用以支付殖民地的开销，又可缓解因征税问题再起事端的后顾之忧。这是英国从北美十三殖民地反抗斗争中学到的经验。

在 19 世纪 30 年代工业与交通时代来到之前，《1791 年宪法》所确立的政治结构运转还算顺利。在上、下加拿大以西地区，毛皮贸易日益兴盛。在东部地区，纽芬兰仍由海军管治，当地捕鱼业十分兴旺，捕海豹业作为渔业的补充活动也开始发展起来。东部其他滨海省份也主要依靠捕鱼业，海上贸易和伐木业占有很重要的经济地位。新斯科舍的船只装载晒干的鱼和木材驶往只盛产蔗糖的英属西印度群岛。因此，新斯科舍的造船业很发达，木材是由新不伦瑞克高地提供。在上、下加拿大，木材业也很发达。渥太华流域的优质木材曾驰名一时。

森林中的树木被砍倒后，种植农作物的大小地块被开辟出来。下加拿大主要产小麦，用于自给。上加拿大生产的谷物则供应宗主国英国，尤其在拿破仑战争时期，运往英国的谷物数量剧增，奠定了加拿大谷物生产发展的基础。

毛皮、木材和谷物是英属北美殖民地运往英国的三项大宗货物，其发展日益仰仗与不列颠帝国贸易关系的支撑。

---

① Henry Cabot Lodge. ed. *The History of Nations*. Vol. XX. Philadelphia: Arkose Press, 1906: 153.

上、下加拿大是英属北美殖民地最发达的地区。1793 年上加拿大首府约克建立。下加拿大的首府是蒙特利尔，有钱的毛皮商大都住在这里。大木材商人多住在魁北克城。这样，驻军军官、政府官吏和富商巨贾构成了上层社会的豪门贵族，与上加拿大的边疆农民、新不伦瑞克的伐木工和新斯科舍的乡村渔民相比，生活差异极大。这种差异为以后加拿大的政治动荡埋下了种子。

五、《杰伊条约》

根据 1783 年《巴黎和约》，俄亥俄地区被划归美国。但英国又考虑到加拿大西部边陲将会受到新兴美国的威胁，所以迟迟不肯履行和约，拖延撤出在俄亥俄地区所设的军事据点。同时，俄亥俄与圣劳伦斯毛皮贸易有密切联系，而与大湖区南岸地带时有摩擦，这也使得英国不愿如约撤退。英国政府不愿放弃兴旺的毛皮贸易，毛皮商人也不愿倒向美国，易洛魁印第安人更不愿归顺美国。英国便以要求履行 1783 年《巴黎和约》中所规定的美国清还效忠派财产的条文为借口，拖延撤出大湖区边境兵站和贸易站。

这种悬而未决的胶着状态一直延续到 18 世纪 90 年代。美国唯恐英国唆使印第安人对美国开展袭击活动，英国也害怕印第安人果真被激怒而受到拖累。双方都在印第安人这张牌上打主意。总督道契斯特勋爵（即前述盖伊·卡莱顿爵士）曾一度希望在美国与上加拿大间建立一个印第安人隔离区，借以保护上加拿大，而美国却设法以武力夺取俄亥俄河以南地区。1794 年，美国最终在"落木战役"[①]中击败了印第安人，俄亥俄以南地区落入美国手中，道契斯特勋爵的计划落空了。

在英美关系日趋紧张的形势下，美国感到本身力量还很软弱，国内也不团结，西南部尚有虎视眈眈的西班牙殖民地，若再深入卷进与印第安人的冲突甚而与英国作战，恐怕对本国不利。1794 年，美国总统华盛顿终于派遣最高法院首席法官约翰·杰伊赴英进行谈判。11 月 19 日，英美签订了《杰伊条约》。这个条约对英国较为有利，引起美国国内一片斥责杰伊的呼声。英国答应撤走在西部所占的据点，美国则允诺积极处理效忠派财产问题。这

① 亦译"法伦廷伯斯战役"。

种诺言均属纸面文章，并未当即奏效。美国虽然取得同英属西印度群岛贸易的权利，但只限于载重 70 吨以内的船舶，而且美国船只不得运送热带作物如蔗糖和棉花到加拿大。关于其他争端，如东北边界问题、美国独立前的欠债问题等，均推到混合组成的仲裁委员会去决定。至于印第安人问题，条约根本只字未提。

《杰伊条约》并未消除英美间的摩擦。西部据点虽然在 1796 年前交还给美国，但印第安人仍然到昔日贸易站以北同英国商人进行交易，英国也乐意与印第安人继续保持和睦关系，以便日后同美国发生冲突时利用印第安人。但在俄亥俄地区美国毛皮商人竭力排挤英国商人，英美矛盾还在不断增长。

在海上，英美冲突也在增加。1802 年后，英国与法国间展开海上封锁与反封锁的斗争。英国海军在公海上强行搜捕被认为是英国海军士兵的美国海员。为此美国不断提出抗议。1807 年 6 月，英舰"利奥波德"号与美舰"切萨皮克"号发生冲突。英舰要求搜查行驶在距弗吉尼亚海岸 10 英里（约合 16.09 千米）的"切萨皮克"号，美舰予以拒绝，英舰立即开火。美军伤 18 人，死 3 人。前此，英国令其海军搜查美国的商船，尚未敢搜查美国军舰，而且这次搜查活动竟在美国内海进行。这次军事冲突使已经紧张的英美关系更趋恶化。1807 年 12 月，美国国会通过《禁运法案》，禁止向英法输出一切货物。这项法案使美国在经济上付出的代价甚巨，无异于自食其果。1809 年 3 月，美国国会不得不将之取消。1810 年 5 月，美国国会又通过《第二号梅肯法案》，恢复对英法的贸易，但规定英法间任一国若取消其封锁法令，美国则对未取消封锁法令的另一方实行禁运。在法国外交部部长向美国驻法公使递交一份措辞含混的文件后，1811 年 3 月美国国会制定了一个法案，宣布对英实行《不来往法》。这时，美国西部各州急切希望向加拿大扩张，一些号称"战鹰"的议员发出夺取加拿大的叫嚣更是沸沸扬扬。

印第安人也行动起来。他们在英国的拉拢诱骗和美国的步步进逼下，感到从迫在眉睫的英美军事冲突中，可能有找到出路的机会。印第安人各部落在首领特库姆塞的号召下，结成一个新的联盟。这个联盟令人记起"七年战争"期间，从弗吉尼亚、密西西比到苏必利尔湖的印第安人在渥太华部落领袖庞蒂亚克领导下进行的大起义。1811 年 11 月，美国军队在威廉·亨利·哈里森的率领下，于瓦巴什河附近的蒂普卡努击败印第安人。

特库姆塞的同盟，是印第安人在其领袖率领下试图对抗美国对印第安人实行的灭绝政策的结果。但美国人，尤其是西部美国人却认为，英国曾在背后支持特库姆塞的同盟。① 美国各地遂爆发了一片战争叫嚣，"到加拿大去！" "瞧瞧瓦巴什，瞧瞧被强征的海员！"②

六、1812 至 1814 年的英美战争

1812 年 6 月，美国正式对英宣战。此时，在欧洲以英国为主要策划者的反拿破仑战争方酣。正是由于英国的主要海军力量投入反法战争，分散了它的兵力，而美国的兵力还没强大到一举消灭英国海军军援的能力，结果使英美战争呈胜败难分的状态。这次战争是美国第二次反英独立战争，主要对手是英国海军，而加拿大人所进行的战争是反对美国侵略的战争，主要对手是美国的陆军。战争初起时，英国在加拿大的兵力相当薄弱，援军又一时难以调来，美国则采取进攻的战略，只是因为美军指挥不当和力量分散，加拿大才得以避免一击即溃。

美国自华盛顿以来的外交决策是保持"中立"地位，争取时间，改善美国的国力，让欧洲战乱纠纷为美国利益服务。就美国来说，这次战争的爆发，是美国欲趁英国应付战火纷飞的欧洲战争之机，在英国背后捅上一刀，借以夺取加拿大。英美战争的受害者是加拿大，因为战争主要是在加拿大境内进行的。到了战争后期，却出乎美国的预料，战事转到美国境内。

受到英国海军足够保护的英属北美殖民地的滨海诸省不愿贸然进犯美国新英格兰，只是在海上进行劫掠美国船只的活动。暴露于英国海军威胁之下的美国新英格兰各州也不肯直接攻击英国北美殖民地滨海地区，避免失去海上贸易，并一直抱怨这次战争对他们不利。1814 年 12 月，他们甚至在马萨诸塞的哈特福德秘密召开了一次新英格兰代表大会，对这次战争表示抗议。

美国不打算在英属北美殖民地的滨海各省作战，它选择的攻击目标首先是下加拿大，借以切断上、下加拿大的联系，进而攻入上加拿大。在陆地作战，似乎对美国更有利。当时美国人口已达 700 多万，入伍民兵达 70 万，

---

① 塞缪尔·埃利奥特·莫里森等：《美利坚共和国的成长》（上卷），天津：天津人民出版社，1980年，第 473 页。

② Thomas Bailey. *A Diplomatic History of The American People*. New York: Pearson College Div, 1944: 130.

在战争之初应征正规军达 7000 人，而在北美的英国正规军还不到 5000 人。由于英国主力正在欧洲进行"半岛战役"，当时英国在西部唯一的支援者是特库姆塞手下的勇士。上加拿大离美国西部较近，英国兵力较为单薄，而且新近移至此地的美国人对于美国兼并也无反感。所以，夺取上加拿大是美国的主要目的。

美国攻取上加拿大的军队由三支构成。第一支是由密歇根准州总督威廉·赫尔负责，他的任务是从底特律攻进上加拿大；第二支是由亨利·迪尔伯恩中将率领，他的任务是经尚普兰湖一线北上，进攻蒙特利尔；第三支是斯蒂·范·伦塞勒率领的纽约民兵，任务是进攻尼亚加拉的英兵。

在 1812 年 6 月 18 日美国对英宣战前一周，威廉·赫尔就率军从俄亥俄的代顿出发，进军底特律。他随后接到命令，跨过底特律河向英军据点前进。因特库姆塞率领的印第安人加入英军作战，赫尔不敢恋战，退守底特律。英军统帅、上加拿大副总督伊萨克·布拉克将军带兵把底特律团团围住。赫尔于 8 月 16 日投降。前此一个月，在米其里曼基纳克（今密歇根州的麦基纳克）据点的美军已向英军投降，接着布拉克移兵尼加格拉，抵御进击的美军。10 月 13 日，美军跨过尼加格拉河，攻打昆斯敦高地，布拉克被击毙。但范·伦塞勒率领的民兵迟迟不前，后也被包围，遂即投降。被指令进攻蒙特利尔的亨利·迪尔伯恩将军行动迟缓，至 11 月才向北进军，19 日抵达美加边界。当他闻知英军出动迎战后，便退回纽约州的普拉特斯堡。战线从伊利湖的西端延伸至蒙特利尔。到 1812 年末，美军全线失利。在东部的部队退回纽约，在西北部的部队溃败南下。战争逐渐转向美国本土。

1813 年初，美军在新的统帅威廉·亨利·哈里森率领下发动新的进攻，在 1 月吃了一次败仗，但 10 月在泰晤士河取得大捷。特库姆塞被击毙，英军溃退，美军夺回底特律。印第安人联盟瓦解后，西北边疆地带落入美国人手中。

1813 年，在尼亚加拉和蒙特利尔两条战线上，英美军队互有胜负。4 月，迪尔伯恩将军率军攻入上加拿大首府约克（今多伦多，建立于 1793 年），纵火烧毁城内议会厅建筑。但在正规军、民兵和印第安人的联合反击下，美军不得不退下阵来。在尼亚加拉一线，双方互有伤亡，12 月底英军终于占取了尼亚加拉堡垒。美军第二次向蒙特利尔的进击又未获成功。

当 1814 年 6 月拿破仑被反法联盟击败后，英国才腾出手来对付美国。英国海军船只驶向北美，支援陆军，并拟从三个方向袭击美国：尼亚加拉、尚普兰湖和新奥尔良。

在尼亚加拉一线，7 月 4 日美军跨过尼亚加拉河，把战争推进加拿大境内，25 日取得一次战役胜利，但当听到英国援军将到时，遂渡河退回。

在尚普兰湖一线，英国海军原打算消灭尚普兰湖上的美国船只，但在普拉特斯堡海湾一役中，英船损失惨重，英军退回加拿大。在海上，英国船只劫掠美国大西洋沿岸诸城市，主要攻击目标是美国首都华盛顿和巴尔的摩。英军在华盛顿东南的帕塔克森特河登陆，径直开往华盛顿。美国总统麦迪逊和他的政府官员亲临战场观战，以为胜利在握，不料美国民兵一触即溃。8 月 24 日，英军进入华盛顿，麦迪逊仓皇出逃，在白宫里为他准备的晚餐被英军军官吃掉。为了报复前一年美军在约克的纵火暴行，英军烧毁了几乎所有政府建筑，尔后自动撤离。但英国海军对巴尔的摩的进攻并不成功，英军统帅罗伯特·罗斯将军被击毙，余部撤往新奥尔良。

在美国西南部海港新奥尔良，英国以数万兵力展开攻势。美军统帅安德鲁·杰克逊率领的军队于 1815 年 1 月 8 日在与英军的会战中得胜，英军统帅战死。对美国来说。这是一次大胜利。由于当时信息传递不快，实际上这次战役是在英美签订《根特和约》之后发生的。

在 1814 年《根特和约》中，战前边界被确认，但所有引起战争的问题都未涉及。拿破仑战争的结束，使海上搜查美国船只和强征美国海员的问题自行消失。由于美国战后向西移民的数量剧增，印第安人无力反抗，印第安人问题也不存在了。1815 年后，美国扩张方向转向西南方——西班牙殖民地佛罗里达。

1812 至 1814 年战争使英属北美殖民地反美情绪更加高涨，特别是在美国垂涎已久的上、下加拿大，这种情绪更加明显。颇为值得一提的是法裔加拿大人在这场战争中的表现。英美战争与欧洲持续多年的英法之争，使英国处于两面受敌状态。这不免激起法国人和美国人对法裔加拿大人的兴趣。在战争前夕，曾有一些法国间谍试图在法裔加拿大人中煽动叛乱。然而，他们的指望和努力全部落空了。拿破仑的法美结盟提议并没有在法裔加拿大人中激起热情。许多法裔加拿大人把拿破仑看作"法国的非法领袖"，并不为法国人的宣传所动。法裔加拿大人同法国之间旧有的纽带已所存无几。[①]他们以惯有的冷漠态度对待这场战争，加入效忠民兵队伍的并不多，投向敌对势

---

① Mason Wade. *The French Canadians*. Vol. I. Toronto: Macmillan, 1968: 122.

力的则更少。美国原想兼并英属北美殖民地的两个富裕省份，但结果适得其反，战争使上、下加拿大较紧密地联系起来，以反对美国的入侵，维护自己的独立。虽然此后美国还不时发出吞并加拿大的叫嚣，但在英国海军统治大西洋的世纪里，美国以武力兼并加拿大的可能已不复存在。

七、圣劳伦斯毛皮贸易

1760 年魁北克由英军占领时，加拿大的毛皮贸易存在两种贸易形式。一种是 1670 年英王特许的哈得孙湾公司，主要由伦敦商人和投资者所控制，他们不善于直接接触印第安人；另一种是法国人的贸易形式，组织比较松散，但能深入林区，同印第安人直接往来，进行买卖。[①]

圣劳伦斯毛皮贸易的发源可追溯至 1760 年魁北克省中讲英语的商人。"七年战争"结束后，从哈得孙河和俄亥俄地区来的英国人、苏格兰人和新英格兰人涌入大湖区，填补法国商人从圣劳伦斯河流域撤走后所留下的真空。这些人甚至比英国军队还早就来到蒙特利尔。1783 年，在蒙特利尔的毛皮商人联合组成了西北公司，成为圣劳伦斯毛皮帝国的主宰者。他们接收了过去新法兰西在圣劳伦斯河的毛皮贸易系统，并向西南扩展到大湖区以远以及俄亥俄和密西西比河一带。他们深入内地，在中途直接从印第安人那里截购运往美国的哈得孙湾公司的毛皮。西北公司的圣劳伦斯毛皮贸易对长期坐收毛皮的哈得孙湾公司贸易构成了威胁，后者的贸易曾一度衰落。

1783 年《巴黎和约》规定将大湖区以南地区划归美国，过去法国在米其里曼基纳克和底特律的贸易据点转交美国。苏格兰人和效忠派涌入，逐步将加拿大毛皮商人排挤出去，毛皮贸易发生了一次巨大的重新组建。这两个巨头毛皮公司在圣劳伦斯河流域以西的整个地区，甚至远达太平洋沿岸展开竞争。1794 年《杰伊条约》订立后，边界线进一步确定，英国答应放弃在这个地区的贸易和军事据点，美国毛皮商人的地位更加巩固。

加拿大毛皮商人鉴于在西南地区遇到美国扩张势力的威胁，便改变方向，开始向北、西这两个方向尚未开发的地区扩展。早在 1778 年，美国商人彼特·庞德就深入今阿尔伯塔省的阿萨巴斯卡河。这引起了加拿大商人开

---

① George Woodcock. *A Social History of Canada*. Ontario: Penguin Books Ltd., 1988: 107-109.

发这条盛产毛皮的流域的愿望。1789 年，苏格兰人亚历山大·麦肯齐沿着这条后来以他的名字命名的麦肯齐河北上，直至流向北冰洋的河流入口处。1793 年，麦肯齐又从阿萨巴斯卡湖向西经落基山区，在今不列颠哥伦比亚西南的贝拉-库拉河抵达太平洋。1792 年 4 月，英人乔治·温哥华船长首先从海路到达哥伦比亚河口。这些探险活动扩张了加拿大的疆域，促进了毛皮贸易的发展。正如海狸曾经把法国森林流浪者从圣劳伦斯河吸引到落基山地带一样，海狮也把探险者吸引到濒临太平洋的西北沿岸。1813 年，美国毛皮贸易公司主人约翰·雅各布·阿斯特将位于哥伦比亚河口的阿斯特贸易站卖给加拿大。这样在太平洋西北沿岸（即俄勒冈地区）哈得孙湾公司的毛皮生意完全由加拿大人接管。加拿大商人用武力镇压了不服从他们的印第安人。他们在横跨太平洋与太平洋两岸的广阔地带上进行的毛皮贸易，起着连接东西的纽带作用。在后来的加拿大历史上，这种作用发挥得更加充分。1821 年，已由加拿大人控制的哈得孙湾公司重新改组，合并了与之竞争的西北公司，成为加拿大独家垄断公司。在此后半个世纪内，哈得孙湾公司控制着后来变成加拿大一部分的广大西部领土。

八、纽芬兰

纽芬兰是加拿大海域最早被发现、最早被占领的地方，[1] 虽然在 1713 年《乌特勒支条约》中被划归英国，[2] 但英法以及英美关于纽芬兰捕鱼业的争执纠纷在整个 19 世纪中一直未停。纽芬兰是世界上最大的渔场之一，在经济上对英国十分重要，尤其对于英国船只运输业和捕鱼业的重要性更为显著。17 世纪，"不列颠贸易委员会"甚至曾一度认为，在财富和安全上，纽芬兰的重要性大于加拿大和路易斯安那的总和。[3] 为了保持对纽芬兰渔业的绝对垄断地位，从 17 世纪 30 年代起，英国曾采取各种措施，设法阻止向那里移民。1775 年，《帕利塞法案》进一步从法律上明确了这些规定。凡从英国港口出航，并由英国人驾驶的英国船只，在去纽芬兰捕鱼时，都可得到国家

---

[1] A. G. Bradley. *Canada*. New York: Palala Press, 1972: 26.

[2] 直到 1949 年纽芬兰和拉布拉多半岛才成为加拿大的一个省。

[3] W. T. Easterbrook and Hugh G. J. Aitken. *Canadian Economic History*. Toronto: University of Toronto Press, 1988: 138.

财政补贴。没有英国政府正式批准，所有船只不得载运旅客。为了防止船员在纽芬兰上岸定居，在从英国出航前，船员必须预交返航抵押金。1775年，英国议会还制定了一个《限制法案》，禁止美国新英格兰参与纽芬兰渔业贸易。这个法案类似 1774 年制定的《魁北克法案》。后者是为了阻止十三殖民地居民向阿巴拉契亚山脉以西扩展，而前者是为了阻止十三殖民地居民沿大西洋岸向东北方向扩展。

在美国独立运动步入高潮时，英国之所以采取惩罚性的《限制法案》，目的是打击新英格兰同纽芬兰的贸易。可是，当时纽芬兰的食品，如面包、面粉、牲畜等，很大程度上依仗新英格兰供给。面包和面粉至少一半来自十三殖民地，而来自上、下加拿大或新斯科舍的极其有限。[①] 新英格兰还几乎垄断了纽芬兰同西印度群岛的航运业。新英格兰船只由西印度群岛运回甜酒、蔗糖和糖蜜，从纽芬兰运出鳕鱼。大部分在纽芬兰从事捕鱼业的船只是由新英格兰建造的，其中也包括英国的船只。1774 年，有不下 170 只船从波士顿、纽约、塞勒姆和费城等港进入纽芬兰港口，其中主要是圣约翰港。可见，上述《限制法案》使新英格兰和纽芬兰双方都遭受很大损害。尤其是纽芬兰，因缺乏食物，造成居民饥饿难熬。但根据英国《航海条例》，英国船只不许直接从外国运送粮食到纽芬兰，所以只能在不列颠帝国范围内寻找食物，但帝国范围内可有余粮供应的地方并不多，而且远水解不了近渴，纽芬兰有许多人活活饿死。1776 年，英军被迫放弃了波士顿、新英格兰后，粮食又得以运往纽芬兰。因为英国海军扼住纽芬兰的咽喉，而它又远离美国，不能逃避英国海军的阻截，所以纽芬兰人在美国独立战争期间极力避免同美国发生政治接触。1783 年，美国独立战争结束后，英国不许英属西印度群岛和纽芬兰同美国进行贸易往来，但英国本身无力向西印度群岛和纽芬兰供应粮食，遂决定在一定条件下，外国（指美国）可以直接运进粮食，但须由不列颠船只载运。

至 18 世纪末叶，纽芬兰的经济有了长足发展。它同加拿大和西印度群岛的贸易关系已经确立。它自己也拥有一支船队，出航地点大多是纽芬兰港口，而非英国商站。虽然这支船队很少横跨大西洋，但与西印度群岛和北美大陆来往频繁。圣约翰港成为同西印度群岛贸易的中心。与西印度群岛贸易

---

① W. T. Easterbrook and Hugh G. J. Aitken. *Canadian Economic History*. Toronto: University of Toronto Press, 1988: 139.

的加强以及与加拿大联系的增长，使纽芬兰产生了一批新的商人队伍，从而打破了西欧各国对纽芬兰贸易的控制。①

在 18 世纪 90 年代，纽芬兰的经济发展在一定程度上是与西欧战争有关。1792 年，反对法国的战争爆发后，从英国到纽芬兰运鱼的船只急剧减少，同时进口食物的价格上涨了，从欧洲购买食盐的难度也增加了，可是纽芬兰本地的渔业却繁荣起来。虽然运鱼到西班牙和葡萄牙的航道被切断，但运往美国以及在美国公布《1807 年禁运法》之后运往西印度群岛的鱼的数量却大大增加了。欧洲反拿破仑战争的年代，正是纽芬兰大商人振兴经济的时机，但纽芬兰的一般居民在食物价格上涨和干鱼价格下跌的双重挤压下，生活十分艰苦。

1815 年，欧洲战争结束后，法国和美国这两个渔业竞争对手重新出现，但这时纽芬兰本地渔业已经确立，并紧紧地由本地人控制，足可与昔日对手相匹敌。同时，纽芬兰的人口也迅速增加，由 1785 年的 1 万人增至 1815 年的 3.5 万人。到 1824 年，英国才给纽芬兰以殖民地地位，八年后又建立了代议制政府。

---

① Keith Mathews. *Lectures on The History of Newfoundland, 1500-1830*. Newfoundland: Breakwater Books, 1988: 120.

第三章 通向联邦之路

一、移民与开拓的年代

《根特和约》的签订和拿破仑战争的结束，使欧洲和北美的局势进入了一个相对稳定的时期。1815 年，英属北美诸省，包括上、下加拿大，新斯科舍，新不伦瑞克，爱德华王子岛和纽芬兰，都被置于传统的英国殖民统治之下。许多加拿大人对美国的入侵耿耿于怀，把英国的保护视为自身生存的凭借。英国人趁机巩固了在北美的殖民体系。各省都有英国委派的总督，有一个由总督提名的行政委员会，有一个控制着司法和税收的众议院（represen-tative assembly）。美国的政治思想被排斥，英国的政治传统占据上风。在反美情绪高涨的同时，加拿大人的民族意识成长起来。因此，在战争结束以后的一段时间内，英属北美殖民地呈现出民族意识与保守势力共同增长的局面。然而，宗主国与殖民地之间固有的矛盾不可能消失，英国与其北美殖民地之间的矛盾斗争，在新的历史条件下围绕新的问题逐渐展开。

1812 年战争结束以后，英属北美又出现了移民高潮。这次移民的明显特点是，移民不是来自传统的美国，而是来自英伦诸岛。英国移民在英属北美殖民地断流的原因，一方面是 1812 年战争以后，英属北美殖民地反美情绪高涨，殖民当局和保守派敌视美国移民，认为他们是共和主义者，对英帝国不忠，对其殖民地心怀不轨，极力对美国移民加以限制；另一方面，美国的西进运动正在蓬勃展开，其边疆居民纷纷投入美国中西部的开发，无意北上再进入不受欢迎的土地。而英国移民再度出现高潮则与工业革命有关。工业革命一方面改善了英国人的物质生活条件，造成人口的迅速增长；另一方面又使大批人陷入失业和贫困。在这种形势下，英国人重温旧梦，又一次远涉重洋到海外寻找发迹之所。同时，拿破仑战争和英美战争的结束又使大西洋恢复和平，为移民提供了条件。

在 1815 年以后的十年中，大约有 4 万移民到达新斯科舍，其中半数以上是苏格兰人；同期，平均每年有 5000 至 6000 名移民进入新不伦瑞克，其中三分之二是爱尔兰人。上加拿大辽阔的地域接纳了大量的移民，1828 年进入加拿大的移民达到了 1.2 万人，1830 年达到了 3 万人，两年以后达到了 6.6 万人，其中有英格兰人、威尔士人、苏格兰人和信仰天主教的北爱尔兰人。爱德华王子岛和纽芬兰地域有限，没有大的移民涌入。而下加拿大则因为法裔加拿大人占多数，具有严重的排斥英国人的倾向，只有少数移民在下加拿大东部城镇和蒙特利尔、魁北克周围地区定居下来。移民来自社会各阶层，有退役的士兵、威灵顿军队中的军官、爱尔兰的织工和贫民、苏格兰的工匠和被逐出小农场的佃农，以及英格兰农村的劳动者和工厂的工人，也有一些中上层阶级的移民。有些移民得到英国政府或民间慈善团体的资助，大多数则是靠家庭的积蓄和朋友的资助。移民旅途艰难，船舱肮脏不堪，让人窒息，自备食物、衣物不足，经常是饥寒交迫，对大多数移民来说，大西洋之行是一场漫长的噩梦。

新移民的到来使英属北美殖民地社会发生明显的变化。在新斯科舍，苏格兰人成为继新英格兰移民、效忠派之后的第三大集团；在新不伦瑞克及下加拿大的魁北克和蒙特利尔，信仰天主教的爱尔兰人成为社会的重要组成部分。在上加拿大，信仰新教的爱尔兰人在数量上超过信仰天主教的爱尔兰人，比例大约是 3∶1。宗教摩擦与日俱增，成为英属殖民地社会的热点。英国移民的洪流改变了殖民地社会原有的人口比例，英裔居民占据了多数。英国移民的亲英情感使殖民地社会更加英国化，但也使殖民地社会更为复杂化。民族情感并不能取代阶级的、政治的矛盾和斗争。英国移民有许多加入了殖民地保守派的行列，但也有不少移民带来了自由和改革的思想。

1812 年战争结束以后，英属北美殖民地的经济发生了明显的变化，主要体现于圣劳伦斯毛皮王国的终结、各省及西北部地区的土地开发以及交通运输的改善等方面。圣劳伦斯毛皮王国的终结既是战争的结果，又与西部土地的开发有关。随着战争结束，英国把西部交还给美国，美国随之出现了西进运动，使圣劳伦斯毛皮贸易最终丧失了传统的资源。圣劳伦斯毛皮贸易的统治者西北公司便全力以赴经营大湖区以西至太平洋的商业贸易，结果与其老对手哈得孙湾公司展开了激烈的竞争。哈得孙湾公司占据地理上的优势，他们的运输线短，往西部的供应物资是从大陆的半途起运。而西北公司却要用独木舟从蒙特利尔起程，路途遥远，交通不便。苏格兰贵族塞尔扣克在红河地区的土地开发计划激起两家公司公开的冲突。1811 年，塞尔扣克以哈得孙湾公司的持股者身份购得红河地区 11.6 万平方英里（约合 30.04 平方千米）的土地，并于 1812 年将两批移民迁入此地定居下来。红河地区是通往西部、西北部贸易的交通要道，又是野牛的盛产地，是西北公司获得干肉饼的主要来源地，而干肉饼是该公司供给西部、西北部商站的基本食品。显然，这个地区对于西北公司是至关重要的。西北公司认为塞尔扣克的开发计划是哈得孙湾公司别有用心的行动，其目的在于摧毁他们的运输和供应体系，最终阻止他们进入西北地区。于是，他们就在红河地区的梅蒂人（法国人与印第安人的后裔）中进行煽动，唆使梅蒂人对新居住地的居民进行攻击，结果引起了公开的武装冲突。1816 年，发生了历史上有名的"七林桥木大屠杀"，有 21 名居民被杀死，其中包括总督森普尔。塞尔扣克毫不退却，针锋相对，以武力保卫他的殖民地，并派遣一批瑞士雇佣兵占领了西北公司内陆的主要商站威廉堡，双方争执不下，最终诉诸法庭。旷日持久的法律诉讼使双方两败俱伤，巨额的花费使他们面临同归于尽的结局，双方为了避免这种厄运，不得不妥协，于 1821 年实行合并。新公司保留哈得孙湾公司的名称，西北公司的人员和钱财都并入新公司。新公司的经营渠道主要通过哈得孙湾而不再经过圣劳伦斯河流域。这种变化意味着曾盛极一时的圣劳伦斯毛皮王国的终结。然而，蒙特利尔商人集团和圣劳伦斯商业贸易并未就此衰落。圣劳伦斯贸易仍然控制着大湖区以北地区，随着大湖区移民的涌入和土地的开发，木材、小麦等成了圣劳伦斯贸易的大宗产品，圣劳伦斯河流域仍是英属北美殖民地的商业贸易中心。

土地开发是 19 世纪 20 至 30 年代英属北美殖民地经济发展变化的重要内容。各省土地开发的进展是不平衡的。上加拿大是土地开发的中心，出现了几个大的移民开发区。在伊利湖北岸，托马斯·塔尔博特获得大片土地，集结了 3000 移民，建立了圣托马斯城及附近的村落。在休伦湖岸，加拿大土地公司开拓了 200 万英亩（约合 8093.72 平方千米）的移民区，兴建了格尔夫和戈德里奇镇，休伦地区开始繁荣，其间安大略湖畔已经全部为移民所占据，并向内陆推进，一批伐木者在渥太华流域开辟了新的居民点。在下加拿大，英属北美公司 1833 年在东部城镇区也获得了 80 万英亩（约合 3237.49 平方千米）的土地，但是并没有招来多少移民。

移民和土地的开发推动了各省各业的发展，形成了各具特色的行业结构。在爱德华王子岛，由于森林资源的不断减少，居民逐渐转向发展农业；新斯科舍几乎四面环海，渔业自然成为它的主要行业，与渔业发展相联系，造船业也发展起来；新不伦瑞克的主要行业是伐木业；在上、下加拿大，伐木业和农业并重。在诸行业中，农业发展比较突出，达到了自足有余、向英国出口的水平。

与移民和土地开发相适应，英属北美殖民地的交通运输有了明显的改善，其重要标志是汽船的使用。1816 年，第一艘加拿大船"弗罗顿纳克"号出现在大湖区。到了 30 年代，在大小河湖上，汽船的航运已司空见惯，这较之以前独木舟、平底船和德拉姆船等交通工具无疑是一种飞跃。交通改善的另一个重要标志是运河的发展。1815 年以后，英属北美殖民地掀起了修筑运河的热潮。这次修筑运河热潮的出现，一方面是移民涌入、土地的开发及其所引起的经济快速发展的需要；另一方面是为了应对美国咄咄逼人的竞争。1825 年，美国规模宏大的伊利运河完工，这条运河贯通了伊利湖和哈得孙河，把大湖区与大西洋港口纽约连接起来，从此，美国西部大量商品径直运往纽约，不再绕道经由圣劳伦斯河，这对圣劳伦斯的贸易无疑是一种打击。正是为了扭转这种被动局面，英属北美殖民地的主要运河工程集中于上、下加拿大，着眼于改善圣劳伦斯和大湖区的运输体系，使之继续保持沟通西部与大西洋之间重要航道的地位。1825 年，圣劳伦斯河流域的一条运河完工，绕过了拉希纳激流的障碍。1829 年，八条威兰运河的第一条建成，把伊利湖与安大略湖连接起来，避开了尼亚加拉瀑布。三年以后，里多运河开放了，把金斯顿边的安大略湖与渥太华河接通，完全躲开了上圣劳伦斯河的激流。一直到 1848 年，巨大的威兰运河全面竣工，小型船只可从圣劳伦斯河直达大湖区，圣劳伦斯河流域又一次经受住美国的冲击，保持了其重要的商业贸易通道的地位，为推动英属北美殖民地经济发展做出了突出的贡献。

随着人口的增加、经济的繁荣，英属北美殖民地各省的文化事业也有明显的发展，教会在其中做出了突出贡献。1802 年新斯科舍由英国教会创建的国王学院（现达尔豪西大学的一部分）是英属北美殖民地第一所被授予特许状的大学。1827 年，斯特罗恩为上加拿大的国王学院争得了特许状，这就是后来的多伦多大学。新不伦瑞克大学建立于 1829 年。下加拿大蒙特利尔的麦吉尔大学是 1821 年接受西北公司商人詹姆斯·麦吉尔的馈赠而建立起来的。1850 年以后，由各种宗教团体建立的学院还有皇后大学（长老派）、上加拿大的维多利亚大学（卫理公会）和新斯科舍的亚加地亚大学（浸礼会）。其间，基层教会也在发展，19世纪40年代，上加拿大实行由政府控制初等教育的制度。50年代，最初的一批公立中学建立起来，卫理公会牧师、报纸编辑、政治改革家、教育主管埃杰顿·赖尔森是这种学校制度的创始人。在其他各省，也由政府提供公立初等教育。公立学校一般不受教会控制，只有在下加拿大，天主教一如既往掌管教育。在纽芬兰，学校分属英国圣公会、卫理公会和天主教教会控制。随着教育事业的发展，出版、书籍和报纸等文化事业也发展起来。

随着移民的涌入、人口的增长和交通的改善，殖民地的经济和社会文化都有了显著发展，然而，无论其发展规模还是发展速度，与近邻美国相比，仍相差悬殊。首先，移民主要集中于上加拿大，土地开发只限于大湖区域及其西北的邻近地区，而远西部、西北部仍然是人烟罕见的荒野、广袤空旷的草原、绵延重叠的山峦。造成这种局面的原因，一方面是由于陆路交通条件极其低劣，即使在上加拿大的内陆地区，运载物件仍主要依靠马匹，雪橇是冬季最便当的交通工具。这种条件不仅使人们的迁徙极其困难，而且使开发边远地区的代价太高，个人乃至公司往往力不从心，望而却步。另一方面，上加拿大土地政策混乱，官员徇私舞弊，对购买皇室和牧师专用地设置障碍，加之大量的土地投机行为，使购买土地的费用昂贵，贫苦的移民难以获得土地，致使许多移民来到加拿大后又被迫转移到美国。其次，殖民地仍然是单一性的经济结构，木材、谷物、毛皮等大宗产品主要是出口英国，以换取工业品。殖民地几乎没有工业，诸如服装、金属制品、玻璃制品、机器、糖、茶、烟草等日用品都从英国和海外输入。同时，殖民地各省各自为政，独立发展，彼此几乎没有多少联系，主要是与英国发展单线贸易，造成了其经济的脆弱性。英国经济及其政策稍有变故，都会在殖民地引起震荡。1815年，英国《谷物法》就引起了殖民地谷物和面粉输出的严重波动。正是由于这些问题和矛盾，最终导致英属北美殖民地的改革运动。

二、19 世纪 20 至 30 年代的改革运动

19世纪20至30年代，英属北美殖民地的各种矛盾日趋尖锐化，殖民地人民的不满情绪日趋强烈，一批代表殖民地资产阶级和农场主利益的改革

派，在各省掀起了改革运动，矛头直指殖民地各省的寡头统治集团。

各省的寡头统治集团是众矢之的。根据《1791年宪法》建立起来的政治制度的基本特征是总督重权在手，议会形同虚设。政府权力掌握在总督和由英王任命、总督领导的行政委员会和司法委员会手中。总督是殖民地的最高统治者，对英国殖民部负责，是英国政府的代理人。行政委员会是总督的顾问处并处理政府的日常事务。司法委员会负责讨论和修改议会通过的法律。总督虽是政府首脑，但他是英国政府委派的"外来人"，一年之中又只有很短的时间在殖民地，而两个委员会的成员都是殖民地的高级官吏、国教会上层僧侣和与英国关系密切的大商人、大地主，这些人比总督更熟悉本地的事务，所以总督一般听凭他们的意见行事，他们通常是殖民地的实际统治者。这两个委员会的官员都是终身任命，而且绝大多数成员又是一身二任。在沿海各省，两委员会由同样的官员组成，在上、下加拿大，两委员会的大多数席位也是由同一些人所把持。渐渐地，两委员会成了一些有势力的家族的"世袭领地"，形成了垄断政权的寡头统治集团，在上加拿大称之为"阀阅世家"（Family Compact），在下加拿大称之为"名门贵胄"（Chateau Clique）。他们凭借手中的权力，有恃无恐，专横跋扈，肆意推行维护特权阶级利益的政策，与普通民众处于尖锐的对立之中。

寡头统治集团与普通民众的矛盾斗争在不同的省份有不同的焦点，而且矛盾斗争的尖锐程度也不尽相同。大西洋沿岸省份比较平和，上、下加拿大两省是最为激烈的地区。

在上加拿大，对寡头统治集团的不满首先集中在土地问题上。政府在解决移民土地的过程中，随心所欲把王室和公共土地授予富有的投机者、亲朋好友，这些人占据大面积的空地，大肆进行土地投机，哄抬地价。一般移民，其中主要是农民，很难得到授地，也无钱购买土地。同时，政府为了城镇商人的利益，花费大量钱财修筑运河，而对改善陆路交通极其吝啬，陆路交通低劣不堪的局面长期得不到改善，农民对此极为不满。牧师专用地更是加拿大土地问题的热点。牧师专用地是《宪法法案》的产物，法案规定在上加拿大用土地的七分之一来支持新教牧师。作为英国国教的圣公会宣布，它是加拿大的官方教会，其牧师就是法案所指的新教牧师，这意味着它是唯一的受益者。圣公会想独吞牧师专用地的企图立即引起其他教派的强烈反对，它们要求与圣公会平等享有这种权利。同时，牧师专用地一块200英亩（约合0.81平方千米）。通常都是未开垦的荒地，分散在全省各地，往往不是把农民的土地分割开来，便是使移民区难以连成一片，这就使道路中断，给修筑道路造成人为的困难，所以引起多方的责难。后来这些土地虽然逐渐出售，但要价很高，一般农民和其他不富裕的阶层还是无力问津，这无疑使农民的不满有增无减。

英国国教不仅依仗寡头统治集团和势力在土地问题上谋求特权，而且力图垄断文化教育，从而造成了更为激烈的教派对立和斗争。教育委员会主任、出身"阀阅世家"的阿奇迪肯·斯特罗恩公然主张教育归圣公会控制。1827年，他获得建立国王学院的特许状，以此作为圣公会控制教育的基地，强行对教师进行宗教测试。卫理公会针锋相对，建立了自己的学院，并在牧师埃杰顿·赖尔森的领导下展开了反对宗教特权的斗争。赖尔森利用手中的《基督教卫报》大造舆论，对圣公会大加抨击。其他教派，甚至下级圣公会组织也纷纷响应，掀起了反对宗教特权、要求宗教平等的斗争。

寡头统治集团与商人、银行家公开的结合也是激化矛盾的重要因素。1821年，上加拿大银行建立，政府居然拥有四分之一的股份。据此，人民，尤其是农民以为找到了政府不惜钱财帮助商人修筑运河的原因所在，并很快得出政府与商人合伙牟取私利的判断；同时认为，寡头统治集团插手银行业，必将加强其权力和对人民生活的控制。结果在上加拿大出现了反对银行的运动，像蒙特利尔银行（1817年）、哈利法克斯金融公司（1825年）都遭受了猛烈的攻击。

在下加拿大，政治、经济和社会的矛盾与种族、宗教的矛盾冲突交织在一起，形成了极其错综复杂的局面。下加拿大明显分为两个不同的社会，占人口多数的法裔基本从事农业，保持着虔诚的天主教信仰和庄园制度。英裔主要涉足商业世界，垄断交通、商业和银行业，并有不同于天主教的宗教信仰。两种社会造成了法裔和英裔在职业、生活方式、价值观念、社会道德等方面的差异、矛盾和对立，这是下加拿大社会矛盾冲突的基本内容。然而，下加拿大的主要社会矛盾还是法裔和英裔政治、经济和社会地位的差异以及由此产生的利益冲突。英裔商人集团与寡头统治集团关系紧密，其核心人物在行政委员会和司法委员会占据职位，是这个省的实际统治者。法裔虽控制着议会，但是议会形同虚设。英裔商人集团依靠权势，牟取私利，不惜成本修筑圣劳伦斯航道运河工程；法裔则以议会为阵地予以反对，要求向商人征税和控制商业。多数地主、商行老板、伐木业主属于英裔；而土地租佃者、工人和职员多由法裔充任。英裔高高在上，法裔地位低下，这样的社会矛盾是不同阶级之间的矛盾。当然，在种族内部也存在不同阶层及矛盾，但这种矛盾不是社会主要矛盾。

社会矛盾和人民不满情绪的加剧，推动了议会与寡头统治集团的政治冲突。议会改革派抨击寡头统治集团的各种政策和弊端，要求改革政治制度，扩大议会权力，取消寡头统治集团的特权地位。

议会改革派与寡头统治集团的政治冲突最早从下加拿大开始。早在1805年，政府为增加税收，要求征收一项土地税，这种偏袒英裔商人的行为激起议会的反对，议会针锋相对提出征收进口税的反建议。议会与政府的冲突很快扩展到社会上，英裔商人利用手中的舆论工具对议会和法裔进行大肆攻击。法裔为反击英裔的攻击，专门创立了自己的杂志《加拿大》，并以"我们的语言、我们的制度、我们的法律"① 作为政治口号。1807年，新任总督詹姆斯·克雷格公然站在政府和英裔商人一边，解散了议会，并把许多激进的官员解职，《加拿大》杂志的出版社也遭查封，出版社的经营者被捕入狱。然而，事与愿违，总督的高压政策反而加强了法裔的团结。在第二年的大选中，法裔的力量变得更为强大，对立情绪丝毫未减，局势仍很紧张。英国政府为缓和势态，被迫更换总督，乔治·普里沃斯特取代了克雷格。普里沃斯特谋求妥协的态度和英美战争的迫在眉睫，才使得议会和政府、法裔和英裔的冲突暂时平息下来。一俟战争结束，议会与政府的政治摩擦又重新开始并不断升级，在控制公共财政权力的问题上发生争执。早先，殖民地对政府的财政预算没有控制权。拿破仑战争以后，英国政府为减轻对殖民地的负担，提出由殖民地各省议会全权控制地方预算，同时要求，议会要固定政府官员的年俸，或拿出一笔固定的金额用以支付政府官员的薪金，这实际上是想在议会与政府的矛盾中谋求一种政治妥协。这笔交易在沿海省份顺利实现了，在上加拿大，经过一番激烈的争吵后于1813年也达成了协议。然而，在下加拿大，这项提议却遭到议会的坚决反对。议会认为，固定政府官员的年俸，必将使寡头统治集团更加不受议会的钳制。

1815年，路易斯·约瑟夫·帕皮诺出任议会议长。此人通晓英国议会制度的传统，懂得18世纪法国的哲学理论，具有激进的民主思想。他出身律师，能言善辩，是改革派中杰出的、颇受欢迎的领袖。他以议长的身份大

---

① Edgar McInnis. *Canada, A Political and Social History*. New York and Toronto: Rinehart & Company, 1959: 480.

大推动了议会反对政府的斗争。1819年，在帕皮诺的主持下，议会行使对一切拨款的决定权，并在预算中减少了某些不得人心的官员的薪金。但是，司法委员会推翻了整个预算，坚持议会必须对政府官员的薪金做出永久性的规定才能控制财政权。以后几年，议会和政府相持不下，冲突不断。1827年，议会拒绝批准政府提出的预算，总督达尔乌西勋爵以解散议会还以颜色。新议会成立之后，达尔乌西又企图否决帕皮诺作为议长，议会震怒，气氛极其紧张。第二年，英国政府委任一个加拿大委员会对下加拿大的势态进行调查，该委员会提议财政权交议会控制，议会对总督、法官和行政委员会委员的薪金做出规定，基本上维持英国政府原来的政策；同时，提议建立一个排除法官在外的更为独立的司法委员会，并缩减其中的警察人员，以示妥协。但是，议会不接受这种有限的妥协。1831年，英国政府被迫无条件交出大部分财政权，但是"形势似乎到了这样的姿态已经太小和太迟的地步"①，帕皮诺和激进的改革派的政治论调越来越激烈，他们不仅要求控制财政权，而且要求建立一个由选举产生的立法委员会，并于1834年由议会通过了《九十二条决议案》，其中罗列了改革派的所有不满和要求，包括控制财政，建立民选的立法委员会，土地租金不变，废除英属北美土地公司，以及对政府官员个人的责难。同时，该决议案对美国制度和革命充满了溢美之词，造成了下加拿大要重演美国革命的印象。

英美战争结束以后，上加拿大改革派与寡头政府的政治冲突日益公开化。1818年，在苏格兰人罗伯特·古尔利的鼓动和组织下，举行了一次各城镇代表大会，向政府进行和平请愿，反对其土地政策，政府当即予以警告，通过一项立法宣告这样的集会为非法，并对古尔利进行个人迫害，最终把他逮捕并逐出上加拿大。"这些严厉的措施表明寡头政府准备镇压公众的反抗，并把批评视为动乱。"②不久，所谓"侨民问题"引起了议会和政府直接的政治对抗。1821年，来自马萨诸塞州的移民巴纳巴斯·比德韦尔当选为议会议员，尽管他已发过忠诚的誓言，但寡头统治集团及托利党人还是认为他是不合格的移民，说他逃离美国是为了躲避对其公共资金的指控，硬要把他逐出议会。议会拒绝了比德韦尔非法的说法，但还是对其存留进行了表

---

① Edgar McInnis. *Canada, A Political and Social History.* New York and Toronto: Rinehart & Company, 1959: 250.

② Edgar McInnis. *Canada, A Political and Social History.* New York and Toronto: Rinehart & Company, 1959: 251.

决，结果比德韦尔被排斥于议会之外。比德韦尔的儿子马歇尔·斯普顿·比德韦尔在后来的选举中也成为一名候选人并成功当选为议员。小比德韦尔在议会中对政府大加抨击，使托利党人深为不满，他们故伎重演，以小比德韦尔是美国人的儿子，是位外侨，不宜置身于议会为由，把他驱逐出议会，结果引起了美国侨民的恐慌和不安。"侨民问题"不仅危及来自美国的移民的合法地位，而且危及他们所有土地的合法性，因为侨民是禁止拥有地产的。美国移民仍占上加拿大人口的大部分，他们由此成了改革派中一股强大的力量。议会改革派为通过立法保护这些移民一直坚持斗争，终于在 1828 年如愿以偿。

1824 年，苏格兰移民威廉·莱昂·麦肯齐创办了《殖民地鼓吹者》报，并借此对商人、僧侣和官僚特权集团大加揭露和抨击，要求进行制度改革。《殖民地鼓吹者》很快成了改革派的喉舌，麦肯齐也成为工匠和自由所有者的斗士、很有号召力的改革派领袖，当然也成了各种特权集团和托利党人的眼中钉。1826 年，各特权集团和子弟纠集一群暴徒袭击了《殖民地鼓吹者》报社，把报社的印刷版模投进了多伦多海湾。这次事件反而使麦肯齐的名声大振。1828 年，麦肯齐作为约克的代表当选为议会议员，同时改革派第一次在议会取得多数地位。然而，这并没有使改革派的改革计划有多少实质性进展，因为托利党人占据了行政和司法两委员会，有权力阻止一切改革措施。由于新任总督约翰·科尔伯恩摆出妥协的姿态，又加上改革派内部出现分歧，1830 年托利党人重新取得议会的多数。1831 年，议会取得了全面控制财政的权力，同时投票通过固定政府官员薪金的规定。议会的这种妥协激起了激进派的攻击和强烈反对。麦肯齐谴责"议会是向卑劣的、唯利是图的政府的屈服"[1]。托利党人予以反击，排斥激进派，麦肯齐连续四次被选进议会，连续四次被逐出议会。托利党的粗暴态度使激进派反应日趋激烈。在 1834 年选举中，改革派再次取得胜利。1835 年，麦肯齐和激进派在议会提出了《十七点报告》。该报告概括了对现存制度和政策的不满，其中主要是对牧师专用地、财政制度、各种经济混乱和行政委员会的谴责，直接的要求就是建立一个由选举产生的司法委员会和建立责任政府。《十七点报告》与《九十二条决议案》一样遭到两个委员会的顽固拒绝。

---

[1] Edgar McInnis. *Canada, A Political and Social History.* New York and Toronto: Rinehart & Company, 1959: 252.

在上、下加拿大改革运动发展的同时，沿海各省的政治斗争也在进行。与上、下加拿大相比，这些省份的斗争比较平和，其主要原因要么只限于经济问题，要么社会矛盾比较简单，不像上、下加拿大那么错综复杂。

在爱德华王子岛，社会的不满主要集中于所谓"在外地主"问题。"在外地主"指居住英国而在殖民地占有土地的人。对于这个问题，省议会一直谋求让当地人得到这些土地，政府的一些官员也为此努力，地方特权集团不是议会的政治敌手，也没有成为人民的仇视对象。1838年，两委员会和议会共同向英国提出一份请愿书，以求解决土地问题。

在新不伦瑞克，王室土地，重点是大森林，是议会与政府矛盾斗争的焦点。这些土地一直为寡头统治集团及其亲朋所操纵，引起了木材商的不满。议会代表这些人的利益，企图控制这些土地，并想通过控制王室土地上的木材税和出卖土地的收入达到其目的。与此相联系，议会与政府围绕控制公共收入的权力发生政治冲突。1833年，议会代表团携带的请愿书中所申诉的八项不满，有七项是与王室土地和森林资源有关的。议会连续向英国殖民部派出请愿团，尽管总督和一些政府官员反对，殖民部还是于1837年表示可以将王室土地和公共岁入交由议会控制，换之以议会支付固定的官员年俸。同时，一些改革派成员被任命进入行政委员会。这种妥协使该省在1837年的动乱中是最平静的。

在沿海各省中，新斯科舍的改革运动是最有声有色的。改革派集中攻击寡头统治集团的专制，直截了当要求建立向议会负责的责任政府。这种民主要求是相当激进的，但是，改革运动的发展相当平和。这一方面是由于改革派在争取民主改革的斗争中，没有民族或种族、宗教以及其他方面混乱的干扰；另一方面与改革派的基本出发点有关。《新斯科舍》报的编辑约瑟夫·豪是改革派的领袖，他是效忠派的后裔，是坚决维护统一的英帝国的。他只是认为，这个帝国应是自由的联合，反对从上面把政府强加给新斯科舍。因此，改革派没有蓄意破坏与英国传统关系的嫌疑以及由此产生的种种麻烦。1835年，寡头统治集团以诽谤罪对豪及其报纸提出指控，试图压垮豪及其报纸，摧毁改革运动。豪并没有采用激烈的政治言辞予以反击，而是沉着冷静，全力进行辩护并赢得了诉讼。豪由此名声大振，1836年被选进议会并成为议会改革派的领袖。在他的领导下，改革派着力要求行政委员会与司法委员会分离，力主行政委员会应向议会负责，最终于1837年迫使英国殖民部同意两委员会分开，并决定行政委员会中的四名成员由议会选出。

豪及其改革运动所取得的这些实际成果是该省在 1837 年动乱中没有多少声息的原因。

纽芬兰的改革运动兴起得比较晚，1825 年，海军军官对该岛的统治才告结束，英国政府任命了首任文职总督。这标志着纽芬兰不再是英国的一个捕鱼基地，而是英国的一块殖民地了。在纽芬兰，社会的矛盾主要是商人与渔民、天主教与新教、本地人与外地人的矛盾。新总督开始建立政府机构，1832 年设立议会，由它与一个规模很小的司法委员会分享立法权。在 1833 年召开的第一届议会上，议会与司法委员会之间在财政问题上发生冲突，双方斗争很激烈，致使纽芬兰持续几年处于政治动荡之中。

19 世纪 20 至 30 年代，英属北美殖民地的和平改革运动失败了，失败的原因首先是寡头统治集团及其代表的反对势力的顽固态度和压制政策，其次是改革派内部的分裂状态。在上、下加拿大，改革派从来就不是统一的政治力量，有的关心政治权力问题，有的则只是关心种族和宗教问题。改革派内部始终存在着激进派和温和派的纷争。在上加拿大，以帕皮诺为代表的激进派欣赏美国式的发展道路，而以约翰·尼尔逊为代表的温和派则主张遵循英国模式，两派多有不和。法裔民族主义者只图维持其传统的社会制度和宗教信仰，对于其他主张不感兴趣，同时对激进派的反教权主义言论深表不满。在下加拿大，以麦肯齐为代表的激进派与以罗伯特·鲍德温和埃杰顿·赖尔森为代表的温和派的纷争也不断，这种分裂状态严重削弱了改革运动。再者，改革运动虽有广泛的社会基础，但由于改革派只限于议会斗争，缺乏有组织群众运动的支持，使改革运动的威力受到很大的限制，没有形成足以使寡头统治集团被迫就范的力量。

三、1837 年起义

寡头统治集团顽固反对改革，对改革派横加压制和迫害，使改革派的言论越来越激烈。1835 年以后，上、下加拿大激进的改革派的"革命""造反"之类的言论不绝于耳，但是，这些现象只不过是他们对寡头集团压制政策的本能反应，而不是实际的、最后的选择，因为他们既无这方面的计划，更无这方面的组织，在很大程度上是一种策略，意在对寡头集团施加更大的压力。同时，改革派一直对英国的改革运动和改革后的英国政府抱有幻想，希图得到英国方面的支持，始终没有明确提出反对英国统治的政治主张。因为事实很明显，殖民地寡头统治集团的靠山是英国，如果英国支持改革，那么这种集团就会不攻自破，因此改革派采取过激的言论也是想对英国施加压力。然而，改革派的幻想破灭了。

上加拿大新任总督弗朗西斯·邦德·黑德是经英国激进派同意而被任命的。他到任之时，以"一位真正的、可靠的改革者"[1]形象受到欢迎。他上任后，把行政委员会六个职位中的三个给了温和改革派著名人物鲍德温等人。这似乎给改革派带来了安慰和希望。然而，事实很快证明，这只不过是他瓦解改革运动、压制一切反对派的开始。黑德很快就开始独断专行，他不仅无视议会的存在，而且也不把行政委员会放在眼里，对他们的意见充耳不闻。行政委员会因他拒绝他们的抗议而集体辞职，议会摒弃前嫌，以对他们的继任者投不信任票而支持行政委员会。黑德无意妥协，一意孤行，强行解散议会。在新的大选中，黑德更加狂妄，他对他的听众说："你们能为你们自己比我为你们做得更好吗？如果你们存心与我作对，与母国闹矛盾，说句俗话，你们将只会是与你们自己的面包和黄油过不去。"[2] 同时，他大肆编造美国入侵的神话，激发托利党人的效忠情绪，孤立、打击改革派。在他的煽动下，托利党人的恶少们手持武器群集在投票中心，在大街上横冲直撞，狂吼乱叫："一个自由党人 5 镑钱。"正是在充满威胁、恐吓的气氛中，托利党人在选举中获得压倒多数。黑德更加肆无忌惮，解除所有有改革意识嫌疑的官员的职务。黑德的反动政策使上、下加拿大的改革派大失所望。而 1837年 3 月英国议会公布由约翰·罗素提出的《十项决议案》，则可以说直接点燃了上、下加拿大起义的烽火。这项决议案宣布殖民地不能建立自治政府，不允许有民选的司法委员会，下加拿大政府可不经议会同意使用地方资金等。

1837 年的经济大萧条也为这次起义创造了一定的条件。美国的经济恐慌和英国的金融业衰退很快影响到英属北美殖民地。在上加拿大，输出额下降，信贷紧缩，而黑德又拒绝加拿大银行搁置硬币支付，结果造成了银行的破产，工商业瘫痪，失业率上升；加之粮食歉收，苦难几乎影响到所有的阶

---

[1] Edgar McInnis. *Canada, A Political and Social History.* New York and Toronto: Rinehart & Company, 1959: 255.

[2] Edgar McInnis. *Canada, A Political and Social History.* New York and Toronto: Rinehart & Company, 1959: 255.

级。在以农业为主的下加拿大情况更糟，农业危机极其严重，粮食减产，几乎没有余粮输出，农民节衣缩食也难以度日。而城镇经济也因购买力下降而一蹶不振。所以，上、下加拿大怨声载道。

最初的政治骚动出现在下加拿大，激进派建立了"自由之子社"，四处活动，并举行了一系列群众大会。10月23日，在圣卡尔斯召开的六县代表大会使政治骚动达到高潮。11月7日，由于长期种族之间争吵造成的不信任，法裔组织和英裔组织在蒙特利尔发生了对立和冲突，帕皮诺及其主要副手为避免势态的恶化，几天后离开了蒙特利尔。政府则怀疑他们到法裔控制的农村地区去发动起义，于是下达逮捕令，结果，逮捕令成了起义的信号。起义发生在蒙特利尔周围的圣查尔斯、圣丹尼斯和圣斯塔切等地，参加者都是普通的农民。11月23日，圣丹尼斯的起义者击退了一支前来搜捕帕皮诺等领导人的军队，但此后再无大的举动。两天以后，军队弹压了圣查尔斯的起义，帕皮诺等人逃往美国。12月，圣斯塔切的500名起义者也被2000人的军队镇压了，至此，下加拿大的起义以失败告终。

在上加拿大，仲夏时节，多伦多的改革者发表了独立宣言，边疆的农民开始进行武装。面对这种紧张气氛，黑德的狂妄自大丝毫未改，他认为，在上加拿大，效忠派不依靠军队就可以粉碎起义，所以，他自作主张应下加拿大政府的邀请，派正规军去镇压下加拿大的起义。12月初，麦肯齐和他的同伴聚集在多伦多以北数千米的蒙哥马利小旅店，共同谋划了占领首都、推翻政府的起义计划。由于起义提前发动，日期由12月7日改为12月4日，因而当多伦多起义爆发以后，其他地方没有呼应，在蒙哥马利小旅店周围聚集的起义者也只有几百人。12月7日，在詹姆斯·菲斯吉本的率领下，由军队和托利党人志愿者一千余人，不到20分钟就把起义者驱散了，麦肯齐逃往美国，上加拿大的起义也就此告终。麦肯齐逃往美国后，组织美国的同情者在边境地域向上加拿大发动袭击，美国人的攻击比上加拿大境内的起义规模大，持续时间长，一直到1839年才完全终止。由于美国政府无意介入，没有支持这些袭击事件，这种袭击事件也没有造成严重后果。

起义失败之后，上加拿大政府对参加起义者和改革派继续进行迫害。起义的领导人塞缪尔·朗特和彼德·马修斯被处以绞刑，90多人被捕入狱，像比德韦尔这样的温和改革者也受到流放的威胁。正如约翰·赖尔森所说："麦肯齐和激进主义者被镇压是一件幸事，但是，我们立即处于一个军事和教会的寡头集团统治下的危险境地。"①

1837 年上、下加拿大起义失败的原因，从客观方面来说，主要是由于英国支持的殖民地政府的军事镇压，起义者与政府军的力量对比悬殊。从主观方面来说，这次起义缺乏统一的组织和领导，没有周密的计划和准备，起义仓促，一哄而起。同时，起义只是极少数人的行动，没有广泛的群众支持，处境极其孤立。这样的起义绝无成功的可能，而且绝无可能演变成"第二次美国革命"。殖民地的改革派始终反对的是殖民地的寡头统治集团，而不是英国的统治。这是因为，英国对北美殖民地的统治与美国独立战争前对十三殖民地的统治方式不同，英国只求殖民地在政治上与英国保持统一，无意在经济上对殖民地加强控制，没有造成导致美国革命那样的利害冲突。相反，由于殖民地弱小和美国的威胁，倒是殖民地想与英国继续保持传统的政治、经济关系。1837 年起义虽然失败了，但是，这次起义的意义是重要的。它沉重地打击了寡头统治集团，他们的统治难以原封不动地继续下去了，因为"镇压了起义并不能解决根本的问题，虽然大部分人拒绝追随激进派走暴力反抗的道路，但是，按照英国的制度，通过合法途径进行改革的要求仍然无可争议地存在"②。不解决这个问题，殖民地就将永无宁日，起义难免再度发生。同时，这次起义对英国统治者也是沉重的打击，迫使英国政府考虑调整其政策，从而引起了殖民地政治上的重大变化。

四、责任政府的建立

19 世纪 20 至 30 年代，英属北美殖民地改革运动持续不断并最终演变成 1837 年的起义，使英国政府受到了很大的震动，同时，也引起英国政界围绕其殖民政策的纷争。当时一方面辉格党政府受到托利党的攻击，托利党认为北美殖民地的局面是由于辉格党政府管理方面的错误造成的。另一方面，辉格党政府受到激进派的冲击。激进派在殖民地问题上存在明显的分歧。一种普遍的理论认为，殖民地成熟必然要与母国分离，自治政府的实现

---

① Edgar McInnis. *Canada, A Political and Social History.* New York and Toronto: Rinehart & Company, 1959: 258.

② Edgar McInnis. *Canada, A Political and Social History.* New York and Toronto: Rinehart & Company, 1959: 258.

必然是独立的前奏，英国用于殖民地的费用可能只是赔本的负担。另外，以吉本·韦克菲尔德和德拉姆等人为代表的所谓"激进的帝国主义分子"或"殖民改革派"则提出新自由主义殖民政策理论。这种理论认为，殖民地绝不会是英国的负担，只要精心组织移民，加强对殖民地的开发，殖民地将会成为英国有价值的资本输出地和商品销售市场；实现自治政府的充分权利绝不会破坏帝国的统一，相反，感恩和利益的纽带会使殖民地与帝国更紧密地结合在一起，而如果英国不给予海外臣民充分的权利，反而会驱使他们走向离异。这两种理论虽有差异，但都是对英国传统殖民政策的否定。基于这些看法，英国的激进派普遍支持英属北美殖民地的改革运动，甚至对 1837 年起义也深表同情。1838 年，英国梅尔本政府决定派遣德拉姆作为高级专员和总督前往北美殖民地平息动乱，并对起义的原因进行调查，提出相应的对策。英国政府委以德拉姆如此重任更多的是出于这样的政治考虑，即德拉姆是著名的激进派，在 30 年代英国的议会改革中发挥了突出的作用，不仅在英国享有很高威望，而且享誉殖民地，是英国改革派和殖民地改革派都能接受的最佳人选。

德拉姆到任之时，上、下加拿大的起义高潮已经过去，只有一些小规模的动乱。德拉姆采取了一系列应急措施以稳定秩序，其中主要是解决起义人员的处置问题。他发布了一项范围很广的赦免令，绝大多数起义人员免于被起诉，只有帕皮诺、麦肯齐和 14 名领导人被禁止回国，否则处以死刑，另外八名起义者被流放到百慕大。德拉姆对起义者的态度较之上加拿大政府的做法要宽容得多。由于百慕大不属于德拉姆的管辖范围，他的国内政敌乘机以他向百慕大流放人是越权行为为借口，向德拉姆和梅尔本政府发起攻击，致使当初曾表示给予德拉姆"最坚定和毫不退缩的支持"①的梅尔本被迫无奈也对德拉姆进行责难。德拉姆一气之下辞职，结果，他在北美殖民地只待了五个月。然而，在这短短的时间内，他与韦克菲尔德和查尔斯·布勒一起对上、下加拿大的问题进行了深入的调查和研究，收集了大量有价值的材料，并在 1839 年回国后，向英国殖民部提交了历史上有名的《英属北美殖民地事务分析》，又称《德拉姆报告》。

《德拉姆报告》涉及移民、公共土地、教育、运河建筑、地方政府、司

---

① Edgar McInnis. *Canada, A Political and Social History.* New York and Toronto: Rinehart & Company, 1959: 264.

法财政以及资源等领域，对每个领域的问题进行了分析并提出相应的改革意见，其中建立责任政府，帝国与殖民地事务分离和上、下加拿大两省联合的建议是最主要的，也是最重要的。

首先，德拉姆在报告中对殖民地寡头统治集团进行谴责，认为他们长期把持政权，与议会严重对立，与公众的意愿相悖，是殖民地发生动乱的主要原因。他写道："难以理解英国的政治家怎么设想代议制能够与非责任政府成功地结合。"[1]如果听任一小撮特权集团专制的局面继续下去，只能加大殖民地的离心力，因为这种局面是不能容忍的，所以应该把英国的内阁制应用于殖民地，在殖民地各省建立责任政府。他认为，给予殖民地一定的自治权并不意味着殖民地与母国分离，相反，这种"信任"与"宽容"的政策可以大大加强加拿大人对母国的忠诚感情。他强调指出，联系的纽带不是靠法律的恐怖和军队的强力，而是靠与"自由"和"文明"相联系的英国制度。他相信，一种感恩的感情和共同的利益会使殖民地与英帝国更加紧密地联系在一起。

其次，德拉姆在报告中认为，英国政府以往实施的通过保护总督和行政权的独立性来维持其对殖民地的控制的政策造成了种种不良的后果，其中主要是英国政府往往直接卷入产生于地方原因而与帝国利益无关的纠葛，这种弊端必须克服。为此他提议，要把殖民地管理中的帝国事务与殖民地事务加以区分，英帝国只控制与帝国有关的事务，诸如殖民地宪法制度的改变、殖民地立法、外交政策、对外贸易、公共土地等，而所有其他事务则交各省的责任政府管理，这样可使帝国超脱殖民地事务的纠葛，从殖民地党派之间的矛盾中解脱出来，既不损害帝国的主要利益，又有利于缓和帝国与殖民地的矛盾，有效地维护英帝国的统一和团结。

再者，他在报告中认为，英裔和法裔的种族矛盾是引起殖民地动乱的另一个根源，然而他把主要的过错归咎于法裔。他认为，法裔加拿大人是因循守旧的，"要在新的、不断进步的世界上保持一个陈旧的、停滞的社会"[2]，他们的文化观念和种族分裂主义使他们阻碍所有的商业发展和反对一切增加英国人的措施，"他们把这个省看成他们的庇护所；不是把它看作有待开发的土地，而是已经开发完毕的土地"[3]。因此，他认为，只有责任政府是不

---

[1] Reginald Coupland. *The Durham Report*. Oxford: Clarendon Press, 1946: 51.

[2] Reginald Coupland. *The Durham Report*. Oxford: Clarendon Press, 1946: 23.

[3] Reginald Coupland. *The Durham Report*. Oxford: Clarendon Press, 1946: 33.

够的，必须采取措施同化法裔，消除法裔民族主义的奢望。他提议，将上、下加拿大联合成一个省，实行按人口比例选举的议会制。他设想，上、下加拿大合并，两地英裔汇合，再加上英国新移民的迁入，很快会造成英裔人口对法裔的优势。这样一来，责任政府将会牢牢掌握在英裔手中，从而迫使法裔永远服从英裔的意志，法裔就会逐渐放弃分离的思想和宗教信仰，和平地同化进英裔社会，这样不仅能永久地结束民族纷争，而且会促进经济迅速发展，因为英裔可以不受阻碍地发展圣劳伦斯商业和整个加拿大的经济。

《德拉姆报告》的主要目的就是针对当时英属北美殖民地的现实，为更有效地维护英国的殖民统治而出谋献策，其中某些政策带有明显的种族偏见和歧视。同时，这个报告所倡导的政策反映了对英国传统殖民政策的调整，这种调整体现了英国对殖民地的一定让步，而这些让步又在一定程度上推动了殖民地的改革和发展。

《德拉姆报告》引起了不同的反响。上、下加拿大的寡头统治集团和托利党人不能容忍对他们的指责，更不能接受建立责任政府的建议，因为这意味着他们传统权力的丧失。但是，下加拿大的托利党对联合的建议颇为赞赏，因为这样他们就不会再单独面对一个强大的法裔集团了。法裔不能忍受《德拉姆报告》的种族歧视和同化政策，只有上加拿大的改革派真心实意欢迎这个报告。英国政府对《德拉姆报告》的反应极其冷淡。1839 年 10 月 14 日和 16 日，执掌殖民部的约翰·罗素勋爵从伦敦发出两道指令，在第一道指令中，罗素明确宣布反对责任政府，他指出，总督接受国王的命令，他的殖民地行政委员会的意见可能与这些命令不一致，"如果他服从英国的指令，那么就完全不负宪法责任；如果他遵循其行政委员会的意见，那么他就不再是一位臣服的官员，而是一位独立的统治者"[①]。他同时指出，英国政府能看到殖民地的事务能够与殖民地人民的意愿和谐一致予以管理，但是，归根到底，帝国的政策高于殖民地的要求。在第二道指令中，罗素授予殖民地总督在必要时改组行政委员会的权力，他说："只要公共政策有足够的理由要求采取这样的措施，总督随时可以这样做。"[②] 这两道指令说明，英国政府无意放弃传统的殖民制度，仍然认为责任制是损害其殖民统治的，同时也

---

① Edgar McInnis. *Canada, A Political and Social History.* New York and Toronto: Rinehart & Company, 1959: 271-272.

② Edgar McInnis. *Canada, A Political and Social History.* New York and Toronto: Rinehart & Company, 1959: 272.

表明，英国政府有意摆脱殖民地寡头统治集团这个声名狼藉的政治包袱，不想再把它作为政治上的依靠对象。这一点既可以说是《德拉姆报告》影响的结果，也可以说是 1837 年起义对英国打击的产物。1840 年，英国议会通过一项关于上、下加拿大联合的法案，该法案同意两个加拿大省合并，同时规定两个部分在新的联合议会中享有同等数量的代表权，在总数 84 个席位中各占 42 席。这表明，英国政府只是部分地接受德拉姆的联合建议，因为该法案把德拉姆提出的关于按人口比例选举的代表制和责任制这样的本质内容抛弃了。英国政府之所以这样做，除了其继续奉行传统殖民政策外，不能忽略这样的事实：当时上、下加拿大的法裔人数仍大大超过英裔人数，如若实行按人口比例选举的代表制，将造成法裔议员在议会占优势的局面，这是英国政府最不愿意看到的。英国政府一方面想摆脱寡头集团，维护总督的独立统治，另一方面又想在没有责任制政府的条件下，保持与议会的"协调一致"，这种"双重"立场事实上是难以持久的。因为，对总督来说，如果他执意坚持英国政府的指令，势必会产生独断专行；如果要同议会保持一致，必将导致事实上的责任政府。殖民地的改革派正是抓住这后一种可能性，迫使总督逐步走上责任政府的道路。

1839 年秋，查尔斯·波利特·汤普森接替德拉姆出任英属北美殖民地的总督，实现上、下加拿大联合的任务落在他的肩上。在下加拿大，他径直通过一个特别委员会通过同意合并的决议；在上加拿大，他说服议会，不顾寡头集团的反对，由立法委员会通过同样的决议。他在采取这些措施促进联合的同时，允诺开建公共工程和提供 150 万英镑的贷款。这些政治、经济措施不仅大大缓和了英国与殖民地的矛盾，而且也使汤普森赢得了较高的声誉，为此，他在上任的第二年被嘉封为西德纳姆伯爵。然而，西德纳姆伯爵很快发现，恪守英国政府所规定的"双重"原则是极其困难的。他有意选择中间派人士组织政府，突出其无党派的色彩，同时极力拉拢改革派，修好与议会的关系。虽然这些措施收到一定的效果，总督与议会的关系有了明显的改善，但始终难以消除与改革派在责任政府问题上的分歧。西德纳姆伯爵曾把改革派领袖鲍德温拉入政府，但在第一次联合议会召开前夕，鲍德温要求建立一个改革派政府，西德纳姆伯爵予以拒绝，鲍德温辞职。联合议会召开以后，鲍德温又在议会力促通过一系列要求政府向议会负责的决议案，西德纳姆伯爵赶紧指使其中间派支持者哈里森提出修正案。修正案肯定了政府与议会之间协调的必要性，但删除了责任政府的要求。由于改革派尚未成为一个统一的、在议会居多数地位的政党，他们意识到即使否定哈里森修正案，也不可能使自己的议案获得通过，所以接受了哈里森修正案。但是，事实已经很清楚，一旦改革派形成统一的、在议会占多数地位的政党，那么，西德纳姆伯爵的折中调和就会陷入绝境，"双重"原则必然破产。

西德纳姆伯爵与议会改革派之间的分歧之所以最终没有导致公开的重大冲突，一方面是由于西德纳姆伯爵采取灵活的现实政策，在责任政府的原则问题上做了实际让步，另一方面则是由于改革派处于分裂状态，尚未形成足以与总督抗衡的力量。而造成改革派分裂的原因既有政治问题，又有种族问题。法裔一直对上、下加拿大的合并计划愤愤不平，起先反对《德拉姆报告》的"英国化"政策，后来对英国议会的《联合法》中剥夺法语的官方语言地位、强迫下加拿大分担上加拿大的繁重债务，以及让拥有 65 万人口的下加拿大与拥有 45 万人口的上加拿大平分议会代表权等种种不平等的规定耿耿于怀，这种情绪使法裔改革派对英裔改革派领袖鲍德温及其助手弗朗西斯·欣克斯联合起来共同争取实现责任政府的主张缺乏热情。加拿大联合成为事实后，法裔逐步认识到联合给法裔社会带来的有利条件：法裔社会传统制度原封未动，平等代表权为挫败"英国化"政策、维护法裔的利益提供了保障。法裔改革派也随之对英裔改革派的联合主张热心起来，在法裔改革派领袖路易·拉方丹的积极活动下，英裔和法裔改革派最终同意联合，把争取实现责任政府作为共同的政治目标。

1841 年 9 月，西德纳姆伯爵不慎从马上摔下而猝然去世，查尔斯·巴戈特接替他出任加拿大总督。当时英国托利党取代辉格党执政，斯坦利伯爵执掌殖民部，斯坦利比罗素更有决心反对责任政府。巴戈特到任后发现，英国的政策与加拿大的实际情况相距太远了，西德纳姆伯爵的"双重"政策濒于崩溃的边缘。任命中间派组织政府根本不可能得到议会多数的支持，在托利党和改革派之间搞平衡同样不现实，要使政府得到议会多数的支持，只有一种选择，就是依靠拉方丹所代表的法裔集团。没有这个党派的支持，任何党派在议会都将无所作为。1842 年，巴戈特屈尊邀请拉方丹参加政府。拉方丹懂得法裔改革派与英裔改革派之间维持联盟的重要性，坚持也要让鲍德温参加政府。而鲍德温则坚持改组政府，解除一些托利党人的职务。巴戈特没有别的选择，以议会不举行不信任投票为条件，改组了政府，鲍德温、拉方丹等五位改革派领袖参加了政府。这个政府仍然是一个多党联盟，总督依然掌握独立的最高权力，责任政府没得到正式的承认，但是，总督不得不选择议会多数派领袖参加政府这一事实已经说明责任政府已近在咫尺了。正如巴戈特在给斯坦利的信中所说："不管责任政府是公开承认，还是策略上默认，实际上已经既成事实了。"①

1843 年，巴戈特因健康原因退休，刚刚卸任牙买加总督的查尔斯·梅特卡夫继任总督。他决意扭转巴戈特的政策及其后果，维护总督独立的统治权。11 月，当鲍德温和欣克斯要求政府应得到对所有官员的任命权时，梅特卡夫以这是国王的特权为由，断然拒绝，政府除一人之外集体辞职，议会以"信任票"方式支持政府，梅特卡夫又解散议会，总督与改革派的关系破裂，形势骤然紧张，终于在 1844 年选举中发生了严重的暴力冲突。在选举中，总督及保守势力谴责改革派是贪婪的、不忠诚的权力欲者，极力败坏改革者的声誉，同时严重的骚动又引起中间派的恐慌，而保守派联合起来与总督并肩战斗，结果改革派只在原下加拿大获得胜利，而在原上加拿大遭受失败，保守派最终取得议会的微弱多数。从表面上看，责任政府的事业随着改革派的挫折而受到了打击，而实际上却是朝着这个目标迈进了一步，因为总督梅特卡夫必须依赖议会的这个多数来对付改革派，他必须顺从政府成员，否则难以维持其统治，这样，政府更像一个责任内阁，总督不过是一位总理。

1846 年，罗素政府在英国上台，格雷被任命掌管殖民部。格雷在 1846 年 11 月和 1847 年 3 月给新斯科舍的两封信中说，没有可能也没有必要让英属北美殖民地各省政府处于与其居民对立的地位，这些政府只能按照当地居民的愿望才能维持下去，在殖民地实现充分的、直接的内阁制的时机已经成熟。② 1847 年 1 月，德拉姆的侄子埃尔金伯爵被派往加拿大接替梅特卡夫任总督。埃尔金信奉其叔父的思想，立志完成其叔父的事业；同时，在加拿大几个月的时间使其深信，在一个让政治和种族冲突以及经济危机搞得纷乱的社会中，总督与一党一派结盟反对改革，甚至与英裔结盟反对法裔都会触发新的起义。1848 年 1 月，改革派在议会选举中取得席位，为埃尔金实现责任政府提供了良机。埃尔金征得格雷的同意，正式召请鲍德温和拉方丹组阁。3 月 11 日，加拿大省的第一届责任政府诞生。经过长期的斗争，责任

---

① Edgar McInnis. *Canada, A Political and Social History*. New York and Toronto: Rinehart & Company, 1959: 277.

② Edgar McInnis. *Canada, A Political and Social History*. New York and Toronto: Rinehart & Company, 1959: 278.

政府终于以和平的方式实现了。虽然当 1849 年议会通过《暴乱损失补偿议案》，决定对 1837 年起义中受到损害的个人予以补偿时，托利党人以这是对"暴乱"补偿为借口掀起骚乱，袭击改革派大臣的住宅，用石头砸埃尔金的马车，一伙暴徒甚至闯入蒙特利尔大厅进行抢劫和焚烧，企图使责任政府逆转，但是，责任政府是大势所趋，托利党人极其孤立，不得不偃旗息鼓。

沿海各省的改革运动相对于加拿大省一直比较平静，但其中新斯科舍的改革运动一直很活跃，为英属北美殖民地的改革运动做出了应有的贡献。1839 年，约翰·罗素伯爵在英国议会公然反对《德拉姆报告》中在殖民地建立自治政府的建议，顽固坚持只有杜绝自治政府，才能维护帝国统一的立场。新斯科舍的改革派领袖约瑟夫·豪挺身而出，连续发表四封公开信反驳罗素的观点，同时利用罗素授权总督改组政府的机会推动实现责任政府的斗争。1840 年 2 月，在豪的鼓动下，议会对政府投了不信任票，虽然总督拒绝解散政府，但这次斗争迫使英国政府召回总督。正是由于新斯科舍的改革派始终保持强大的势头，1846 年 11 月 3 日，格雷写信给总督约翰·哈韦，责令他实行责任政府。在 1847 年议会选举中，改革派大获全胜。1848 年 1 月 28 日，新斯科舍建立了改革派的责任政府，比加拿大省早两个月。随着新斯科舍和加拿大省责任政府的建立，爱德华王子岛（1851 年）、新不伦瑞克（1854 年）、纽芬兰（1855 年）也陆续建立了责任政府。

19 世纪 40 至 50 年代英属北美殖民地各省责任政府的建立，标志着英国殖民统治政策和殖民地地位的重大变化。首先，在统治形式上，那种总督在殖民地的权力至上，英国通过总督对殖民地实行直接政治、经济和军事统治的时代宣告结束，开始实行一种新的统治方式，各省的行政委员会变成内阁，内阁成员不再由英王任命，不再向总督负责，而由议会中取得多数席位的政党组阁，内阁对议会负责。司法委员会变成了上院，虽然总督有权否定或延迟议会的议案，但他在更多的情况下只能充当名义上的首脑。其次，随着统治方式的变化，国家的权力发生部分的转移，殖民地议会权力增大，殖民地地方事务由责任政府负责，英国只控制与帝国直接有关的某些权力。虽然英国对殖民地的法律仍高于殖民地的法律，外交和防务仍由英国控制，但是英国的统治权力大大缩小了。这些说明，英国传统的总督直接统治的政策已转变为殖民地自治的政策。

英国殖民政策的这种变化，首先归因于殖民地人民长期不懈的斗争，其中既包括暴力起义，也包括和平改革运动，这些斗争动摇了英国的殖民统治，迫使其不得不实行让步，一步步实现改革。同时，推动这种变化的重要因素来自英国国内政治、经济的变化。19世纪40至50年代，英国完成工业革命，经济迅猛发展，达到了"世界工厂"的极盛时期。在政治上，工业资产阶级逐渐掌握政权，开始改变以往的保护关税的政策，推行自由主义政策，它的殖民政策随之发生明显变化。在以往，英国对殖民地的掠夺主要是通过军事、政治和经济的强制手段，限制殖民地工商业的发展，禁止殖民地的贸易，维持殖民地原料产地和销售市场的地位来实现的；而此时，英国的工业品纵横天下，仅靠自由竞争就拥有绝对优势，获取巨大的利润，而且这种政策冠冕堂皇，比原来的政策更有欺骗性，更容易达到目的。因此，旧的殖民政策过时了。与新的掠夺手段相适应，英国对其原有的殖民政策进行调整，在一定程度上放松了对殖民地的政治控制，允许殖民地在一定限度内享有自治权。正是在这种背景下，英国政府逐渐接受《德拉姆报告》的建议，同意殖民地建立责任政府。因此，责任政府的实现，对英属北美各省来说，是人民斗争的胜利果实；对英国来说，则是它在新形势下为维持殖民统治而进行的一次调整。

第四章　加拿大自治领的建立

一、殖民地联合运动的兴起

19 世纪 40 至 50 年代，英属北美殖民地各省相继建立责任政府，取得了自治权，为建立统一的民族国家创造了条件，但是，它们仍然分别置于英国殖民当局的管辖之下，各自为政，彼此缺乏联系。五六十年代的经济困难、西部土地问题以及与美国关系的危机难以解决，不仅限制它的发展，而且危及其生存。事实证明，它们只有走联合的道路，建立统一的民族国家，才能克服困难，摆脱危机，求得生存和发展，自立于北美大陆，殖民地的联合运动应运而生。

19 世纪 50 年代伊始，殖民地各省的经济面临两大冲击。一是英国自由主义贸易政策。英国政府于 1846 年废除《谷物法》，1849 年取消《航海条例》，从保护关税转向自由贸易，给殖民地带来了灾难性的后果。长期以来，各省谷物、木材等的主要出口商品绝大多数远销英国，以英国为主要市场。英国对殖民地各省的贸易采取保护政策，给予巨大的优惠待遇。1815年，英国的《谷物法》规定，当英国粮价上升到 1 夸脱 67 先令时，便允许加拿大谷物进口，而其他国家则需待粮价上涨到 1 夸脱 80 先令以上才能进口①。1825 年英国又规定，加拿大谷物可以不受英国粮价的影响，任何时候均可以进入英国市场，只需交纳少量的大大低于其他国家的税额。这种政策决定了殖民地经济对英国市场的依赖，英国市场是殖民地经济发展和繁荣的基础。英国《谷物法》的废除和自由贸易政策的推出，使殖民地商品在英国

---

① 夸脱：容量单位，主要在英国、美国及爱尔兰使用。1 夸脱在英国和美国代表的是不同容量。此处指英制夸脱，1 英制夸脱＝1.1365 升。先令：英国的旧辅币单位，1 英镑＝20 先令，1971 年英国货币改革时被废除。1 夸脱 67 先令约合 1 升 2.95 英镑；1 夸脱 80 先令约合 1 升 3.52 英镑。

市场上丧失了优惠待遇，失去帝国贸易体系的保护，被迫进入自由竞争的世界。由于殖民地商品缺乏自由竞争的能力，结果导致部分英国市场的丧失，从而使殖民地各省蒙受严重的损失。二是美国政策的挑战。1845 至 1846 年，美国国会通过《退回关税法案》，规定经伊利湖水路运到纽约的加拿大谷物可以免征进口税。由于从加拿大省经由伊利湖取道纽约前往英国的运输路线比经由圣劳伦斯航道路程短，而且不受圣劳伦斯河封冻的影响，运输费用大大低于圣劳伦斯航道，于是，加拿大省和美国中西部谷物出口的大部分转向美国通往大西洋的航道。1850 年，西部加拿大小麦通过美国出口的数量要比通过圣劳伦斯河出口的数量多 15 倍。结果，圣劳伦斯的航运业又一次遭受打击，蒙特利尔的商人、航运业主、面粉厂主遭受了重大的经济损失。

英国和美国的政策给殖民地的经济造成了极其严重的危机，同时也给殖民地提供了机会。英国的自由贸易政策消除了帝国对北美殖民地贸易的限制，使北美殖民地有可能自定新的贸易政策。美国的关税政策则为殖民地打开其市场提供了可能。于是，英属北美殖民地各省为补偿失去的英国市场，转向从美国寻找出路。加拿大利用美国对其水域捕鱼权的渴求，以其能自由进入加拿大渔场捕鱼为条件，提出开展双边互惠贸易的要求，美国立即就同意了。双方于 1854 年在美国华盛顿签订了互惠条约，条约规定：美国的密歇根湖与加拿大的圣劳伦斯河向对方开放，双方可以自由通航；双方可以进入对方的渔业基地进行捕捞；双方对一定范围内的天然产品可以享受免税或降低关税的优惠待遇。从此，美国可以自由地分享北部的渔场，加拿大和沿海各省将大宗产品谷物、木材、渔产品运往美国。此时，美国正值向西部迅速扩张的时期，新的城镇大量涌现，市场大幅度扩展，对谷物、木材的需求量与日俱增，互惠条约的签订无疑为殖民地开辟了一个新的广阔的市场。同时，殖民地与美国的互惠贸易部分地改变了殖民地传统的贸易走向和原有的贸易格局。以往，殖民地的对外贸易几乎全部都是越洋的东西方贸易；此后，加拿大省的一半、大西洋沿海各省三分之二的贸易仍与英国进行，但其余的一半和三分之一则转向了美国市场。英属北美殖民地这种两条腿走路的贸易方针，表明殖民地自身已初步适应了自由贸易的环境。这种重大的变化及其后续结果在加拿大史上被称为"商业革命"。互惠贸易及其后续结果不仅促进了加拿大及其他省份的经济振兴和繁荣，而且增强了他们的民族自信心。1859 年，加拿大开征关税，对国外包括英国的工业品征收高关税。英国制造商以与自由贸易原则相悖为由予以反对，加拿大则据理力争，宣称殖民地有权自行制定其贸易政策，这是英国改变其贸易政策时认可的；殖民地自行控制自己的经济生活是责任政府的意义所在，否则责任政府毫无意义；自由贸易对英国有利，对殖民地无利。最后，英国被迫承认殖民地有安排其贸易和关税政策的自由。

英、美政策的冲击及其后果使殖民地各省认识到国外市场的不可靠性和殖民地内部分裂状态所造成的经济脆弱性。为了增强其在世界贸易中的应变能力，各省开始谋求经济联合和国内统一市场的建立。1849 年，殖民地各省签订了互惠协定，规定各省之间的天然产品实行自由贸易，这个协定不仅推动了殖民地经济的发展与国内统一市场的形成，而且推动了政治联合运动。

19 世纪 50 年代是英属北美殖民地各省铁路大规模发展的时期，这一方面是各省经济和贸易迅速发展的迫切需要，另一方面则是为了应对美国的挑战。这个时期，铁路的修建主要在各省范围内进行。加拿大第一条铁路是1836 年建成的连接拉普雷里（La Prairie）和圣约翰（St. Johns）两地的一段铁路，全长仅 16 英里（约 26 千米）。此后，铁路事业在各省迅速兴起。新斯科舍修建了从哈利法克斯到特鲁诺的线路，新不伦瑞克修通了圣约翰至谢戴克的铁路。更大规模的铁路建设在加拿大省，从多伦多到休伦湖的休伦铁路，打通了通向大湖区和西部的道路；大西铁路从安大略湖的汉密尔顿越过安大略半岛到达加拿大省西端对面的底特律，打开了美国中西部的通道。最大规模的铁路是 1851 年开通的从加拿大省西端的萨尔尼亚到多伦多及蒙特利尔，再由此到波特兰和圣劳伦斯河下游的大干线，全长 1100 英里（约1609 千米），是当时世界上最长的铁路。铁路的发展为英属北美殖民地的政治、经济发展创造了极为有利的条件。首先，铁路带来了工业革命，铁厂、机车工厂、轧钢厂随之涌现。其次，铁路大大地改善了交通条件，打破了殖民地内部地区分散、交通不便所造成的各省封闭的状态，促进了工农业的发展，繁荣了商业，城镇工商中心迅速兴起，蒙特利尔、多伦多等城市迅速发展为商业大都市。最后，铁路把加拿大省和大西洋沿海各省连接起来，省际的经济联系和交流迅速扩大和加强，为殖民地的政治联合创造了条件，奠定了基础。不仅如此，铁路还从另一方面成了直接推动联合的重要因素。1856年大干线开通以后，经济效益极其低下。这一方面是因为大干线造价昂贵，致使承包铁路建筑的英国公司负债累累，在铁路完工之前就陷入破产；加拿大政府为修建大干线也背上巨额债务，1856 年大干线欠债高达 1300 万英镑。另一方面，早在圣劳伦斯河流域修建运河时，纽约已有了通往中西部的铁路，圣劳伦斯的大干线完成为时已晚，它这个后来者难以居上。纽约港口的设备优于蒙特利尔；美国人口众多，铁路运输量大，走纽约铁路远比走大干线运费便宜，而大干线从美国中西部争取来的货源太少，远不能满负荷运行，所有这些决定了大干线缺乏竞争能力。事实清楚地表明，只有使大干线向西部延伸，开辟更大的商品货源，才有可能扭亏为盈，带动整个殖民地经济的腾飞。因此，承包铁路的私人公司、英国财团和各省的政府都希望扩建大干线，开发西部资源。然而修建贯通西部的铁路计划不仅私人公司或财团力不能及，而且单个省的力量也难以承担。只有一个统一的国家才能够为这项伟大的工程提供所需的土地、人才、财力和物力，于是，一切与铁路利益有关的财政、工商业集团、个人和各省的政界人士都成了联合运动的鼓吹者和支持者。

如果说，英属北美殖民地的经济发展及其铁路建设是推动各省走联合之路的内部因素，那么，美国的扩张主义就是加速统一国家建立的外部因素。从 40 年代起，来自美国的侵略威胁似乎日益严重。美国的扩张威胁首先表现在俄勒冈问题上。根据 1818 年协定，美国与英属北美殖民地之间的边界沿北纬 49°线向西延伸，从伍兹湖到达落基山脉，落基山脉那边的俄勒冈暂时由英、美两国共同领有。至 40 年代，横越大陆的美国人涌入俄勒冈南半部，并组织政府，要求加入美国联邦，叫嚣 "54°50′或开战！"（54°40′ or Fight）。这就是说，要把边界线推向当时由俄国占领的阿拉斯加，战争冲突似乎迫在眉睫。只是由于美国忙于美墨战争，无意也无力再开战场，才避免了一场美英或美加战争。结果英、美于 1846 年签订了《俄勒冈条约》，沿北纬 49°线把边界线延到太平洋，俄勒冈划成两部分，整个温哥华岛留给英国。《俄勒冈条约》虽然全部完成了英属北美殖民地与美国之间大陆分界线的划定，但是也暴露了这块土地的危险性。原来管辖这块土地的哈得孙湾公司长期以来只顾发展毛皮贸易，无意进一步开发，很少有移民迁入，它的统治极其脆弱，在这场危机中束手无策。其他各省相隔千里，交通不便，更是鞭长莫及。因此，英国为巩固远西部的地位，于 1849 年将温哥华划作皇家殖民地，并加快建立居民点。

1856 年，新的危机又出现了，温哥华岛对面大陆上的弗雷泽河发现了金矿，大批美国淘金者蜂拥而至，荒凉的边疆一夜之间突然人声鼎沸，美国人似乎又在重演俄勒冈事件。温哥华总督、哈得孙湾公司主要负责人詹姆斯·道格拉斯迅速采取行动，宣布对这块大陆拥有统治权，并建立了相应的管理制度，如立法院、皇家工程师行使警察职能等。1858 年，英国正式建立了不列颠哥伦比亚皇家殖民地，设置了政府机构，道格拉斯任总督。后来由于金矿的扩大，吸引来不少加拿大省的移民。1862 年，加拿大省的"跨越大陆者"到达了卡里布矿区，这些移民成了后来太平洋省份的首批居民。不久，黄金热退却，美国的大多数矿工返回美国，英属太平洋沿岸地区似乎保住了。但是，这个地区的不安全性是显而易见的，因为它是一块孤立的英属殖民地，与加拿大省之间横着几千平方千米的大荒原，美国的扩张势力近在咫尺，随时都有吞并这片土地的可能。只有与英属北美其他省份联合，它才可能长治久安。而要实现这个目标，当务之急是要开发这个大荒原。

从落基山脉到大湖区的荒野上，只有红河地区一个孤立的居民点。1850 年，红河地区约有 5000 居民，除原来的苏格兰移民外，有后来的法国移民、法国移民与印第安人结合的后代梅蒂人以及一小部分来自加拿大的移民。50 年代的红河地区同样面临被美国吞并的危险。随着该地区与美国明尼苏达贸易的发展，一些美国人进入红河地区，他们不满足于做生意，鼓吹美国应吞并这一地区。1858 年，明尼苏达州议会甚至通过一项支持并吞红河地区的决议。红河地区的加拿大居民反对与美国合并，要求与加拿大联合。加拿大西部的政界人士纷纷呼吁，支持这种要求，并很快得到加拿大省普遍的支持，其中，渴望得到土地的加拿大农民反响尤为强烈。代表农民利益的加拿大改革派"砂砾派"在乔治·布朗的领导下积极活动，利用其手中最有影响力的报纸《环球》大造舆论，支持商业开发西北部地区的计划，并于 1857 年把争取得到西北部地区作为其政治目标。同年，英国政府也出于对西北地区的忧虑，进行了一次关于哈得孙湾公司地位的议会调查，加拿大政府亦向伦敦派出代表，呈诉其对西部的要求。后来英国决定，按照 1670 年的特许状，哈得孙湾公司只占有鲁珀特地，其余部分应立即转给加拿大省，希望双方进行谈判。哈得孙湾公司要求对方支付 30 万英镑的转让费，加拿大无力支付，谈判未果，西部仍然维持现状，继续面临美国移民北进的威胁。

更大更严重的威胁似乎出现在美国内战时期。1861 年美国内战一爆发就给英属北美殖民地造成了极其严重的威胁。英国由于偏袒美国南方，与美国北方关系极其紧张。英美一旦兵戎相见，英属北美殖民地会不可避免地卷入战争，美国便会像 1812 年战争时那样就近攻击英属北美殖民地。这种威胁并不是一种揣测、一种可能，而是一种现实。在美国，好战的言论认为，英国偏向叛乱者，应该受到惩罚，美国军队应进攻加拿大。1861 年 11 月发生了"特伦特"号事件，两名南方使者在乘坐英国邮船"特伦特"号赴英途中被美国军舰拦截，强行抓走，英美关系骤然紧张。虽然由于英美政府的克制，使者获得自由，避免了战争的爆发，但是谁也不敢幻想下一次还会如此幸运。1864 年，一伙在加拿大避难的美国南方人溜过边界，袭击了佛蒙特州的圣奥尔本斯。当他们返回加拿大时，省政府逮捕了这些袭击者，但是美国方面并不完全满意，认为加拿大没有认真在边界线上巡逻，间接帮助了南方暴徒。美国宣布在大湖区设防，让战舰自由巡弋。如果大湖区有美国军舰，那么英国的军舰势必也要出现，这样战争很有可能一触即发。只是由于美国忙于内战，无暇他顾，才没有使双方关系进一步恶化。

内战的结束并没有使来自美国的威胁有所减弱。1865 年初，美国声称要终止或废除互惠条约，这是根据缔约的条款提出的。按规定，条约有效期为十年，期满后，双方可以重订或取消，如果取消的话，将外加一年的宽限期。这样，到 1866 年条约就要终止。这对殖民地经济无疑是沉重的打击，不能不使殖民地认为，美国想以经济打击为威胁手段，迫使殖民地就范，以达到吞并的目的。紧接着，1866 年又发生了来自美国的芬尼党人的入侵事件。芬尼党人对尼亚加拉半岛伊利堡附近的村落发动了一次袭击，但很快就被当地民兵赶了回去。虽然芬尼党人的袭击只是一次骚动，他们不属于美国的军队，不会对英属北美殖民地的安全造成很大的威胁，但是美国政府不但未予阻止，反而纵容芬尼党人的行动。而且，美国对英属北美殖民地的敌视态度没有改变，吞并的鼓噪仍然不断，美国国会甚至还提出过一项和平吞并殖民地的计划。在这种严峻的形势下，英国政府不得不认真考虑组织加拿大的防务，各省特别是与美国相邻的加拿大省、新不伦瑞克省积极主张联合、组织统一的防卫力量的呼声越来越高。总之，来自美国的包括领土扩张、军事入侵和经济封锁方面的威胁，从相反的方向增强了殖民地内部的凝聚力，推动了殖民地走向联合，可以说，当初酝酿建立联邦的主要目的就是有效地应对美国的威胁。

二、加拿大自治领的建立

19 世纪 40 至 50 年代的形势使走联合之路成为英属各殖民地的共识，在此基础上越来越多的人趋向选择建立联邦政体。联邦制度这种选择既不是遵循某种理论模式，也不是效仿某个实际的样板，而是在英属北美殖民地实际条件下，各省可能接受的、较为可行的形式。撇开英国的因素，英属北美殖民地各省长期以来是独立的，改革时代又赋予它们自治的政治传统。它们谋求联合主要是为了建立一种能扩大经济发展、确保集体安全、体现集体力量的政治体制，而不是要一个拥有一切重大权力、威慑某种地方势力的单一中央政府。较小的殖民地担心在单一的、强大的政府下，会被人口居多的大省所控制而无权保护其特殊利益，而在联邦条件下，各省仍可拥有相对的独立性，它们的传统权力和特殊利益都能得到保持和维护。

建立英属北美殖民地各省联邦的建议是由加拿大议会首先提出的，而且在建立联邦的过程中，加拿大省始终起着主导的作用。加拿大省在殖民地面积最大，人口最多，政治、经济地位及其影响也最重要，它在统一的过程中起的主导作用实属理所当然，而它首先提出这种政治主张，则主要是由于它所面临的严重的政治危机。1841 年建立的加拿大实际上是一个松散的东西两部、法裔和英裔两大种族的联合体。由于《联合法案》规定了原上、下加拿大在新的联合省议会中拥有同等数量的议席，致使两个地区事实上仍是彼此独立，各自为政。种族、宗教与政治、社会矛盾搅和在一起，形成错综复杂的政治局面。50 年代初，加拿大议会至少有七个政治集团，其中原上加拿大有四个：由阿伦·麦克纳布领导的原托利党余党，或称极端保守党；由约翰·麦克唐纳领导的温和的保守党；由弗朗西斯·欣克斯为首的改革派，或称温和的自由党；以乔治·布朗为首的激进的自由党，或称"砂砾派"。原下加拿大有三个：以乔治·卡蒂埃为首由法裔多数组成的蓝党，这个党名义上是自由党，实际上是温和的保守派；由为数不多的自由派法裔组成的红党；由蒙特利尔和东部城镇的英裔组成的英裔加拿大集团。这些政党在当时实行的单一政府的政治体制下都无法单独执政，于是不得不谋求联合，出现了由约翰·麦克唐纳领导的除砂砾派和红党之外的联合政党——自由保守党，砂砾派和红党则以乔治·布朗为首组成了自由党。这两个政党虽然打破了地区的界限，跨过了种族、宗教的分野，为政治联合迈出了可贵的一步，但是，它们都是由上、下加拿大两部分的多种政治派别组成的，各派代表的地区和集团的利益各不相同，差异很大，难以形成或实施统一的政纲，于是在主要由自由保守党当政的 50 年代，出现了"双重制"即两个总理的政府，两个总理各自控制着东部和西部的事务，任何重要的议案必须经议会中东西两部分各自的多数即双重多数通过方能成立。因此，在一个相当长的时期里，加拿大省始终没有实现真正的统一。众多的政治派别和集团、复杂的地区和种族之间的矛盾，造成了政府人事更迭频繁，政府实际上经常处于瘫痪状态。60 年代，政局混乱更为严重，1861 至 1864 年举行了两次大选，更换了三届政府。1864 年 6 月 14 日，自由保守党的塔歇—麦克唐纳政府下台后，竟然连续两周处于无政府的混乱状态。显然，加拿大省单一政府形式的联合已走进了"死胡同"，不可能把它扩展到整个殖民地，只有实行更大范围的联邦政体才有可能找到出路。

19 世纪 50 年代末，加拿大省出现两种联邦计划。1858 年，蒙特利尔商业集团的代表人物亚历山大·高尔特在加拿大省议会提议加拿大东部、西部和沿海各省应用联邦原则实行联合，建立英属北美殖民地联邦。这个计划立即得到自由保守党的支持。同时，乔治·布朗领导的自由党也提出联邦计划，主张先建立一个代表两个加拿大的联邦权力机构，成立两个省政府，然后再图建立一个大的联邦。前一个计划因英国对全面联合不感兴趣，其他省份反应冷淡而被搁置，后一个计划则因自由党将其主要精力用于争取按人口分配议席的制度而遭冷落。1864 年 6 月加拿大政府出现的严重危机迫使两党联合起来共图联邦大业。6 月 14 日，布朗明确表示愿意与自由保守党一起组织政府，自由保守党领袖麦克唐纳积极响应，于 7 月建立了两党联合政府。两党的联合为建立联邦迈出了重要的一步，联合政府很快在联邦的问题上达成一致意见，主张首先谋求建立全英属北美殖民地各省联邦，如若失败，再组成两个加拿大的联邦。随之，两党联合行动，麦克唐纳、布朗、高尔特、卡蒂埃等著名人物全身心投入推动建立联邦的宣传工作，并很快得到民众的广泛支持。然而，与此同时，沿海省份却在议论自己的小联合计划，即大西洋殖民地的联合，并于 9 月在爱德华王子岛的夏洛特敦举行代表会议进行讨论。沿海各省的这种行动得到英国政府的赞同，也受到沿海公众的欢迎。面对这种局面，加拿大联合政府没有采取反对和敌视态度，没有以势压人，而是采取积极争取的方针，派代表参加了夏洛特敦会议。一方面由于加拿大代表精心描述了一个新的强大的北美统一国家将给沿海省份带来巨大益处的美好前景，使沿海各省从大联合中看到希望；另一方面由于美国内战刚刚结束，统一后的美国将对英属北美殖民地有何图谋，引起了普遍的担心，尤其是美国声明中止互惠条约和芬尼党人袭击事件更加重了这种气氛，激发了民族主义的情绪，所以，加拿大代表的争取工作取得了巨大的成功，沿海各省代表同意派代表参加拟议中的魁北克会议，一起进一步商讨英属北美殖民地的联合计划。

1864 年 10 月 10 日，各省协商联合的第一次会议在魁北克举行，来自新斯科舍、新不伦瑞克、爱德华王子岛、纽芬兰、加拿大省的 33 位代表聚集在俯瞰圣劳伦斯河的魁北克议会大厦，为未来的联邦国家规划蓝图。这批英属北美殖民地的政治精英中，有约翰·麦克唐纳、亚历山大·高尔特、伦纳德·蒂利、查尔斯·塔珀、乔治·卡蒂埃、乔治·布朗、托马斯·达西等著名领袖。在魁北克会议中，麦克唐纳起了重要作用，他是会议的组织者和主要决议的起草者，在他的带领下，经过 16 天紧张的工作，最后通过了 72 条决议案，即《魁北克决议》。这个决议就是 1867 年《英属北美法案》的草案。魁北克会议是建立联邦过程中最重要的一次会议，它奠定了联邦的基础。参加会议的代表们做出了重要的历史功绩，在加拿大历史上被尊称为"联邦之父"。

魁北克会议结束以后，各省开始审议《魁北克决议》。1865 年春，加拿大省议会经过激烈的辩论后，以绝对多数通过决议案，反对派只有多里昂领导的红党，他们声称，联邦只是"大干线的工作"，目的是要把铁路从破产中解脱出来。虽然这种指责很有煽动性，但因红党人少势微，没有产生多少效力，无法扭转联邦之大趋势。然而，在沿海省份，决议案却遇到意想不到的障碍。爱德华王子岛和纽芬兰否定了《魁北克决议》。在新斯科舍，老资格政治家约瑟夫·豪领导了一支强大的反对派，支持联合的塔珀政府难以应付，甚至不敢把决议案拿到议会进行表决。在新不伦瑞克，1865 年 3 月，以总理伦纳德·蒂利为首的联邦派在大选中失败，新上台的政府反对加入联邦。沿海各省的这种态度产生的原因是错综复杂的。首先，这些省份长期以来与加拿大省没有多少联系，他们的经济和贸易自成体系，主要向海外发展，在安全防务上也更多地指望英国的保护，没有与加拿大联合的迫切要求。其次，这些省份担心联邦会使其丧失传统的自治地位和特殊利益。最后，这些省份对联合决议案中有关财政的规定不满，怀疑建立联邦主要是对加拿大有利，是为使其摆脱困境而设计的。

当《魁北克决议》陷入绝境，联邦计划就要夭折之际，英国态度的转变使之绝处逢生。最初，英国政府对联合运动持冷淡态度，主要担心这会危及殖民地与帝国的传统关系。后来随着形势的发展，英国的态度由冷变热，转而支持联邦计划，主要原因有以下几方面。第一，《魁北克决议》表明，英属北美殖民地的联邦计划只涉及内部关系，不涉及与英国的固有关系，也就是说，未来的联邦仍然保持英国的传统统治权，从而打消了英国的疑虑。第二，当时美国扩张的阴影笼罩着英属北美殖民地，尤其是西部内陆地区几乎毫无防范能力。英国远隔重洋，鞭长莫及。哈得孙湾公司仅是私人公司，无法对西部进行强有力的行政管理，只有建立一个统一的加拿大政府，才可能迅速开发和统一西部，建立起强有力的统治权，遏制美国的蚕食政策。第三，英国在殖民地驻有一定数量的军队，美国内战期间，英国在殖民地的防务负担日益加重，大量的军费开支引起了国内普遍的不满。同时，普鲁士在欧洲的崛起使英国有必要加强其欧洲的军事力量，所以急于摆脱对殖民地的防务责任。而只有一个统一的联邦政府才有可能接替英国承担起国防任务。正如英国殖民大臣爱德华·卡德韦在给大西洋沿海各省总督的信中所指出的，英属北美殖民地各省彼此分离对于防务是无能为力的，只有诸省将其人力、资源联合在一起，才能够为国防做好充分准备。第四，联邦建立以前，加拿大的外国资本中，英国资本占绝对优势。1867 年，英国在加拿大的1.85 亿英镑的投资中，政府债券和铁路证券就占 1.6 亿英镑，这些与殖民地开发、铁路建设有关的英国财团、公司和个人竭力向政府施加压力，以求通过联合扩大开发，追求更大的利润。总之，殖民地建立联邦既可使英国抽出身来，又不失其既得利益。正是由于这些原因，在 60 年代中期，英国更换了新斯科舍的总督，要求新总督施加影响，支持联合运动。新不伦瑞克的总督也收到同样的指令。结果新斯科舍省议会很快决定加入联邦，以蒂利为首的联邦派在新不伦瑞克重新执政，也通过了同样的决议。这样，建立联邦的主要障碍消除了。

1866 年 12 月 4 日，加拿大省、新不伦瑞克省、新斯科舍省代表汇聚伦敦，举行了协商联合的第三次会议。各省代表与英国殖民部官员一起对《魁北克决议》进行了最后的修改，其中主要包括给予沿海省份更多的财政补助金，对修建省际铁路做出明确的陈述等，并讨论了将西部地区交给联邦的方法。在伦敦会议上，麦克唐纳曾提议，新的国家取名"加拿大王国"，英国政府担心这种明显的君主制倾向会触怒美国而未予接受。虔诚的基督教徒蒂利从《圣经·诗篇》第 72 段中得到启示，提议用自治领作为新国家的名称，结果被采纳。1867 年 2 月，英国上院和下院正式通过《英属北美法案》——加拿大宪法。同年 7 月 1 日，《英属北美法案》正式生效。根据法案，魁北克省（原下加拿大）、安大略省（原上加拿大）、新斯科舍省、新不伦瑞克省共同组成统一的联邦国家，定名"加拿大自治领"，首都渥太华，7 月 1 日为加拿大国庆日。自治领第一届政府总理是约翰·麦克唐纳。

1867 年自治领的建立标志着英属北美殖民地时代的结束，统一和独立的民族国家的开始，具有划时代的意义。然而，加拿大的统一和独立都还有漫长的路要走，沿海的爱德华王子岛和纽芬兰置身于联邦之外，广大西部地区的统一尚需艰苦的工作，不列颠哥伦比亚的联合还没有提上日程，等等；同时，自建立以后，自治领无论在政治、经济，还是外交、司法等领域都未获得真正的独立，未能完全摆脱殖民地的地位，加拿大自治领还只是一个半独立的国家。

三、新联邦的政治体制

《英属北美法案》主要规定了联邦中央政府与地方政府、联邦议会的机构组成，以及中央与地方的立法权、行政权的划分等。法案包括序言、联邦、行政权、立法权、各省组织、立法权的划分、司法、预算、债务、资产、税收、其他条款、铁路和英属北美殖民地其他省份加入联邦等部分。按照《英属北美法案》，加拿大自治领实行联邦议会制。

在中央与地方的关系上，自治领采用了联邦制。《英属北美法案》详细划分了中央与地方的权限，法案第 9 条列举了 29 项属于联邦政府的权力，主要包括掌管军队、邮政服务、铸币、银行、捕鱼权、刑法、贸易和商业规章，以及通过直接税或间接税筹款的方式等。法案第 92 条列举了 16 项归属于各省的专有权力，包括省内的税收、借贷、内政制度、公有土地、教育等。除了联邦和各省专属的权力以外，法案还规定了双方共有的权力，例如第 96 条到第 100 条规定，联邦得参与各省的司法行政。因为各省在加入联邦时，都挟带它们的旧司法体系，所以，法案规定，刑法及程序法由联邦决定，法律的执行归各省法院，总督任命各省的法官。这样，加拿大虽然实行联邦制，但中央和各省之间并不存在并行的两套司法体制。此外，移民和农业等也属于双方共管的权力范围。

加拿大自治领政府实行议会内阁制，加拿大联邦议会由女王、参议院和众议院三个部分组成，总督代行女王之职权。参议院的议席是根据各省及地区的人口比例和历史状况，按照同等数量代表权的原则分配的，共有 72 个议席，安大略、魁北克和沿海各省各占 24 席。参议员由总理提名，由总督以女王的名义任命产生，终身任职，只有在犯罪或有其他过失和成为外国侨民的情况下才会失去议员资格。担任参议员必须年满 30 岁，在所代表的省、地区至少拥有价值 4000 加元的财产。在联邦立法过程中，参议院与众议院几乎享有同等的立法权力，它可以提出除财政议案以外的所有议案，并有权修改甚至否决众议院通过的法案。但实际上，参议院的主要职能是审议议案，调查涉及公众利益的争议，复议众议院所通过的或等待通过的法案，即使予以修改，也属于文字和技术性质。

众议院是加拿大议会的重要组成部分，众议院议席采用按人口比例原则在各省分配，由普选产生。按规定，魁北克议席 65 席，其他省按魁北克人口比例获得相应的席位，安大略 82 席，新斯科舍 19 席，新不伦瑞克 15 席。每 10 年进行一次人口调查，然后对代表名额进行核实，根据人口变动情况可以对议席做出调整。众议院主要拥有立法权和监督权。立法权包括提出议案（其中财政议案只有众议院才能提出）、讨论法律草案、通过和公布法律。监督权包括对政府的监督、弹劾文官等。

《英属北美法案》规定，联邦的最高行政权属于女王，由总督代行职权。实际上，联邦行政大权掌握在总理内阁手中，内阁由议会大选中获得多数议席的政党组成，该党领袖由总督任命担任内阁总理，总理在议会中挑选本党议员任内阁成员，分别担任各部门的主要负责人。内阁的职能主要有三方面：一是立法功能，它拟定大部分议案，并且几乎独揽了财政事务议案；二是行政功能，制定并执行一切行政政策，负责各政府部门的工作；三是监督功能，对政策实施进行监督。内阁是连接国家立法机关和行政机关的枢纽。内阁向议会负责，当议会对内阁通过不信任案时，内阁须全体辞职，或者请总督下令解散议会，进行新的议会选举，由获得多数议席的政党执政。

《英属北美法案》是加拿大自治领的一部宪法，但它所体现的不是一个完整的主权国家。这不仅是因为它保留了英国女王的权力，而且在于它没有赋予自治领外交和军事防务大权。

　　加拿大自治领的政治制度明显受到英国和美国制度的影响。英国制度对加拿大自治领政治制度的影响主要表现在对女王及其代理人总督权力和议会内阁制的继承上，而美国的影响则主要表现在联邦制上。但是，自治领的政治制度并不是对英美两国制度的生搬硬套或者盲目凑合，而是取其所长，避其所短，糅合或改进而形成的独特形式。以麦克唐纳为首的联邦之父们从一开始就形成了一种共识，新联邦应该避免美国联邦的缺点，中央政府应被授予广泛的权力。麦克唐纳在第二次魁北克会议上指出，美国人"在他们制定宪法时所犯的主要错误是每一个州除了把一小部分权力交给中央外，全部统治权力都留给了自己。我们必须把这个颠倒过来。加强中央政府，而只把地方需要的权力交给地方"①。因此，《英属北美法案》不仅规定联邦中央政府拥有广泛的重大权力，而且规定它有权制定省权以外的、关系到"和平、秩序和政府完善"的法律②，也就是说，所有法案未做明确规定的其余权力均归中央政府。总之，加拿大自治领与美国同属联邦制，议会的名称一样，但是国家权力的配置和国家权力机关的功能明显不同。而联邦制则又造成了自治领制度与英国制度的差异。

---

① 唐纳德·克莱顿：《加拿大近百年史》（中译本），济南：山东人民出版社，1972 年，第 27 页。
② Robert Jackson. *Canadian Politics*. 1986: 711.

第五章　加拿大的统一

一、"从海洋到海洋"之梦的实现

　　加拿大自治领的建立为加拿大的统一迈出了坚实的一步，但是，自治领能否巩固，麦克唐纳联邦政府能否完成统一，不容盲目乐观。自治领诞生初期的形势表明，有利条件和不利因素并存。以约翰·麦克唐纳为首的联邦政府吸收了自由党人参加，突出强调政治上的联合团结，树立联合政府的形象；同时，明确以维护自治领的团结和实现统一为己任，以爱国主义自居，因而深得人心，并牢牢控制了政权，从而为实现加拿大的统一提供了可靠的保证。英国急切敦促加拿大统一的政策，为实现统一大业提供了主要的外部条件。然而，自治领和麦克唐纳政府的地位并不十分牢固。首先，自治领内外潜伏着地区、种族和宗教等方面深刻的矛盾，这是产生分裂的重要根源。其次，自由党虽不是想让统一事业逆转的势力，但它与麦克唐纳的保守党之间存在种种分歧。它反对保守党发展工商业和铁路的巨大耗资计划，主张加拿大比较缓慢地、更谨慎地发展。同时，主张扩大省权，反对麦克唐纳政府强调中央政府权力至上的观点。反对自治领政府侵犯各省应有的权力。自由党的挑战给麦克唐纳的联合政府造成严重威胁，两党不时的纠纷和冲突，可能会产生更严重的分裂后果。再者，自治领内部有分裂势力，外部存在着反对统一的势力，西部地区的统一任务也相当复杂和艰巨。最后，美国在内战后的扩张主义威胁也给自治领的巩固和加拿大的统一蒙上了阴影。所有这些不利因素预示了加拿大统一的道路绝非平坦。

　　加拿大自治领内部最大最直接的危险来自新斯科舍的退出联邦运动。早在自治领的筹建过程中，约瑟夫·豪所领导的反联邦运动就曾使联邦计划一度搁浅。联邦建立之后，反联邦派的势力依然很大，新出现的一些触发因素又为豪发动退出联邦运动创造了条件。首先，自治领建立不久，恰逢经济大萧条，新斯科舍的主要产业捕鱼业很不景气，广大渔民为饥寒所困，滋生了普遍的不满情绪。其次，联邦政府规定的新关税税率高于新斯科舍加入联邦前的关税税率，造成了该省进口商品要付的关税比原来高，进口的生活用品价格相应升高，增加了居民的负担，结果引起了对联邦关税政策的普遍责难，就连新斯科舍副总督和联邦派也谴责这种关税政策。再次，美国内战后经济繁荣，对毗邻的新斯科舍人产生了很大的吸引力，一部分人幻想恢复与美国的互惠贸易，有人甚至把退出联邦作为与美国合并的第一步。最后，新斯科舍的反联邦主义者在 1867 年联邦和省的选举中取得胜利，这使他们增强了退出联邦的信心。正是在这样的形势下，该省议会在反联邦派的控制下，通过一系列决议，力促英国政府同意该省退出联邦，老资格的政治家豪亲自出马，率领代表团前往英国，进行政治游说，要求取消联邦，掀起了一场退出联邦的政治运动。英国政府一如既往支持联邦，反对取消联邦，拒绝了反联邦派的请求。麦克唐纳政府也坚决反对取消联邦，麦克唐纳说：“取消联邦这件事即使是只讨论一下也是不行的。”[1]他派遣新斯科舍主要的联邦拥护者查尔斯·塔珀赴英，以抵消豪及其代表团所造成的影响。新斯科舍的退出使联邦运动再次受挫，他们面临两种选择：要么公开起义独立或合并于美国；要么选择妥协。前一种孤注一掷的冒险策略没有多少拥护者，也违背豪及其反联邦派的初衷，因此豪及其反联邦派只有妥协这一条路了。豪决定中止退出联邦运动，但希望对《英属北美法案》进行一些实质性的修改。加拿大政府和英国政府坚决拒绝考虑任何改变宪法的主张，不过麦克唐纳表示愿做一些让步，满足豪的其他要求。1868 年 8 月 1 日，麦克唐纳在塔珀、卡蒂埃等人的陪同下亲自到达哈利法克斯，与豪进行谈判。翌年 1 月，双方达成协议，豪进入联邦内阁，联邦政府给该省一笔较大的联邦补助金，新斯科舍的危机随之平息。

麦克唐纳政府刚刚平息新斯科舍的退出联邦运动，就又有另一个棘手的问题迫在眉睫。美国在内战后要求英国割让鲁珀特地和西北地区，以补偿英国制造的美国南方战舰“亚拉巴马”号在内战期间给北方造成的损失。这一威胁使得麦克唐纳政府对这些地区的接管刻不容缓。自治领一建立，麦克唐纳政府就与英国政府磋商接管鲁珀特地和西北地区的问题。1868 年，英国

---

① 唐纳德·克莱顿：《加拿大近百年史》（中译本），济南：山东人民出版社，1972 年，第 24 页。

议会通过《鲁珀特地方法案》，表示支持自治领与哈得孙湾公司进行协商，以便将公司的统治权移交给自治领。1869 年 3 月，联邦政府与哈得孙湾公司进行谈判并达成协议，决定加拿大以 30 万英镑购买鲁珀特地和西北地区的所有权，并给哈得孙湾公司保留西部土地的二十分之一，整个移交工作预定于 1869 年 12 月完成。1869 年 5 月，麦克唐纳政府向众议院提交了一份关于鲁珀特地临时政府的议案，准备将这块土地划归西北地区，暂不设省，由一名副总督和一个渥太华任命的委员会进行管理。从 9 月开始，联邦政府着手进行接管准备，派遣大批土地测量员前往西部进行土地的统一测量，任命威廉·麦克杜格尔为副总督。然而，政府的接管工作在红河地区激起了武装反抗。

红河居民区是 19 世纪初期苏格兰移民建立起来的，后来在西部从事毛皮贸易的法国商人与印第安人结合的后代梅蒂人聚集到此定居。占居民大多数的梅蒂人主要以狩猎野牛、粗放的农业、为哈得孙湾运送货物和毛皮贸易为生。半个世纪以来，他们独立生存，与原先的加拿大省之间没有直接的政治和经济往来，视自治领如同"外国政府"。他们认为，自己是红河的主人，任何红河地区的问题都应与他们进行协商，应得到他们的同意并满足他们的要求。自治领与哈得孙湾公司的谈判和领土移交竟然无视他们的存在和要求，引起他们普遍的强烈不满。同时，自治领的测量员在丈量土地时，完全不尊重居民对土地的原始占有权，任意破坏农田，驱赶野牛群，使梅蒂人世代赖以生存的环境遭到严重破坏，传统的生活方式难以继续维持。再者，他们对接管后的前途充满疑虑，不知能否保持天主教信仰和法国文化传统，等等。于是他们被迫揭竿而起，于 1868 年在路易·里埃尔的领导下发动了武装起义，建立了临时政府，接管了哈得孙湾公司在红河的主要据点加里堡（后来的温尼伯市）。

这场起义的最终目的是什么，确实是比较复杂的问题，应该说至少有两个主要的因素值得考虑。其一，这场起义企图阻止把西北地区无条件移交给加拿大，想迫使联邦政府与他们谈判，使红河地区能够作为一个独立的省份加入联邦，并像魁北克一样，能保住法裔人的各种传统和权利，保住梅蒂人的土地等。其二，在起义队伍中，确实有人主张与美国合并，而且有一伙美国人充当临时政府的临时顾问。

里埃尔起义是麦克唐纳政府始料不及的突发事件，哈得孙湾没有军队，西部没有足以镇压起义的军事力量，由于西部没有铁路，交通不便，从东部调兵遣将也是远水救不了近火，麦克唐纳政府缺乏有效的应急措施。并且，由于美国人插手其中，企图使起义向与美国合并的方向发展，使这次起义更具有威胁性和危急性。事情很清楚，这次起义必须尽快平息，任何拖延都将使国家的统一计划化为乌有。麦克唐纳对此有充分的认识，他说："不管在权利上或者军事上都不能让美国在我们背后插手，并截断我们通向太平洋的道路。"① 正是在这种形势下，麦克唐纳决定采取让步妥协政策，以谈判解决问题。他召回赴任途中受阻的副总督麦克杜格尔，重新派遣唐纳德·史密斯作为联邦专员去红河地区谈判。起初，麦克唐纳政府企图把里埃尔及其临时政府排除在谈判之外，与当地公众直接对话，在红河地区组成了由居民选举产生的英裔和法裔代表大会，并通过"权利条款"，规定了西北地区作为一个地区进入联邦的要求。联邦政府的这种离间做法及其操纵下产生的"权利条款"受到里埃尔及其临时政府的坚决抵制，问题难以解决。最后代表大会妥协，承认里埃尔为其首脑，执掌谈判事宜。在里埃尔的主持下又产生了两个"权利条款"，最后提出了一个包含 20 条内容的"权利条款"，主要包括：红河地区将享有省级地位和待遇；该省在参议院要有两名代表，在众议院要有四名代表；该省对自治领以前的债务不承担责任；联邦政府近期每年支付该省 8 万加元补助金；该省人民拥有的财产、各项权利、特权以及风俗习惯等应受到尊重；五年内在该省不征收任何直接税；法语与英语同是官方语言；还包括关于省议会控制公共土地、与印第安人部落缔约、修筑铁路、公共建筑、公路、桥梁等内容。后来，又补充了设立分离的教派学校的要求，并委派代表赴渥太华谈判。联邦政府与里埃尔的代表经过谈判，草拟了《马尼托巴法案》，其中包括了"权利条款"的基本要求。1870 年 5 月 2 日，麦克唐纳将《马尼托巴法案》提交加拿大联邦议会审议，并获得通过。7 月 15 日，原属哈得孙湾公司的土地正式移交给加拿大自治领，以红河居民区为中心建立了自治领的第五个省——马尼托巴省。马尼托巴省是麦克唐纳统一加拿大过程中唯一经过暴力洗礼的省。在这次事件中，加拿大军队和骑警队有 38 人死亡，115 人受伤。联邦政府为平息起义支出的军事费用达到近 450 万加元。② 这次起义虽然最终以和平手段平息，但由于在起义中，里埃尔政府枪杀了一名来自安大略省的英裔青年反对者，结果引起一场种族

---

① 唐纳德·克莱顿：《加拿大近百年史》（中译本），济南：山东人民出版社，1972 年，第 27 页。

② Mason Wade. *The French Canadians*. Vol. I. Toronto: Macmillan, 1968: 412.

风波，在安大略和魁北克的英裔和法裔之间造成了种族对抗，这种分裂在以后几年里给自治领投下了阴影。

随着鲁珀特地和西北地区作为马尼托巴省加入加拿大联邦，原来远离加拿大的不列颠哥伦比亚已近在咫尺，加入加拿大联邦的问题提上了日程。不列颠哥伦比亚是英国于 1858 年建立的皇家殖民地，1866 年将温哥华并入其中。由于相距遥远，交通不便，它与原来的加拿大省和后来的自治领都没有什么联系，而与美国的关系却相当密切。它与外界的交通靠美国的汽船，它的邮政通过美国，1865 年还架起了通往旧金山的电报线。1869 年，美国联合太平洋铁路建成后，它与美国大西洋沿岸城市的来往更为便利。正是由于这些原因，在联合的问题上，始终存在两种意见，一种意见主张该地区与美国合并，但大部分人持另一种意见，即希望该地仍是"不列颠"的哥伦比亚。当自治领接管西北地区以后，一方面由于它与自治领毗连，加入联邦有了现实的条件，另一方面由于英国支持加拿大统一，哥伦比亚不能再指望靠英国生存下去了，所以它必须认真地考虑与加拿大的联合问题。1870 年 6 月，不列颠哥伦比亚立法委员会派卡罗尔、特鲁奇和赫尔姆肯作为代表赴渥太华进行谈判。他们提出的要求有：取得省的地位；通过普选产生立法议会和责任政府；给该省拨发大量的联邦补助金；在加里要塞和不列颠哥伦比亚之间修一条马车道，并在三年间修建铁路，为修建这条铁路的不列颠哥伦比亚境内的一段，每年请求支付 100 万加元。联邦政府不仅基本同意了不列颠哥伦比亚的要求，而且在铁路问题上给予出乎人们意料的满足。修建公路的计划取消了，自治领应允在两年内开始修建通往该省的太平洋铁路，十年内完成。双方达成协议，1871 年 7 月，不列颠哥伦比亚成为加拿大自治领的第六个省。

马尼托巴省和不列颠哥伦比亚加入自治领使得加拿大的统一势不可挡，几年来一直徘徊在联邦大门之外的爱德华王子岛和纽芬兰不可能不受这种浪潮的冲击。爱德华王子岛置身于联邦之外的主要原因是既怕经济上受富省的剥削，又怕政治上受大省的压迫，同时，在 60 年代，它的经济状况良好，还能继续维持自给自足。但是，进入 70 年代之后，该岛因修建铁路而陷入严重的经济困难。1864 年魁北克会议时期，它的欠债不到 15 万加元，但是到 1874 年，它的债务高达 400 万加元以上。此外，在外地主土地所有权问题一直是困扰该岛的老问题。正是迫于这些问题，它重新考虑加入联邦，指望通过参加联邦，由自治领来帮助解决债务问题和购买在外地主的土地。双方经过谈判达成协议，联邦政府答应替该省偿还债务，修建省际铁路，并给予一定数额的联邦补助金。此外，联邦政府出资 80 万加元将在外地主的土地全部买下。爱德华王子岛所提要求如愿以偿，便欣然加入联邦。1873 年 7 月 1 日，爱德华王子岛正式加入联邦，成为自治领的第七个省。

纽芬兰与爱德华王子岛由于相似的原因置身于联邦之外。不过，它从自治领成立起，就一直与联邦政府进行着谈判。1868 年，一个代表团曾访问了渥太华并带回一份加入联邦的协议草案，但是，由于签订该协议的卡特政府在翌年大选中失败，纽芬兰加入联邦之事受挫，这一耽搁使它加入联邦的时间推迟了 80 年之久，直到 1949 年它才正式加入联邦，成为加拿大的第十个省。

截至 19 世纪 70 年代初，除纽芬兰之外，加拿大自治领仅用了六年的时间就完成了跨越大陆的统一，而且统一的过程基本上是以和平形式进行的，这种特征与它的近邻美国形成鲜明的对比。美国的统一用了近半个世纪，并且充满了暴力。加拿大之所以能够和平统一，首先是因为统一是加拿大民族觉醒的标志，是大势所趋、人心所向。其次，英国由于自身的利益支持统一，不仅为统一提供了良好的外部条件，而且由于英国的特殊地位和作用，帮助加拿大缓解、克服了内部的矛盾和可能的对抗。再次，美国的扩张主义的威胁从反面起了推动作用，加快了加拿大统一的步伐。最后，加拿大的统一基本上是政治统一，没有伴随经济和社会的变革，所以避免了不少干扰和阻力。然而，这种政治统一超前、经济和社会发展滞后的特征，使加拿大统一过程中不免出现安排失当，这给统一后的加拿大埋下了种种隐患，如马尼托巴省的政治安排就与该省未来的发展特点相悖，从而引发了冲突，对不列颠哥伦比亚经济上的过分慷慨造成了日后加拿大严重的财政困难等。当然，这些后果实属始料不及。

二、统一初期的发展政策

加拿大作为一个民族国家，其生存和发展，不仅需要政治统一，而且需要与之相适应的经济和社会发展，以及在此基础上产生的民族意识和感情，"加拿大第一"的主张便应运而生。1868 年春，当自治领成立还不到一年，诗人查尔斯·梅尔、律师威廉·亚历山大·福斯特、乔治·泰勒·丹尼森和罗伯特·格兰特·哈利伯顿，以及文官亨利·詹姆斯·摩根，这几位 30 岁左右的青年经常聚集一起，高谈阔论，冷静地思索这个新生国家的现实和未来。他们认为，新生的自治领联邦充其量是拼凑而成的联合股份公司，这么一个只图眼前狭隘利益、没有灵魂的结合体如任其自然发展，将永远不会形成一个伟大的新国家，只有真正的加拿大民族感情才能够使联邦获得生命力。加拿大人必须懂得其历史根源，并为自己民族的多源流特征而自豪。他们应该意识到他们的国家是一个整体，他们必须坚信自己前途无量。简而言之，"加拿大第一"主义者认为，自治领的前途要仰仗其本身物质和精神的凝聚力。他们起先以"加拿大第一"为其座右铭，不久又把它定为其团体的名称。"加拿大第一"的思想道出了人们普遍的愿望和心声，很快赢得了广泛的信徒，变成了一场政治运动，"加拿大第一"的团体几乎成了举足轻重的第三党。

麦克唐纳完全同意"加拿大第一"的主张，他认为，联邦仅仅是政治上的成就而已，分裂的英属北美殖民地变成统一的加拿大。但是，这种变化只能说是宪法形式上的变化，而不是经济的和社会的变化。国家的基本政体虽然有了，但是国家还没有成为富有生命力的现实。它还需要把已经成为自治领的庞大的半个大陆的全部潜力发挥出来，诸如，向空旷地域移民，开发资源，使之成为繁荣快乐的人民乐园。

加拿大统一及其巩固与发展是举国之愿望，但是，如何实现这一伟大的目标，人们的看法却不尽相同。从 70 年代保守党和自由党两届政府的政策来看，加拿大统一初期的国家政策主要由三部分构成：大规模移民和开发西部地区；修建太平洋铁路，完善横贯加拿大大陆的铁路运输体系；实行保护关税以实现工业化。就前两项而言，两党的主张和政策基本一致，只有具体的措施上存在分歧。两党争论不休的是保护关税的政策。

向西部移民和开发西部地区是举国上下一致同意的发展计划。鲁珀特地和西北地区不仅有广袤的荒地，蕴藏着极其丰富的物质资源，是东部工商界期盼已久的、亟待开发的巨大产地和市场，也是广大农民梦寐以求开发利用的宝藏之地。而且，这些地区地处要害，是通向太平洋和东方的要道，美国对这些地区垂涎已久。遏制美国的扩张主义，维护这些地区的安全，不仅要靠政治统一，更重要的是要促使这些地区经济社会繁荣发展，使之具有强劲的竞争力。因此，这些地区的开发是加拿大统一巩固和发展的基础。对西部地区的移民和开发是随着马尼托巴省的建立开始的，而且是在国家的管理下进行的。同时，对西部的移民和开发伴随着对当地土著居民的掠夺。

　　为了为移民和开发做准备，第一届麦克唐纳政府派遣代理商、测量队、工程师和警察先行进入这些地区。70 年代，政府与西部印第安人部落订立了一系列条约，根据这些条约，印第安人部落被迫让出他们的土地所有权，以换取居留地。1872 年，政府又颁布了《自治领土地法案》，规定每个移民只要缴纳少量登记费，便可申请到 160 英亩（约 0.65 平方千米）的土地，三年内若缴足移民税，就可以成为这块土地的主人，此外，这些人还拥有对邻近土地的优先购买权。1873 年，联邦政府正式建立西部骑警队；1874 年，300 名骑警队的第一分遣队进入西部。这些措施促进了移民运动。随着马尼托巴省的建立，大批的移民包括商业公司、铁路建筑人员涌进西部。土著居民梅蒂人首当其冲受到移民的冲击，他们很快由多数居民变成了少数居民。他们的土地由于没有特许证和立法的保证而迅速丧失。资本主义经济以压倒之势淹没了他们的半原始社会。由于没有知识，兼之缺乏先进的生产手段，他们在弱肉强食的竞争中难以为生，不得不背井离乡，向更远的西部迁移，寻找新的定居点。移民的浪潮势不可当，不断向西推进，梅蒂人的退路越来越少，这样的步步紧逼终于又一次激发了武装起义。1873 年亚历山大·麦肯齐领导的自由党政府取代麦克唐纳政府后，继续执行前任开发西部的方针；同时，自由党在西北地区的行政管理方面做出了自己的贡献。1875 年，联邦政府颁布了《西北地区法案》，规定西北地区除已建立的马尼托巴省外，暂不再设新省，该地区由政府任命副总理和委员会进行管理，待将来人口达到一定数量时再建立由选举产生的议会和责任政府。这个法案一直执行到 1905 年，西部地区才划出萨斯喀彻温和阿尔伯塔两个省。

　　太平洋铁路不仅是贯通加拿大的经济大动脉，而且是联结加拿大各省的纽带，这是加拿大有识之士早有的共识和奋斗目标。但是，这项宏伟计划从来没有像西部移民政策那样获得一致的支持。当初，与不列颠哥伦比亚磋商联合条款时，麦克唐纳政府过分慷慨的允诺甚至在保守党内部遭到了怀疑和批评。在野的自由党在议会发起攻击，谴责有关修建铁路的条款是铺张浪费和开支浩大的沉重负担，认为保守党的政策是冒险的、轻率的。麦克唐纳政府虽然拒绝改动联合的条款，但是最后还是迫于各方面的压力，提出了政府决议，做出政府不会因铁路而增加税收的保证。

　　麦克唐纳政府坚信太平洋铁路是国家发展不可缺少的，决心履行与不列颠哥伦比亚所订的协议。但是，资金严重缺乏使政府左右为难。为了国家的利益，铁路理当归加拿大人所有，只能由加拿大人来经营，可加拿大怎样才能筹措这笔巨额的资金呢？如果太平洋铁路的建设任务完全由政府包揽，那么自治领成立时政府所承担的修建各省之间铁路的任务就要受到排挤而落空，这样必然会引起更加复杂的矛盾。私人企业可以分担一部分国家负担，但是如何有效地组织和利用，是相当复杂、困难的事情。向国外贷款自然是一条出路，然而当时英国对加拿大的投资兴趣明显减退，难以寄予厚望。如若被迫无奈向美国借贷，又如何能确保铁路牢固地掌握在加拿大人手中，真正为加拿大利益服务，而非主要为美国谋利呢？所有这些都要求麦克唐纳政府制定某种万全之策。不幸的是，一场为争夺铁路修筑权的商业竞争却使麦克唐纳政府倒台了。自由党上台后，麦克唐纳宏伟的铁路计划被湮没了多年。

保护关税是加拿大统一初期争论最为激烈，当然也是最为难产的一项国策。这是因为，这项政策涉及对加拿大传统政策的革命性变革。联邦成立之前，英属北美各省一直实行低关税制。英国工业革命后放弃了对英属北美的贸易优惠政策，推行自由贸易政策，给殖民地经济造成严重冲击，对此，加拿大省曾实行过临时保护措施，提高了一定的关税税率。不过，一方面由于英国资本家的反对，另一方面又有了与美国的互惠贸易，所以，加拿大省的关税税率没有进一步提高，更没有公开承认关税保护的原则。在商讨成立联邦的过程中，新斯科舍和新不伦瑞克省的反联邦主义者把加拿大实行的高税率作为攻击联邦的依据，为此，加拿大省于 1866 年主动降低关税税率，工业制品的最高关税税率定为 15％，与沿海省份持平，这也是联邦成立后第一届议会批准的自治领的关税税率。联邦成立后的头六七年中，关税税率有过有限数量的调整，但没有实质性的变动。然而，1873 年整个西方世界的经济大萧条给加拿大经济造成了灾难性的后果，传统的低关税制受到严重的挑战。经济萧条导致产品价格下跌，加拿大按价抽税又是低关税税率，这使得美国和英国工商业主乘机将他们的过剩产品向加拿大倾销，给加拿大经济带来严重的冲击和破坏，加拿大的工商业者惊呼他们自己的商业禁狩地变成了外国人的"屠宰市场"，加强贸易保护的呼声越来越高，并很快成为政治舆论的中心话题。加拿大联邦政府也蒙受巨大的损失，由于加拿大尚未实行所得税制度，关税是国家唯一可靠的财源。关税收入因物价下跌而锐减，使得加拿大本来就捉襟见肘的财政更加困难。1874 年，自由党政府的财政部部长卡特赖特为防止赤字，采取了将制造品关税税率增加到 17.5％的措施。1875 年，又开始谋求与美国重新订立《互惠贸易协定》。前一条措施杯水车薪，成效甚微，根本无法扭转局面。而后一项计划则因美国不感兴趣而破产。这些措施的失败并没有促使自由党政府放弃传统，放弃某种信条，大胆变革旧的关税政策，反而使他们更加顽固地维护旧的关税制度。1876 年卡特赖特发表关于预算案的决定性演说时宣称："没有时间进行实验。"自由党政府这种故步自封的态度引起了普遍的失望和不满。而麦克唐纳和查尔斯·塔珀等保守党领袖审时度势，以远见卓识提倡关税改革，积极推动支持保护关税的运动。他们耐心向社会说明，只有实行保护关税，才能向国家提供足够的收入，为国家的发展提供资金；才能保证私人企业的稳定发展，并使国家经济多样化；才能创造就业的机会，促进东部工业和西部农业的贸易交流，为修建铁路创造条件。麦克唐纳及其保守党这种进取的乐观的纲领，使人们在失望中看到了希望，他们也因此深得人心。结果，在 1878 年 9 月的大选中，保守党取得了压倒多数的胜利，再次上台，麦克唐纳第二次执政，随之保护关税成为国策。

第六章　麦克唐纳第二次执政

一、麦肯齐领导的自由党政府

在 1872 年的选举中，铁路集团是麦克唐纳政府的坚决支持者。为修建拟议中的太平洋铁路，D. L. 麦克弗森领导的两洋铁路公司和休·艾伦所属的加拿大太平洋铁路公司①展开了激烈竞争。1873 年 7 月，蒙特利尔《先驱报》公布了一系列信件与电文，证明麦克唐纳在竞选过程中多次得到太平洋铁路公司的资助。这一消息摧毁了保守党政府和第一个太平洋铁路公司。虽然麦克唐纳本人一再为自己辩护，认为接受竞选费用与决定拟议中的太平洋铁路的修建没有必然联系，但仍不得不于 1873 年 11 月宣布辞职。自由党人亚历山大·麦肯齐在 1874 年的选举中获胜，执政五年有余，保守党在议会中的席位降为 73 席。

自由党与其说是靠自身力量成为执政党，毋宁说是保守党的丑闻帮助了它。在保守党占绝对优势的魁北克，自由党遭到教会势力的敌视，而在自由党的中心安大略，党派内部存在着严重分歧。乔治·布朗辞职之后，麦肯齐继任该党领袖，但年轻的律师爱德华·布莱克却已经开始崭露头角。在国家的西北地区，自由党还根本没有立足之地，在这种情况下，把七个自认为独立的省份联合起来，不能不说是一项相当艰巨的任务。

鉴于前任保守党政府因丑闻而下台的教训，麦肯齐力主建立清正廉洁、

---

① 此处的加拿大太平洋铁路公司是苏格兰裔加拿大航运巨头、资本家休·艾伦成立的一个私人铁路修筑公司，为争夺当时麦克唐纳政府拟议的太平洋铁路修筑权，也被称为"第一个太平洋铁路公司"。然而，其间发生了政治丑闻"太平洋丑闻"，休·艾伦为麦克唐纳领导的保守党政府在 1872 年的巨额连任竞选捐款，作为交换，休·艾伦获得加拿大太平洋铁路合同。由于此次丑闻，麦克唐纳政府下台，原拟议的太平洋铁路也被中止。

富有效率的政府。自由党人反麦克唐纳之道而行之，不再对其建国计划持积极态度，认为那些庞大的设想，特别是太平洋铁路的修建，会使国家陷入危机，从安大略到马尼托巴的铁路建设几乎搁置下来，这引起了不列颠哥伦比亚的强烈不满。但是在东部、东南部水陆交通便利之处，许多短途铁路被连接起来，在马尼托巴和大湖区之间即有几百千米的线路，而且计划进一步向南延伸，与美国的铁路相连。政府重视东部、东南部的较发达地区，对向西发展努力有限。1874 年，加拿大政府派代表赴美，希望以美国在加拿大近海的自由捕鱼权换取在木材、钢铁等制造业方面的自由贸易，但没能达成协议。

麦肯齐任内，加拿大建立了最高法院。根据 1875 年法案，最高法院可以免于向英国枢密院司法委员会上诉，加强了司法的独立性。西北骑警正式成立，开始在西部地区执行防务，维护治安。自由党政府的立法成就还包括《斯科特法》的颁布，它规定，凡在多数居民支持禁酒的地区应禁止酒类销售。

麦肯齐当政的五年期间，自由党政府威望日益下降。作为总理的麦肯齐虽然动机良好，但却小心谨慎，动作迟缓，没有制定全面的建国纲领并付诸实施，而是过分关注由其兼任部长的公共工程部的工作。财政部部长理查德·卡特赖特是自由放任主义的忠实信徒。当麦肯齐上台不久，经济危机由美国影响到加拿大时，自由党人奉行的缩减开支政策及不赞成过分集权的意向，妨碍了政府采取大胆措施来应对经济危机和人们日益不满的情绪。政府收入多以收取进口税为主，国库入不敷出，麦肯齐任职之初削减政府开支、减少赤字的诺言屡屡落空，处境尴尬。

1878 年选举临近了，在这次选举中，已有思想准备的麦肯齐仍为自己的彻底失败感到震惊，保守党在除新不伦瑞克以外的各省都取得了胜利。自由党在议会中的席位由原来的 133 席降至 64 席，保守党则据有 142 席。1878 年 9 月 17 日，63 岁的麦克唐纳重新执掌政权，成为加拿大总理。

二、加拿大建国纲领成形

麦克唐纳第二次执政时，加拿大联邦已初具规模。1878 年，它共包括七个省及广大的西北地区，领土跨越北美大陆东西，连接大西洋与太平洋。

联邦建立已逾十年，统一国家的概念已逐步深入人心，在 70 年代经济危机的阴云笼罩全国时，大多数人责怪政治家的无能，而没有把罪责归结于联邦本身。而经济危机恰于麦克唐纳第二次上台之始结束，国家急需复苏，麦克唐纳已"成竹在胸"，有充分的条件开始实施其规模宏大的建国计划。此后几年中，加拿大进入了一个经济、政治的民族主义时期。

保守党重新执政使延宕多年的国家政策得以全面贯彻。麦克唐纳素以注重实际、不拘泥于理论著称，以其丰富的经历比他同时代的政治家更清楚地了解到加拿大及加拿大人若想立足于世界，必须在经济和政治上促进国家统一。麦克唐纳从不认为自己是政治哲学家，但他无愧于国家创建者的称号。

"国家政策"的基本内容从麦克唐纳第一次执政时便开始酝酿。1869年，当时的财政部部长约翰·罗斯即表示，必须有一个富有远见、利于加拿大长期发展的国家政策而不必过多考虑它是否与当时的政治、经济思想相一致。之后，由于作为保守党支柱之一的工商业和铁路业的要求，"国家政策"思想逐步与保护关税联系起来。1878 年，麦克唐纳去西部旅行，在写给后来担任太平洋铁路公司总裁的乔治·斯蒂芬的信中，谈到了国内保护制造业的情绪正在增长，并预计工业主义将成为加拿大社会的一支重要力量。由于 1873 年麦克唐纳政府因丑闻下台，"国家政策"在 1878 年选举中才得以作为保守党的竞选纲领公布于众。

麦克唐纳认为，为了加拿大的前途必须实行"国家政策"，通过合理调整关税，发展国家的农业、矿业、制造业和其他行业，使许多被迫出外谋生的人可以留在国内，可以恢复陷于危机中的工业并使之繁荣，以免加拿大成为一个商品倾销市场；它还会促进发展省际贸易，朝与邻邦互惠关税的方向发展，最终达成互惠贸易。① 可以说，麦克唐纳在 1878 年选举中的胜利在很大程度上归功于这一比较全面、富有吸引力的政策的提出。

三、继续实行保护关税政策

保守党的重新上台，推动了阻力重重的保护关税政策的实施。在当时经济发展比英、美落后的情况下，保护关税政策不仅可以使加拿大发展自己的

---

① D. M. Lebourdais. *Nation of the North*. London: Methuen & Co. Ltd., 1953: 74.

民族工业，而且能使其在与主要经济伙伴英国、美国的交往过程中尽量保持平等的地位。

1873 年的经济危机和与美国互惠贸易谈判的失败使政府必须考虑放弃其"有限制的自由贸易"政策，转而实行保护关税的政策。工商界甚至进一步提出了"互惠贸易、互惠关税"的口号。有鉴于此，麦肯齐政府任职后期也试图提高对进口货物征收的税金以弥补政府巨大的财政赤字，但这一设想因遭沿海各省反对而搁置。同一时期，安大略、魁北克两省的工业主面对激烈的竞争，特别是美国产品的大量涌入，希望提高关税保护加拿大的国内市场。1874 年，乔治·布朗与华盛顿的互惠贸易谈判失败之后，征收高关税回击美国的倾销成为当务之急。在麦克唐纳看来，保护关税不仅可以丰富国内经济生活，做到自给自足，而且可以增强加拿大对英美两国的独立，减少依赖性，因此具有双重作用。

麦克唐纳政府的财政部部长塞缪尔·利奥那多·蒂利是保护关税政策的坚定支持者，在 70 年代是否应该保护工商业这一问题可以列为国内最严重的政治分歧之一的情况下，1879 年关税法的颁布是一个大胆的行动。但是，麦克唐纳和蒂利都一直声称"从未提议过增加税收"，而只是主张对现有税率进行重新调整，而且，由于经济危机造成的政府收入大大减少在麦肯齐任总理时是有目共睹的，适当调整关税增加国库收入也是无可厚非的。在加拿大复杂的联邦与地方关系及地方政治中，麦克唐纳政府对其关税政策采取的这种谨慎与隐晦的态度在当时是很有必要的。恰恰借助于这种政治技巧，新的关税法在国内得到了很大支持。

实际上，1879 年的关税法绝不是简单的税率调整，而是一项全新的政策。1874 年关税法对工业品进口只征收 15 ％至 17.5 ％的关税，而 1879 年关税法对工业品征收的关税则提高到 25 ％至 35 ％。其中对生铁、锅炉、机车和农业机械征收的税率较低，为 25 ％，而成衣、家具的税率最高，对棉、毛、丝织品和五金制品征收 30 ％的关税，其细则规定对新斯科舍的煤、安大略的石油及农产品起到了一定的保护作用。

1879 年关税法虽然具有向美国挑战的意味，但加拿大的关税却从未达到美国的高关税水平，麦克唐纳更多地考虑了不同阶层和地区的利益，不仅把提高关税看作增加国家岁入的来源，而且对尽量多的利益集团有所许诺。但工商业的发展、统一的国内市场的形成还有赖于方便的交通运输网络的建设，加拿大太平洋铁路的修建意义重大。

四、加拿大太平洋铁路的修筑

建设太平洋铁路，沟通大陆东西，是维护国家统一的根本措施。交通运输的发展不仅有利于国内市场的形成，更是进行大量移民，开发西部，使联邦名实相符的保证。在这个过程中，铁路既是国家政策的支柱之一，又是加拿大经济发展的契机和关键所在。

早在 19 世纪 70 年代联邦建立初期，加拿大政府即已有修建一条横贯大陆、沟通东西交通的筑路计划。但是，当时有一种流行的看法，认为这条铁路的路线必须经由美国国土，从芝加哥向西铺设，这一点是保守党政府坚决不能接受的。相反，麦克唐纳决心修建一条在休伦湖、苏必利尔湖以北，全线在加拿大境内通过的铁路。由于 1873 年保守党政府下台，拟议中的太平洋铁路不得不搁浅。1878 年之后，铁路修建成为麦克唐纳"国家政策"的支柱之一，很快列入日程。

1880 年 10 月 21 日，加拿大政府与一个新的辛迪加①签订了建造加拿大太平洋铁路的合同，该公司承担修建从加拿大中部向西到达太平洋的铁路。公司主要领导人唐纳德·史密斯、乔治·斯蒂芬、理查德·B.安格斯、邓肯·麦金泰普等都是加拿大人，总经理威廉·范霍恩生于美国，有丰富的筑路经验，他的建筑热情与斯蒂芬的金融才能结合得天衣无缝，两人的才华都得到了淋漓尽致的发挥。斯蒂芬在加拿大太平洋铁路公司成立之后不久曾向麦克唐纳说明要获得修建铁路的足够资金有两种可行方案：一是通过发行大量公司股票筹措资金，这样做的后果之一便是责任及权力的转移，使铁路公司有可能为股票持有人所控制；另一种方式则是尽量减少从公众手中借钱，而由政府在筑路过程中发挥主要作用。麦克唐纳最终采纳了后一种方案。

根据铁路与运输部部长查尔斯·塔珀与太平洋铁路公司的协议，后者有

---

① 这里"新的辛迪加"不是上文提到的休·艾伦成立的私人铁路修筑公司，而是后来受加拿大政府管辖的公共工程公司，直接对公共工程部负责并受其监督。麦克唐纳政府下台以后，新任自由党总理亚历山大·麦肯齐下令在桑福德·弗莱明领导的公共工程部的监督下将铁路段建设为公共企业。1880 年 10 月 21 日，一个与休·艾伦无关的新辛迪加与麦克唐纳政府签订了合同，该公司于 1881 年正式更名为加拿大太平洋铁路公司，由科林伍德·施赖伯担任所有政府铁路的总工程师和总经理。两者实际上并无关系。

权接收麦肯齐政府任内已经完成和还在铺设的铁轨，约 700 英里（约 1127 千米），价值 3800 万美元。公司还得到 2500 万美元的财政资助和铁路西侧 24 英里（约 394 千米）内的 2500 万英亩（约 10 万平方千米）富饶的土地，这些土地日后可以被分成每 640 英亩（约 2.6 平方千米）一块卖给新移民，以收回建设铁路的费用并可能使这些移民从中受益。此外，公司的各种设施及财产将获得永久赋税豁免权，并在西部地区拥有 20 年的运输垄断权，在该铁路与美国边界之间 20 年内不允许再修筑其他铁路，以避免与太平洋铁路竞争。太平洋铁路公司在接受这些优惠的条件下必须于十年之内完成太平洋铁路的建设。

太平洋铁路工程在威廉·范霍恩领导下，在不列颠哥伦比亚、草原省和安大略同时进行。多年以来，欧洲大陆的铁路专家曾断言，沿苏必利尔湖北侧修建铁路几乎是不可能的事，事实证明，这项工程不过是更费时间与资金而已。有鉴于大干线铁路的经验教训，伦敦金融市场对太平洋铁路态度冷淡。麦克唐纳深知，一旦作为"国家政策"重要组成部分的太平洋铁路处于危机，保守党不仅会失去一个最坚定的支持者，而且可能遭遇更大的政治风险，因此，从铁路建设之初，双方即由于共同的利益联合起来，并且这一联合关系维持了几十年之久。

政府对铁路如此慷慨资助，特别是大量土地的赠予和交通垄断权的规定，遭到了自由党的严厉抨击，后者谴责麦克唐纳政府与工商铁路界关系过于密切。特别是当 1883 年经济危机席卷欧美大陆，太平洋铁路的修建速度急剧下降，麦克唐纳力主贷款 2200 万美元以解公司燃眉之急的举动，同时还触怒了法裔加拿大议员。他们认为，加拿大太平洋铁路对魁北克贡献甚少，拒绝投票支持贷款。最终，作为交换条件，麦克唐纳同意给予从蒙特利尔到魁北克城北部海岸的铁路以贷款资助，问题才得以解决。仅 1883 年一年，加拿大国债即增长了 35%。

其实，太平洋铁路公司与保守党政府之间的关系也并非一直是亲密和谐的。麦克唐纳对斯蒂芬频繁向政府告急心存怀疑，行动有时不免迟缓。而斯蒂芬在危机年代坚持修筑铁路，又不时遭麦克唐纳以各种借口拖延给予及时帮助，其愤怒之情也曾溢于言表。1884 年，铁路公司又遇财政危机，幸运的是，一次表面看来与铁路修筑关系不大的事件挽救了铁路事业，使其免于功亏一篑。这一次，不仅是保守党政府挽救了太平洋铁路公司，铁路公司也给予政府有力的回报，铁路第一次以其速度和运输能力显示了力量。这次事件便是路易·里埃尔事件。

五、路易·里埃尔事件

1878 年麦克唐纳开始第二次执政时，加拿大刚从一次严重的经济危机的低谷中走出，进入恢复阶段，"国家政策"的实施促进了国家统一与经济繁荣。进入 80 年代，当又一次危机来临之际，威胁联邦存在的政治、经济、文化上的不和谐因素便明显暴露出来，路易·里埃尔领导的梅蒂人第二次起义便是其例证之一。

1885 年的梅蒂人起义与 1869 年的红河起义有许多相似之处。根据 1870 年协议，梅蒂人的生活有一个短暂的安定时期。但是，随着太平洋铁路的修建，大批白人移民开始进入西部地区，开始了农耕生活。这些移民主要来自安大略省，以英语为主要语言。白人移民的增多使梅蒂人逐步放弃其游猎生活，被迫转行，生活方式受到严重影响。随着 70 年代末 80 年代初短暂的经济繁荣的结束，西部地区的生活变得更加艰难。由于霜冻、歉收和地价下降，白人移民的处境大不如前，同样受到伤害的还有这一地区的印第安人。19 世纪末，大部分印第安人已经进入保留地，被迫开始熟习农耕生活，这种措施是否合理在此不多加论述，但是，梅蒂人由于是印第安人与白人混血的后裔，不被划入印第安人之列，因而无法得到补偿。而他们原来占有的土地，随着铁路公司重新进行土地入册，按 640 英亩（约 2.6 平方千米）一块划分成宅地卖给新来的移民，不再有法律保障，许多梅蒂人成为"非法占地者"。原始的草原狩猎生活难以抵御资本主义生产方式的挑战，旧秩序已一去不返，而新秩序却未能立刻发挥作用。随着西北骑警队、铁路勘探人员和工商界人士逐步进入这一地区，不满情绪及不安定因素便积累起来，梅蒂人的遭遇更激化了矛盾。可以说，梅蒂人起义并非一个简单的事件，它是西部及西北地区种族、文化、社会矛盾的集中体现。

1883 至 1884 年，梅蒂人便已多次向政府请愿，要求政府对其处境加以关注，但没有任何结果。无论是总理麦克唐纳还是内政部部长戴维·麦克弗森都置 1870 年的教训于不顾。在这种情况下，北萨斯喀彻温河谷的梅蒂人便邀请已定居美国蒙大拿州的里埃尔回国并拥戴其为领袖，领导梅蒂人的事业。里埃尔于 1885 年 3 月 19 日在南萨斯喀彻温的巴托克建立了临时政府，由加布里埃尔·杜蒙任军事指挥官。参加起义的人员除了梅蒂人之外，还有一些印第安人及为数不多的白人，总数约千人。里埃尔领导的梅蒂人与当地警察及民兵发生了几次冲突，引起了白人居民的混乱与恐慌，后者紧急向政府要求派兵增援。

其实，在里埃尔起义前的最后时刻，麦克唐纳政府已同意对梅蒂人给予土地赔偿，承认梅蒂人在其土地上的权利。里埃尔错误地估计了形势，试图以武装力量作为讨价还价的筹码。政府紧急招募军队，由弗雷德·米德尔顿将军率领 5000 人在巴托克战斗中击败了梅蒂人的主力。不到两个月，起义以失败告终，1885 年 5 月 15 日，里埃尔被捕。

里埃尔被捕之后，审判于马尼托巴的雷基那进行，里埃尔的律师试图以其神志不清为理由免除里埃尔的罪罚，但遭到他本人的反对。法庭最终宣判里埃尔犯有"向女皇陛下发动战争"的罪行，他于 1885 年 11 月 10 日被处绞刑。

对里埃尔的判决在加拿大引起强烈反响，法裔议员谴责政府不顾及法裔加拿大人的利益，在魁北克和英裔加拿大人之间设置鸿沟，并在公众之中极力宣扬，把里埃尔作为法裔加拿大人的民族英雄，说其是麦克唐纳政府的牺牲品。自由党人也乘机攻击政府政策不力，威尔弗里德·洛里埃甚至声称如果当时他在起事地点也会奋起反抗。里埃尔事件使原本就已存在的种族、文化冲突变得愈加明朗化。

在平定里埃尔起义的过程中，太平洋铁路发挥了巨大作用。当时在安大略和马尼托巴之间尚有 250 英里（约 402.3 千米）线路未完成。军队组成之后，太平洋铁路公司用马和雪橇在未完成的地段紧急运送士兵，以保证整条铁路的运行。从渥太华到温尼伯，米德尔顿将军的军队调动只用了 36 天的时间。而在 1870 年，同一段路程则用了两个月。这使加拿大各级政府深切体会到铁路在国家统一与发展事业中的重要性。

经过里埃尔事件，太平洋铁路公司与麦克唐纳政府的关系更加密切，政府再一次帮助该公司度过了经济困难时期。1885 年 11 月 7 日，从蒙特利尔到温哥华的太平洋铁路在不列颠哥伦比亚的克雷季拉奇（Craigellachie）连接，唐纳德·史密斯在鹰关（Eagle Pass）敲进了最后一枚道钉。工程只用了五年而非十年即告完工。威廉·范霍恩在铁路接轨之后只用一句话概括了这五年的历程："我只能说这项工作在任何方面都做得尽善尽美。"①

太平洋铁路作为铁路建筑史上的奇迹被记载下来，但这项工程经常被认为是由私人公司一手承建的，这起码是很不确切的说法。抛开太平洋铁路公司最初从政府手中获得的土地、财政资助及已完成的铁路不谈，单是在工程进展过程中遭遇到的几次危机，如果没有麦克唐纳政府作为坚强后盾，屡次拨款救急，太平洋铁路起码不会进展如此之快。太平洋铁路公司在里埃尔事件之后仍与保守党保持着密切联系，成为麦克唐纳政府的支柱之一。

六、寻求"伙伴关系"的努力

麦克唐纳"国家政策"的主要内容虽然表面看来只着眼于经济发展，但其根本目的则是促进国家的政治统一、经济繁荣与独立。在外交上，加拿大的主要交往对象在很长一段时期内只限于英美两国，形成所谓的"三角外交"。

在麦克唐纳第二次执政的十几年中，加拿大与英国的关系发展可以说是平稳但不过分紧密，用麦克唐纳的话说，两国应该更像朋友一样紧密相处。1871 年，英国已从加拿大撤走了全部军队，加拿大开始独自承担国家的陆上安全，当然，军队的数量很少，而且由于加拿大与英国的特殊关系，以及考虑到英国与强大的美国之间的矛盾可能对其产生的影响，加拿大必然在很大程度上仍然依赖英国。因此，在公开场合，麦克唐纳从来都是英帝国的坚决支持者，以做英帝国的"臣民"而自豪。

为了尽力维持与英国的关系，同时又能加强加拿大联邦的自治与独立，麦克唐纳于 1879 年派出了加拿大第一任驻伦敦高级专员查尔斯·高尔特。他的职责是作为国家的常驻代表加强与英国的联系。这一职位在查尔斯·塔珀继任之后逐步发挥作用，成为加拿大与英国联系的纽带之一。

麦克唐纳虽然一直主张加拿大应与英国保持紧密联系，但却坚决反对帝国联盟的主张。帝国联盟运动于 19 世纪末年始于英国，其基本目标是在英帝国内部形成以英国为首的一个政治、经济联合体。这场运动一方面起源于英国政府对殖民地作用的重新评估，英国认为殖民地对帝国的贡献如果运用

---

① Donald Creighton. *Dominion of the North*. London: Macmillan Co. Ltd., 1957: 352.

得当将会越来越大，另一方面英国还想通过一些统一的政治、经济措施来抑制殖民地日益强烈的自治要求。为此，从 19 世纪末至 20 世纪初，英国政府曾召集几次殖民地大会。麦克唐纳于 1887 年的第一届会议上，坚决但很有礼貌地拒绝了任何加强帝国联系的建议，表现了娴熟的外交技巧。他表示，加拿大既不会脱离英国，也绝不会放弃自治的权利。

麦克唐纳对加拿大自治的态度同样表现在他反对自由党提出的与美国实行互惠贸易的主张这件事上。鉴于美加不同的经济发展水平、国家实力等各种因素的存在，互惠贸易只会使加拿大日益依附美国，并可能产生两国合并的危险。在很长一段时期内，加拿大对其强大的南邻总是不无疑惧。特别是在内战之后英美关系紧张时期，加拿大屡屡因为自身的微弱地位而处境尴尬。

七、不尽如人意的西部移民政策和来自地方的反对派

作为国家政策之一的西部移民政策在洛里埃时代来临之前并未取得多少实质性成果。1871 年，加拿大自治领共有人口 3689257 人，到 1891 年，只增长到 4833239 人。在此期间前十年人口增长较快，而从 1881 年至 1891 年却增长极慢，特别是东部人口几乎处于停滞状态。其中最重要的原因，一是与美国相比，加拿大的吸引力相对较小，欧洲移民大多会选择美国定居下来，二是有大量进入加拿大的移民和出生于加拿大的居民迁往美国，这些人中又以年轻人居多。1850 年，美国只有 15 万人出生于加拿大，到 1890 年，这类人的总数已达 100 万。难怪《多伦多邮报》感叹，在自治领的老省区，每一家都有人离开加拿大迁居美国。

19 世纪下半期，加拿大在与美国竞争吸引移民方面显然要甘拜下风。1871 至 1891 年，共有 125.6 万人移居加拿大，而同期从加拿大去美国的移民却达到 154.6 万人之多。

其实，为鼓励向西部移民，麦克唐纳政府也采取了一些积极措施。继 1872 年的《自治领土地法案》、西北骑警队的建立及马尼托巴建省之后，太平洋铁路的铺设鼓励了移民在铁路沿线定居，草原地区的大批荒地得到开垦，西部土地出现了短期繁荣，大片新小麦产区在这一带出现。但是，19 世纪 80 年代的经济繁荣并未持续多久，随着经济危机的到来和铁路建设热

潮的冷却，向西部的移民几乎停止。

已定居于斯的移民由于气候寒冷、耕作困难及远离市场等因素，处境也很艰难。西部直到 20 世纪之后才逐步显示其魅力。

从 19 世纪 80 年代中期开始，地方主义势力开始抬头，与国家统一的趋势相抗衡。西北地区和马尼托巴省对太平洋铁路寄予的希望由于经济危机的到来很快落空，里埃尔领导的梅蒂人起义虽然规模不大，且很快以失败告终，但却真实地反映了西部地区的艰难处境。在老省区，不满情绪同样愈演愈烈。

处于前工业社会的沿海各省在经济危机的年代受到的打击最大，它们既未从国家政策实施的保护关税中获益，又逢大西洋贸易体系走向衰落。美国内战及之后的重建阶段为其造船业提供了最后一次机会，之后它的航运优势便一去不复返了。钢铁制汽船代替了木制船，港口逐步衰落，虽然渔业在这一时期仍保持了一定规模，但从 80 年代起，便不断受到美国保护关税的打击。沿海省虽然没有什么工业可言，却被迫适应工业化所带来的一切变化，不满情绪逐步加剧。1886 年，新斯科舍省自由党人 W. S. 菲尔丁描述了其所辖地区的艰难处境，认为脱离联邦是解决问题的唯一办法。他的这一提议把沿海省的经济情况提到了政治的角度。菲尔丁借此赢得了 1886 年的选举，就任该省总理。

沿海省对从"国家政策"中获益最多的安大略省和魁北克省充满敌意，但这两个省区也并不安定。魁北克和安大略工业化、城市化程度最高，劳工运动已初露端倪，而农民对保护关税又牢骚满腹，在里埃尔事件之前，安大略反联邦的呼声就已经很高。作为自由党的坚定支持者，安大略一直是反对中央集权、捍卫省权的坚定堡垒，其特别是对联邦立法机构对省级立法的不承认权存有敌意并一直试图废除。安大略省总理奥利弗·莫厄特主张与美国建立商业联盟，或把安大略与美国合并。在 19 世纪 80 年代初经济危机和"国家政策"的执行遇到困难的年代里，莫厄特代表的是一股强大的势力。

自治领的法语省区魁北克从联邦建立之初即由保守党牢牢控制在手中。乔治·卡蒂埃一直与麦克唐纳保持紧密合作。1873 年卡蒂埃去世之后，保守党在该省的影响力有所削弱，但较之于自由党仍强大得多。麦克唐纳努力保持与魁北克的天主教会的联系，而魁北克的自由党由于从前有过反对天主教会的历史，遭到教权主义者的敌视，这进一步保证了保守党的统治。同时，魁北克在"国家政策"执行的年代中得益颇多。商业、金融事业得到发展，蒙特利尔作为几条铁路的交汇点逐步发展成为一个大都市。但是，里埃尔事件及后来对他的判决刺激了法裔加拿大人，魁北克掀起了民族主义热潮。魁北克的法裔视里埃尔为民族英雄，把他领导的起义看作在远西部英国文化统治之下保存法国文化的尝试。在里埃尔被捕之后，魁北克要求减免他罪行的呼声很高，并迫使政府组织特别委员会对里埃尔是否精神健全进行调查，这种情况曾导致对里埃尔死刑的执行几次延缓。里埃尔事件促使魁北克从保守党控制之中逐步倾向于自由党。

八、省权与联邦领导之争——魁北克城会议

在 1885 年里埃尔事件中，联邦政府反应迅速，发挥了巨大作用。法裔议员也接受了政府的决议而没有简单地为民族情绪所左右，但是在各省内部，党派斗争、地方主义势力与民族矛盾仍然存在，并且日益明显地表现出来。

在 1886 年各省的选举中，自由党在除不列颠哥伦比亚和马尼托巴两省之外的其他省区都取得了胜利，梅西埃领导的自由党政府在魁北克上台。梅西埃本人一直是省权至上的坚定信仰者，认为联邦是加拿大的两个始创国家英国和法国之间的一个契约，主权应在各省而非渥太华掌握之中，而且"国家政策"并未带来国家的统一与持续发展，中央集权反而妨碍了各省的自由与独立。1887 年夏，由梅西埃发起，加拿大五个省的总理于魁北克城集会，反对联邦至上和"国家政策"的全国性抗议运动达到了高潮。蒙特利尔的一家报纸甚至预言，也许人民很快又将决定 1867 年的成果是否应该付之东流，联邦是否有必要存在，或者说联邦可能会分裂成原有的各自为政的部分，并最终被并入美国。

参加魁北克城会议的五个省总理分别是：新斯科舍的 W. S. 菲尔丁、新不伦瑞克的 A. G. 布莱尔、魁北克的梅西埃、安大略的莫厄特和马尼托巴的约翰·诺魁伊。除马尼托巴省总理之外，其余四人皆为自由党人，联邦没有派代表参加，不列颠哥伦比亚和爱德华王子岛持游离态度，这次会议因此被保守党人嘲讽为一次党派集会，认为其目的并不是与会者所称道的完善宪法制度，而是为各省争取更多的联邦补助金。

1887 年省际会议着力要解决的问题便是削减联邦政府权力，增加各省

的自主权，使之不再处于附属地位。会议通过的决议主要有两方面的内容：一是要求联邦给予各省更多的财政资助及进行宪法改革；二是要求废除联邦对各省立法的不承认权及允许各省选举其一半的联邦参议员，这些参议员将终身服务于联邦。魁北克城会议上，各省除了在对联邦权力集中这一点互相认同之外，内部存在着巨大分歧。例如，沿海省强烈要求自治领给予它们更多的财政资助，而安大略和魁北克则予以反对，因为这便意味着它们必须为穷省支付更多的税款。同样，保护关税政策一直也是沿海省和中部省区不能达成一致意见的一个重要问题，沿海省坚决反对高关税政策，安大略和魁北克则是这一政策的最大受益者，自然无法协调。会议的决议只能以妥协的方式出现；增加财政资助的要求主要是照顾小省的利益，而扩大省权的尝试则主要是为取悦安大略和魁北克，进一步说，安大略和魁北克由于不同的文化背景，步调也很难达成一致，各省联合反对联邦并非易事。但是，并不能因此忽视这次省际会议的倾向：在《英属北美法案》中，并没有召开省际会议的规定，在缺少对修改宪法的具体规定的情况下，各省简单地认为自己有修改宪法的权力，并提出了宪法改革的建议，不能不说是大胆的举动。

九、1887 年大选——关于内政外交的争论

1887 年是大选年，麦克唐纳政府面临着重重困难。省际会议的召开虽未对加拿大的政治形势产生根本性影响，但地方主义的发展却不可忽视，保守党如果要继续执政，必须面对这一棘手的问题。

麦克唐纳和爱德华·布莱克分别作为保守党和自由党的候选人参加了选举。这一年，麦克唐纳 72 岁。他的政治生涯历经了责任政府时期、联邦的成立时期及加拿大发展为一个跨越两洋的国家的时期。从某种程度上说，他已经成了国家的象征。1884 年，多伦多和蒙特利尔分别为其从政 40 周年举行了庆祝活动。许多人认为，他的"国家政策"随着加拿大太平洋铁路的建成而基本告一段落。80 年代，随着地方主义的发展和自由党作为反对党势力的增强，麦克唐纳逐步从主动的进攻转变为一种更为成熟的防守，联邦及保守党的权力仍牢牢握在他的手中。而在他看来，他自身的进退、保守党和"国家政策"的命运及加拿大自治领的前途是紧密相连的。在 1887 年的选举中，他投入全部的精力进行了一生中最为激烈的一次斗争。

麦克唐纳面对的势力是强大的。自由党利用经济危机和地方主义倾向抬头，在国内政策上仍然反对中央集权，坚持省权至上的原则；在对外关系上主张实行大陆主义，即加强与美国的联系而疏远英国。麦克唐纳的中央集权政策虽然受到威胁，但远未达到失控的程度。他首先对 1887 年省际会议的决议做出了一些反应，显示出了其高明的政治技巧。1888 年，太平洋铁路公司的垄断权被废除，作为向西部特别是向马尼托巴省让步的姿态，使马尼托巴向美国边境修建铁路、与太平洋铁路公司进行竞争成为可能；进口税率得到了调整，对煤、生铁、钢铁制品的税收大大增加了，以保护新斯科舍刚刚起步的钢铁业，但是，保守党在保护关税、实现国家经济工业化这一点上并未妥协。此外，麦克唐纳还在联邦对各省立法的不承认权方面做出了一点让步，这一点从后来的《耶稣会财产法案》及《马尼托巴学校法案》之中可以看出。但是，他对沿海省要求更多的财政资助坚决予以回绝，因为即使是议会中的自由党人也不同意把财政资助和宪法改革联系起来，这看上去像是联邦对小省的行贿行为。

在 1887 年的选举中，保守党与自由党争论最激烈的问题并非联邦权与省权，而是针对国家经济政策而展开的。这个时期，要求改变国家商业政策的呼声很高，加强与英国或美国的联系，扩大与两国的贸易似乎是理所当然之事，保守党与自由党都分别阐明了自己的观点。

麦克唐纳代表的保守党希望把加拿大建成一个多样化的、部分工业化的国家，在很大程度上希望加强与英国的"帝国统一与团结"。但是，他从不想让这种联系成为加拿大自治的镣铐，也清楚地认识到实行自由贸易的英国不可能给予加拿大特别的优惠政策，那种想进一步加强与帝国的关系以换取英国对加拿大优惠政策的想法是极其幼稚可笑的，而把加拿大独立的经济卷入帝国关税同盟之中只能使加拿大自治受损，加拿大可能会被拖进英国与任何其他国家的战争却一无所获。

麦克唐纳同样不赞成自由党政纲中提出的与美国实行互惠贸易的主张，他认为，同自由贸易的英国不可能给予加拿大优惠政策一样，保护关税的美国也不会与加拿大实行自由贸易，况且，这种自由贸易对进入加拿大的英国产品来说是不公平的。奇怪的是，自由党领袖爱德华·布莱克承认了保护关税是国家岁入的重要来源这一观点，因而承认了与美国实行互惠的不现实性。这一举动导致了布莱克辞职，威尔弗里德·洛里埃继任自由党领袖，与美国的互惠贸易仍是自由党的重要主张之一。

　　1887 年选举仍以麦克唐纳的胜利而告终，尽管有来自梅西埃、莫厄特的地方主义势力的反对，有自由党针锋相对的政纲的竞争，有西部农民对太平洋铁路公司和对麦克唐纳坚决支持公司的愤怒，麦克唐纳仍以 126 票对 89 票战胜了布莱克而连任总理。支持他获胜的除铁路方面的巨大资助之外，即是那些赞成中央集权的政治联盟及要求与英国联合、独立于美国势力之外的工商界人士与政治团体，因为与美国的互惠贸易显然会妨碍加拿大自身的工业化进程，影响民族工业的发展，最终导致加拿大成为美国联盟的一部分，为美国控制。此外，在联邦建立 20 年之后，麦克唐纳几乎已成为国家统一的象征，起到了"旗帜"的作用，1887 年选举中他再一次获胜就不足为奇了。

十、1891 年大选

　　1887 年之后，自由党在地方上的势力不断扩大，其新领袖威尔弗里德·洛里埃首先致力于在魁北克站稳脚跟，并进一步提出了与美国进行无限制互惠贸易、拆除两国间所有的关税壁垒的主张，使美加两国的市场完全向对方开放，这种论调自然是与麦克唐纳的"国家政策"所试图达到的进一步加强自治领的自治、促进经济繁荣、促进国家统一与发展的目标相抵触的。而保守党政府虽然在 1887 年省际会议之后在省权、关税、铁路垄断权等问题上做了些许让步，却绝对未改初衷。1891 年大选即是在这样的情况下进行的。麦克唐纳仍然作为保守党的当然人选，殚精竭虑，拉开了他一生中赢得的最后一次胜利的帷幕。

　　麦克唐纳抛出了一个极具吸引力的竞选口号，即"老人马、老旗帜、老政策"。他使人们相信保守党及他本人对联邦的忠诚是不渝的，而"国家政策"则是联邦存在的保证，无限制的自由贸易不仅会使加拿大沦为美国的附庸，因为自治领尚未有足够成熟的工业与美国竞争，而且更为危险的是存在两国合并的前景，特别是 1890 年美国的高关税的《麦金莱关税法》的颁布，规定对农产品进口征收同样的高关税，加拿大的黄油、蛋类、小麦、畜产品的出口因此大受影响，这种情况激发了许多人对国家的热情和忠诚。麦克唐纳表示，他在一定程度上赞成"温和的互惠"，但坚决反对与美国的无限制的互惠贸易，认为那将是对国家利益的背叛。前自由党领袖爱德华·布莱克在这一点上与麦克唐纳不谋而合，亦反对危害国家利益的经济政策。布莱克虽已辞职，但在党内仍有很大影响，他在选举开始前即公开宣布不准备参加竞选，这令许多人怀疑自由党内部存在着分歧，因此从开始便乱了该党的阵脚，这种形势大大有利于保守党获胜。

加拿大太平洋铁路公司仍然是麦克唐纳的坚定支持者，总经理范霍恩曾经声称，每一个太平洋铁路公司的雇员都是保守党人，太平洋铁路干线覆盖的地区选出的也必是保守党人。他的话虽有些过分肯定，却没有说错。1891年3月5日，麦克唐纳取得了他一生中最后一次胜利，连任加拿大联邦总理。5月29日，他突然中风，于一周后去世。麦克唐纳作为开国总理、国家的总体设计者之一，一生以政治为事业，他最后二十几年的生命历程即是加拿大联邦早期历史的缩影。

十一、《耶稣会财产法案》之争和《马尼托巴学校法案》

麦克唐纳去世之时，加拿大仍然处于一个困难重重、前景暗淡的时期。虽然太平洋铁路已沟通两洋，但国家发展缓慢。特别是向西移民政策效果不甚明显，而大量东部和中部移民进入美国使加拿大人口增长步履艰难。1891年，联邦七个省总人口只有4833235人。在各个省份之间存在着长期的利益冲突和文化上的不调和，地方主义势力仍很严重，耶稣会财产之争和马尼托巴学校问题就是这些矛盾的集中体现。

由于宗教原因，耶稣会教士在历史上曾在许多欧洲国家遭驱逐。1800年，加拿大最后一个教士去世之后，耶稣会财产便归属英王，之后于1841年移交给加拿大省，这些财产被广泛地应用于教育机构，天主教、基督教学校皆从中获益。在加拿大联邦成立之后，财产为魁北克省支配。此后，耶稣会教士由于教皇敕令的解除得以重返加拿大，自然要求收回其财产并取得某种补偿，这一问题由于教派之争长期未获解决。梅西埃于1886年任魁北克省总理之后，为证明新的自由党政府与原红党的区别开始有所行动。红党过去一直批评魁北克的宗教势力，反对教权主义。梅西埃则于上任之后访问巴黎、罗马并谒见教皇。之后，魁北克议会以全票通过了《耶稣会财产法案》。根据1888年法令，耶稣会教士重新得到了其土地，天主教各派共得到 40 万美元的赔偿，其进一步分配由教皇做最后仲裁，新教学校得到 6 万美元作为赔偿。

《耶稣会财产法案》遭到整个安大略和魁北克英裔居民的反对，其代表人物为爱尔兰裔保守党人多尔顿·麦卡锡。他于 1889 年成立平等权利协会，反对对英裔新教徒的歧视，要求联邦对该法案行使不承认权，并谴责教皇干预加拿大事务，建议在魁北克省以外的其他地区只使用英语作为官方语言。他声称，如果魁北克的新教徒不能拯救自己，那么别人就有责任拯救他们。但是在联邦议会表决时，只有 13 人支持麦卡锡的主张，这使麦克唐纳的保守党政府避免了一次与省立法机构的直接冲突。同时，联邦议会还通过一条法律，给予各省对使用何种文字视情况而定的权力。

《耶稣会财产法案》之争直接导致了马尼托巴学校问题的出现，使省权问题重新成为矛盾焦点，并进而置保守党于一个进退两难的地步。

根据 1870 年的《马尼托巴法案》，马尼托巴建省之后，建立了类似于魁北克省的教育制度，天主教学校得以保留。但在这之后不久，随着大量移民涌进该省，法裔居民在马尼托巴省总人口中所占比例越来越小，因为新移民多是来自安大略的英裔，马尼托巴因此被称为"安大略之子"。1890 年，英裔新教徒控制的立法机构通过法案，在马尼托巴省实行无教派、只讲英语的学校制度，废除原天主教学校。马尼托巴省法裔及英裔天主教徒对此反应强烈，纷纷向联邦政府请愿，希望最高法院宣布这一立法违宪。可以说，《马尼托巴学校法案》之争涉及了地区矛盾、宗教信仰和种族文化冲突，并非单纯的教育问题。这一事件由于 1891 年选举的临近而暂时被搁置，内阁决定等待法院的裁决。

《马尼托巴学校法案》之争发生之时，正是加拿大政治上的混乱年代。麦克唐纳去世之后，继任者是 J. J. C. 艾伯特，他与作为保守党支柱的太平洋铁路公司关系密切。在他之后，前司法部部长约翰·汤普森继任，他作为政府首脑千方百计避免对此表态，以免两面树敌。1894 年 12 月，汤普森去世，麦肯齐·鲍威尔试图迫使马尼托巴政府顾及天主教少数派的利益并曾为此举行过特别会议。但他很快就被刚从伦敦回国的查尔斯·塔珀代替。马尼托巴学校问题在几年之中悬而未决，影响了保守党的声誉。

作为反对派领袖的洛里埃反对政府强迫马尼托巴取消原立法以维持天主教学校，他并不是不同情天主教派，不相信少数派的平等权利，而是反对联邦政府运用其不承认权迫使马尼托巴省改变多数人的观点。这种主张虽然是自由党强调省权的集体体现，因为《英属北美法案》曾明确规定教育权属于省权的范围，联邦无权予以强硬干涉，但洛里埃本人在政治上却冒了一个巨大的风险。作为法裔天主教徒的他竟会不支持天主教少数派的事业，未免有些过于大胆。但洛里埃坚持不改变立场，同时表明，他虽然是一个虔诚的天主教徒，但决不会为教会的教皇极权主义所左右，这同时也是他领导的自由党的观点。

《马尼托巴学校法案》在各省也各有反应，最有代表性的当数安大略。多尔顿·麦卡锡领导的平等权利协会坚决支持《马尼托巴学校法案》，鼓吹把马尼托巴"建成一个名实相符的英语国家"，而安大略省总理莫厄特一贯支持省权，并且对魁北克省以亲天主教政策解决耶稣会财产事宜也一直耿耿于怀。塔珀政府面临着1896年大选，马尼托巴学校问题成为焦点之一。洛里埃尽管在马尼托巴学校问题上为维护省权而忽视了少数法裔天主教徒的利益，但魁北克省仍然以65票对49票的多数支持他当选。事实证明，魁北克决不会放过选举一位法裔加拿大总理的机会。1896年，在保守党连续执政近20年之后，加拿大选出了第一位法裔自由党总理。

联邦成立近30年，已从1867年的四个省发展为七个，人口增长了200多万，虽然速度缓慢得不尽如人意，但这时的加拿大领土已跨北美大陆东西，广阔的西部和西北地区有待开发。1842年即已成立的加拿大地质普查机构于联邦建立之后发挥了很大作用，1887年，乔治·道森、理查德·G.麦克康内尔对北不列颠哥伦比亚和育空地区进行了勘查，他们的报告直接影响了十年后育空地区金矿的发现。

麦克唐纳总理作为国家的总体设计者和建国初期的政策制定者，几乎已经成为一种象征，代表了一个时代。他的以"国家政策"为核心的建国纲领是一个富有远见、符合加拿大历史发展总体趋势的尝试。虽然经济危机、政治分裂、联邦与省权的斗争不断，但加拿大作为一个国家不断得到发展。在中部地区，工业化、城市化发展最快，出现了多伦多、蒙特利尔这样的工商业中心，铁路的建设使东西相通，统一的市场正在形成之中。加拿大的农业度过了困难重重的时期，即将迎接一段长时期的繁荣。文化的力量已经开始在国家统一的事业中发挥作用。1881年，加拿大成立了皇家协会，民族的文学、历史虽尚在起步阶段，但已开始以其独特的功能弥补民族、文化间的冲突与不和谐。全国性的教会也已出现，教育体系正在成形，变化虽然是缓慢的，但一个新时代确实开始了。

第七章 步入成年

一、1896 年——"加拿大世纪"的序幕

19 世纪末 20 世纪初，世界上几个先进的资本主义国家都先后实现了工业化。自由资本主义的发展已经达到了巅峰，并开始向垄断过渡，进而跨入帝国主义阶段。加拿大联邦成立后，工农业生产发展迅速，外贸输出稳步上升。稳定的国内形势和有利的国际环境都预示着这个新国家在步入 20 世纪以后会有更广阔的前景。新当选的联邦总理洛里埃充满信心地预言："19 世纪是美国世纪，20 世纪将是加拿大世纪。"[①] 洛里埃的预言并非凭空想象，1896 年所发生的几件事很容易使人们想到，加拿大正在经历着一个新的开端。

1896 年是加拿大历史上具有决定性意义的一年。这一年，加拿大首次选举一位法裔加拿大人任联邦总理，保守党于连续执政近 20 年后终于下台，让位给自由党，加拿大政治面貌焕然一新；美国已正式宣布其边疆"消失"了[②]，而加拿大的西部仍人烟稀少，等待着移民的到来；乔治·卡马克与两个印第安人在克朗德克河（Klondike River）发现了黄金，引发了淘金热，从而推动了西部的开发；马尼托巴省以 7000 加元 1 英里（约 1.6 千米）的标准资助威廉·麦肯齐及其合伙人唐纳德·曼建设一条从格莱斯顿

---

① Edgar McInnis. *Canada, A Political and Social History.* New York and Toronto: Rinehart & Company, 1959: 438.

② 美国边疆学派创始人、著名历史学家弗雷德里克·特纳教授提出将 1890 年美国人口普查局总监宣布美国边界线的消失，作为美国边疆的完结。"1890 年人口普查负责人报告说，西部的定居点分布在该地区如此分散，以至于不再可以说是边界线。"详见：Frederick J. Turner, and Phero Thomas. *The Frontier in American History.* Franklin Center PA: Franklin Library, 1920: 9.

（Glastone）到多芬（Douphin）的铁路线，这就是加拿大北方铁路的开端。未来的历史证明，这些事件对这个国家的发展有着深刻的影响。而 1896 年笼罩在全国的乐观情绪似乎也在向世人昭示，20 世纪将是"加拿大世纪"。

新任总理威尔弗里德·洛里埃是天主教徒，他穿戴讲究、举止优雅、性情温和，并且很快展现出一个熟练的政治家具有的品质和技巧。洛里埃于 1841 年 11 月 20 日出生于蒙特利尔市北部的一个小村子，1864 年获法律学学位并从事律师行业，30 岁涉足政界，1884 年当选联邦议会议员。1887 年，由前任自由党领袖爱德华·布莱克推荐，洛里埃继任自由党主席一职，这一决定在当时出乎许多自由党人的意料；况且，由于该党多数党员仍寄希望于布莱克的复出，洛里埃必须付出更多的努力，以实际行动取信于人。1887 年之后，洛里埃领导的自由党着力扩大该党在全国的影响，积极致力于把自由党建成一个全国性的政党，与保守党抗衡，并取得了卓越的成效。

上任之初，洛里埃精心挑选其内阁成员，财政部部长 W. S. 菲尔丁是贸易保护主义者；自由贸易的信徒理查德·卡特赖特负责商业贸易事宜；曾任安大略省总理长达 25 年的奥利弗·莫厄特被任命为司法部部长，作为坚定的省权主义者，他的到任减少了许多联邦立法与省立法机构的冲突。此外，任铁路部部长的是前新不伦瑞克省总理安德鲁·布莱尔；洛里埃的得力干将克利福德·西夫顿负责内政部，他于上任之后不久即说服马尼托巴省总理托马斯·格林韦就马尼托巴学校问题达成了妥协。首先，马尼托巴省立法机构同意修改原学校法案。修正案规定，天主教徒或少数民族学生在每所学校中超过一定人数时（农村为 10 人，城市 25 人），学校可以在课后对这些学生进行各自信仰的宗教教育，少数民族学生在农村学校超过 25 人、在城市超过 40 人时，学校可以为这些学生聘请本民族教师。修正案进一步规定，学校中如有 10 名或 10 名以上的学生为法裔或少数民族，那么该校在教授英语之外，必须给予这些学生学习法语或本民族语言的机会。马尼托巴学校问题的修正案虽然没有使天主教少数派完全满意，但经教皇劝说终于被接受。

二、趋于一致的经济政策

洛里埃上台之初，笼罩加拿大达十几年之久的经济危机终于烟消云散，国家进入了一个经济增长与繁荣的时期。繁荣施惠于各个经济部门，以农业得益最多。随着大工业的发展和城市人口的增多，世界市场对粮食和其他农产品的需求激增，进而导致价格上扬。过去，欧洲市场主要从美国获得它所需的谷物及畜蛋产品，从 19 世纪末开始，加拿大也成为农产品的重要出口国，经济增长的局面为洛里埃执政预示了一个良好的开端，制定一套完整的经济政策势在必行。

其实，自由党的倾向性已从洛里埃政府内阁成员的任命中露出端倪。自由党大肆鼓吹的互惠贸易在 1891 年大选之后已渐失人心，而美国于 1891 年和 1897 年颁布的两次高关税法（即《麦金莱法》和《丁格利法》）中所表现出来的强烈的贸易保护主义也使互惠成为空谈。同一时期，加拿大与英国的贸易额有了大幅度增长。从 1891 年起，加拿大出口美国的产品在其出口总额中比例有所下降，而向英国出口的产品在 1896 年却达到加拿大总出口额的 57 %。出于现实的考虑，洛里埃开始逐步放弃与美国进行无限制互惠贸易的主张。

洛里埃执政时间越长，越显示了他与前任总理麦克唐纳有诸多相似之处：宽容，善于与他人相处，政治技巧纯熟，对重大问题的观察细致敏锐，而对细枝末节又不过分追究。在经济政策方面，两届政府的连续性也相当明显。

自由党政府基本上继承了麦克唐纳政府"国家政策"的主要内容，开始致力于发展民族经济而逐步放弃了大陆主义的主张。这种变化虽然为许多人（甚至包括洛里埃本人）始料不及，但却是现实的、合乎逻辑的。麦克唐纳致力于实现的目标是民族工业的发展、国内市场的形成以及加拿大的统一与独立，但在他执政的年代条件尚不成熟。当时的加拿大以出口农产品为主，而且只面向英、美两国；太平洋铁路工程虽已完工运行，但西部地区人口稀少，对移民缺乏吸引力，相反，大量移民从加拿大进入美国，造成严重的人口流失。麦克唐纳的"国家政策"只是一个宏伟的、富有预见性的目标，需要强大的物质基础和充裕的时间才能实现。19 世纪最后几年及 20 世纪初，随着美国的边疆的"消失"，加拿大的草原省、西北地区开始显示出对移民的吸引力。土地逐步得到开垦，而世界市场对农作物的大量需求导致谷物价格上涨，为加拿大小麦提供了巨大的潜在市场；西部农业的发展必然刺激对农业机械、轻工业品的需求，推动加拿大的工业化进程。上述诸种力量相互作用的结果，便是加拿大经济发展的先决条件。

保护贸易原则最终为自由党接受，这在 1897 年的关税法中得到了充分体现。该关税法对税率的规定虽与 1879 年的关税法没有根本差别，但其中增加了一些反美情绪。具体表现在加拿大完全放弃了与美国进行互惠贸易的愿望，同时又对其他有意进行互惠贸易的国家的商品减免了税额的八分之一。这一优惠很快被运用于对英贸易中。1898 年，加拿大又进一步对英国产品给予了更大的优惠，即减免税额的四分之一。

在不到十年的时间内，执政的自由党的政策已经从主张与美国实行无限制自由贸易发展到给英国产品以特惠，这一转变确实是有许多原因的。自由党在野时的许多政策主张在它作为执政党出现时，必须加以修改。洛里埃若想在全国政治中站稳脚跟，不能只像过去一样仅仅依靠来自农业地区的支持，他必须把工商业界、铁路公司作为其政权的坚强后盾，因此必须以保护关税来扶植国内工商业的发展。至于与美国进行无限制互惠贸易，已被许多人认识到只是一个幼稚、不成熟的想法，是与加拿大的独立和统一相对立的。而且，由于经济持续繁荣，美国市场已不像过去那样对加拿大的生存至关重要。作为在野党时，自由党曾坚持"大陆主义"政策，甚至希望通过建立商业同盟来加强与美国的关系，反对麦克唐纳的经济民族主义。洛里埃上台之后不久，即公开宣布不再去华盛顿朝圣。这一方面体现了加拿大人在经济繁荣时期民族自尊心与自信心的增强，另一方面也暴露了一种心态，即加拿大人对此前的美加关系是有一种不平衡心理的。

三、第三次移民浪潮和西部的进一步开发

从 1896 年至第一次世界大战爆发的十几年中，加拿大经历了其历史上第三次也是最大的一次移民浪潮，1901 至 1911 年这十年表现更为明显。这一现象的出现是与加拿大的经济繁荣、美国边疆的"消失"和政府鼓励移民的政策息息相关的。

英国自 18 世纪中期对加拿大实行殖民统治，在之后的半个多世纪中，移民以英裔为主，加拿大法裔的影响呈削弱趋势，英裔移民势力增强。进入 19 世纪，来自英国、苏格兰、爱尔兰的移民逐步定居老省区，加拿大发展成比较成熟的殖民地社会，成立了联邦。但是，在联邦成立之初，主要是麦克唐纳总理执政时期，尽管政府采取了鼓励移民的措施，加拿大人口仍主要集中于东部老省区，西部虽然建立了新省，但马尼托巴和不列颠哥伦比亚省

的人口在全国人口中所占的比重极小。20 世纪初，大量移民的涌入和西部的开发是紧密联系在一起的，结果不仅建立了新省，还改变了国家人口分布的格局。

20 世纪头十年的移民浪潮使加拿大人口增长近 200 万。1901 年，加拿大人口总数为 5371315 人，1911 年增至 7206643 人，十年中人口增长了 35 %。这些人中近 100 万定居草原省和新建的萨斯喀彻温和阿尔伯塔省。十年中，两省的人口分别增长了 440 % 和 400 %。这种情况与东部省区形成鲜明对比。同一时期，爱德华王子岛的人口不仅没有增长，反而有所下降，新斯科舍省的人口增长幅度也比较慢。人口最为集中的魁北克省和安大略省的人口增长率分别为 22 % 和 16 %。1881 年，这两个省的人口总数占全国人口总数的 75 %，到 1911 年，尽管人口有所增加，但在全国人口中所占比重已降至 63 %。

新移民主要来自美国、英国和欧洲大陆。从美国中西部进入加拿大的移民，许多人原来就是加拿大移民的后裔，其祖辈、父辈当年为寻求机会离加去美，但随着美国"自由土地"的消失，他们不得不把目光重新转向加拿大。其实，在 19 世纪末 20 世纪初，西部生活仍然相当艰苦，东部的工业品价格昂贵。生活必需品短缺，铁路运费很高。但是，让移民庆幸的是，农产品价格特别是小麦价格的上涨为他们带来了希望。此外，海运价格下跌、农业技术的进步和小麦品种的改良也成为农业发展的有利条件，威廉·桑德斯和查尔斯·桑德斯父子研制的"马奎斯小麦"品种成熟早，在其他方面也优于以往的品种"红笛子"，故逐步得到推广。加拿大的西部逐步繁荣起来，成为名副其实的"谷仓"。

大量欧洲移民有组织地进入加拿大。在这方面，内政部部长西夫顿的宣传工作效果显著，大量广告、宣传品在欧洲大陆广为散发，加拿大逐步为人熟知。其中最有鼓动性的口号即是"最后的、最好的西部"。加拿大政府改变了过去只把注意力集中于英国和西北欧移民的传统政策，开始鼓励吃苦耐劳的农业人口迁居北美，这样，不分种族、宗教和语言的大量东南欧人来到加拿大。相比之下，这些人多来自农业国家，更加耐寒、更加熟习农业技术。由于马尼托巴学校问题的解决，来自欧洲各国的移民都可能继承本民族文化，又逐步适应加拿大社会，成为优秀的加拿大人。20 世纪初发生于加拿大社会的一个巨大变化便与这些移民的到来有关。虽然加拿大社会从来不是一个单一文化的社会，但占主导地位的民族主要是英裔和法裔，形成所谓的"文化二元主义",唯一的例外即是加拿大社会存在约占其人口总数 6％ 的德裔移民。1911 年,这种情况有所改变。虽然英、法裔仍占全国总人口的绝对多数(其中英裔约为法裔的两倍),但其比例已从 1871 年占全国人口的 92％ 下降为 1911 年占全国人口的 83％。也就是说,少数民族移民在全国所占比例翻了一番。这些人多集中于草原省区,倾向于保存其语言、文化传统和宗教信仰,同时逐步融入加拿大社会。在铁路沿线移民聚居区附近,土地逐步开垦出来,西部繁荣的时代到来了。

加拿大的土地政策与美国有相似之处,除了对铁路公司有大量赠地外,又实行自由宅地制度,土地被划分为每 160 英亩(约 0.65 平方千米)一块,移民只需交纳一定的手续费,并于规定的年限内开垦出这片土地,土地即归宅地者所有。铁路公司得到的大量赠地也被分割成宅地租给移民。宅地制度对欧美贫穷、无地的农民具有很大吸引力。1900 年,7800 个家庭得到了宅地,1902 年为 2.2 万家,而 1906 年达到了 4.1 万家。宅地的占有以很快的速度在西部进行。按移民成分划分,加拿大人(包括从美国返回的加拿大裔)共占有宅地 82383 块,美国移民 82995 块,英国移民 50319 块,其他国籍移民所占宅地数目与英国移民基本相等。定居宅地、开始农耕的过程直到第一次世界大战爆发才被迫中断,而到那时,西部已经成为成熟的农业地区了。可以说,洛里埃政府的移民政策和土地政策对加拿大的开发和经济发展起到了相当重要的作用。1899 年,只有 4.45 万人移居加拿大,1902 年为 67379 人,1906 年达到近 19 万人,在第一次世界大战爆发的 1914 年,移民竟多至 384878 人。与此相适应,西部及草原省人口以极快的速度增长。1901 年,草原省人口共 419492 人,1911 年达 1322709 人,增长率为 200％。马尼托巴的人口则从 255211 人增至 455614 人。

1896 年,随着育空地区发现黄金,又掀起了一次向该地区移民的浪潮。虽然"淘金热"于 1899 年基本冷却,但向不列颠哥伦比亚和阿尔伯塔的移民却未停止,1911 年,阿尔伯塔人口已达 374663 人。这种移民浪潮不仅刺激了加拿大的经济发展,而且使这个国家逐步为世人所知。

此外,由于移民的大量迁入,西部也兴起了一些颇具规模的城镇。像温尼伯、萨斯卡通、里贾纳、艾德蒙顿等在当时都很有名,人口一般达数万或10 万人以上。这些城镇随着西部的进一步开发和铁路的建设变得更加重要。

四、大干线太平洋铁路的修筑

　　除了继续实行保护关税政策、开发西部之外，洛里埃对"国家政策"的继承还可以从 20 世纪初修建铁路的热潮中表现出来。随着西部的开发，太平洋铁路已不能满足外运谷物及东西交通的需要，而且铁路的高昂运费也已引起西部农民很大的不满。从 19 世纪 80 年代开始，各种农民协会便不断向政府请愿抗议，要求降低运费。1897 年，洛里埃政府资助太平洋铁路公司 3405000 美元，即平均每英里（约 1.6 千米）一万美元，修建从阿尔伯塔的莱思布里奇（Lethbridge）经乌巢山口（Crow's Nest Pass）到达不列颠哥伦比亚的纳尔逊（Nelson，B.C.）的铁路，以此为条件，太平洋铁路公司同意降低在西部外运谷物的运费。到 1900 年，太平洋铁路公司已在其主线之北建设了长达 500 英里（约 805 千米）的支线，在南部建设的支线更长，达 1000 英里（约 1609 千米）。但是，单靠这一条横跨大陆的铁路已不能满足经济的发展，修建第二条大铁路势在必行。

　　在西部，威廉·麦肯齐和唐纳德·曼领导的加拿大北方铁路公司已经发展壮大了自己的势力。麦肯齐和曼生长于安大略乡间，对西部的铁路建设独具慧眼。两人又是一对最佳搭档，前者的经济头脑和金融天才同后者的管理与建筑才能得到完美结合。他们两人成为铁路大王的历程开始于 1896 年。这一年，他们从马尼托巴湖铁路运河公司得到特许状，修建从格拉斯顿（Glaston）到温尼伯西斯（Wennipegosis）长约 123 英里（约 198 千米）的铁路。从此之后，通过租借铁路、获得新的特许状，自己独立修建铁路，加拿大北方铁路公司在草原省迅速发展。1901 年，马尼托巴省政府把马尼托巴北方太平洋铁路（长 345 英里，约 555 千米）以 999 年租期租给加拿大北方铁路公司，后来又保证从温尼伯到阿瑟港（Port Arthur）的铁路股票的利润，换取加拿大北方铁路公司在温尼伯和大湖区之间的铁路运费每英担（约 51 千克）谷物从 14 加分降为 12 加分，后来又降为 10 加分。麦肯齐和曼在西部取得成功之后，努力向东发展，不断购买或租借一些东部的短小铁路，以期把它们与北方铁路连接起来，成为一条完整的跨越东西海岸的大铁路。

　　1903 年，与加拿大北方铁路公司竞争修建跨越大陆的铁路的还有大干线铁路公司。该公司与洛里埃政府签订了协议，使第三条东西干线成为可能。在此之前，洛里埃曾试图说服大干线与加拿大北方铁路合并成一条铁路，但没有取得成功。政府与大干线协议的内容是：政府计划修建一条横贯全国的大陆铁路。该铁路始自新不伦瑞克的蒙克顿（Moncton，N.B.），在魁北克城跨圣劳伦斯河，经魁北克及安大略北路到达温尼伯。大干线铁路公司将租用国有横贯大陆铁路 99 年，并修建自己的大干线太平洋铁路，基本线路是从温尼伯向西经萨斯卡通和艾德蒙顿到达太平洋海岸的鲁珀特王子港。

在上述两条铁路建成之后不久，随着经济繁荣的中止和第一次世界大战的爆发，两家铁路公司都无法正常运转以弥补当时庞大的铁路建设投资，最终被加拿大政府接管，成为加拿大国有铁路系统。

洛里埃时代的铁路建设热潮是以经济繁荣为基础的，同时，这种热潮又创造了众多的就业机会。铁路的修建使东西交通更加便利，促进了加拿大北部草原及地盾地区的开发，森林得以开采，造纸业逐渐成为加拿大的重要工业之一，采矿业也发展了起来。交通的发达逐步把加拿大的边远地区与各省联系起来。

在洛里埃总理当政的时代，麦克唐纳的"国家政策"不仅得到了继承，而且终于开始有所收获。保护关税、铁路网的形成和大量移民的涌入相互作用，使加拿大正逐步成为一个统一的、稳定发展的国家。虽然这段时期的繁荣在很大程度上依赖于世界经济形势的好转及欧美市场对加拿大小麦、谷物的大量需求，但 19 世纪末 20 世纪初的国家状况已与麦克唐纳时代的困难重重形成了鲜明的对比。

五、日臻成熟的两党政治

1896 年，洛里埃领导的自由党在全国选举中取得胜利，击败执政近 20 年的保守党，标志着加拿大政党制度的核心——两党制最终确立。时至今日，虽然第三党从 20 世纪中期以来频繁地活跃于国家政治舞台上，但却从来没有足够的力量与两大党竞争。加拿大这一成熟的政治制度的形成经历了长期的历史演变，这可以追溯到英国对加拿大统治的初年。

18 世纪中期，英国开始了对加拿大的统治之后，加拿大各省先后建立了民选议会，实行代议制。到 19 世纪初年，由大商人、农场主和新兴工商业主组成的改革派出现，他们要求在殖民地政治中拥有一定的发言权。1834年，改革派曾在上、下加拿大的议会选举中取得了胜利，但没有维持很长时间。改革派本身还不是严格意义上的政党，其内部分歧仍很严重，但是，19世纪30年代的改革派可以被看作政党政治的发端，1837年，上、下加拿大省的改革派还曾举行过武装起义，反对效忠英国政府的寡头集团政治。

1840年之后，随着上、下加拿大省合并为联合加拿大省及英国在殖民地实行责任内阁制，党派政治的发展有了良好的土壤。特别是由于责任内阁制规定，政府由议会中的多数组成且对议会负责，这使议会成为政党政治的中心。

改革派在1848年加拿大省首次议会选举中取得了胜利，由路易·拉方丹和罗伯特·鲍德温组成了第一届政府。这时的改革派仍然是一个松散的联盟，内部分歧很大。除了英、法两裔的矛盾与分歧之外，在法裔改革派内部，分为保守的蓝党和激进的红党，英裔改革派内部也同样有保守与激进之分。

1854年，第二届改革派政府因议会的不信任被迫辞职，加拿大各派政治势力进行了重新组合，由约翰·麦克唐纳领导的自由保守党政府上台，控制加拿大省政治十年之久。自由保守党的成员包括改革派的蓝党、蒙特利尔的英裔和托利党的成员，温和保守主义在加拿大政治中占了上风。与此相适应，由乔治·布朗的"砂砾党"与红党联合，成为自由党的雏形。

19世纪50年代和60年代是加拿大历史上的大转折时期。尽管国家内部因为地域、文化、宗教、民族等原因仍存在严重分歧，但建立加拿大联邦的计划已逐步提上了日程。自由保守党和自由党都是这一运动的支持者，两党于1864年结成联盟，建立了联合政府。麦克唐纳领导的保守党因为在联邦建设过程中的巨大贡献和麦克唐纳的个人领袖魅力于1867年上台。在之后的30年中，除了1874至1878年自由党曾短期执政之外，保守党在加拿大政治舞台上一直占据领导地位，在这一过程中，保守党不仅有足够的时间加强自身建设，而且有机会实施其发展加拿大社会经济的建国计划。

从联邦建立之日起，麦克唐纳便积极致力于建设一个组织严密、力量强大的全国性政党，这也是他保有政治权力、推行他的建国纲领所必需的条件。在此之前，自由保守党在同化其他党派成员中已取得了很大成绩，其中最重要的结果之一，便是把东加拿大罗马天主教势力和西加拿大的铁路、工商界集团同时置于自由保守党的控制之下。在其后很长时期的政治生涯中，麦克唐纳就是通过对这两种力量的掌控保持了执政的稳定性。法语区的罗马天主教会素以思想偏狭、奉行教皇极权主义著称，红党即由于批评其宗教秩序和主张实行无教派国家教育激怒了教会势力，麦克唐纳长期把教会和铁路、工商界置于控制之中，表现了完美的政治技巧。麦克唐纳同法裔领袖乔治·卡蒂埃的亲密合作与团结使魁北克在很长时期内成为保守党的坚定支持者。

麦克唐纳的一系列政策使保守党在加拿大各省逐步站稳脚跟，这些政策被自由党批评为"收买人心"。麦克唐纳答应给予新斯科舍比联邦建立之初有关规定高得多的补助金，给予西部省区更多的议会代表名额，而不单单遵循按人口总数选派代表的原则；麦克唐纳答应不列颠哥伦比亚，保守党政府将于十年之内修建一条横贯东西的铁路，改善西部的交通状况，等等。利用作为执政党的便利条件，保守党在全国的势力逐步扩大。

保守党在政治上主张实行中央集权、强调联邦的重要性。麦克唐纳的"国家政策"虽然着眼于经济发展，但其中包含的主要内容，如保护关税、向西扩张和修建跨越两洋的铁路，最终目的都是促进联邦的统一、建设强大的民族国家。在这个过程中，麦克唐纳应对了一系列的棘手问题，像路易·里埃尔事件、《耶稣会财产法案》和《马尼托巴学校法案》等。这些由于民族、文化、宗教和地域而存在的矛盾在加拿大历史上曾长期存在，特别是在 19 世纪 80 年代表现尤为突出，自由党也正是利用这一机会发展了自己的势力，于 90 年代中期上台执政。

1887 年大选之后，自由党领袖爱德华·布莱克辞职，新上任的是威尔弗里德·洛里埃。在 80 年代"省权运动"发展之时，自由党很快成为这一运动的当然领导，控制了各省政府，进而要求夺取联邦政权。自由党新任领袖洛里埃一改其前任麦肯齐和布莱克优柔寡断、魄力不足的缺点，展现出擅长雄辩、灵活机智等超群的政治才能。作为法裔天主教徒，他还获得了魁北克省法裔的支持，使曾是保守党坚强堡垒的魁北克倒向自由党。

自由党采取的从地方向中央发展势力的策略取得了成功，洛里埃于 1896 年成为联邦总理，这标志着加拿大政党政治的最终成熟。两党制的确立和两大党轮流执政成为加拿大政治的特点。

六、"加拿大世纪"

19 世纪最后几年及 20 世纪初，是加拿大历史上经济繁荣、政治相对稳定的时代，加拿大人对前途充满信心，准备迎接"加拿大世纪"。地质学家 J. B. 蒂勒尔声称："上一个世纪的最大特点是美国登上世界历史舞台，有理由相信加拿大在下一个世纪可能获得与美国在上一世纪所占有的类似的地位。"[1] 这种乐观主义的态度在某种程度上是有一定依据的。

这一时期的经济繁荣是随着洛里埃领导的自由党的上台而开始的，加拿大人不约而同地把繁荣归结为洛里埃的政治天才，但其实工商界才是使经济繁荣真正的英雄。加拿大的制造业已经取得了长足的发展，钢铁、造船、机械制造、采矿业、木材加工等都很发达。1920 年，制造业雇用工人总数为 20 万，占全国劳动力总数的 16%。1871 年即已成立的加拿大制造商协会在这一时期已发展为一个强大的组织。加拿大钢铁公司的马克斯·艾特肯还被英王封为比弗布鲁克勋爵。铁路不仅是当时一个举足轻重的经济部门，而且在政治上可以发挥巨大影响。加拿大工商界凭借强大的保护关税政策，逐步增强实力，为民族经济的发展奠定了坚实的基础。1911 年，工商界巨头联合反对洛里埃政府与美国签订的《互惠贸易协定》，反映了民族经济在成熟过程中的反美情绪，互惠贸易问题最终成为洛里埃下台的原因之一。

城市随着工商业发展规模的不断扩大而迅速兴起。除了著名的多伦多、蒙特利尔之外，温尼伯、汉密尔顿、温哥华等城市的地位越来越重要。这一时期，加拿大最大的城市是蒙特利尔，它不仅是最大的港口，也是铁路、银行和制造业的中心，1911 年蒙特利尔人口已达到 491000 人，而且拥有加拿大最大的谷物交易市场。1911 年多伦多人口达 382000 人，是加拿大第二大城市。蒙特利尔市市长 W. D. 赖特霍尔和多伦多市市长 O. 豪兰组织了加拿大城市联盟，对加拿大城市的管理和布局进行研究，并致力于清洁政治，建立廉洁政府。在城市中，图书馆等文化事业得到了发展。1901 年，多伦多音乐学院以 F. H. 托林顿为指挥为欢迎康华尔和约克郡公爵及公爵夫人（后来的乔治五世国王和王后）举行了盛大的音乐会。同一时期，大西洋沿岸的

---

[1] D. M. Lebourdais. *Nation of the North*. London: Methuen & Co. Ltd., 1953: 103.

圣约翰和哈利法克斯及加拿大中部的魁北克城和金斯顿（Kingston）则由于加拿大经济重心的转移和工业化的发展呈衰退趋势。

在工商业于东部和中部迅速发展之时，西部已成为名副其实的"谷仓"，人口大量增加。1905 年，加拿大政府在西北地区建立了两个新省，即萨斯喀彻温和阿尔伯塔。西部的开发一方面有赖于洛里埃政府的移民政策和土地政策，另一方面也在很大程度上归功于移民的辛勤耕作。此外，世界市场对农产品日益增加的需求，也刺激了荒地开垦和技术进步。1901 年，单是草原地区即有 150 万公顷（1.5 万平方千米）土地得以开垦，种植小麦和其他农作物。农产品价格相对较高，保证了谷物种植者的基本收入。尽管要忍受铁路公司的高昂运费和谷仓所有者的盘剥，但种植者仍保持了一定的积极性。1897 年，政府尝试对铁路运价进行控制。1903 年，成立了铁路监察委员会，监督所有的铁路运价，不经该委员会批准，任何在运价方面的变动皆属违法。农民对储藏公司所有者也同样心怀不满，由于向银行的借贷必须按时偿还，农民必须忍受储藏公司在价格、谷物质量等各个方面的刁难，最终以低价出售自己的产品。1899 年，政府曾派皇家委员会就这种情况进行调查并于次年颁布了《马尼托巴法》，但铁路及储藏公司方面并未认真对待此事。1901 年，西北地区谷物种植者协会于印第安角（Indian Head）成立。这是一个非政治性的农民互助组织，宗旨是尽可能改善谷物种植者的命运。此后，农民合作组织在西部频繁出现。1906 年，A. E. 帕特里奇在温尼伯建立了谷物种植者谷物公司。各省农民同时要求改变私人拥有储藏公司的现状。1911 年和 1913 年，萨斯喀彻温和阿尔伯塔都建立了合作储藏有限公司，由农民和政府合资开办储藏公司，避免农民受中间剥削。到 1916 年，马尼托巴、萨斯喀彻温和阿尔伯塔三省境内已建有 500 个以上的谷物储藏仓库，并在交通便利的大湖口岸和铁路枢纽建立了更大的仓库。

1904 年是洛里埃总理执政的鼎盛时期，自由党在议会中占有绝对多数的席位。除了于次年在西部新建了萨斯喀彻温和阿尔伯塔两省之外，洛里埃还给予西部省份更多的自主权，其中关于教育制度的规定尤其重要。各省由大多数纳税人决定建立他们认为合适的学校制度，而其少数民族，不论是天主教徒还是新教徒，都可以建立教会学校。这一法案的公布曾引起了自由党内的重大分歧，洛里埃受到了来自西夫顿和菲尔丁等人的激烈反对。

加拿大的文学艺术在这一时期也有较快发展，民族文化逐步形成。19世纪末年至 20 世纪初，杰出的文学家、诗人不断涌现。他们中有诗人邓肯·C.斯科特、查尔斯·G.D.罗伯特，作家吉尔伯特·帕克、罗伯特·巴尔，剧作家查尔斯·赫维塞奇、约翰·亨特·杜瓦尔等。1894 年，女作家玛格丽特·M.桑德斯所著的《美丽的乔》(*Beautiful Joe*)为她赢得了国际声誉，使其成为著名作家。

同一时期，加拿大的建筑、绘画也取得了一定成绩，先是历史主义，然后是现代主义逐步成为流行的建筑风格。加拿大美术史上的"现代主义之父"詹姆斯·W.莫里斯为民族绘画的发展做出了很大贡献。风景画家霍默·沃森着力表现加拿大美丽的自然风貌，不再单纯模仿欧洲画风，风格自成一派。此外，当时著名的画家还有乔治·里德和保罗·里尔等。

19 世纪末 20 世纪初，加拿大联邦已建立半个世纪。经过麦克唐纳政府实施的"国家政策"的经营，加拿大民族国家在洛里埃时代已初具规模。经济繁荣、两党制的成熟和政治稳定、民族文化的发展使加拿大人对自身前途充满信心，"加拿大世纪"之说可以说不无道理。

七、世纪之交的英加关系

繁荣的经济稳定了地区之间的冲突，加拿大开始以自信的姿态面对世界。在洛里埃执政的年代，加拿大与外国的交往仍然局限于英、美两国。洛里埃不仅在国内政策上继承了麦克唐纳的衣钵，在对外关系上也改变了自由党在野时的立场及言论，与麦克唐纳的主张趋于一致。洛里埃放弃了与美国联合、实行无限制互惠贸易的大陆主义，首先慎重处理与英国的关系。

在 19 世纪末年动荡的国际关系中，英国对殖民地开始有了重新评估。70 年代开始便已发端的帝国联合运动在这一时期有了进一步发展。殖民大臣约瑟夫·张伯伦雄心勃勃，决心重塑英国与殖民地的关系，加强英帝国的团结。1897 年，借庆祝维多利亚女王执政 60 周年之际，英国召开了殖民地会议。其实，在 1887 年和 1894 年也曾举行过两次这样的会议，但相形之下，英国对 1897 年的会议给予了更多的重视。殖民大臣张伯伦在这次会上提出了使殖民地与英国加强合作的三项建议，即在商业上建立统一的关税联盟，在政治上成立帝国议会，在军事上实行统一的帝国防御体系。

洛里埃代表的加拿大政府在原则上赞同与英国保持密切关系。在公开场合，他甚至这样表态："如果能看到一个法裔加拿大人在英国议会中维护自由原则，将是我一生中最值得骄傲的时刻。"但是，在殖民地会议的正式讨论中，他与麦克唐纳几乎持相同的观点，即更赞成殖民地与英国之间平等相处的伙伴关系，推动加拿大的自治。洛里埃坚决反对统一的帝国防御计划，对统一的关税同盟及帝国议会也态度冷淡，不置可否。1897 年的殖民地会议可以说无果而终，会议的基本决议如下：在此集会的总理们一致认为，在目前条件下，英国与各自治殖民地的政治关系基本上令人满意。

洛里埃政府的贸易特惠政策和维护统一的帝国外交的立场与英国建立帝国联邦的目标相去很远，这一点在 1899 年南非战争（又称"布尔战争""英布战争"）爆发之后也有明显表现。

在这场英国与南非布尔人的战争中，作为自治殖民地的加拿大必须确定自己的政策。殖民大臣张伯伦认为，加拿大理应参加这场战争，并且他企图进一步实现帝国统一国防，但是，情况却并非如此简单。首先，加拿大国内的英裔与法裔对此便有截然不同的反应。前者自然对英国的战争抱一定的同情态度，而法裔加拿大人认为此事与本国无关，加拿大没有理由加入战争。从洛里埃本人来说，他对布尔人争取自身权利的事业抱有一些同病相怜的感情，但作为政府首脑则必须有所选择。洛里埃表示，他唯一要做的事情便是"促进这个国家内部各种成分之间的团结、和谐与亲善。我们的朋友可能抛弃我们，他们也可能不再信任我们，但我永远不会背离这样一条原则，不管后果如何，无论是失掉名誉还是权力"①。可以说，洛里埃是不赞成加拿大参与到战争中去的。他承认，英国有权在加拿大征兵，但这必须是在英国真的处于民族危亡之时才有必要，而加拿大也定会忠诚地做出反应。但依布尔人的实力，让加拿大人长途跋涉到南非作战，实属没有必要。

面对众多的英裔要求参战的呼声，洛里埃最终做出了让步。1899 年 11 月 30 日，由政府装备的 1000 多人的志愿军离开加拿大赴开普敦，之后，由唐纳德·史密斯自费装备的 600 人也加入了战争，史密斯本人当时是加拿大驻英国高级专员。在整个战争过程中，加拿大共派出了 7300 人参加对布尔人的战争，其中除三分一是政府派出的，由加拿大负担费用外，其余近 4000 人由英国负担所需费用。

洛里埃对南非战争的政策遭到了国内许多人的批评，对此，洛里埃表

---

① Edgar McInnis. *Canada, A Political and Social History*. New York and Toronto: Rinehart & Company, 1959: 438.

示："我不能肯定加拿大会参加英国的所有战争，也不预备承认她将不参加任何战争，我只准备视情况而定，我代表加拿大决定，将来加拿大将自由选择有所行动或不采取行动，干预或不干预，而只做其情愿之事，并保留判断是否有必要行动的权利。"这种类似宣言式的表态由加拿大总理做出，无疑是第一次。

在 1902 年和 1907 年的殖民地会议上，所有试图把帝国建成一个集权国家的努力都遭到了失败，而创立一个自由自治联邦的过程缓慢地进行着。建立帝国议会、帝国关税的计划遭到了普遍反对，而帝国国防计划也于 1909 年的帝国国防会议上遭受冷遇。加拿大开始一步步地取得了保护自己的权利，继 1871 年英国士兵离开加拿大各省之后，在哈利法克斯的海军基地堡垒于南非战争中被拆除，1905 年，加拿大政府接管了这个海军基地。在 1909 年的帝国国防会议上，英国终于放弃了帝国海军只有一个，殖民地随时有义务予以资助的原则，同意各殖民地建设自己的海军。

总之，洛里埃总理执政时期，在处理与英国的关系时是相当成功的。为此，他运用了许多模糊的语言及各种妥协方式，例如，洛里埃声称他既不是帝国主义者，也不是反帝国主义者，他"自始至终"是一个加拿大人，但又理所当然地是英国臣民，他既赞成与英国保持密切联系，又坚决反对帝国联邦运动的任何企图，甚至保留加拿大自由决定是否参战的权利。洛里埃的这些言行与政策一方面证明了他是一个成熟的、合格的政治家，另一方面又可从中看出，对于一个正在发展的自治领来说，处理与英国的关系有时是不免陷于尴尬境地的。同样，在与强大的南邻美国的关系中，加拿大也不得不付出一些代价。

八、美加关系与阿拉斯加边界争端

1898 年，由于克朗德克发现黄金，阿拉斯加边界划分变得重要起来，而这一问题在美国购买阿拉斯加时从未被认真研究过。在阿拉斯加、北太平洋海岸、育空地区及不列颠哥伦比亚之间有一"柄形狭长地带"，位于这一地带的斯卡韦是进出育空地区和克朗德克的主要港口，当时为加拿大所有，如果美国宣布其对港口所有权，不仅能从中分享黄金热带来的利益，而且会给加拿大造成许多不便。

　　1898 年，英、美、加三方组成了一个联合委员会就有关问题进行磋商，其中包括美、加两国的渔业问题，在白令海峡捕猎海豹问题，阿拉斯加边界问题及加拿大一些矿产品及农产品的关税问题。这个联合委员会与1871 年的那个委员会已有所不同。当年，在英国代表团中，加拿大代表只有麦克唐纳一个人，而这一次，在英加代表团中共有一名英国人、四名加拿大人和一名纽芬兰人，美国代表则分别来自参众两院及国务院。联合委员会于 1898 年 8 月 23 日至 10 月 10 日和 1898 年 11 月 9 日至 1899 年 2 月 20日分别在加拿大和美国开会，但会议收效甚少，只在海豹捕猎问题上取得了一些共识。阿拉斯加边界问题仍悬而未决。

　　根据 1825 年的《英俄条约》，阿拉斯加与加拿大的边界划分应由一条与海岸线平行且不超过十海里的界限决定，其远近则视沿海岸山脉的山脊而定。不管美、加双方在这一问题上有多大分歧，不幸的是，所有当时的地图，甚至包括英国地图，都把这一狭长地带划归了美国。而在育空地区发现黄金使这一地带的商业价值猛增之前，加拿大也从未对这一问题提出疑问。因此，美国有充分的信心为自己争取这一地区。

　　加拿大对此并不甘心。不久之前，英国刚刚在巴拿马运河及委内瑞拉问题上对美国做出了很大让步，美英关系似乎正朝好的方向发展，加拿大有理由相信，美国无论是从法律上还是从国际政治上考虑，都有可能对英国有所补偿，而且，加拿大刚刚参加完南非战争，希望英国会予以回报。但是，美国的强硬却大大出乎英国和加拿大的意料。美国理所当然地接受了英国对《克莱顿—布尔沃条约》的修订，独自取得了对巴拿马运河的特权，却丝毫不想对 1825 年的《英俄条约》做任何"多余的"解释。美国总统西奥多·罗斯福更公开声明这一争端没有任何意义。1902 年，美国军队开进南阿拉斯加，摆出战争姿态，而英国对此没有思想准备。美国甚至拒绝了由海牙国际法庭进行仲裁的提议，只同意进行司法解决。而加拿大慑于威胁，只好接受。

　　根据 1903 年 1 月的协议，阿拉斯加边界冲突将由一个法庭解决，该法庭包括六名"公正的法官"，他们宣誓对将由他们裁决的问题采取公正合理的态度，绝不偏袒。这六名法官是，美国作战部部长伊莱休·卢特、参议员乔治·特纳和亨利·卡伯特·洛奇，英国最高法院法官阿尔弗斯顿勋爵，魁北克省高级法院法官路易·杰特及艾伦·B.艾尔斯沃斯。形势极其明了，三名美国代表都是强硬分子，反对向加拿大做出任何让步，美国只要把阿尔弗斯顿勋爵从英加代表团中分离出来就可轻易取得胜利。事实证明，甚至在这一司法裁决开始之前，阿尔弗斯顿勋爵便已从英国政府得到暗示，以避免战争为最高目的。

结果可想而知，美国得到了一个连续的靠海的狭长地带及波特兰海峡（Portland Channel）四个小岛中的两个，这一结果与其说是司法裁决，不如说更像是外交上的妥协。双方都曾声称四个小岛为一个整体，但最终无人反对把它们划归两个国家。

阿拉斯加边界冲突激起了加拿大人空前的爱国热情，他们认为自己是帝国主义强权政治的牺牲品。洛里埃以三个遗憾概括这一事件的结果："很遗憾我们与美国这样一个大国为邻，它从来都自私自利，只想牢牢抓住自己的利益而不顾及其他国家；很遗憾我们的国家虽然在发展繁荣，但仍然是一个殖民地；很遗憾我们手中没有可以解决自身事务的外交权，因此极有必要向英国议会要求更多、更广泛的权力以便在将来处理类似事务时，我们可以以我们的方式、我们的风格来对待，从而保护我们的国家利益。"通过这一事件，加拿大向英、美寻求独立的倾向变得更加明显。

1898 年，加美互惠贸易几乎达成，在该年的联合高级委员会讨论阿拉斯加边界问题时，美国便已表现了这种意向，但是，英国却未予支持。洛里埃在之后发表的讲话中对此不仅没有遗憾，反而有一种胜利后的轻松感觉："美国人以为我们一直在乞求与美国实行互惠贸易……他们错了。……在加拿大人的心目中，目前基本的感情是不赞成互惠的。曾经有一个时期，加拿大人为了互惠贸易放弃了很多东西，因为美国的市场是我们唯一的市场。……感谢上帝，这个时代已经过去而且现在彻底结束了。"多伦多《环球报》也发表了类似的言论："（加拿大人）很愿意在平等条件下与美国发展贸易，美国市场对加拿大的繁荣至关重要的时代，如果曾经存在过，也已经成为历史了。如果我们的邻国不相信互惠贸易对他们也有利可图的话，他们可以自便。"加拿大人对其自身情况相当满意，如果该委员会除了表达一些美好愿望之外无任何具体结果而终，加拿大人也不会过分失望。这种来自政府和民间的国家意识的增强和对前途的信心首先应归功于经济的繁荣，已经有人开始在谈论 20 世纪是"加拿大世纪"。后来加拿大政府的态度有所转变，不再坚持保护主义政策，有助于阿拉斯加边界争端的解决与美加关系的好转。1909 年，一个国际联合委员会成立，解决加、美两国边界水域问题。第二年，两国在北大西洋的捕鱼权问题由海牙国际法庭予以解决，加拿大与美国的关系似乎正趋于好转。1910 年，加美互惠问题再次提出。这一次，两国政府都倾向于签订广泛的贸易协议。

九、《海军法案》与《互惠贸易协定》

由于对外贸易的发展和与国外交往的增多，加拿大政府于 1909 年建立了外务部。在此之前，加拿大与一些国家的商务及相关谈判都是由内阁部长与英国驻该国外交使节负责完成的。外务部建立的同时，加拿大还在一些国家设立了领事馆并派驻了商务代表，加拿大与世界的联系逐步紧密起来。随着欧洲局势的日益紧张，加拿大必然对自身防务问题表示关注。在这一点上，英国政府的态度是，希望由殖民地政府出钱，建立统一的海军来加强帝国国防。这一态度首先遭到加拿大及澳大利亚的反对。在加拿大国内，两大党在建立"自己的海军力量"这一问题上基本上取得了一致，主张加拿大应保卫自己的海岸线及海港，反对每年向英国拨款，建立统一的帝国海军。

1910 年 1 月，洛里埃提出了他的《海军法案》，其主要内容包括建立常备海军和预备舰队，其中有包括五艘巡洋舰和六艘驱逐舰在内的小型舰队，这支海军将由加拿大政府独立控制，在议会批准的情况下可以由英国海军部指挥。在洛里埃看来，海军的建立不仅意味着加拿大增添了一份保护自身安全的责任，同时也意味着加拿大向渴望已久的政治独立迈出了重要一步。虽然这支海军在帝国紧急状态下仍有责任作为帝国军事力量的一部分参战，但加拿大政府试图保留由自己判断是否有必要及何时参战的权利。

《海军法案》遭到了来自两个方面的激烈反对，英裔帝国派倾向于加拿大应属于帝国国防的一部分，无须建立自己的海军，法裔民族主义者则既不想向英国提供舰只，又不赞成建立强大的海军。对洛里埃总理来说，后者在政治上对他的威胁更大一些。自 1896 年以来，魁北克省的法裔一直是洛里埃政府的坚定支持者，民族主义情绪由于经济的繁荣也一度退居次要地位。20 世纪初年，魁北克省民族主义运动的新领导人亨利·布拉萨借《海军法案》提出之机崭露头角。布拉萨认为，友好地分手将是所有母国和殖民地最终的命运，但在目前情况下，安全地依赖英国可能比独立后的自由更适合加拿大，因为加拿大需要英国的保护以对抗美国，法裔加拿大人则需要时间对抗英裔加拿大人，因此任何意义上的国防其实都还是英国军备的组成部分。

同反对加拿大参加南非战争一样，布拉萨反对《海军法案》的内容，认为其结果只能是被帝国主义战争所利用。

保守党新领袖罗伯特·L.博登对《海军法案》基本赞同，但这并不能阻止保守党在这一问题上的分歧，许多保守党人认为建立自己的海军意味着英帝国的解体和对帝国的不忠，众多的英裔保守党人主张加拿大应直接向英国提供舰只，支持英国发展强大的海军。保守党人称依洛里埃《海军法案》建立起来的海军将是一支"锡壶海军"（Tin-pot navy），在战争过程中将根本不堪一击。博登出于不同的政治派别的考虑试图缓和矛盾，提出了自己的主张。他认为，在加拿大最终制定其永久的国防计划之前，仍然有必要与英国国防力量保持一种恰当的关系，以使加拿大在帝国的外交政策制定过程中具有一定的发言权，为了争取这种政治权利，必须承担责任。博登同洛里埃一样重视加拿大的自治，但前者主张通过维持适当的协商关系达到目标，后者则强调采取超然的态度。洛里埃既反对帝国派，又同样不赞成民族主义者的看法。他声称并非只有帝国派真正忠于英国，但是，必须考虑到加拿大连接两洋，又是一个贸易大国，而英国一旦进入战争状态，加拿大也便有遭受攻击的危险。他在回答有关欧洲战争范围的提问时说："战争无所不及。一旦英国处于战争状态，加拿大也就卷入了战争；这没有什么区分。如果我们所隶属的英国同某一国家发生战争，加拿大就面临着外国侵略；这样，加拿大也就加入了战争。"①

《海军法案》于 1910 年 4 月 20 日在众议院得以通过。但关于这一问题的争论并未结束，它一直阻碍着加拿大海军计划的实现。

关于海军问题的争论尚未结束，美加《互惠贸易协定》又吸引了人们的注意。加拿大政府态度之所以有所转变，是因为在 1910 年夏天，洛里埃总理第一次去西部旅行考察时发现"国家政策"中的保护关税在西部农民中已引起极大不满。马尼托巴、萨斯喀彻温、阿尔伯塔省的谷物种植者协会不仅陈述了对铁路的不满，要求政府修建至哈得孙湾的铁路，而且矛头直指保护关税。是年冬季，全国农业委员会再次派出代表团在渥太华重申其主张。

1910 年初，塔夫脱总统首先表达了美国与加拿大签订《互惠贸易协定》的意向。在美国人看来，这是加拿大自联邦成立以来梦寐以求的事。洛里埃总理表示接受这一建议。谈判于同年 10 月在渥太华开始，于 1911 年 1

---

① Mason Wade. *The French Canadians*. Vol. I. Toronto: Macmillan, 1968: 567.

月于华盛顿成文。根据协定，加拿大农产品可以免税或只征很低关税，便可进入美国，免税产品包括谷物、水果、蔬菜、鱼类、牲畜等，对食品及农业机械只征收很低关税；以此为交换，对进入加拿大的美国产品，征收与英国或其他享有优惠的国家相同的关税。

根据《互惠贸易协定》签订时的规定，该协定将不以条约形式出现，而需经由两国立法机构的批准。美国国会于1911年7月批准了协定，但出人意料的是，协定在加拿大议会遇到了重重障碍，没有得到议会批准。反对互惠协定的既有自由党人，也有保守党人，既来自政府官员，也同样来自民间。这一现象看似离奇，却有其内在逻辑。互惠贸易问题自1891年大选之后几乎已被人遗忘，首先是自由党人不再把该问题列入政纲，1891年之后的历次选举中，互惠贸易问题从未引起大的争论，新闻界及政界自然也不会老调重弹。而且，由于持续的经济繁荣，美国市场已不再成为人们关注的中心，《互惠贸易协定》的签订使这一问题重新提上日程，引起轩然大波。

以克利福德·西夫顿和商业银行的艾德蒙德·沃尔克为首的18位著名的自由党人首先表态反对《互惠贸易协定》，并公开与自由党决裂。在蒙特利尔，太平洋铁路公司的威廉·范霍恩又一次发挥其政治影响，号召铁路及工商界反对《互惠贸易协定》。魁北克的亨利·布拉萨领导的民族主义者仍对《海军法案》耿耿于怀。1911年7月，从英国参加完帝国会议返回首都之后的洛里埃解散了议会，决定进行大选。

1911年大选以洛里埃的失败而告终。在这次选举中，以布拉萨为代表的民族主义者与保守党联合，在议会中共得到133个席位，而自由党只保住88席。保守党在选举中充分利用了《互惠贸易协定》和《海军法案》，首先声称互惠贸易终有一天会导致美国吞并加拿大，而美国政界和新闻界的言论又恰恰证明了这一点。而由于《海军法案》的原因，法裔加拿大人对洛里埃在处理与英国关系时过分注重帝国利益的不满终于爆发，谴责洛里埃正在使加拿大卷入欧洲的战争旋涡。洛里埃本以为《互惠贸易协定》的签订会缓解关于《海军法案》的争论并为他赢得西部地区的选票，但出乎意料的是保守党与魁北克民族主义者的联合使之处于进退两难的地步，而强大的工商业界和铁路巨头们长期受惠于保护关税政策，绝不会轻易让互惠贸易成为现实。可以说1911年的选举是为解决政府的困难而举行的，却最终导致了洛里埃的下台。

第八章　加拿大卷入第一次世界大战

一、博登政府上台之初的内政外交政策

1911 年 9 月 25 日，罗伯特·莱尔德·博登作为取得竞选胜利的保守党领袖登上了加拿大联邦总理的宝座。这位来自新斯科舍省的苏格兰移民后裔，早年曾执教于新斯科舍的一所中等学校，1878 年进入律师界，1896 年入选国会。1911 年担任保守党领袖之后，其力图推行一些改革政策以恢复党的活力，但收效甚微。在 1911 年大选中，他联合各派力量，成功地组织起反洛里埃阵营，从而结束了自由党长达 15 年的统治。

然而，新政府上台以后面临的却是众口难调的艰难处境。在大选中支持博登的魁北克民族主义者同其他地区的民族主义者是截然不同的两支政治力量。前者深恐在大不列颠承担义务，对洛里埃的《海军服役法》深恶痛绝；后者则忧心于来自美国的控制，为具有此种倾向的《互惠贸易协定》而惶惶不安。一些曾使洛里埃一败涂地的敏感问题现在却转过来考验着保守党政权。

博登缺少洛里埃的机敏、老练，但却具有坚定的信念和顽强的意志。同洛里埃一样，博登要走的也是一条妥协、中庸路线。这一点从博登新政府的构成上即可见一斑。

来自多伦多金融集团的托马斯·怀特被任命为财政部部长。怀特是与洛里埃分道扬镳的多伦多自由党中"十八个反叛者"之一，与麦肯齐—曼财团关系密切。具有类似背景的阿瑟·米恩担任了司法部副部长。

保守党在内阁中的代表除博登外还有四人。来自马尼托巴省的罗伯特·罗杰斯任内政部部长；乔治·E.福斯特任贸易与商务部部长；萨姆·休斯任民兵部部长；J. D. 里德博士任关税部部长。

博登也谨慎地邀请了魁北克的代表参加内阁。亨利·布拉萨个人对之不屑一顾，但却表示，如果博登赞同将海军问题诉诸公决，放宽移民政策，安抚西部少数民族，他可以推荐 F.D. 蒙和其他魁北克人加入内阁。这些条件对博登来说不成问题。这样，新政府中又增加了几位魁北克民族主义者，包括公共工程部部长蒙、国内税务部部长布鲁诺·南蒂尔、司法部部长 C.J. 多尔蒂和不管部部长乔治·珀利。

保守党在议会众议院占有多数席位，但参议院中却聚集着一批自由党当政时期任命的终身参议员，预示着博登在推行新政策的道路上不会一帆风顺。

在内政方面，博登基本上是循着洛里埃走过的道路继续走下去。国家政策自然是政府施政的基石。博登既没有许诺也不曾打算有什么重大建树。《互惠贸易协定》的失败解决了工商业者担心的关税问题；入境移民的持续增加保障了西部拓殖事业的顺利进行；铁路发展计划仍在紧锣密鼓地制订与实施。

然而，由于资本主义本身发展规律的作用和国际环境的影响，保守党政府上台后加拿大的经济状况并不像原来设想的那样美满。洛里埃时代的繁荣到 1913 年就显出凋谢的迹象。小麦价格的降低导致农民收入减少；国外投资的削减引起经济建设速度的放慢；西部拓殖事业已接近尾声，加拿大结构中的灵活因素正在消失。然而，博登政府对于解决国内经济问题一筹莫展。新政府与生俱来的民族主义热情使加拿大自然而然地卷入国际纷争的旋涡之中。

博登政府上台之际，国际局势正日趋紧张。在欧洲，德国的迅速崛起对英国的海上霸权构成严重威胁。德国无论在军舰生产能力还是海军发展速度上都超过了英国。这促使英国政府下决心付诸一战。

一旦英国卷入一场世界战争，作为英帝国重要成员的加拿大势必难以洁身自好。博登希望加拿大能在帝国中发挥积极作用，不仅仅是共赴战争，而且在共同的外交政策上拥有发言权。[①] 在 1910 年关于《海军法案》的辩论中，博登就提出："我坚决主张，以英国两党和帝国各自治政府为成员的防务委员会，应对帝国防务在组织上予以控制。……如果我们参与帝国的持久

---

① Donald Creighton. *Dominion of the North: A History of Canada.* London: Macmillan Co. Ltd., 1957: 434.

防务，我们必须对这些事有一定的控制权与发言权。"为此，他认为应当促成中央集权的英帝国转变为未来合作的英联邦。要实现这一目标，博登面临着双重难题：既要说服英国当局让加拿大分享权利，又要使加拿大人明白承担帝国义务的必要性。

1912 年夏，博登乘船赴英。通过与英国外交大臣爱德华·格雷爵士和海军大臣温斯顿·丘吉尔的会谈，博登意识到，加拿大必须有所行动，以准备参与一场迫在眉睫的战争。回国后，博登于 1912 年 10 月 14 日向议会提出《海军援助法案》，建议议会提供 3500 万加元的紧急拨款以便在英国建造和装备三艘战列舰。

博登的提案在内阁和议会中都遇到相当大的阻力。F. D. 蒙明确反对在帝国防务中采取联合行动的主张并提出辞职。蒙的态度代表了布拉萨等法裔加拿大人的立场。布拉萨坚决主张取消博登的《海军援助法案》。他巧妙地援引爱德华·格雷爵士在 1912 年 1 月 29 日所做的要求其他国家不要干涉帝国冒险事业的声明，来反对加拿大卷入英帝国事务。他总结说："如果我们的政治家无视英国人民而把时间浪费在取代英国国务活动家，拯救英国舰队和母国的努力中，他们会突然从帝国主义的美梦中觉醒，去面对因忽视保卫加拿大经济安全和国家统一而引起的加拿大的严重问题。"

除了来自魁北克的强大阻力外，博登的计划也受到在野的自由党的掣肘。洛里埃在魁北克强调指出，如果英国真的面临危险，他与其他法裔加拿大人会以各种方式伸出援助之手，但他反对为任何"虚张的危机"贡献什么。[①]

1912 年 12 月，博登的《海军援助法案》在众议院获得通过，但却被自由党占多数的参议院以未经加拿大人民批准为由否决了。两党在帝国防御问题上形成互相掣肘之势。到 1914 年 8 月 4 日英国对德国宣战为止，博登的宏伟蓝图并无半点进展。他既没能说服加拿大人民承担起帝国义务，也没有为加拿大争得在帝国外交中的发言权。

---

① Robert Laird Borden. *His Memoirs. Vol. I, 1854-1915.* Toronto: McClelland and Stewart, 1969: 125.

二、卷入战争

尽管在战争爆发之初加拿大仍存在着是否参加战争的意见分歧，但随着协约国与德奥联军交战的不断升级，加拿大的参战热情也出乎意料地高涨起来，全国上下在参战问题上表现出空前的一致。

1914 年 8 月召开的国会特别会议一致批准加拿大参加战争。政治领袖们，无论是联邦的还是各省的，自由党的还是保守党的，英裔的还是法裔的，都不折不扣地接受了这场战争。8 月 1 日，博登即明确表示加拿大将"尽到一切努力和不惜任何代价以确保帝国的完整和保持帝国的荣誉"①。翌日他又提出派遣一支海外远征军的建议。洛里埃也以激励的口吻宣称："一有号召，我们就立即响应。我们要用古代不列颠人响应号召竭尽天职时用的话来回答：'准备好了，是的，我们准备好了！'"②甚至魁北克"民族主义"领袖亨利·布拉萨也宣布："在其力所能及的范围内，以与其相宜的方式，为胜利，尤其为法国与英国联合承担的努力做出贡献，是加拿大的民族责任。"③

事实上，第一次世界大战爆发时，加拿大虽然不能说是完全没有战争准备，但所采取的措施也只停留在初级水平上。1897 年以来，随着国际紧张局势的不断加剧，加拿大的国防开支翻了六倍。从 1909 年开始，包括魁北克在内的大多数省份都在学校里开设了军训课。对一些重要的港口、运河、桥梁都采取了保卫措施。1913 年应征的民兵达到 6 万人。但是，面临人类历史上第一场总体战，加拿大所做的准备是远远不够的。发展加拿大海军的尝试连连受挫。在战争爆发之初，加拿大只拥有一轻一重两艘巡洋舰。一旦欧洲战火燃及大西洋彼岸，加拿大本身几乎毫无抵抗能力。加拿大政府既没有发展海军的详细计划，也没有向皇家海军捐献舰只的打算。

然而，加拿大人临战时期的精神状态弥补了物质准备上的不足。爱国热忱注入志愿工作，使加拿大步兵第一师的战前动员一蹴而就。10 月 3 日，

---

① D. M. Lebourdais. *Nation of the North*. London: Methuen & Co. Ltd., 1953: 149.

② 唐纳德·克莱顿：《加拿大近百年史》（中译本），济南：山东人民出版社，1972 年，第 198 页。

③ Donald Creighton. *Dominion of the North: A History of Canada*. London: Macmillan Co. Ltd., 1957: 438.

这支部队从加斯佩港出发，在战争爆发后仅两个月时间就到达了英国。1915年2月，加拿大第一师开赴法国前线，两个月后参加了抵御德国向依普尔突出地带发动的进攻。在这次战役中，德军第一次使用了毒气。当位于左翼的法国非洲部队溃败以后，加拿大军队勇猛地堵住了缺口，并在通往海峡港口的要道上顽强地阻击着德国军队的进攻。1915年9月，加拿大第二师抵达法国，整个加拿大军队组成独立的加拿大军团。这年冬天加拿大第三师的到来，使加拿大军团的力量又得以加强。1916年春，英国人朱利安·拜恩爵士被任命为加拿大军团司令。1916年8月，加拿大第四师又开赴欧洲战场。

根据1917年1月18日博登在议会中报告的加拿大人力调动情况，有392647人编入加拿大远征军。此外，国内还有9052名经过武装的机动民兵和2470名常设部队。再加上在加拿大海军服役的3310人，总兵力达到407479人。另有1600人在英国海军服役；1200人服务于帝国机械运输系统；3000人在英国从事军火工作。为战争而调动的总人力达到413279人。[①]

1916年春天，德国把主要兵力集中于西线，向协约国部队发起猛攻。战争双方会战于法国战场。加拿大军团在圣埃卢瓦和蒙特索雷尔等几次战役中表现不俗，使之作为协约国的突击部队而声誉鹊起。劳合·乔治在其《战争回忆录》中写道："加拿大人1916年在索姆河战役中发挥的作用是如此突出，因而以风暴部队卓尔不群；在其后的数次大战中他们也发挥了先锋作用。每当德国人发现加拿大军团进入战线，他们就做出最坏的打算。"[②]

旷日持久的战争进入1918年，这时，加拿大军团已由加拿大人阿瑟·柯里爵士接替拜恩担任司令，成为一支名副其实的加拿大军队。在肃清法国境内德国占领军的长达百日的连续作战中，这支部队屡建功勋。在8月8日亚缅战役中，加拿大军队以澳大利亚军队为左翼，法国军队为右翼，形成一次尖刀突破，从而造成了"德军黑暗的一天"，也标志着战争进入尾声。

除了在陆军中以独立的加拿大军团参加战争外，还有许多加拿大人在英国皇家海军中服役。战争结束时，几乎四分之一的皇家飞行员是加拿大人。

---

① D. M. Lebourdais. *Nation of the North*. London: Methuen & Co. Ltd., 1953: 154.

② Donald Creighton. *Dominion of the North: A History of Canada*. London: Macmillan Co. Ltd., 1957: 440.

英国在加拿大设立的飞行学校为皇家空军培养了许多杰出的飞行员。与陆军的显赫功绩相比，加拿大空军人员的战绩也许不是那么引人注目，但绝非不值一提。W. A. 毕晓普和蒙德·科利绍两位上校在皇家海军的王牌飞行员中分别名列第三位和第五位。

　　加拿大军人在第一次世界大战中的突出表现，为博登政府争得加拿大在国际政治中的平等地位创造了条件。然而，荣誉的背后却是加拿大人民为这场战争做出的重大牺牲。战争期间在国外服役的 40 万军人，伤亡了三分之二。[1] 战争开支对于只有 800 万人口的加拿大也是一个不小的财政负担。从 1914 年到 1920 年，加拿大税收增加了 11.21 亿加元，而单是战争开支就达 16.7 亿加元，位列联邦正常开支和非正常开支之首。铁路开支加上战争借款，使联邦债务由 1913 年的 5.2 亿加元增加到 1921 年的 35.2 亿加元。如果将省和市的债务包括在内的话，上述两个年份的债务变化就是从 12.98 亿加元增加到 48.82 亿加元，人均负担则是从 170 加元增加到 556 加元。[2]

　　不仅如此，战争还打破了加拿大人民正常的社会生活，激化了民族矛盾，甚至在某种程度上破坏了联邦体制和民主政治。无论是加拿大人民，还是加拿大政府，都为之付出了沉重的代价。

三、《兵役法案》与联合政府

　　战时措施中对国内影响最大的当数征兵制。随着战争旷日持久地进行，靠爱国热忱支持的志愿兵役制度越来越难以发挥作用。1916 年 6 月，登记入伍的人数仅为 4 月份的一半，而到 12 月又降为 6 月份的一半。1916 年准备增加的 25 万名兵员，前 6 个月仅完成 12 万人，而后 6 个月仅完成 4 万人。与此同时，加拿大军团的力量却在不断削弱。1916 年 4 月在圣埃卢瓦之战中损失 2759 人，6 月在圣科托利森林战役中损失 8490 人。[3]

　　1917 年初的形势对协约国来说仍很严峻。俄国的溃败，法军中的兵

---

　　[1]　Edgar McInnis. *Canada, A Political and Social History.* New York and Toronto: Rinehart & Company, 1959: 480.

　　[2]　Edgar McInnis. *Canada, A Political and Social History.* New York and Toronto: Rinehart & Company, 1959: 480.

　　[3]　Mason Wade. *The French Canadians.* London: Macmillan, 1955: 708.

变，德国潜水艇对英国的封锁，使站在协约国一边的人们为之沮丧。4 月 6 日美国对德、奥宣战给处于困境的协约国军队带来希望，但其武装力量的动员尚需假以时日。战争正未有穷期。

在视察了加拿大军营后，博登深感增兵问题必须迅速解决。显然他曾阻止了休提出的扩充加拿大军团的建议，但却认为，加拿大的荣誉要求保持军团的力量。

1917 年春，博登从伦敦返回加拿大。5 月 18 日，博登宣布男子将被有选择地征召参加在国外的服役。对于人口稀少、联邦历史较短、社会问题比较复杂的加拿大来说，征兵制无疑会触发一些隐存的症结，从而使之成为各种矛盾的焦点。

实行征兵制的最大阻力还是来自法裔加拿大人。法裔加拿大人对征兵制的反对态度是由多种原因促成的。其一，法裔加拿大人长期形成对外界事务漠不关心的生活习惯。既往的历史说明，除非其生存环境和生活准则受到严重威胁，乐天安命的法裔加拿大人很少为那些关于国家命运和世界前途的堂皇词句所动。即使在第一次世界大战爆发之初加拿大人同仇敌忾的激情中，法裔加拿大人对参战的支持也是有所保留的，那就是以志愿兵役为原则。此外，法裔加拿大人一般结婚较早，并多从事农业生产，不像一些在工厂工作的英裔单身男子那样没有后顾之忧。其二，战争期间出现的一些种族问题打击了法裔加拿大人的参战热情。马尼托巴和安大略两省对法语教学的限制激怒了全国的法裔加拿大人。曾一度是参战鼓吹者的亨利·布拉萨早就对这场是非难辨的欧洲纷争失去兴趣，针对马、安两省的语言歧视问题，他愤怒地指出，法裔加拿大人的真正敌人不是德国人，而是"加拿大英语化主义者、安大略的阴谋家或爱尔兰牧师"[1]。其三，战争初期，加拿大军事当局没有建立几支像样的法语营队，也忽略了法裔加拿大军官的升迁，此外还错误地任命了一个讲英语的新教牧师在蒙特利尔地区做招募新兵的指导工作。凡此种种，大大地损害了法裔加拿大人的民族感情，给他们本来就不怎么强烈的战争热情又泼了一瓢冷水。其四，法裔加拿大人和英裔加拿大人对于这场战争性质的理解以及加拿大在其中的作用存在着根本分歧。事实上，尽管加拿大以积极的姿态参加了这场战争，但无论是联邦政府还是加拿大人民都没有清楚地意识到这只是一场争夺殖民地和势力范围的帝国主义战争。许多英裔加

---

① Desmond Morton. *A Short History of Canada*. Edmonton Alberta: McClelland & Stewart, 1982: 149.

拿大人盲目地服膺于英国当局的宣传，认为这是一次"争取人类和平与幸福的道义斗争"，加拿大应该站在母国"正义"的立场上充当主力军。博登政府则把它看作一次为加拿大争取国际地位的好机会。而法裔加拿大人既没有强烈的国家观念，也没有与母国的密切联系，它们对魁北克的忠诚远甚于对加拿大自治领。他们关心的是保卫自己的文化传统，使之不受外界的破坏与干扰，对所谓的世界和平集体安全无动于衷。因此，他们也不理解加拿大要在世界事务中充当主角的努力。在这一点上，美国的孤立主义者向其提供了足够的反战思想。

布拉萨指出，绝大部分法裔加拿大人都认为在参战方面已超出了合理的限度，但只要仍实行志愿兵役制，他们会继续保持沉默。如果博登打破了他自己及其魁北克同事所许下的诺言，那么法裔加拿大人的反应会是由吃惊，到愤怒，到最终决心通过一切合法手段来反对征兵制。他警告说："200万法裔加拿大人会群起反对征兵制。任何属于强迫服役的事，不管它看起来多么公正，都将激怒法裔加拿大人，甚至全体加拿大人，因为他们首先是加拿大人，而非其他。"① 诚如布拉萨所说，实行征兵制的消息一传出，法裔加拿大反应尤为强烈。1917年5月，魁北克省大小集会不断。5月21日，数千人聚集在魁北克市政厅，抗议博登政府的背信弃义。博登政府遇到了上台以来最严峻的考验。

在野的自由党领袖洛里埃深知征兵制问题关系重大，没有马上附和博登的倡议，表示要与其自由党同事们商量以后再做决定。作为老牌政治家，洛里埃首先从国内政治的角度来考虑这一问题。他既不想触怒反对征兵制的自由党人，又不想脱离支持征兵制的自由党人。因此，他总是避免正面表态，试图把这个棘手的问题留给博登自己去解决。

博登也意识到，要解决一些关系重大的战争问题，尤其是兵员问题，仅靠保守党自己的力量是难以奏效的。只有建立一个由保守党、自由党及其他有影响的政治力量共同参加的联合政府，才能推动国家机器在非常时期有效地运转。

1917年5月25日，博登邀请洛里埃参加由两党共同组成的联合政府，除总理外，两党在内阁中人数相同。洛里埃对征兵制等问题仍然心存顾虑，担心自己充当博登政治上的挡箭牌，拒绝参加联合政府，而提出举行一次大

---

① Mason Wade. *The French Canadians.* London: Macmillan, 1955: 738.

选来重新组织政府。6 月 11 日，博登提出《兵役法案》，并先交洛里埃审阅。尽管博登努力强调其实施的必要性，并指出这一举措绝非迎合英国的要求，义务兵役的原则早已体现于加拿大宪法之中，但洛里埃仍然坚持该法案须交人民公决后方能实施。

关于兵役法案的辩论持续了三个星期。安大略、东部沿海与西部诸省的自由党人对该法案的支持率不断上升，许多自由党领导人开始摆脱洛里埃的控制，站到博登政府一边。司法部副部长阿瑟·米恩措辞激烈地告诉洛里埃，他之所以相信加拿大没有处于被侵略的危险之中，可以稳坐钓鱼台，是因为他知道协约国可以守住在法国的防线。洛里埃同时还被指责应对魁北克的反英偏见和分离主义负责。[①] 大多数英裔加拿大人支持《兵役法案》。他们认为，义务兵役制之所以必要，是因为魁北克在志愿兵役制下不能完成其义务。

在另一边，也有一个法裔加拿大人的坚强集团支持洛里埃的立场，但由于其影响仅限于魁北克省，所以作用不大。1917 年 7 月 6 日，洛里埃要求公决的动议在众议院被多数否决，而《兵役法案》却得到有效支持。阿瑟·米恩在博登健康状况不佳时在保守党内发挥了领导作用。经过一番唇枪舌剑的争论，体现有条件征兵制的《兵役法案》终于在 1917 年 7 月 24 日在议会获得通过。

10 月 6 日，议会解散，按照洛里埃的提议举行大选。在米恩建议下，博登政府在 9 月 6 日实施了《战时选举法》，给予在海外服役士兵的成年女性家属以选举权，剥夺全部德、奥裔公民的选举权，这样就严重削弱了不满于征兵制的反对力量。选举的结果，博登以 153 席对 82 席的优势击败了洛里埃。士兵为博登政府增加了 14 个席位和 20 万张选票。10 月 12 日开始了以博登为总理的联合政府执政时期。

联合政府上台以后，迅速实施了一系列计划。1918 年初制定了战争期间和战争结束一年内进口、出售和分配酒类的规则。5 月 24 日开始赋予加拿大妇女以选举权。1917 年 12 月，博登终于实现了他早在 1904 年就开始争取的目标，将已破产的加拿大北方铁路公司收归国有。

1918 年春，协约国在战场上损失惨重。为弥补战争减员，加拿大政府决定撤销《兵役法案》的一切例外。此外，联邦政府还开始征收财产税、商

---

① Mason Wade. *The French Canadians*. London: Macmillan, 1955: 741.

业利润税和战争所得税。联邦政府授权警察部队以煽动叛乱等罪名压制激进工会和社会主义政党，并将"敌对"语言出版物列为非法。工人罢工也遭禁止。如同在其他国家一样，战争也限制了加拿大人民的民主权利和人身权利。

四、争取国家地位的努力

如果说加拿大虽置身于第一次世界大战的战火之中却未卷入欧洲国家之间对殖民地和势力范围的争斗的话，那么博登政府在卷入这场战争的前前后后有一个始终不渝的目标，那就是为加拿大争取更多的自主权。

争取国家自主权的第一步是调整帝国内部大不列颠与各自治领之间的关系。事实上，这一调整早在洛里埃时代就开始了。加拿大军队在第一次世界大战中的突出表现和加拿大作为英帝国成员在这场战争中所发挥的作用促成了帝国内部关系的根本转化。首先，它坚定了加拿大对于自身享有独立团体地位的信心，提高了消除政治屈从痕迹的勇气；其次，它在帝国内部改变了英政府对加拿大自治领的态度，即大不列颠再不能包揽一切，将加拿大作为一件附属品随意驱使；再次，它提高了加拿大在世界上的声望，人们开始对这块昔日默默无闻的自治领刮目相看，这为帝国内部关系的变化创造了适宜的外部环境。总而言之，经过第一次世界大战，帝国关系中长期以来潜移默化的东西现在变得明朗具体了。在战争结束时，加拿大发现它已自立于自由与自治的国家之林。当然，为完成这一转变，无论是博登政府，还是加拿大人民都做出了巨大的努力。

当加拿大首批部队被派往欧洲战场时，博登就坚持要求加拿大军队实行特别建制。英国当局最初曾试图将加拿大军队分别编入英国军队作为替补力量，遭到加方坚决而成功的抵制，结果则是加拿大军团的建立。当1917年柯里取代拜恩担任军团司令后，这支队伍成为真正的加拿大军队。

尽管加拿大军团在建制和构成上都代表着加拿大独立的武装力量，但其指挥调动权却掌握在英国最高军事当局手中。博登发现他既不能参与总的军事部署，也不能决定甚至无从得知加拿大军队将被派往何处。他为此抱怨道："难以料想，我们将40万或50万人投入战场，却情愿接受既没有更多的发言权，又没得到更受重视的地位，就像玩具的自动开关。"①

1916 年底，劳合·乔治出任英国首相后开始以新的姿态协调英国当局与各自治领政府之间的关系，使帝国局面焕然一新。除了个人因素外，协约国所面临的困境也有利于博登目标的实现。德国潜艇的有效封锁使英、法本土的战略物资濒于枯竭，而美国当时仍守中立。这样，新的物资供应只能向英国的各个自治领谋求。加拿大等自治领的重要性更为突出，调整帝国内部关系势在必行。

帝国战时内阁的成立是这一转变的第一个里程碑。在帝国战时内阁中，自治领总理或其代表获权同英国战时内阁坐在一起讨论重大军事决策。尽管其重心仍然是后者，并且只对英国议会负责，但自治领代表毕竟进入了领导核心，并且可以对涉及自身利益的重大决策施加影响。

当开始酝酿和平方案时，帝国战时内阁对各自治领的重要性更突出地表现出来。1918 年博登赴伦敦，很快发现英国正在与法国、意大利举行预备性磋商，在唯一的英国代表团中，仅由他一人充当英国所有自治领的代表。这意味着加拿大不能作为独立一方参与和平条约的制定。博登为此提出抗议，他坚持认为，加拿大人民凭借他们在这场战争中的努力，有充分的理由来享有缔造和平的权利。当一些欧洲小国提出了类似抗议时，博登的要求更增加了分量：如果像比利时这样的小国能够被列入的话，那么为取得战争胜利做出突出贡献的加拿大就更应该获得一席之地。最终，加拿大同其他自治领均获得单独在和约上签字的权利。这就是说，只有经由各自治领同意，英帝国才能批准和约。博登此举对帝国内部关系的重新布局具有重大意义。

在巴黎和会期间，加拿大代表对与自身并无多大关系的细节问题很少关心，而把注意力放在那些具有更广泛意义的条款上。他们反对将种族平等的条款列入劳工宪章和联盟条约，因为这将削弱加拿大限制东方移民的权利。当然，加拿大代表最为关注的还是即将产生的新的国际组织——国际联盟（简称国联）和国际劳工组织。

在讨论《国际联盟盟约》时，加拿大代表对第五章中反对侵略的普遍保证感到不安。对加拿大代表来说，这一许诺意味着自治领将会难以自拔地卷入那些与己无关的欧洲纷争之中，为维护那些既不明智也不公平的边界提供

---

① Edgar McInnis. *Canada, A Political and Social History.* New York and Toronto: Rinehart & Company, 1959: 416.

军事援助。因此，博登要求此条即使不能删除，也应做出修改。尽管有许多美国人在这一问题上与加拿大人持相同立场，但伍德罗·威尔逊却认为第五章是盟约的核心，为此他不顾与会助手们和国内反对派的异议，坚决反对删除或修改此章。

事实上，加拿大代表之所以提出反对意见，与其说是在为大不必要的卷入担忧，不如说是借以表明加拿大对国际事务拥有发言权。因为联盟条约本身就是一纸含糊不清、没有约束力的空文，没有哪一个国家真正为其名义上承担的义务而惴惴不安。博登的主要目标还是加拿大在国联中的完全的成员国资格，通过这次国际会议使加拿大取得独立国家地位才是他的初衷。他所期望的不仅是加拿大被接受为国联成员，而且要争取到同其他小国同等的非常任理事国席位。

令博登感到棘手的是对加拿大的阻力不是来自英国，而是来自美国。对于这个强大的邻邦，博登一直怀着友好甚至讨好的感情。当他在和会前夕发现英国领导人出于势力平衡的考虑要抑制美国的战后影响时，表示了强烈的不满。与美国的友好关系，是他准备从和会带回加拿大的最好财富。他曾公开声明："如果英帝国的未来政策意味着同欧洲诸国合作来反对美国的话，那种政策将难以指望加拿大的苟同与支持。"[1] 然而，加拿大的亲美立场换来的却是美国的以怨报德。和会期间，包括爱德华·豪斯上校在内的美国代表团成员，都反对加拿大享有代表权。他们认为无法说服美国公众将自治领与英国区分开来。美国代表的担心并不是没有根据的，美国国会后来拒绝加入国联的原因之一就是不能容忍英国自治领的成员国资格，因为那将意味着英帝国在国联中占据六个席位。同时，美国也不愿与一个享有主权的加拿大打交道。美国人不能接受北美大陆上两雄并存的局面。

博登为本国遭受的不公平待遇而痛心疾首，他抱怨道："在战场上她（加拿大——引者注）居于第一线，但在理事会上却连末席都坐不上。"[2] 他直截了当地告诉劳合·乔治，加拿大人民决不会接受这样的安排，即作为世界工业大国的加拿大，在国际劳工组织中的地位却不如利比里亚、古巴、巴拿马和海地等小国。在博登的据理力争下，操纵会议的各大国代表终于做出

---

[1] Edgar McInnis. *Canada, A Political and Social History.* New York and Toronto: Rinehart & Company, 1959: 419.

[2] Edgar McInnis. *Canada, A Political and Social History.* New York and Toronto: Rinehart & Company, 1959: 420.

让步，加拿大总算如愿以偿地获得国联和国际劳工组织的正式成员国资格。

第一次世界大战一方面促进了英帝国内部团结，另一方面开阔了加拿大的民族主义视野。要使二者取得协调，就需要重新规定帝国内部关系。战后阶段加拿大同英国的关系正是循着这一方向发展的，即由依赖转为参与，将帝国变为联邦。加拿大自身也由一个殖民地性质的自治领逐步跻身于世界强国之林。

五、战争对加拿大经济与社会的影响

第一次世界大战期间，加拿大经济得益于特殊的国际环境而获得迅速发展。战时欧洲国家粮食需求增多，使加拿大小麦出口量大幅度增加。但统观整个经济形势，尽管传统农业在经济中仍居于主导地位，但已没有多少发展余地。太平河谷被看作加拿大农业的北部边疆，这就意味着加拿大的农业拓殖已走到了尽头。相比之下，制造业与原料加工则具有更多的活力和更大的潜力。投入工业的资本从 1911 年的 1.27 亿加元增加到 1916 年的 20 亿加元，进而在 1921 年突破 30 亿加元；同期制造业生产净值则从 5.64 亿加元增加到 13.66 亿加元。[1]

纸浆与新闻纸的生产成为主要工业部门。同时，为满足战争的需要，许多新的工业部门、新型制造业工厂如雨后春笋般发展起来。原来依赖于欧洲进口的商品由于欧洲战火而被迫转为自产，客观上刺激了本国制造业的发展。纺织、化工以及钢铁加工成为新的财源。

工业的发展和工厂数量的增多，推动了城市化进程。到 1921 年，加拿大城市人口已经达到与农业人口相等的数量。在两大工业省份安大略和魁北克，城镇人口已经超过了农村人口。加拿大已经成为一个工业国。

国家由战争时期过渡到和平时期，许多方面亟待调整。退伍军人需要安置，军工生产要转向民用，联邦政府的职能也不得不有所收缩。

战后加拿大所面临的最直接的问题是如何安置 50 万退伍军人。由于过渡时期经济形势不稳，1920 年还出现过短期的经济衰退，增加了就业困

---

[1] Edgar McInnis. *Canada, A Political and Social History.* New York and Toronto: Rinehart & Company, 1959: 421.

难。为避免失业率上升，联邦政府出资帮助战时从事军工生产的企业转向民用。自治领各省也联合起来为退伍军人提供就业服务，为间歇性失业提供救济金，为职业训练与大学教育发放贷款。以土地奖赏勇士的做法在自由土地行将消失的最后阶段又被运用，所有铁路两边 15 英里（约 24 千米）以内的土地都为退伍军人保留着，此外他们还可以得到部分宅基地作为馈赠。政府建立了一个士兵安置委员会，该委员会受权购买农田和为牲畜、设备、建筑发放贷款。这一计划取得了有限的成功。1921 年该委员会提出的报告说，有 4.3 万名复员军人得到了安置。

自治领政府在战争期间获得了广泛的权力。但随着战争的结束与和平时期的到来，联邦政府失去了在许多领域的控制权。为控制通货膨胀，联邦政府通过一项《合并与公平价格法》，由商业委员会负责执行，但却被枢密院以越权为由宣布为违宪。战时成立的小麦委员会也在 1919 年被解散。

战争沉重打击了加拿大铁路事业。来自国外投资的终止，劳动力的极度缺乏，都加剧了因估算失误和经营偏差造成的困难。1916 年，加拿大北方铁路和大干线太平洋铁路都濒临破产，大干线铁路也陷于困境。

1916 年，加拿大政府成立了一个三人委员会，对所有私营铁路进行调查。该委员会提交的报告描述了一幅暗淡的景象。在所有私营铁路中，只有加拿大太平洋铁路确有偿付能力。其他铁路到了得不到援助就无法经营的地步。该委员会由于意见分歧提出两种不同的建议。其中一位委员认为应合并加拿大北方铁路与温尼伯以西的大干线太平洋铁路，由政府为其提供援助；而把温尼伯与北部湾之间的铁路租借给私人建设经营。另两位成员则举出以前政府资助私人铁路的失败纪录以反对这种做法，提出由政府接管除加拿大太平洋铁路外所有私营铁路的建议。博登政府在这个问题上投鼠忌器，让私营铁路破产会影响加拿大在国外的信用，因为这些私营铁路的许多股票掌握在外国人手中；而加拿大北方铁路破产则会严重损害卷入其中的商业银行，而后者对于加拿大经济稳定关系重大。最后，政府决定接受委员会多数派建议，将加拿大北方铁路的股票值交付仲裁，以各方均感满意的价值将该铁路移交政府。至于大干线太平洋铁路，则以破产的形式于 1919 年移交给管理人。大干线铁路在 1919 年秋也被接管。政府同意继续为所担保的股票支付 4％的利息，将所有债券交付仲裁。由于铁路股票多为外国人尤其是英国人所持有，铁路问题的处理不可避免地遇到外来的巨大压力。铁路所有权虽然变动了，但问题并未彻底解决。1923 年又出现新的统一局面。大干线铁路、大干线太平洋铁路和加拿大北方铁路同国有横贯大陆铁路和殖民地间铁路合并，组成加拿大国有铁路。这是一个政府所有的、由众多公共企业参与的横贯大陆铁路系统，总长度约 2.2 万英里（约 35406 千米）。

铁路是加拿大经济发展的先行官，但因修筑和经营铁路所产生的众多问题长期以来一直困扰着加拿大各级政府。铁路的影响波及加拿大当时政治、经济、社会生活甚至对外关系等各个领域。

第九章　寻求自我的艰难历程

一、政府更迭

随着战争的结束，联合政府也寿终正寝。筋疲力尽的博登因健康原因于1920 年夏宣布退休，阿瑟·米恩继任总理职务。一度支持战时联合的自由党恢复了往昔的党派忠诚。洛里埃在重组自由党后于 1919 年春去世。为选举党的新领袖，自由党召开了一次有 1400 名代表参加的全国性会议，其中至少包括八位省总理。这是加拿大历史上一个大党首次采用美国方式选举领导人。会上由于老派政治人物树敌太多，支持的目标转向年轻一代。洛里埃的信徒、昔日起义领袖威廉·莱昂·麦肯齐的外孙威廉·莱昂·麦肯齐·金在魁北克代表的强烈支持下当选为新的自由党领袖。

在 1921 年大选中，金提出一个许诺过高而又闪烁其词的纲领，大致包括以下几点：大幅度降低关税，包括对农业用具和供应品免除关税，对布料和其他关系到国民生活的项目也降低税率；重新肯定了 1911 年提出的关于互惠贸易的倡议；全面的社会保险计划；确认劳工参与工业管理的原则；将自然资源的控制权交归各省；确定比例代表制作为组成下院的基础。

尽管人们对金的许诺存有不少疑虑，但对这样一个充满朝气而又富于理想的政治新星的信任还是超出了对米恩政府的好感。1921 年的选举对保守党来说是灾难性的。魁北克因对征兵制怨恨不已坚决反对米恩政府，这个省的 65 个席位第一次全部被自由党囊括。保守党只在不列颠哥伦比亚获得多数支持，在众议院中的席位减少到 50 个。自由党则以 117 席获得执政权。

新的自由党政府并未迅速兑现金在大选前许下的诺言。既未对关税税率做大幅度改变，也未实行社会保险立法。事实上，自由党上台后所面临的形势也不容其对国家政策做出重大调整。从政治角度看，由于进步党在议会中的平衡作用，自由党的力量并不太强；从财政上看，自由党政府尤为虚弱。它既要应付过去的战债，又得面对和平时期的巨额开支。从 1913 年到 1921年，国家债务增加了六倍，即从 5 亿加元增加到 35 亿加元。20 年代初，有近一半的政府开支是用来偿付债务和履行战争责任，以致政府不得不放弃开支庞大的改革计划，把精力放在压缩经济和平衡财政上。此外，来自宪法条文中的束缚也削弱了自由党政府的权力。在战争期间，中央政府的权力在许多领域都得以扩大。但在战争结束以后，一切似乎都应恢复常态。1920 年初，英国枢密院司法委员会做出一项重要裁决，明确宣布近来联邦权力的扩大只是针对战争紧急状态所做的调整，在紧急状态结束后应该恢复原状。随着和平时期的来临，联邦政府发现它在有关财产和民权方面处于省权限制的包围之中。

总之，由于政治力量虚弱，财政经费短缺，以及宪法上的束缚，金的自由党政府不愿承担经济调整和增加社会福利的重任，也不愿接受国际合作中的义务，甚至对帝国内部的参与也不感兴趣，只满足于保持地位而避免去冒险实施大胆而有争议的改革措施。

1925 年的大选显示出公众对自由党和进步党的失望。进步党在众议院中的席位降至 24 席，自由党也减少到 101 席。保守党却赢得 127 席，尽管没有达到明显多数，但却超过了执政党。自由党在大选后仍执政了六个月，金试图解散议会重新选举，却被总督拜恩爵士拒绝。1925 年 6 月 28 日，金政府辞职，米恩应总督之召组成新政府。

拜恩抛弃金的自由党政府而召请米恩重组保守党政府，原指望此举能够证实米恩有能力组成一个功能完备的政府，但米恩的做法却令他大失所望。米恩上台后急于为其政党争得权力和为他本人赢得威望，从而使自己陷于一场凶多吉少的政治赌博之中。根据宪法的要求，内阁成员在接受政府职位后，必须腾出在议会中的席位。米恩为保持在议会中的优势采取了任命代理部长的做法，即这些人在担任部门首长时，既不领取薪水也不进行宣誓，同时在议会中仍占据席位。此举被自由党指责为非法，进步党中也颇有微词。在不久后举行的大选中，保守党只获得 91 席，而自由党则得到 119 席，虽不足明显多数，但加上 11 名当选的兼属两党的自由进步党人和 24 名为支持金而重归自由党的独立成员，使该党获得充分支持。米恩不得不认输，在选举后 10 天辞职。金重新上台掌权。第一次世界大战以后几经更迭的联邦政府，终于获得了一段短期的稳定。

二、政治分野

战后初期加拿大政局的动荡不安是有着深刻的社会背景的。战争的冲击，使加拿大相对稳定的社会结构发生了重大变化。处于社会下层的工人、农民积怨已久，联邦的许多战时措施更激化了这些矛盾。在战时受到压抑的不满情绪在战后以各种渠道发泄出来。同时，在接受了一次世界大战的锻炼以后，长期处于较封闭状态的加拿大人民对英帝国以外的世界有了更多的了解，政治意识大大提高。代表各阶层利益的政治组织与联合的出现就是这一变化的重要标志。

在众多的党派群体中，最为突出的就是一度比肩于两个老牌政党的进步党。该党在 1920 年选举中几乎席卷了西部，并在安大略省夺得 24 个席位，成为党派政治中一支有效的平衡力量。进步党主要致力于表达农业阶层的声音，类似于 19 世纪末美国出现的格兰其和人民党运动。影响较小的农民社会团体还有成立于 1909 年的加拿大农业协会。该组织在成立之初曾试图联合所有的农业组织以使其本身更具有代表性，但其政治活动仍限于给联邦政府施加压力以争取有利于农业的政策。加拿大的工业党派相对来说不及农业党派活跃。源于美国的工业保护者组织在 1889 年进入安大略。该组织的主要目标是鼓励联合，对政府施加压力以获得对运输和市场的补助，它对政治的介入是短暂的，也从未获得过引人注目的成功。

第三党在加拿大的兴起又不同于美国。美国西部兴起的第三党往往是针对工业垄断而成立的，表达的是深受其害的农业经营者和中小资产阶级的诉求，目标是恢复资本主义早期阶段的自由竞争状态。而在加拿大，至少在第一次世界大战之前，类似的呼声却要微弱得多。其主要原因是加拿大工业在这一阶段还不够成熟，大型联合在传统上成为加拿大经济中某些领域的必要特征。最为典型的当数铁路业。如无大型联合，要建成横跨大陆的铁路线是不可想象的。当然，加拿大也存在对私人垄断的不满，但取而代之的不是自由竞争，而是政府控制。

到 1914 年，加拿大农场主的不满终于找到了发泄的渠道，那就是抛弃已成为既得利益者工具的旧党派，建立基于地方和阶级的新党派。在安大略省，一个全省性组织——安大略农民联盟建立起来了，并采纳了加拿大农业协会提出的政治计划，使之成为新式农场主运动的纲领。其基本内容为：反对以牺牲公众利益来培植托拉斯和养肥获利阶层的关税保护；要求征收利润税和所得税；对诸如交通运输之类的设施实行公共控制；扩大市场联合；另外还包括废除参议院、直接立法和采用创制权与复决权等政治改革措施。

1919 年，安大略农民联盟在本省选举中大获全胜并建立了一个由 E. C. 德鲁里领导的农场主政府。与此同时，类似的运动东西部也初具规模。农民联合组织在草原各省纷纷建立。各地农民组织为在安大略省的胜利所鼓舞，在加拿大农业协会的召集下，于 1920 年 1 月在温尼伯举行全国性会议，发起成立了国家进步党。其纲领采用加拿大农业协会 1918 年发布的题为《新国家政策》的计划。第一位领导人是 T. A. 克里勒。克里勒曾参加过战时内阁，后因其要求降低关税的建议被拒绝而辞职。国家进步党依靠的力量是安大略省的农业区和三个草原省份。在 1921 年议会选举中，进步党在上述地区获得 65 席，成为这些地区仅次于自由党的第二大党。

在第一次世界大战期间，加拿大工会会员人数翻了一番。尤其在西部，工会组织与世界产业工会组织建立了联系。1919 年，这些西部组织发起了统一大工会运动，号召以总罢工的方式达到社会主义目标。1919 年，温尼伯金属业工人举行罢工，并在地方工会领导下发展为全市范围的罢工浪潮。中央政府惊慌失措，出兵镇压，以阴谋叛乱罪逮捕了罢工领袖。冲突中 1 人死亡，30 余人受伤。这一事件反映出当时加拿大阶级矛盾已十分尖锐，劳工的不满由来已久。

但是，同当时世界其他地区相比，加拿大的阶级斗争相对来说还是较为温和的。尽管出现了许多全国性或地方性的工人和农民组织，但在整体范围内，这些组织的影响仍未超出复兴后的保守党与自由党。在政治领域，进步党曾一度成为众议院中的平衡力量，但几年以后其席位就被自由党所吞并。两个老牌政党不断地更新观点以适应全国形势的发展变化，以卓越的技巧来弥合各地区、各种族、各阶级之间的矛盾与冲突。无论是保守党还是自由党都有意采用可望获得全国性支持的政策，如公共工程、适度的关税、同各省打交道时以及在对外关系上的审慎态度。这些举措使两党在第一次世界大战以后的动荡年代得以保持其凌驾于小党派之上的地位，使两党制结构得以稳固下来。

三、少数民族政策与排华法案

　　加拿大是一个典型的移民国家。除了美洲土著居民印第安人和因纽特人以及早期到达那里的法裔和英裔加拿大人之外，稍后的移民还包括日耳曼人、中国人、日本人、荷兰人、乌克兰人、波兰人、意大利人、犹太人。从殖民地时期到联邦时期的加拿大政府长期执行一条白人加拿大政策，对土著印第安人、因纽特人和移民中的有色人种实行种族歧视和种族压迫，肆意践踏其人身权利。

　　联邦政府成立以后，加强了对印第安人的统治。在向西部开发的过程中，印第安人被划入保留地内，接受政府管辖。他们没有公民资格，不能参加选举，经济活动受到很多限制，甚至连保留地内生产的粮食也不能出卖。许多印第安人儿童不能进入学校接受教育，至于用本民族的语言进行教育就更谈不上了。

　　因纽特人在传统上依靠捕鲸为生。后因受毛皮贸易的冲击，许多人改为狩猎狐狸和海豹，然后将猎获物同白人交换，以换取衣服、火柴、面粉等生活用品。总的看来，因纽特人的生活水平远远落后于加拿大社会的一般水平。另外，因纽特人也享受不到加拿大社会的政治权利，文化、教育等各个领域都处于落后地位，长期被摒弃于加拿大主流社会之外。

　　来自亚洲的移民主要是中国人和日本人。日本人移民加拿大主要发生在1885年以后。到1901年，在加拿大的日本人已增加到4738人，其中97％居住在不列颠哥伦比亚。30年以后，日本移民的数量已增至22205人，其中大部分仍居住在不列颠哥伦比亚。[①]

　　在加拿大的日本人最初以捕鱼为生，后来扩大到从事林业、采矿业和铁路修筑等行业。进入20世纪以后，在加日本人逐渐离开原来的行业转而从事农业、商业和充当雇员，经营起餐馆、商店甚至房地产。但至少在日俄战争以前，日本人也和其他东方移民一样蒙受种族歧视和种族压迫，政治上处于无权地位，经济活动受到重重限制。

　　早期到达加拿大的中国人主要有两支，一支是大约于1858年由加利福

---

① 阮西湖：《加拿大民族志》，北京：中国社会科学出版社，1986年，第200页。

尼亚北上到达哥伦比亚省的淘金者，大约有 50 人。后来又陆续来了一些，但总的来说人数仍然不多。另一支是到加拿大参加道路建设的华人劳工队伍。1864 年，有 200 名华工参加了从昆斯内尔到棉花木的马车路修筑工程。19 世纪 80 年代初，有大约 2000 名华人以契约劳工身份被运到加拿大修筑太平洋铁路，他们在这项意义重大的工程中承担了最艰苦的任务，许多人因疾病劳累而死。华工为加拿大的铁路建设做出了突出贡献，但当铁路完成时，他们却失业了。华工希望返回祖国，可是，无论联邦政府、省政府，还是加拿大太平洋铁路公司都拒付路费。这样大批华工被迫留在加拿大。

尽管华工为加拿大铁路建设和西部开发做出了巨大的贡献，但加拿大政府却以怨报德，许多加拿大种族主义者视华人为劣等民族。加拿大第一任总理麦克唐纳认为，允许中国移民进入加拿大，绝非出于"人类的友爱"或"基督教精神"，而是出于经济上的迫切需要。一俟太平洋铁路建成，他们就将被抛弃。许多政治家在排华问题上甚至走得更远，各党派候选人通过散布"中国移民的威胁"等排华论调来争取选民的支持。中国移民从一踏上这块陌生的土地，遇到的就是种族歧视的白眼，这些饱受背井离乡之苦的建设者们由于经济窘迫和大洋阻隔，不得不在异乡忍受种种的迫害和屈辱。

早在 1871 年，不列颠哥伦比亚省就通过法案剥夺了中国移民参加省市两级选举的权利。其他省份纷纷效尤，先后通过了一系列立法，限制中国移民在劳务市场上的就业范围和竞争权利。华商在各个劳动部门都受到不公正的歧视性待遇。在排华浪潮中，西部诸省的白人劳工组织起到了推波助澜的作用。不列颠哥伦比亚省劳工组织散布说，亚洲移民不仅仅是对西海岸的威胁，而且是对整个国家的威胁。劳工组织排斥华人的主要理由是认为中国移民在经济上不可取，用低工资同白人劳工竞争。

19 世纪末 20 世纪初，要求立法禁止中国移民的呼声不断高涨，加拿大社会敌视中国移民的情绪公开化了。1885 年 6 月，加拿大众议院通过一项法案，限制中国移民入境。法案规定对每位入境的中国移民课以 50 加元人头税。此后，加拿大议会又两次通过法案增加人头税数额，到 1907 年增加到 500 加元。这种对中国移民入境的苛求与白人移民入境享受的补助和优遇形成鲜明对比。1923 年，加拿大议会通过了《中国移民法》，除个别例外情况完全禁止中国移民入境。在该法案通过之后的 25 年时间内，只有 44 名华人进入加拿大，甚至华人的家眷也不准进入，致使华人社会男女比例失调，人口迅速下降。总的看来，加拿大的华人劳工史，是一部充满着种族歧视、迫害等非人道待遇的辛酸史。

四、20 年代的经济状况

经过战后调整，加拿大经济在经历了一段短期衰退以后步入了繁荣的 20 年代。经济与社会的繁荣具体表现为移民数量的不断增加，工农业生产呈高涨趋势，交通运输发展迅速，经济开发区域大大扩张，对外贸易渠道得到拓宽，商品市场为之扩大，外国资本大量涌入以及与上述诸因素相联系的城市化进程的加快。

同过去一样，交通运输仍然是经济发展的先导。铁路建设历来是加拿大经济发展的重要标志。从 1923 年到 1929 年，加拿大又出现了类似于 19 世纪 50 年代的铁路建设热潮。铁路的修筑促进了经济发展和外贸出口，而经济发展和对外贸易又反过来刺激铁路业向更方便、更完善的方向发展。国外市场对大宗产品的需求一直是刺激加拿大运输业发展的主要因素。除铁路外，公路、水路与航空运输也进展迅速，与之相应的是制造业中交通运输工具的产量不断增加。如果说 19 世纪 50 年代的铁路热潮给英属北美洲带来了蒸汽、钢铁与铁轨的话，那么战后繁荣则引发了石油与水电，基本金属（base metals）与合金，汽车、飞机与汽船的新时代。

北干线铁路的建设和小麦新品种的育成，鼓励着大批移民进入萨斯喀彻温与阿尔伯塔的北部地区；太平河谷一带作为北美农业的最后边陲而繁荣起来。1923 年小麦价格得到回升，增加了农民收入；拖拉机和联合收割机等农业机械的应用既减轻了劳动强度，又节省了劳动力，并且为大规模的农场经营提供了方便。农产品的销售仍然是农民关心的主要问题之一。在小麦委员会被撤销以后，草原三省的农场主们自发组织起以合作为基础的小麦联营，并建立了中心销售代理处，以便为联营小麦寻找市场。作为加拿大农业命脉的小麦业在自然风险与国外竞争中艰难地发展着，出口量超过了战前水平。

战后加拿大的经济开发呈零散状态，但总的分布趋势是向北伸展。北部丰富的矿产、森林和水力资源使其成为战后开发的重点。在阿尔伯塔南部发现了藏量丰富的油田；不列颠哥伦比亚的库特尼地区开采出银、铅、锌混合矿藏；形成于前寒武纪的加拿大地质，大部分为岩石所覆盖，森林茂密，湖泊众多，河流湍急，尽管地形不利于交通运输和经济开发，但却蕴藏着镍、锌、铜、铀等许多贵金属矿藏，过去曾经是捕猎动物和采伐森林的场所，现在则成为财富与动力的源泉。新北部的开发已进入北极地区。在西部省份，部分移民开始进入北纬 60 度以北的冰冷地带，并将其划分为育空地区和西北地区。仅一个西北地区的面积就相当于魁北克、安大略和马尼托巴三省之和。这里地广人稀，居民中既有务农的，也有经营采矿、造纸和水电开发业的。在北魁北克的圣约翰湖地区和北安大略的克利—贝尔茨兴起了纸浆与造纸、水力发电和采矿业。

木浆与新闻纸生产开创了森林工业史的新阶段。第一次世界大战以后，美国新闻纸需求急剧增加，而其本国的木浆供应已极度匮乏，促成这一工业的重心转移到加拿大。加拿大众多的湖泊河流为木纸浆业的发展提供了便利的运输条件和充足的能源供应，使其成为有利可图的行业。新的造纸工厂很快遍布了从新斯科舍到不列颠哥伦比亚的广阔大陆。

采矿业的发展速度仅次于新闻纸工业。早在 19 世纪 50 年代，在大陆两端的新斯科舍和不列颠哥伦比亚就开始了金矿开采。1896 年克朗德克地区金矿的发现曾举世瞩目。随着越来越多的贵金属和基本金属矿藏的发现，加拿大地盾取代阿巴拉契亚高地和科迪勒拉地区成为采矿业的主要分布带。战后年代，借助于水力发电提供的能源、新的开采机械与化学方法以及更为方便的运输系统，加拿大矿产量增长迅速。

同以出口为主要目的的大宗产品生产相配套的是新的交通运输线路的开辟，如果说西部开发依靠的是铁路运输，那么北部的开发则是依靠新的海洋港口与航线。大陆南部巴拿马运河的开凿接通了大西洋与太平洋；大陆北部哈得孙湾铁路可以把西部产品运往大西洋沿岸港口，然后再从那里装船运往英国。新发展起来的航空运输业也在北部开发中发挥了重要作用。

加拿大经济发展的一个突出特征是在资金和市场上对国外的依赖，这种依赖在第一次世界大战以后逐渐由英国转向美国。

在战后繁荣时期，涌入加拿大的外国资本不断增加，其中多半集中于木纸浆和造纸业、金属冶炼和制造业中新式交通工具制作等新兴工业部门。加拿大外资过去主要来自英国，现在则主要来自美国。1900 年英国资本占加拿大全部外资的 85 %，而到 1930 年却降至 36 %；同期美国资本则由 14 %迅速上升到 61 %。1920 年至 1930 年的十年间向加拿大企业的投资额达 25 亿加元。引进外资对于开发潜力巨大的加拿大经济有着不可替代的推动作用。

　　加拿大生产的产品多半用于出口，因此国外市场的大小与安危直接关系到加拿大经济的发展速度。自从 1890 年以来，英国一直是加拿大商品出口的主要市场。第一次世界大战期间加拿大向英国的出口量达到顶峰。同时，由于战时建立的经济合作关系，加拿大商品对美国的出口迅速增加，到1921 年，加拿大对美国的出口总值超过了对英国的出口总值，美国成为加拿大商品既方便又广阔的销售市场。尽管 1922 年《福特尼—麦坎伯关税法》曾经影响了加拿大对美贸易，但几项重要的大宗产品——新闻纸、基本金属、黄金仍大量进入美国市场。美国成为第一次世界大战以后大宗产品的主要购买者，同时英国继续保持着加拿大传统农产品主要客户的地位。

　　从整体上看，20 年代加拿大经济已达到了相当程度的繁荣，但这种繁荣在分布上是不均衡的。与石油、采矿、木浆和造纸以及新式制造业相联系的新兴工业部门的崛起，使相关各省的经济迅速发展起来，而几个传统行业占主要地位的省份却只能惨淡经营。安大略、魁北克和不列颠哥伦比亚从新企业中获利丰厚；马尼托巴和阿尔伯塔取中；萨斯喀彻温与大西洋沿海诸省则受益很少。萨斯喀彻温仍旧依靠小麦生产；新斯科舍等大西洋沿岸省份经营的则是趋于陈旧的煤钢生产和捕鱼业，这些地区几乎没有为战后新式工业所触动。

　　随着经济的飞速发展，城市化进程也加快了。20 年代，加拿大城镇人口已超过农村人口。北安大略的发展使多伦多成为加拿大的金融中心。巴拿马运河的开通则使温哥华成为重要的海洋港口，其腹地可以延伸到草原地带。

五、联邦政府的反危机措施

　　1926 年选举对进步党是一个致命的打击，使其在联邦层面上分崩离析，失去影响。其中一部分被自由党所吸纳，进步党人罗伯特·福克还进入了金的内阁之中。其他人则以各种名称独立行动。

　　保守党的失败也动摇了米恩的领导地位。尤其在魁北克，许多保守党人对米恩一再判断失误断送了胜利的机会而愤愤不平。一些好斗的保守党人则对米恩于 1925 年 11 月在汉密尔顿的讲话中所表述的未来派兵海外将由公民投票决定深为不满，认为这是放弃帝国而让步于魁北克的徒劳之举。米恩本人也心灰意冷，1926 年选举失败后引咎辞去了党内的领导职务。1927年，保守党在温尼伯集会，推举理查德·莱德福德·贝内特为米恩的继任者。

自由党政府上台的最初几年，在财政与社会改革中取得了稳步的进展，包括建立养老金制度和谈妥一系列贸易条约。此外，达到贸易平衡以及债务和税率的减少也都被看作这几年繁荣的标志。然而，好景不长，1929 年爆发的席卷世界的经济萧条也波及加拿大。金政府在采取直接措施医治农业危机和为失业者发放救济金方面表现得犹豫不决。保守党议员指责金政府不关心失业，没有帮助省政府开展救济工作。金却回应道，省里的开支应自己筹措，而不要指望联邦政府支付供他们挥霍的金钱。[①] 当安大略保守党总理指责中央政府滥花钱时，一向谨慎的金大发雷霆说："我也许准备尽量满足一两个由进步派总理领导政府的西部省份，但我却不会给任何托利党政府一分钱。"这些话在众议院引起强烈的反响，但金却毫无悔意地重复说："对于从联邦财政中拨款给本国那些托利党政府用于所谓失业目的，只要这些政府仍采取今天这样的姿态，只要其政策仍与本政府政策相对立，我连 5 分钱也不会给他们。"[②] 金的"5 分钱演说"在 1930 年大选中成为保守党人攻击的靶子。贝内特对金的失误穷追猛打，指责他对美国的高关税政策没有采取报复行动，并许诺要以关税为手段为加拿大打开世界市场。选举的结果，自由党降至 87 席，各类独立组织的总数减少到 20 席。而保守党则以 138 席的明显优势和以经济国家主义解决失业问题的许诺重新上台执政。

贝内特在 1930 年登上总理宝座时已经 60 岁。这位大器晚成的保守党领袖出生于新不伦瑞克一个小村庄的穷人家庭，从小就养成了朴素的生活作风、严格的道德标准和虔诚的宗教热情。尽管他在法律界和商业界一帆风顺而终于致富，但在其政治生涯的初期却命运多舛，时运不济，直到 1925 年才当选为下院议员，从此时来运转，青云直上，在 1926 年接替米恩当上保守党领袖之后更加踌躇满志。大萧条的出现给贝内特向金政府发难提供了契机，使他能够如愿以偿。

然而，贝内特上台以后摆在他面前的却是一条险象环生的坎坷之路。要

---

① 唐纳德·克莱顿：《加拿大近百年史》（中译本），济南：山东人民出版社，1972 年，第 296 页。

② Edgar McInnis. *Canada, A Political and Social History*. New York and Toronto: Rinehart & Company, 1959: 440.

对付困扰着加拿大的一系列棘手问题，并不像指责和许诺那样容易。

加拿大经济结构的软弱之处在席卷整个资本主义世界的经济大萧条来临以后暴露无遗。由于三分之一以上的国民收入来自产品出口，自治领的繁荣依靠的是合理的价格水准和对其原料出口的需求能力，而现在所面临的却是世界市场的萎缩和基本商品价格的猛跌。这一变化自然影响到加拿大的出口业，尤其是小麦和新闻纸的出口。小麦与面粉占加拿大出口总值的 32 %，新闻纸、木纸浆和造纸木材占出口总值的 15 %。小麦价格的暴跌对加拿大来说最具有灾难性。早在经济萧条发生之前，就已经有迹象显示出后来的困境。加拿大的小麦出口面临着来自澳大利亚和阿根廷等其他出口国的竞争。随着战后欧洲国家生产能力的恢复，其市场也在不断缩小，加之这些国家为平衡贸易而限制粮食进口，使加拿大的小麦出口业更为不利。除了需求减少和价格下跌，加拿大农业还要经受来自自然灾害方面的打击。1934 年和1937 年的干旱使草原地区的农作物大量歉收，许多农民甚至一无所获。小麦产量从 1928 年 5.67 亿蒲式耳（bushel，计量单位，一蒲式耳小麦为27.216 千克）的峰顶降落到 1934 年的 2.76 亿蒲式耳，到 1937 年进一步降到 1.82 亿蒲式耳。产品减少，价格反而下降。

1929 年小麦价格为每蒲式耳 1.60 加元，到 1932 年降至每蒲式耳 38 加分，仅为生产支出的一部分。[1] 除小麦之外，加拿大经济的另一个支柱是造纸业。加拿大生产的新闻纸主要以美国为市场。1929 至 1932 年的四年中，新闻纸对美国的出口总值下降了将近 45 %。此外，其间有色金属的出口总值下降了 60 %。这些变化引起了一系列连锁反应，动摇着加拿大国民经济的基础。小麦、新闻纸等产品出口量的减少直接影响着铁路的运营。加拿大国有铁路的赤字增长到每年 6000 万加元。农民购买力的下降相应打击了工业生产。而与消费品市场缩小相伴生的则是建筑业的衰落。1929 至 1932 年间，花费在新建工程、机器设备方面的资金减少了 70 % 以上。经济衰退与开工不足导致失业率的急剧上升，到 1935 年，加拿大人口的 10 % 是公共救济的领取者。[2]

贝内特政府上台后对大萧条做出的近乎本能的反应就是加强经济防范体

① Edgar McInnis. *Canada, A Political and Social History.* New York and Toronto: Rinehart & Company, 1959: 441.

② Edgar McInnis. *Canada, A Political and Social History.* New York and Toronto: Rinehart & Company, 1959: 442.

系。新政府确信能够通过消除来自国外的竞争来解决国内的失业问题。1930年，美国国会通过了《霍利—斯穆特关税法》，提高了进口税率，对加拿大基本产品的出口影响甚大，激起了加拿大人的报复心理。贝内特政府因而大大地提高了加拿大关税税率，使之高于 1879 年实施国家政策以来的任何时期。此外，贝内特政府还采取了多种行政措施保护本国工业。这些过激的贸易限制措施在一个时期内为自治领带来不少好处，使之从 1930 年 1.25 亿加元的贸易赤字转变为 1935 年 1.87 亿加元的贸易盈余。[①] 通过开拓国内市场，扶持了加拿大制造商，从而降低了失业率。

但是贝内特政府的反危机措施存在着许多弊端。它在增加国内购买力方面几乎无所作为，而这一条恰恰是医治萧条的凯恩斯理论的精髓。依赖于出口的大宗产品，生产者发现随着消费的增加，他们的负担日益沉重，但却不能在增加国外销路方面得到补偿。总的来说，新的关税政策无益于基本生产者，除非它不被作为壁垒而是当作杠杆来迫使其他国家在贸易上做出让步。

贝内特政府公开表示将把报复性关税作为扫清通往世界市场之路的工具。事实上，保护措施只是为贸易谈判增加砝码。与法国、德国的贸易谈判对增加出口量并无多大助益。除非加拿大做出实质性让步，不然与美国的谈判也将陷于困境。在这种情况下，加拿大政府只能求助于英国市场。保守党领导人不愿采用洛里埃在加拿大关税上只做单方面让步却不从英国那里寻求补偿的做法，试图寻求帝国内部的互惠。经济危机促使英国政府放弃自由贸易政策，并答应加强帝国内部的经济联系。在 1930 年帝国会议上，贝内特强烈要求建立帝国内部互惠的统一体系。同时，他也明确表示必须充分保护加拿大生产者免受外部竞争的影响。这些竞争既包括来自帝国外部的，也包括来自英国和其他自治领的。他毫不隐讳自己的"加拿大第一"立场，并倡导其他联邦成员采取相似的立场，然后共同达成协议。[②] 贝内特的设计，意味着英国在得不到对等的好处的情况下为加拿大提供市场。英国工党政府对此评论说："从来没有像该建议这样的骗局。"[③] 但鉴于当时的国际形势，英

---

① Edgar McInnis. *Canada, A Political and Social History.* New York and Toronto: Rinehart & Company, 1959: 442.

② Edgar McInnis. *Canada, A Political and Social History.* New York and Toronto: Rinehart & Company, 1959: 443.

③ Edgar McInnis. *Canada, A Political and Social History.* New York and Toronto: Rinehart & Company, 1959: 444.

国需要加强英联邦内部的联系，取得各自治领对母国的支持，经济上的不满让位于政治与战略上的考虑。1932年在渥太华召开了一次特别会议，加拿大代表在会上顽固地坚持原来的立场，使会议濒于解散的边缘。但英国不能听任其失败，在最后一刻向加拿大方面做出让步，同意对一系列加拿大商品免征关税，而对同样的外国产品则征收10%—33%的高关税。小麦享受1蒲式耳3便士的较高价格。肉类、奶制品、水果、烟草、鱼和木材也都得到不同程度的优惠。作为交换，加拿大用提高一般关税税率的简单办法增加了对英国产品的优惠。此外，加拿大还与其他自治领签订了一些双边协议。

贝内特指望能通过关税解决加拿大经济问题，使预算平衡，同时也希望以此捞取政治资本。因此，在关税问题上他采用了他所能够想到的一切办法，除此之外别无良策。然而，关税解决不了资本主义经济的固有矛盾，贝内特所谓的"新政"难以扼制日甚一日的经济萧条。从1929年到1932年底，加拿大的国民收入减少了45%。1933年有82.6万人处于失业状态，约占全国劳动力的四分之一。小麦价格居低不上与农作物的歉收使草原地区更加灾难深重。大萧条之下，城市里的工薪阶层和雇用劳动者对仅够糊口的微薄工资只能逆来顺受。更为不幸的人们则为寻找工作而四处流浪。对失业者来说，政府救济是唯一的活路，为获得凭证领取的粗劣食品和衣物，人们往往需要长时间地排队等候。大量的救济金发放增加了地方政府的负担。最后自治领不得不承担起各级政府用于救济的总数约10亿加元的40%，并向西部各省贷款1亿加元。[①] 大萧条打破了自治领与各省之间职能与岁入的界限，同时也暴露了自由企业制度的致命弱点。到1934年，形势已经非常明朗，要对付危机就得采用更大胆、更激进的政策，即从根本上调整加拿大经济。

六、活动中的政治潜流

贝内特政府面对日益恶化的经济形势显得一筹莫展。尽管它试图通过发放救济金来帮助人们渡过难关，借以缓和日益尖锐的社会矛盾，但却无法满足广大民众的要求，不满与愤怨的抗议声中萌发出五花八门的救世之道，各

---

① 唐纳德·克莱顿：《加拿大近百年史》（中译本），济南：山东人民出版社，1972年，第313页。

种政治潜流汇聚交融，最后形成两种主要观点。一种主张走国家路线，建立一个激进的联邦党，实行新的激进的国家政策；另一种则主张走地方路线，要求在省中建立新的复兴政府和新的地方性合作企业。[①] 二者有一个共同点就是热衷于联合与合作，因此颇具社会主义色彩。

原有的两大全国性政党显然不会考虑任何根本性的变革。曾经提出温和的改革主张的进步党在 1930 年大选中销声匿迹。改革的历史使命似乎应该由一个新的政治群体承担。1932 年 8 月，在一系列预备性会议之后，来自西部四省的农民与劳工代表集会于阿尔伯塔省的考尔加里。会上建立了一个新型的国家政党——带有社会主义色彩的平民合作联盟，并制定了一部临时纲领，选举 J. S. 伍兹沃思为第一任主席。

平民合作联盟的原型是 20 年代加拿大议会中的所谓"议会促进派"。这个组织的根基在西部诸省，尤其是阿尔伯塔省，但新政党成立之后，努力争取更广泛的支持，其主要目标就是联合农场主、产业工人和中产阶级，建立一个全国规模的民主社会主义政党。从指导思想上看，这个新党是加拿大进步主义与英国式的社会主义的混合体。1933 年 6 月，平民合作联盟在萨斯喀彻温的里贾纳集会，通过了一个基本党纲，被称作《里贾纳宣言》。宣言提出了关于"新社会秩序"的 14 条原则。从渊源上看，这个纲领既吸收了北美西部的农民激进主义，也吸收了英国劳工运动中的社会主义哲学思想，并受到美国新政思潮的影响。平民合作联盟是向联邦政府所维护的现有经济与社会秩序提出挑战的唯一新政党。

继新型国家政党崛起之后的是新的省政府的出现。加拿大政治的钟摆向地方主义摆动始于战后繁荣年代，在大萧条出现后，这种趋势更为加强。新的一批省政府公开承认其兴趣放在自己地盘内，并宣布自己能够医治其境内公众的创痛。[②] 在沿海省份，A. L. 麦克唐纳等在致力于传统的"沿海地区权利"事业。在魁北克，新的法裔加拿大人民族主义政党——民族联盟的领袖莫里斯·杜普莱西将法裔加拿大人的民族感情与经济颓势结合起来，发动了一场对"外族"（alien）控制工业与金融的攻击。在不列颠哥伦比亚，T. D. 帕塔洛提出一个模糊但却响亮的口号，叫作"工作与工资"。而阿尔伯塔省

---

① Donald Creighton. *Dominion of the North: A History of Canada.* London: Macmillan Co. Ltd., 1957: 493.

② Donald Creighton. *Dominion of the North: A History of Canada.* London: Macmillan Co. Ltd., 1957: 494.

的总理威廉·阿伯哈特则搬出 C. H. 道格拉斯少校的社会信用理论。总之，20 世纪 30 年代初的加拿大，一方面是贝内特政府在大萧条面前无计可施，一筹莫展；另一方面则是各省新人物、新政党、新纲领的层出不穷。各种政治潜流的互相冲击，增加了社会的复杂性。

尽管加拿大各省新政府都针对本省的情况开出了各种救世药方，但不久就发现单靠各省自己的力量来解决复兴问题几乎是徒劳之举。即便是那些急于采用新政策、新方法的政府，也很快发现它们的工作受到财政资金不足和宪法规定的限制。地方领袖们终于发现经济与社会的重大变革还将有赖于联邦政府的行动。

在一连串地方性的尝试失败之后，公众最后寄希望于采取某些类型的国家行动来应对看起来难以控制的经济萧条。平民合作联盟中的 J. S. 伍兹沃思及其追随者最先表达出这种愿望。在美国，富兰克林·罗斯福总统的当选和一揽子复兴计划的推出增强了公众克服危机的信心。在改革氛围的影响之下，贝内特总理决心打破传统，采取有力措施以扭转加拿大的经济颓势。1934 年初，在他的支持下任命了一个国会特别委员会，调查物价升降幅度及公众购买力情况。1935 年 1 月，贝内特在国家电台的五次讲话中，勾勒出一套详细的改革计划。他用坚定的改革家的语言向加拿大民众指出，只有进行改革，才能消除资本主义制度的弊端，而改革则意味着政府干预、政府的管理与控制。1934 年和 1935 年的国会会期充斥着一系列社会保险法、劳工条例和经济控制等改革措施。在一段时间内，贝内特的新政似乎鼓舞了公众的信心并使他重新赢得了全国性支持。但这些仓促出台的改革方案来得如此突然，以至于贝内特的朋友和敌人一时都难以转过弯来。显然，贝内特的新政并不仅仅是对经济萧条的打击，也是对联邦宪法的冲击。后者使他疏远了保守党内的传统势力。总的来看，由于机缘的不同，贝内特的新政并未收到罗斯福新政那样的效果。相反，由于这最后一刻的转变造成了保守党的分裂。在一次内阁会议上，以 C. H. 卡恩为首的右翼部长们，对贝内特新政的得力干将、贸易与商业部部长 H. H. 史蒂文斯发起攻击。贝内特没有设法予以保护，致使这位改革的灵魂人物不得不辞职。史蒂文斯辞职后于 1935 年 7 月建立了一个新的党派——复兴党，并自任领袖。保守党的分裂成为不可挽救的事实，最终导致了贝内特政府的倒台。

1935 年 10 月的大选颇具讽刺意味。保守党、复兴党、平民合作联盟所提出的大同小异的改革纲领并没有打动加拿大公众，而根本没有什么具体纲领的自由党领袖麦肯齐·金却以一句空洞口号——"让金上台，不然就要大乱"①，征服了迷茫中的加拿大公众。选举的结果，自由党在除不列颠哥伦比亚和阿尔伯塔之外的全部省份中赢得了多数，在议会中取得前所未有的179个席位。保守党却遭受了全国性的失败，降至40席。这次选举仍体现出激进主义受到公众的欢迎，传统的保守势力则被抛弃。两大党之外的小党派，尽管其影响仍局限于某一地区，但取得的胜利也颇为可观。以阿尔伯塔为阵地的社会信用党在该省获得15个席位，而在该省之外只获得2个席位；平民合作联盟获得7个席位；复兴党则只将其领袖选入议会。但有一个不容忽视的事实，就是这些小党虽然获得的席位相对较少，但却得到了四分之一的选票。而在下院中大获全胜的自由党，得到的支持也不到全体选民的一半。

七、金时代的来临

1935年的选举又一次显示出麦肯齐·金的政治天才，从而也开启了以他的名字命名的新时代。世人对这位外表刻板但却"法力无边"的政治家不能不刮目相看。

麦肯齐·金于1874年12月17日出生在安大略省柏林市（后改名为基夸纳市）。父亲是一位律师，母亲则是加拿大起义者威廉·莱昂·麦肯齐的女儿。金从母亲那里接受了许多有关社会责任与人生抱负的教育。他在1895年和1897年先后获得多伦多大学学士和硕士学位。1908年，他应洛里埃之邀担任了洛里埃内阁中的劳工部部长。1911年自由党竞选失败后，金也暂时离开政界，转而致力于劳资关系研究，完成了《工业和人道主义》一书。

1919年洛里埃去世以后，金出任自由党领袖职务。在1921至1926年、1926至1930年两度担任加拿大首相。官场上的几度沉浮，使金积累了丰富的政治经验。他可以敏锐地洞察人心，以此决定自己的施政方向。作为一个非凡的现实主义者，金无论在触目惊心的大萧条年代还是在风云莫测的战争岁月，都能牢牢地把握住自己的权力，魔术般地控制着这个国家。

---

① 唐纳德·克莱顿：《加拿大近百年史》（中译本），济南：山东人民出版社，1972年，第329页。

　　由于 1935 年大选中普遍存在的对贝内特新政立法的疑问，麦肯齐·金的自由党政府上台以后，在自治领与省权问题上不敢越雷池一步，加之金内阁中久经官场的老政客占多数，这些人固执的性格和狭窄的视野决定了新政府执政初期只能采取回避政策。自由党在传统上一直提倡地方分权的加拿大联邦主义，反对麦克唐纳的国家政策，对贝内特提出的国家干预与联邦控制等主张不以为然。然而，要兑现金在竞选中提出的消除贫困、扭转颓势的许诺，恢复经济与社会的繁荣，就必须采取实质性的社会改革措施来解决国内问题，促进对外贸易。为摆脱 1935 年选举给加拿大改革运动带来的消极影响，金宣布其政府在采取行动之前先要对存在的问题进行一番彻底、公正的调查。1937 年成立了一个关于自治领与省关系的皇家委员会，负责调查以往 75 年联邦对经济与社会变化所做出的反应，并对寻求更为满意的职能和步入平衡的途径提出建议。经过三年的时间，委员会终于在 1940 年 5 月向政府提交了一份报告。报告所提出的不仅仅是全面、真实的调查结果，更重要的是一套针对自治领与各省关系中存在的问题的改革方案，其重要性不亚于北美历史上任何文献。① 报告建议某些关系重大的经济控制和某些耗资巨大的社会服务，如失业救济与失业保险，都应移交自治领，剩下的社会与发展服务保留在各省。同时，联邦政府要承担各省现有债务，并发放所谓的国家调整赠款，以便使各省能够行使其职能。由联邦政府征收所得税、公司税和遗产税以承担如此沉重的财政负担。这是一项惊人的改革计划，尽管推行起来会遇到许多困难，但如能付诸实施，将会一劳永逸地解决长期存在的自治领政府与各省政府之间在经济控制与岁入分配上的矛盾。不幸的是，国际形势的急剧变化打破了联邦政府的改革梦想，加拿大再度卷入国际纷争之中。

八、国家地位的上升

　　第一次世界大战给加拿大提供了一个提高国家地位的机会。在其后的十年间加拿大得以将博登的理想与实践以正式形式确定下来，使加拿大在由殖

---

　　① Donald Creighton. *Dominion of the North: A History of Canada*. London: Macmillan Co. Ltd., 1957: 500.

民地到主权国家的发展道路上迈出了决定性的一步。

　　尽管凭借在第一次世界大战中表现出的实力，加拿大在国联中获得了同许多主权国家同等的席位，但从理论上说，它仍然是隶属于英帝国的一块殖民地。英国议会通过的法令适用于整个帝国，伦敦政府有权否决自治领政府的行政措施。由英国政府任命并直接听命于殖民部的总督，可以将任何法案划归须经伦敦批准的行列。更为重要的是，自治领不能享有治外法权，即不能将其法律用于超出其疆界以外的公民。英国枢密院仍保留着司法上的终审权。加拿大的宪法只是英国的一个条例，只有威斯敏斯特议会才有权修改。另外，第一次世界大战以后的加拿大基本上仍将遵守帝国统一外交的原则，自治领既不能与外国签订条约，也不能在国外建立外交使团。

　　当然，对自治领的诸多限制往往是形式甚于实际，即使如此，这些限制对于 20 世纪蓬勃发展的加拿大政治、经济社会仍旧是一种不小的束缚。

　　自治领与母国之间最为突出的矛盾表现在帝国统一外交的执行上。获得相当发展的加拿大迫切需要提高自身在国际上的地位，因此特别关心自己的外交权力。在 1917 年的帝国战争会议上通过了一项决议，提出召开宪法会议来调整和规范自治领与母国之间的新式关系。其中一条内容就是让自治领在对外政策和与帝国有关的"所有重大事务"的磋商上享有充分的发言权。这一新规则曾被博登设想为战后联邦体系的基础。统一外交的原则仍然保留下来，尽管这里所谓统一并不意味着所有决定都须出自英国政府之手，而是以自由参加的形式策划出联邦统一的外交政策，然后交由外交部执行。劳合·乔治在 1921 年对这一变化做了形象表述："过去是唐宁街控制帝国，现在则是帝国掌管着唐宁街。"①

　　然而，帝国统一外交的设想在实践中是难以行得通的。各个自治领在利益、兴趣上的差异使"统一"近乎不可能。即使各方均参与进来，这种机械性的安排对应对国际紧张局势也显得笨拙、迟钝。

　　对于加拿大来说，要在世界上确立自己的地位，首先必须在外交权力和英联邦内的宪法地位上有所突破。由于帝国统一外交规则的影响，加拿大既没有处理对外关系的主权，也没有处理对外关系的机构。争取外交自主权的努力是连续几任总理的奋斗目标。随着帝国内部形势和国际环境的变化，加

---

① Edgar McInnis. *Canada, A Political and Social History.* New York and Toronto: Rinehart & Company, 1959: 467.

拿大正在迅速接近这一目标。1926 年帝国会议产生的《贝尔福报告》被认为是帝国关系演化的里程碑。报告把自治领称作"英帝国范围内的自治社会，在地位上平等，在国内外事务的各个方面都互不隶属。虽因其对英王的共同忠诚而联合起来，但却是作为英联邦国家的成员而自由交往"[①]。1931年的《威斯敏斯特条例》给予 1926 年与 1930 年帝国会议上通过的各项决议以法律效力。其主要内容包括：（1）英国议会制定的法律将不被作为某一自治领法律的一部分而扩及某自治领，除非得到该自治领的请求和同意。（2）自治领议会有充分权力制定具有治外法权效力的法律，废止 1890 年《殖民地海事法院法案》第七项所做的有关殖民地海事法院的实践与程序的规定。[②]

《威斯敏斯特条例》并不意味着所有帝国权力的终结。英国议会在某些条件下仍然可以为整个帝国立法。该条例几乎没有涉及外交权力，表明英国当局最不情愿在统一外交问题上做出让步。事实上，加拿大已经通过一系列事件打破了帝国统一外交的规定：其一是在 1922 年英、土爆发的所谓钱纳克危机中，金以英国的行动未事先与加拿大磋商为理由，拒绝了伦敦政府的援助请求。后来又表示不受英、土所签和约的束缚。事实上所谓未经事先磋商只是借口，根本的原因是那部分地区与加拿大没有直接利害关系。金的行动是对帝国统一外交提出的直接挑战。其二是 1923 年加拿大独自与美国谈判签订了《比目鱼条约》，没有按惯例加上英国外交大臣的签名。这一做法在同年举行的帝国会议上被作为普遍原则加以接受。其三是派遣驻外使节。1920 年加拿大只有一个驻伦敦的高级官员办事处，1925 年一名加拿大顾问官员被派驻日内瓦，1926 年加拿大的第一位外交使节派驻华盛顿，1928 年和 1929 年又先后在巴黎和东京设立了使馆。在加拿大做出突破之后，其他自治领也纷纷效仿。总的看来，在英帝国向英联邦转变的过程中，加拿大发挥了决定性作用。

---

① Edgar McInnis. *Canada, A Political and Social History.* New York and Toronto: Rinehart & Company, 1959: 469.

② Edgar McInnis. *Canada, A Political and Social History.* New York and Toronto: Rinehart & Company, 1959: 586-588.

九、世界政治中的加拿大

第一次世界大战以后，加拿大与外部世界的关系主要表现为它在国联中所发挥的作用。贝内特政府继承了保守党的国际主义传统，有意在世界事务中扮演引人注目的角色，主张加拿大政府采取积极行动支持国联的决议。他曾对其下属在国际制裁意大利侵略行动问题上采取回避政策大为恼火，指出："我们加入国联，得到了好处，就必须承担责任，不然就退出，别打算自欺欺人。"[①] 这是加拿大最后一次无条件地公开支持国联。

金政府上台后，在国际问题上采取了较为灵活的回避政策，努力使加拿大不被与己无干的国际义务所束缚。德、意法西斯势力的上台使《凡尔赛条约》与《洛迦诺公约》变成一纸空文，国联的解散解除了加拿大对其所承担的义务。1936 年 6 月 18 日，麦肯齐·金在加拿大议会发表的长篇演说，被认为是加拿大对国联的悼词。

摆脱国联的束缚后，加拿大可以更为自由地从地缘政治角度审视国际关系。麦肯齐·金在 1936 年就强调了加拿大作为国联成员、作为英联邦成员和作为美洲大陆国家中的一员所具有的不平衡的复杂地位。他说："如果一些国家具有太多的历史，我们则有太多的地理。"[②] 如何协调好同英国和同美国的关系直接关系到加拿大的国家安全利益。换言之，加拿大在国联解散以后面临着两种外交选择：一种是在美国保护下在北美的孤立中寻求安全；另一种则是争取英联邦内的合作与互助政策。一部分德裔加拿大人和英裔加拿大孤立主义分子倾向于前者，这就意味着加强国家防御和增进与美国的关系。看来金政府对这种外交思想也持支持态度。这一姿态与罗斯福总统的睦邻政策一拍即合。在围绕 1930 年《斯穆特—霍利关税法》进行了一段长时间的争执之后，加拿大与美国终于在 1935 年达成协议，加方同意对美国实行调节与协商性税率，美国则减少对从加拿大进口的牲畜、奶制品、马铃薯、鱼类和木材的征税。经过三角谈判，1938 年美国与英国、加拿大分别签订了一项贸易协定，拓宽以前此类协定的覆盖面。加拿大为使其商品进入

---

① 唐纳德·克莱顿：《加拿大近百年史》（中译本），济南：山东人民出版社，1972 年，第 333 页。

② Edgar McInnis. *Canada, A Political and Social History.* New York and Toronto: Rinehart & Company, 1959: 471.

美国市场，不仅降低了本国的关税，而且放弃了 1932 年《渥太华协定》中从大不列颠获取的优惠。然而，这一让步换取的不仅仅是经济上的利益，更重要的是政治与战略上的好处。新的世界纷争所产生的威胁，使加拿大和美国都开始重视彼此间的共同战略利益。1938 年 8 月，富兰克林·罗斯福总统在安大略的金斯顿（Kingston）发表的演说中宣称："加拿大自治领是英帝国的姊妹邦。我向你们保证如果加拿大自治领的土地受到其他帝国的威胁，美国人民不会袖手旁观。"①

两天以后，麦肯齐·金在伍德布里奇（Woodbridge）的讲话中对罗斯福的讲话做出反应说："我们同样有责任做一个好的邻居……敌对力量将无法取道加拿大的陆地、海上和空中侵略美国。"② 但同时他又指出，加拿大不会因此而削弱自己的防御力量和与英国及英联邦其他成员国的关系。传统的纽带使广大加拿大人民难以割舍与母国的联系而投身于美国的保护伞下，相反，随着欧洲局势日益紧张，加拿大自觉密切了同英国的联系。1939 年夏，乔治国王与伊丽莎白王后对加拿大的访问使这一联系又得到加强。

1938 年 3 月，德国吞并奥地利，使欧洲局势再度紧张起来。英、法等国养痈遗患，美国则在大洋彼岸苟且偷安，臭名昭著的绥靖政策助长了德、意、日法西斯势力得陇望蜀，侵略气焰日益嚣张。

在英国，绥靖政策的代表人物是首相内维尔·张伯伦。他认为，维持欧洲和平的最好办法不是高压、制裁和诉诸武力，而要采取调停、妥协与让步的办法。他的绥靖活动在 1938 年《慕尼黑协定》中达到顶峰。麦肯齐·金一直是这种绥靖政策的积极支持者。他以彻底的无保留的赞同态度注视着欧洲绥靖活动的进程，并与英国保持着一致的立场。在 1937 年帝国会议上，金热烈地支持英联邦国家集体保证绥靖政策的贯彻。会后不久他和希特勒举行了两小时的会晤，得到的印象是希特勒是一个"极为诚挚""决不容许诉诸任何战争"的人。③ 于是，张伯伦的绥靖政策无论在理论上还是在实践上都是正确无误的。当张伯伦飞往贝赫特斯加登与希特勒会谈时，金对这一"富有远见的高尚行动"赞叹不已。甚至到 1939 年春，金还称张伯伦导演

---

① Donald Creighton. *Dominion of the North: A History of Canada*. London: Macmillan Co. Ltd., 1957: 502.

② Edgar McInnis. *Canada, A Political and Social History*. New York and Toronto: Rinehart & Company, 1959: 474.

③ 唐纳德·克莱顿：《加拿大近百年史》（中译本），济南：山东人民出版社，1972 年，第 349 页。

《慕尼黑协定》是"正确的选择"。①

金政府对外政策的总的指导思想是避免承担与加拿大没有直接关系的国际义务。换言之，只要不触及加拿大本身的利益，英联邦没有受到直接威胁，加拿大就可以置法西斯国家的恐吓、侵略于不顾而苟且偷安。金是一位现实主义者，他的策略是对世界事务尽量避免采取明确的立场，这样就可以不去承担国际义务。在外交决策中，他常用的两个词句是"不承担责任"和"议会将会决定"。②

金政府所奉行的谨慎的孤立主义政策的背景主要有两点：其一是自由党的传统与金本人的政治风格。早在洛里埃时代，自由党就在国际事务中奉行谨慎现实的政策立场。其着眼点不是放在国外，而是放在国内，放在加拿大本身利益和加拿大人心向背上。这主要是因为自由党长期以来在法裔加拿大人中拥有较多的支持者，而法裔加拿大人历来对"义务"观念比较淡薄，对加拿大社会中的公共事业缺乏热情，对看起来十分遥远的国际事务更是漠不关心。因此，一个企图取悦于法裔加拿大人的政党领袖在国际事务中的明智做法就是采取无为态度。而精明过人的金对这一点是十分谙熟的。他深知只有赢得加拿大人的广泛支持，才能保住自由党的政权和他本人的总理宝座，而只有牢固地掌握着权力才能在国内国际事务中发挥作用。用金的话说："我觉得只要忠于人民，信守对人民许下的诺言，就有超人力量。我认为当领袖的目标不是按照自己的意志告诉人民去干什么。"③其二是加拿大的地理位置。加拿大地处北美北部，远离战云密布的欧亚大陆。两洋夹隔使加拿大人相信自己不会被战火燃及。尽管第二次世界大战时期世界先进工业国的军事运载力量已经获得了相当发展，但还没有达到核时代将全球置于核打击射程以内的程度。在与美国确立了友好关系以后，加拿大人更有条件超然于欧亚纷争之外隔岸观火。普遍认为，20 年代至 30 年代的加拿大人是孤立主义者，对旧世界漠不关心。即使具有强烈的对英效忠感情的加拿大人也动摇了他们的忠心。④

① Edgar McInnis. *Canada, A Political and Social History.* New York and Toronto: Rinehart & Company, 1959: 557.

② Edgar McInnis. *Canada, A Political and Social History.* New York and Toronto: Rinehart & Company, 1959: 557.

③ 克里斯多夫·翁达奇：《加拿大历届首相小传》（中译本），北京：新华出版社，1991 年，第 82 页。

④ Desmond Morton. *A Short History of Canada.* Edmonton, Alberta: McClelland & Stewart, 1982: 189.

　　由此可见，金的外交姿态是以加拿大人的不介入心理为后盾的。这些做法即便不能得到加拿大人的交口称赞，也不致引起众怒而导致政府垮台。这就是为什么在绥靖政策一败涂地以后，英国的张伯伦被赶下台去，而金却能牢固地掌握加拿大的政治权力，由绥靖政策的支持者摇身变为加拿大反法西斯战争的领导者。

第十章　加拿大与第二次世界大战

一、加拿大对战争做出的最初反应

第二次世界大战的爆发，是英、法、美等世界大国对德、日、意法西斯集团的侵略行径妥协退让、姑息养奸的结果。在美、英等国的纵容下，日本军国主义继侵占中国东北之后，于1937年7月7日制造了卢沟桥事变，发动了全面侵华战争。几乎与此同时，意大利军队侵占了埃塞俄比亚。在此之前，日、德两国于1936年11月25日缔结了《反共产国际协定》。一年以后，意大利也参加进来。以"柏林—罗马—东京"为轴心的法西斯阵营正式形成。面对德、日、意法西斯军国主义的崛起，英、法等国非但没有采取任何积极措施予以制止，反而导演了臭名昭著的慕尼黑阴谋。而国力强盛的美国则凭借两洋之险，隔岸观火，并借机增加了对日本等国的贸易，为发战争财而变相支持侵略国。

英、法等国为讨好德国而签订的《慕尼黑协定》，并未满足希特勒的扩张胃口。协定签订刚刚五个半月，德军就全部占领了捷克斯洛伐克。稍后，意大利入侵阿尔巴尼亚。1939年9月1日，德军大举入侵波兰。英、法两国鉴于原先做出的保证并确实感到已无路可退，只得宣布同德国处于战争状态。但事实上，英、法此举只为敷衍波兰，在波兰毫无还手之力的危急关头，他们却宣而不战，在与德国进行的"奇怪的战争"中听任波兰的覆亡。直到1940年5月德军在西线向英、法、荷、比、卢发动全面进攻以后，绥靖主义者的幻想最终破灭。张伯伦政府旋即倒台。主张对德采取强硬态度的温斯顿·丘吉尔组成了保守党、自由党与工党的联合政府，并自任首相兼国防大臣，领导英国投身于抵御德国侵略的战争。

在英、法对德宣战后第四天，加拿大议会开幕，金仍以消极的态度申明与母国的"有效合作"原则及其所受的限制，提出将国内防务放在首位，并保证在任何情况下都不为海外军事服役征兵。在金政府进行了一番事先安抚之后，英王乔治六世才于 1929 年 9 月 10 日发布了加拿大与德国处于战争状态的声明。

加拿大由支持绥靖政策到进入交战状态这一转变带有历史必然性。首先，从政治形式上看，加拿大仍是英国的自治领，是大英帝国的一部分。这就决定了她必须在国际关系的大方向上与英国保持一致。其次，尽管加拿大人中存在着较为普遍的反战情绪和置身欧洲之外的孤立主义意识，但当英、法两国真正处于危急状态之时，民族关系的纽带又绷紧了。这种民族渊源决定的认同心理较之于美国远为强烈。因此，当战火燃及英、法两国时，对国际事务一向冷漠的加拿大人难以保持往日的超脱。再次，以麦肯齐·金为首的加拿大领导阶层，对欧洲大陆两大军事集团矛盾的日益加剧并非完全麻木不仁。金以其一贯的聪明早就预感到，一旦英、法与德、意开战，加拿大无疑将站到英国一边。他在 1936 年就曾谈道："我们不相信加拿大能够置身于世界事务之外而保持孤立，当今的世界是相互依存的世界，发生在国外的大小事端无一不会影响我们的命运与前途。"[1]

尽管加拿大已成为交战国，但在宣战后的数月内并未采取有力措施积极参与对德作战，部分原因是这段时间英、法与德国进行的只是"假战争"或称"奇怪的战争"。

参战以后，加拿大孤立主义所产生的不利影响迅速暴露出来。尽管麦肯齐·金政府对加入英、法作战早有预感，但在战争爆发之时加拿大并无一个长远的军事计划。从 1935 年到 1939 年，面对国际紧张局势日益加剧，加拿大的国际开支翻了一番，但所达到的仍是一个不足 3500 万加元的很不起眼的数字。[2] 海军与空军的扩充计划还在胚胎之中，而常备部队只有 4000 人。

与第一次世界大战中的博登政府有所不同的是，金政府把战争努力主要放在为其盟国生产战争物资上。1940 年 4 月 9 日，联邦政府成立了以克拉伦斯·D. 豪为首的军需品与供应部。在豪的指挥下，加拿大工厂的产量迅速提高，豪也因此而声望大增。武装力量方面的援助仍以为英联邦训练技术

---

① Edgar McInnis. *Canada, A Political and Social History*. New York and Toronto: Rinehart & Company, 1959: 555.

② Edgar McInnis. *Canada, A Political and Social History*. New York and Toronto: Rinehart & Company, 1959: 561.

人员、输送海军与空军人员和修造战舰为主。经过一番争执以后，加拿大接受了为英联邦培训空军的计划。12 月 17 日，英国、加拿大、澳大利亚和新西兰签订了《英联邦空军训练计划》。根据这一计划，用三年的时间在加拿大建立 64 所训练学校，实现每年培训 2 万名飞行员的目标。加拿大为之提供四分之三的学员和承担一半以上的经费开支。

开始，加拿大政府试图以不引人注目的方式参加战争，即只为盟国提供必要的战略物资，避免加拿大战斗部队的卷入。但随着战争形势的变化，越来越多的人不以此为满足。在国内外舆论的推动下，缺乏足够训练的加拿大第一师于 1939 年 12 月抵达英国，随后又宣布第二师也将开赴战场。

二、战争中的加拿大军队

战争之初，欧洲形势发生了不利于盟国一方的变化。希特勒军队长驱直入低地国家，马奇诺防线迅速崩溃，法军一败涂地，法国随之陷落，欧洲大陆上的英国军队从敦刻尔克仓皇出逃。纳粹势力控制了大半个欧洲。英、法等国姑息养奸的结果，是搬起石头砸了自己的脚。

法国的沦陷使英国的形势更为严峻，人力、物力极度匮乏，从而增加了对各自治领的需求。加拿大倾其枪支弹药运往英国，同时，工业生产也应战争的需求而急剧膨胀。眼见英国已呈岌岌可危之势，加拿大扩充了武装力量以加强其本土的防御和增加海外援兵。1940 年 5 月，公布了组建新的加拿大师的计划。到 1940 年底，在英国本土已形成一支完整的加拿大军团。1941 年 8 月，加拿大政府宣布组建加拿大第六师。1942 年 1 月，加拿大在海外的武装力量被重新组建为加拿大第一军，包括三个步兵团、两个装甲师和两个装甲旅。同年 4 月，成立了以 A. G. 麦克诺顿将军为首的司令部，统帅加拿大军队。

在扩大独立的陆军部队的同时，加拿大也增加了空军和海军的力量。1941 年初，在原来派出的三个空军中队的基础上，又将 25 个空军中队派往国外。加拿大空军由战争爆发之初的 4000 人增加到后来的 20 万人。英联邦空军培训计划所培养的 13.1 万名空军机组毕业生中，有一半以上是加拿大人。到战争结束时，有 45 个加拿大空军中队在海外服役。1944 年春英国指挥的反攻中，加拿大人构成空军全部机组人员的四分之一。到 1942 年初，加拿大海军已从战前的 5000 人增加到 9 万人，舰只由原来的 17 艘增加到 900 多艘，其中战列舰 373 艘。到战争结束时，加拿大海军已经拥有了一批巡洋舰和航空母舰。但在整个战争期间，加拿大海军在规模上仍局限于小型驱逐舰和护卫舰，所负的使命主要是为运送战略物资的船只保驾护航。在大西洋战争高潮时期，近半数运输船由加拿大海军护航，在战争最后阶段，这个比例上升到五分之四。①

在敦刻尔克大撤退前后，加拿大第一师曾是抵抗德军入侵、掩护英军撤退的唯一一支完整的部队。但此后较长一段时间，加拿大陆军基本上处于待命状态。其间为解英军之困，加拿大军曾派出力量增援西印度群岛，保卫纽芬兰，并一度占领冰岛。太平洋战争爆发后，部分加拿大部队参加了保卫香港的战役。但加拿大军的大部仍守卫在英伦诸岛，抵御德国的入侵和为反攻欧洲大陆做准备。

1942 年 8 月，时值北非登陆前夕，为试探德军西部防线的虚实以便为总攻做准备，盟军发动了对法国港口城市迪耶普（Dieppe）的进攻，由加拿大第二师约 5000 人的部队充当主力，配以突击队和伞兵部队，曾控制海岸一块地盘达十小时之久，但终因兵力不足没能攻入迪耶普，加拿大军队损失了 3371 人，多半当了俘虏。之后，加拿大军队又在英国被闲置达一年之久，只是在加拿大政府的要求下，丘吉尔才同意把加拿大第一师投入 1943 年 7 月进攻西西里的战役。这年 11 月，第五装甲师增调意大利，同西西里战役中的加拿大部队一起组成加拿大军团。热衷于"以匕首插入柏林心脏"的麦克诺顿将军因反对这一分散兵力之举而被迫退役，由亨利·克里勒将军继任其职。加拿大第三师作为盟军五个师之一参加了诺曼底登陆战役。随后，第二、四师和一个装甲旅也加入其中。上述兵力成为 1944 年夏克里勒将军指挥的加拿大第一军的主力。从诺曼底登陆到德国崩溃，加拿大军队构成了盟军西部阵线的左翼。诺曼底登陆后第一个月，加拿大第一军就参加了卡恩（Caen）之战。在这场战役中，德军死守卡恩，加拿大军队付出很大代价才于这年 7 月占领该地，随后进军法莱兹（Falaise）。秋季与英军一起进攻舍尔特（Sheldt），扫清了通往安特卫普之路。此役英加联军损失 4 万人。1945 年 2 月，在打退德军在阿登（Ardennes）发动的最后一次进攻

---

① Edgar McInnis. *Canada, A Political and Social History.* New York and Toronto: Rinehart & Company, 1959: 564.

后，加拿大第一军与英国第二军联合攻占莱茵地区。然后挥师北上，越过德国中部，切入荷兰，解决了那里的残余德军。在战争最后阶段，最初的加拿大军重新合为一体。

在第二次世界大战期间，加拿大动员了上百万民众，包括陆军 68.7 万人，空军超过 22.2 万人，其中六分之五属于志愿入伍。在战争中，有41700 人战死或失踪。他们在反法西斯战争中的努力，为这个人口只有1200 万的国家赢得了荣誉。

三、战时经济的膨胀

第二次世界大战爆发时，加拿大经济还没有从大萧条的泥潭中挣脱出来。欧战之初，加拿大似乎无须向自己的军队提供现代化的武器装备，而英国的订单还迟迟没有到来。英国政府的兴趣主要放在购买加拿大的粮食和原材料上，而不愿鼓励加拿大军事工业的发展。因此，曾有一段时期战争没有对加拿大经济产生迅速的刺激效应。但是，随着加拿大卷入战争程度的不断加深和英国战略物资的日益匮乏，对加拿大产品的要求也越来越多。法国的陷落与英国撤离欧洲大陆彻底改变了原来的布局。从此，加拿大的军事工业迅速起飞。几个月内，加拿大的军火生产规模和品种都达到了前所未有的水平，并带动了整个经济机器的运转。战时加拿大经济的发展呈如下特点：

其一，联邦政府加强了对经济生活的干预。第二次世界大战是一场总体战，武器的生产和输送需要运转众多的经济部门。这就需要由中央政府在国家资源的利用、人力资源的调动以及生产效率的提高诸方面进行统筹安排。支援战争已成为首要国是，个人及其财产都自然而然地听命于国家的安排。这就是为什么战争会给任何社会的民生造成严重破坏的原因所在。同时，它又是现代社会普遍接受的事实，只要一个国家或地区做出了战争的选择，那么它就难保其正常生活不受干扰。尽管这种情况在欧洲的交战国中远甚于加拿大，但在加拿大自治领的历史上已达到了空前的程度。

战争爆发后，加拿大政府通过援引 1914 年《战争措施法》来扩大自身权力。根据该法，联邦政府在调动军队、压制被称为"叛逆"的反对派以及组织战时经济等方面拥有广泛的行动权力。联邦政府的战时措施包括建立战时物价与贸易局，以确保价格合理的平民供应；建立对外交流控制局和战争供应局，以监督生产和保证把所生产的物资提供给盟国的军队。

盟国方面战争需求的增加，对加拿大的生产能力提出了更大的要求。这就需要建立一个广泛的控制系统来有效地运用国家资源。为满足这一需要，加拿大历史上第一次在既无前例也没有借鉴外国经验的情况下做出具有重大影响的举措。1940 年 6 月的《国家资源动员法》就是这一举措的标志之一。该法将加拿大的个人与财产置于政府全权控制之下，表明加拿大政府已在致力于总体战的国家目标。同时，军火与供应部取代了战争供应局，以扩大战争物资的生产。对产品的控制由原来的基本材料诸如木材、钢铁和石油扩及羊毛、蔗糖和羽绒等民用品，最后囊括了所有产品。此外还成立了国防购买局，以指挥调动对加拿大与英国的军事供应。为进一步扩大军工生产的规模，政府一方面通过减免税收的方式鼓励私人投资于军工生产，另一方面将政府控制的基金投资到现存工厂以扩大其规模，此外还组建了许多的军工企业。到 1944 年底，由政府直接投入军工生产的资金超过了 15 亿加元。通过这些行动，联邦政府把战时加拿大经济牢牢地控制在自己手中。

其二，新式军工生产带动了加拿大新兴工业部门的崛起，并促成了经济腾飞。较之于第一次世界大战，加拿大的军工生产无论在范围上还是在规模上都大大拓展了。生产军火已不再限于当年的炮弹和小型武器。由于内燃机时代的来临，第二次世界大战中加拿大增添了一系列新式生产项目，从坦克、轮船到光镜，从人工橡胶到雷达设施均能生产。加拿大在雷达系统的改进与新式爆炸物的发展上贡献突出。几个大的美国汽车公司都在加拿大设立了子公司，这样加拿大生产新型运输设备的能力大大提高。加拿大生产的多种机械化运输工具和装甲车辆使它得以装备大批的机械化部队。加拿大的生产能力在盟国当中上升为第四位，而在对其他国家的军火供应方面仅次于美国。加拿大的军工生产工厂生产出价值超过 100 亿加元的商品。[①] 战争结束时，加拿大的制造业产量增长了一倍多，工业结构更为完善。工业化的进一步发展对加拿大的其他经济成分产生了重要影响。一方面，它意味着原材料、燃料、电力消耗的增加；另一方面，因其对能源和人力的需求，对采矿业和伐木业产生了一定的不利影响。参加第二次世界大战的五年中，电力产量增加了 50 %。采矿业到 1942 年也达到了顶峰。尽管有来自能源和人力方

---

① Edgar McInnis. *Canada, A Political and Social History*. New York and Toronto: Rinehart & Company, 1959: 570.

面的限制，但森林工业产量还是增长了三分之二，木纸浆产量增长了一倍多。①

战争对以输出为主要目标的加拿大农业生产的影响虽不能与工业相比，但仍不可低估。1937 年后，加拿大小麦产量一直处于不断增长的过剩状态，战争初期欧洲销路的丧失使之加剧。到 1941 年年中，积压的小麦达到 5 亿蒲式耳。但是，在以后两年中，这种情况得到大大缓解。除了英国对小麦的需求量增多外，还有一个因素就是美国小麦的缺乏为加拿大产品打开了销路。再者，用于欧洲战后救济的小麦数量，肯定也会大大地减少加拿大小麦的积压。这些因素都对解决长期困扰着加拿大的小麦积压问题产生了积极影响。

此外，加拿大政府通过发放津贴、补助金等方式来减少小麦种植面积，转产粗粮和牲畜。草原地区被鼓励发展混合农业。战争期间加拿大农业产量增长 40 %。1943 年以前生猪产品就增长近一倍，牛、羊、乳制品生产也均有所增长。

加拿大在控制战时物价和生活用品分配方面取得了突出的成就。战时加拿大以支付战争开销为基本目标的财政政策是与保持经济稳定和避免通货膨胀的努力相关联的。战争期间，民用商品的匮乏和国民收入的增长都可能引起物价飞涨。而单纯的限价和配给政策则会鼓励黑市的发展。为保证稳定的物价，加拿大政府采取了增加税收和联邦政府广泛举债的办法来削弱公众的购买力。这一用心良苦的措施收到了显著效果。在其实行之前的战争头两年，物价上涨了 15 %，实行限制和配给制并辅以借贷和加税措施之后，迅速控制了生活消费的增长。此后，到欧洲战争结束的三年半时间里，民用消费品的价格仅增长了 3 %。②

从 1939 年到 1943 年，加拿大的国防费用从 1.26 亿加元增至 4.24 亿加元。联邦预算总额增长了近七倍。③ 国家开支主要依靠增加个人与公司的直接税来补充，包括征收个人与公司的所得税、财政税、超利润税。这些收入从 1939 年的 1.45 亿加元增至 1944 年的 12 亿加元。1944 年，联邦岁入总

---

① Edgar McInnis. *Canada, A Political and Social History.* New York and Toronto: Rinehart & Company, 1959: 571.

② Edgar McInnis. *Canada, A Political and Social History.* New York and Toronto: Rinehart & Company, 1959: 573.

③ 唐纳德·克莱顿：《加拿大近百年史》（中译本），济南：山东人民出版社，1972 年，第 373 页。

额达到 27.65 亿加元。

　　加拿大所承担的财政负担，不只是来自本国的战争开支，还有来自盟友的需求。加拿大战争生产的三分之二输往国外，其中主要是英国。但到 1940 年底，英国的黄金储备和国外通货已减少到无力支付加拿大货物的地步，只好以信用购买折合为 7 亿加元的无息贷款。加拿大拨款 10 亿加元作为互助法案基金，用于帮助盟国购买加拿大物资。1944 年又拨出 8 亿加元用于同一目的。互助法案基金的使用范围，除了英国和其他英联邦国家外，还扩及苏联和中国。加拿大战时经济的繁荣，为取得世界反法西斯战争的胜利做出了贡献。

四、大战在国内政治中的影响

　　第二次世界大战对加拿大国内政治的影响不亚于经济方面。麦肯齐·金所遇到的第一个问题就是如何获得人民对加拿大参战的支持。看来，在这个问题上加拿大人民并没有像在第一次世界大战中那样反响强烈。除了以老牌和平主义者 J.S.伍兹沃思为代表的一小部分人仍不改初衷公开反对加拿大参战外，其他党派、集团及个人没有从中作梗。尽管如此，在加拿大卷入战争的深度、战时国内政策等方面仍存在不少分歧。

　　对于金政府战时政策的攻击来自两个方面。一方面，以当时魁北克省总理莫里斯·杜普莱西为代表的一派指责金政府的《战时措施法》严重侵犯了省权，号召人们支持他反对联邦的"同化和集权化运动"①。杜普莱西的攻击直接威胁着联邦战争政策的实行，因此金及其内阁急欲除之而后快。内阁中以厄内斯特·拉普安特为首的四位法裔加拿大部长指责杜普莱西的所作所为是"阴谋破坏国家的行动"②，以共同辞职为要挟，反对杜普莱西继续当选魁北克总理，在选举中支持杜普莱西的反对派魁北克省自由党领袖阿特拉尔·戈德布，并使后者当选为省总理。这样，来自杜普莱西的攻击被金巧妙策划的政治赌博击败了。另一方面，以安大略省总理米切尔·F.赫伯恩为首的一派却从另一个角度激烈地抨击金政府的战时政策，指责渥太华政府

---

　　① 唐纳德·克莱顿：《加拿大近百年史》（中译本），济南：山东人民出版社，1972 年，第 355 页。

　　② Edgar McInnis. *Canada, A Political and Social History.* New York and Toronto: Rinehart & Company, 1959: 575.

"没能像加拿大人所期望的那样，以生气勃勃的姿态竭尽全力地完成加拿大对战争承担的任务"[1]。金借机解散议会，"直接向人民呼吁"，由人民决定国是。在 1940 年 3 月 26 日的大选中，保守党取得 39 席，而自由党则以 178 席的明显多数继续执政。

1940 年大选前后，金面临着新的难题。一是建立联合政府问题。由于相信一个融合多党的联合政府可以避免来自反对派的攻击，从而更有力地领导国家，加之第一次世界大战的经验，建立联合政府似乎应是战时政策的一部分。但自由党却不情愿向对手让出自己一丝权力。为此，金在 1940 年重组内阁时故作姿态地给某一保守党个人提供了一个席位，并宣布他将愿意与反对党领袖共商国是。但保守党并不愿意充当无权顾问的角色，对金的两次建议均予以拒绝，仍坚持要求进入政府。经过 1940 年选举，保守党已分崩离析，领袖职位几易其人，所推动的联合政府运动很快就销声匿迹了。

二是征兵制问题。金在第二次世界大战中最为关心的问题当数征兵制。同第一次世界大战一样，反对征兵制的主要是法裔加拿大人。在战争爆发以后，多数法裔加拿大人抛弃了以往所恪守的孤立主义传统。法裔加拿大人中的民族主义领袖杜普莱西的下台就是这一转变的标志之一。但法裔加拿大人对征兵制的反对却是坚定不移的，并且随着战争时间的拉长，法裔加拿大人对战争的态度也在发生着变化。1942 年下半年，法裔加拿大人的战争热情迅速下降。加拿大民意研究所在这一年 8 月公布的民意测验的结果是，31 % 的法裔加拿大人认为，如果希特勒同意维持现状，就应该与之和谈；78 % 的英裔加拿大人倾向于征兵制，90 % 的法裔反对它；89 % 的法裔加拿大人认为加拿大已经为胜利竭尽全力，而只有 44 % 的英裔加拿大人以为如此。[2]

有鉴于此，金及其内阁中的法裔部长们努力使法裔加拿大人相信，只要自由党掌权，就不会实行征兵制。早在战前，金就曾在许多场合保证说，他决不会在海外服役中运用征兵制。在围绕参战问题展开的辩论中及 1940 年大选中，他又不止一次地重复他对征兵制所持的立场。金担心，一旦实行征兵制，法裔加拿大人就会群起反对，自由党将马上分裂，其内阁也难得一致。然而，拒绝征兵制意味着加拿大海外远征军的兵员得不到必要的补充，

---

　　[1] Edgar McInnis. *Canada, A Political and Social History.* New York and Toronto: Rinehart & Company, 1959: 576.

　　[2] Mason Wade. *The French Canadians.* London: Macmillan, 1955: 956.

因而也将激怒英裔加拿大人。

　　在第二次世界大战中，加拿大军队一直由英国军事当局或盟军最高司令部统一指挥调动，加拿大政府并未直接参与战争的兵力部署或战役指挥。金在加拿大军队指挥问题上有限的几次插手也多半是出自兵员与征兵制问题的考虑。他担心战争带来的重大伤亡会把征兵制推出台来，进而危及加拿大社会的安宁和自由党的统治。他为在盟军反攻之前加拿大军队在英国本土的长期滞留而暗自庆幸。他曾反对把加拿大军队派往印度、缅甸和新加坡。在战争最为严峻的时期，保守党开始支持征兵制，但自由党仍予以拒绝。为了平息来自英裔加拿大人的不满，联邦政府决定在加拿大本土防务上实行义务兵役制。

　　国内义务兵役制的实施，与其说是一项战时措施，不如说是金政府做出的一种姿态。因为当时世界上没有实行义务兵役制的国家已为数很少，于交战国而言尤其如此。就连当时仍守中立的美国也于 1940 年 9 月通过了第一个和平时期征兵法案。美国此举在加拿大英语民族中反响强烈。金政府不得不从原来的立场上有所退缩。事实上，为实行本土防务义务兵役制而通过的《全国资源调动法》，并不比原来的《民兵法》得到更多的授权，并且明文禁止在加拿大本土之外应用义务兵役制。

　　根据《全国资源调动法》，联邦政府有权征召男子在国内服役。1940 年 8 月举行的公民登记所遇到的最激烈的反对来自蒙特利尔，该市市长卡米林·霍德号召公民拒绝登记，并指责这是走向征兵制的越权行为。霍德旋遭逮捕，法裔加拿大人勉强接受了这一折中方案。1940 年秋开始第一次选征，对象是 21—24 岁的单身男子，后几经周折，将年龄下限降至 18 岁。训练期最初定为 30 天，后来扩大到 4 个月。训练期满后在国内服役。

　　加拿大政府此举实际上收效甚微，甚至弊多利少。当时加拿大本土并未受到直接威胁，况且还有《北美共同防御协定》这把保护伞，因此单纯增加国内防御力量并无多大意义；不仅如此，这一措施带来的最大问题是减少了战争生产所需的劳动力，而战争生产较之于国内防务意义更为重大。

　　随着战争旷日持久地进行，战争伤亡不断增多，对征兵制的要求也越来越迫切。面对形势的变化，金的许诺也在不断松动。1939 年 3 月，金保证说："只要本政府执政，此类措施将不会实行。"① 到 1940 年，金的许诺就已不像原来那样坚定不移，称征兵制只能与人民商定之后方可实行。1942 年 4 月 27 日举行了一次全国性公民投票，公决征兵制问题，结果有 64％的人赞成实行征兵制。在马尼托巴和不列颠哥伦比亚，支持票占 80％，在安大略占 84％，而在魁北克只占 28％。② 两派意见在英语民族和法语民族中表现得如此鲜明，使金政府难下决心。内阁中意见也不一致，法裔部长们主张不采取任何行动，而讲英语的部长们则把公民投票结果看作一道征兵令。金只是勉强同意撤销原来所做的反对征兵制的保证，并修改《全国资源调动法》，但仍拒绝马上实施全面义务征兵制。金的态度致使坚持征兵制的国防部部长詹姆斯·里顿·罗尔斯顿提出辞职。

1944 年秋，由于欧洲战场上加拿大军队伤亡惨重，引发了一场更为严重的征兵危机。金任命一向坚持志愿兵役制原则的麦克诺顿将军为国防部部长。麦克诺顿曾向金许诺，他可以在志愿兵役制下解决兵员需求问题，但上任后发现要做到这一点并非易事。新任国防部部长并没有使志愿兵役制在新形势下奏效。三周后，金的内阁已处于瓦解状态。金意识到，要使政府存活下去，除了实施义务兵役制，已别无选择。

1944 年 11 月 23 日，联邦政府宣布，将 1.6 万名国内防务部队派往海外。这一举动自然引起轩然大波。来自魁北克的空军部部长提出辞职以示抗议。在内阁的议案提到国会审议时，有 34 位法裔议员投了反对票。魁北克及加拿大法裔部队怨声载道。但他们也逐渐看清了一个事实，那就是在征兵制问题上，找不到一位比金更好的总理。况且派兵海外，只是作为志愿兵役制下的例外行动，总比无限制征兵制要好得多。加上以后几个月欧洲战场上的加拿大部队伤亡减少，因海外增兵引起的剑拔弩张的局面逐渐平息下去。金终于渡过了难关，战胜了他整个政治生涯中最可怕的危险。

三是解决社会福利问题。以福利资本主义为旗帜的改革运动在加拿大有着广泛的社会背景。40 年代初，平民合作联盟以福利国家相号召而声誉鹊起。在 1942 年的一次选举中，该组织候选人成功地击败了保守党领袖阿瑟·米恩。这一迹象表明，人们对社会福利纲领越来越感兴趣。加拿大人民

---

① Edgar McInnis. *Canada, A Political and Social History*. New York and Toronto: Rinehart & Company, 1959: 578.

② Edgar McInnis. *Canada, A Political and Social History*. New York and Toronto: Rinehart & Company, 1959: 579.

普遍要求国家政府增加福利措施，提供安全保障。在这一潮流的冲击下，保守党发生了分化，要求改革的保守党成员于 1942 年 9 月在豪普港集会，提出一份表明他们目标和信念的改革方案，一方面重申个人的创造性有不受官僚控制的自由，另一方面又号召强有力的国家干预，以保证就业和体面的生活标准。1942 年 12 月在温尼伯举行保守党全国代表大会，以豪普会议的改革方案为基础修改了保守党纲领，并选出来自党外的马尼托巴省总理约翰·布雷肯为党的领袖。布雷肯初为进步党人，后转为保守党人，因其对农业人口的号召力而被米恩选中。他的进步主义背景和担任了 20 年省总理的政治经验，使之成为继承米恩担任保守党领袖的合适人选。

但在社会变革和推行福利资本主义政策方面，保守党的影响远不及平民合作联盟，后者在城市中产阶级和农民中赢得广泛支持。第二次世界大战中加拿大劳工队伍的崛起及其对平民合作联盟的支持，使这一组织的社会基础更为广泛。在 1939 至 1945 年间，加拿大工会会员从 35.9 万人增加到 71.11 万人。1940 年成立的新的工会组织加拿大劳工大会在新会员中有很大影响。1943 年该组织通过决议，承认平民合作联盟是"加拿大劳动者的政治臂膀"，并劝其下属工会加入其中。1943 年夏季，有 40 个地方工会加入了平民合作联盟。在 1943 年 8 月 4 日安大略省的议会选举中，在上届议会无一席之地的平民合作联盟获得了 34 个席位，而自由党却由上届议会的 63 席降至 15 席。

自由党在安大略省选举中的失败说明，如不能审时度势，顺应潮流，就有被社会淘汰的危险。金在渡过征兵制危机之后，把注意力迅速转向社会福利问题。金在这一方面是可以驾轻就熟的。他当年正是以其工业改革和社会福利的政治纲领而获得声誉并当选为自由党领袖的。然而，在他执政的十几年中并未兑现其改革诺言，现在面对其他党派的竞争，他才意识到使自由党肩负起社会改革领导任务的必要性。1943 年 1 月，金在议会开幕词中系统地阐述了自由党的社会保障计划，并陆续推出一揽子社会改革方案，包括制定工业劳工关系法；修订稳定工资条例，增加生活补助金；规定农产品最低价格；成立国家卫生福利部，通过家庭补贴法案。金在 1943 年 12 月的一次广播讲话中说，"保证全国人民享有起码的生活水平"是自由党社会保障纲领的指导原则。①

---

① 唐纳德·克莱顿：《加拿大近百年史》（中译本），济南：山东人民出版社，1972 年，第 387 页。

自由党富有生气的改革措施使得曾经先声夺人的保守党与平民合作联盟相形见绌。在 1945 年议会选举中，金又做了关于充分就业和社会保障的承诺，提出"选自由党人，保证继续建立加拿大社会新秩序"的竞选口号，从而使他免遭温斯顿·丘吉尔在英国的厄运，[①] 以有限的胜利保住自由党的当权地位。

五、战时加拿大与美国关系的深化

加拿大著名历史学家唐纳德·克莱顿曾经评论说："加拿大在第一次世界大战中已经成为一个真正的自治领；第二次世界大战中她却又回到附属的殖民地地位。"[②] 加拿大实际地位的这一变化，大致可归为以下几方面原因：

第一，在第二次世界大战中，美国与英国在反对法西斯的西方国家中享有无可争议的领导地位，其中前者起着决定性的作用。美国人眼中的加拿大，仍是大英帝国在北美的殖民地。为指挥战争在华盛顿建立的联合参谋部完全由美、英两国控制，加拿大无一席之地。虽然金也参加了 1943 年和 1944 年在魁北克举行的两次联席会议，但对重大问题的讨论却难以置喙，就像"一个把房子租给别人举行宴会的人"。

第二，金本人对国内政治根深蒂固的偏爱降低了他对国际政治和加拿大国家地位的热情。他并没有像博登在第一次世界大战那样致力于帝国战时内阁，甚至对澳大利亚和新西兰的类似要求也不予支持。金所关心的只是如何保住自由党和他本人对加拿大的统治权。他对战争指挥的偶尔插手主要是出自国内政治方面的考虑。金所具有的一贯的现实主义使他并不看重国际政治中的虚名，而保证加拿大的安全与发展才是他的主要目标。因此，金的个人因素对第二次世界大战中加拿大的国际地位有不容忽视的影响。

第三，加拿大军队在第二次世界大战中虽然也有许多突出表现，但同在第一次世界大战中的卓著功勋相比要逊色多了。这一方面是由战争本身进程及加拿大军队机遇决定的，但更重要的还是金政府的消极态度，使加拿大军队难以有所作为。尤其在苏联与美国加入战争以后，加拿大人越来越发现自

---

① 1945 年 7 月 5 日英国大选中，丘吉尔领导的保守党因未能提供人民期待的社会福利计划被左翼的工党赶下台。

② 唐纳德·克莱顿：《加拿大近百年史》（中译本），济南：山东人民出版社，1972 年，第 367 页。

己在战争中只是处于仆从国的地位。当然，加拿大在第二次世界大战中给盟国提供的战略物资支持远远超过了上次战争，但这一业绩与美国这一"伟大的兵工厂"相比却是小巫见大巫。

加拿大在第二次世界大战中对外关系的重点是加强同美国的关系。在法国陷落以后，增强北美洲和北大西洋的防御能力成为美国、英国和加拿大的共同目标。由于美国当时的中立地位，金更愿意与之保持密切的关系。当美国决定采取措施来保卫西半球时，金马上做出响应。1940 年 8 月 17 日，应罗斯福的邀请，金与之会晤于圣劳伦斯湖美国一边的奥格登斯堡（Ogdensburg）。翌日，双方宣布建立防务常设联席委员会作为北美防御顾问机构。在此之前，金曾向加拿大人民庄严保证，在经议会允许之前，他的政府不会承担任何义务，尤其是永久性义务。然而，一夜之间，金在既没有征得议会同意也没有同其内阁成员仔细商量的情况下就参与了一个关系重大的长期约定。

承担战争义务必然会损害加拿大本身的利益，更由于加拿大本身的地位，使它常常会成为大国间条件交换的牺牲品。1940 年 8 月底，美国与英国做出了以 50 艘超龄驱逐舰换取在从纽芬兰到西印度群岛的七个英属岛屿上建立美国海军基地的决定。从英属北美殖民地最初联合开始，加拿大就期望着有一天纽芬兰将成为联邦的一个省。战争爆发后，加拿大一直以保卫拉布拉多和纽芬兰为己任。因此，金期望能以主要成员身份参加有关纽芬兰的英、美谈判，令他失望的是加拿大仅以观察员身份参加会谈。正式协定中加拿大的利益被完全忽视了。只是在加拿大代表的坚持下，附加草案中才以含糊的措辞说明在美国使用基地期间，"加拿大与防务有关的利益将受到充分尊重"[1]。

除了加强与美国在战略上的联系之外，两个近邻之间经济关系也在不断加深。整个战争期间，加拿大并没有像其他盟国那样接受美国《租借法案》项下直接租借援助。但为满足英国的战争需求，加拿大加深了对美国的经济依赖。其结果则是加拿大的美元储备日趋耗尽。1941 年 4 月 20 日，金访问了在海德公园家中的罗斯福，达成《海德公园协定》，作为《奥格登斯堡协定》的经济补充。其主要原则是，两国都向对方提供自己"最有能力生产的

---

① Donald Creighton. *Dominion of the North: A History of Canada*. London: Macmillan Co. Ltd., 1957: 542.

国防用品"。具体说来,即美国增加购买加拿大的金属和战略物资,加拿大从美国进口用于满足英国军事订单的物资,计于英国租借账目。用金的话来说,这不仅是为缓和加拿大美元紧缺问题采取的措施,也是"加拿大与美国为援助英国达成的共同协定"[①]。

为履行《海德公园协定》,成立了联合经济委员会,旨在研究如何更有效地运用美、加资源。此外,还成立了许多其他委员会,以协调两国的食品生产与分配、原料供应和军需品生产。《海德公园协定》纯粹是为解决战争生产问题而做的交易,并没有成为放宽加拿大人在美国旅行和向美国出口商品限制的借口。正如加拿大政府财政部部长詹姆斯·洛里默·伊尔斯利在1941年4月29日的财政预算讲话中所说,它"对我们共同参加的战争的胜利是一项伟大的贡献,但并没给加拿大人民带来什么便利"[②]。

珍珠港事件把北美防御提到更为显著的位置。美国加入战争以后,倾向于把北美大陆作为一个整体看待,美、加之间在更广泛的领域建立起合作,美、加经济关系向共同化发展。美、日开战后,加拿大也迅速向日本宣战。金还表示,加拿大领土将为美国基地和交通运输提供方便。1941年初,加拿大提供了作为落基山东麓航空中转站的一个长链航空基地。后来又提供了阿拉斯加锅柄地带的一块作战基地。日本的进攻使构想多年的阿拉斯加公路工程提到了日程上来。1942年3月,美、加达成协定,由美国修筑一条从埃德蒙顿(Edmonton)到费尔班克斯(Fairbanks)的高速公路,从而与美国在鹅湖(Goose Bay)的航空基地相连。到11月,这一耗资约1.15亿加元、长达1500英里(约2414千米)的公路竣工。与此同时,还建成了一条从诺尔曼油田经麦肯齐谷到怀特豪斯炼油厂、耗资1.34亿加元的石油管线,以保证阿拉斯加的石油供应。此外,美、加还共同投入纽芬兰和冰岛的防御工程。战争结束时,加拿大购买了境内的全部美国设备。

战争使美国和加拿大都感觉到对方对自己所具有的战略意义。战争中一系列事件的发生,显示出双方无论在生产能力上,还是在防御利益上都是不可分割的。两次世界大战的经验使加拿大更习惯于从地缘政治角度考虑国际问题,从而意识到其北美自治领与美国的关系比同英国的关系更为重要。在同美国的充分合作中,加拿大重新掌握了执行独立政策的权力。基于这种认

---

① Edgar McInnis. *Canada, A Political and Social History.* New York and Toronto: Rinehart & Company, 1959: 586.

② Alexander & Scott Brady. *Canada after the War.* Toronto: University of Toronto Press, 1943: 248.

识而发展的对英关系，完成了由从属到完全自由的转化。这又使未来美、加关系能够在独立、平等的前提下增加彼此间的有益合作。

六、战后调整与不尽如人意的世界地位

为迎接外部世界的挑战，加拿大社会在大战期间基本上保持着团结一致的局面。内部矛盾让位于外部矛盾，往昔的宿怨都被掩盖在浓烈的战争气氛之中。然而，当战争结束、硝烟散尽以后，裂痕又显露出来。

首当其冲的是联邦与各省的权力之争。大战期间，各省基本上能够容忍联邦政府对原本属于各省权限内的事务的干预，统一的战时经济调拨使省政府全无置喙余地。但是，对大战期间联邦权力的扩张，各省的容忍是有限的。战争的尘埃尚未落定，联邦和各省的政治家们又开始互相指责，就税收和司法权限问题争得面红耳赤。在联邦与各省的战时税收协定即将期满之际，金及其助手们已在悄悄地着手制订新的财政规划，起草了基于财政需要的全国调整让渡方案。同时，著名的 1940 年报告对鼓励一种至高无上的现代加拿大国家领导权仍起着重要作用。即如皇家委员会所建议，并在战争期间被广泛接受的那样，由联邦政府掌握所得税、私人和公司税及遗产税。当然，保持适当的社会服务和公共投资的任务也相应地落到联邦政府肩上。1945 年 8 月，在渥太华召开了一次自治领—省会议。这是自 1941 年会议流产以来的第一次。会上，联邦政府代表提出所准备好的方案，马上引起中央大省的反对。魁北克和安大略省代表均表示拒绝。安大略省代表还提出一个详细的反建议。后来，在 1946 年 4 月重新召开的会议上，联邦政府经过修改的计划仍然未获得一致通过。这样，联邦政府被迫放弃全面社会保险方案。翌年，联邦政府只提出一系列有限方案，即由联邦政府掌握大部分税收。该方案最终获得各省的勉强通过。除此之外，英裔与法裔之间、沿海与内陆之间以及各个党派和利益集团之间又开始互相猜疑，彼此攻讦。

然而，战前那种新党林立、政见纷呈的局面，在战后没有重新出现。萧条年代和大战之初的那些"第三党"都已黯然无光。社会信用党的影响范围从未超出阿尔伯塔。魁北克的极端民族主义组织已明显衰落。平民合作联盟在战争年代夺取了萨斯喀彻温的政权，并成为安大略和不列颠哥伦比亚省内的主要反对派，但在战后也日趋涣散。的确，当政的自由党比高喊改革口号

的在野党有更多的机会采取深得人心的福利措施。在对《英属北美法案》做了必要的修改以后，加拿大从 1941 年开始实行《全国失业保险法》。三年后，联邦议会又实行规模更大的对 16 岁以下少年儿童发放家庭补助的计划。战争结束以后，为应对预料中的战后经济衰退，联邦政府将推出更为雄心勃勃的综合性保险和公共投资计划。

与上次大战结束时的普遍狂欢形成对照的是，加拿大在全世界庆祝反法西斯战争胜利的喜悦中却表现得郁郁不欢。这部分可归因于加拿大在战后和平规划中处于一种比较尴尬的地位。

按照第二次世界大战结束前后几次重要的盟国首脑会议对战后世界所做的安排，曾经在反法西斯战争中发挥重要作用的美国、英国、苏联和中国在筹办战后国际组织方面，同样发挥了主导作用。加拿大作为英国的自治领无缘跻身其列。加拿大朝野各界对这一国际现状既不满足又无可奈何。这种心态在金对哈利法克斯勋爵预言战后世界的演说所做的反应中可见一斑。1941年 1 月，英国驻美大使哈利法克斯在多伦多发表了一篇颇具政治现实主义色彩的演说，声称未来世界的和平有赖于保持大战中"四强"之间的平衡，而离开了英联邦，英国就不能跟其他三强平起平坐。因此，他呼吁加拿大与大不列颠一道来保住英联邦这个第四强。[①] 在金等加拿大领导人看来，联邦合作就意味着帝国集权。出于这一考虑，金对哈利法克斯的演说做出强烈反应，他不仅拒绝把联邦的概念当作外交与政治集团来运用，也拒不承认战后世界将不可避免地出现大国竞争的假设。他指出，获得和平的最好途径不是少数大国之间的力量平衡，相反，和平只有靠所有热爱和平的国家都参加一个"坚定义务"的体系才能得到保持。最后，他总结说："我们期待着为了和平利益的紧密合作，不仅仅是在英联邦内，而且是在所有不分大小的友好国家之间。"[②]

1945 年春，金率加拿大代表团参加了在旧金山召开的旨在成立联合国的国际会议。加拿大代表团致力于三个目标：其一是扩充与澄清敦巴顿橡树园计划中有关战后经济与社会合作方面贫乏、草率的内容。因为这些内容与加拿大对外关系利害攸关。其二是与其他所谓"在全世界有利益关系的二流

---

① Donald Creighton. *Dominion of the North: A History of Canada*. London: Macmillan Co. Ltd., 1957: 546.

② Donald Creighton. *Dominion of the North: A History of Canada*. London: Macmillan Co. Ltd., 1957: 548.

国家"一道力图限制五个常任理事国的否决权。金坚持认为，这些国家以其条件和资格应有更多的机会入选安理会非常任理事国。其三是为自己争得更多的权益，并努力使加拿大不受违反自己意志的义务的约束，反对要求非安理会成员的"二流国家"在违反其愿望的情况下派遣武装部队维持和平。总的看来，加拿大代表团在旧金山会议上收获寥寥。限制否决权的努力近乎徒劳，争取"二流国家"权益的尝试只取得了有限的成功，即大会宣布在联合国大会选举非常任理事国时，应对候选国执行任务的努力做优先考虑，但"按地理位置公平分配"的原则也是应加以考虑的重要因素之一。另外，对安理会指挥调遣中等国家军队的权力做了限制。金与加拿大代表团的另一位部长级官员圣劳伦特在旧金山的会议上只待了三个星期就回国参加大选去了，只留下部分外交人员为既定目标继续努力。

第十一章　跻身世界强国之列

一、圣劳伦特当政

第二次世界大战以后，人类社会进入一个相对稳定而又发展迅速的新时代。世界政治舞台上已是物换星移，昔日璀璨夺目的政治明星们或是陨落天外，或是大失光彩。各国纷纷涌现出一批政治新秀，加拿大政坛也是人才辈出。1948年8月，两年前接替金担任自由党政府外交部部长的路易斯·圣劳伦特当选为自由党领袖；两个月后，安大略省总理乔治·德鲁也轻取保守党领袖职位，从而结束了约翰·布雷肯缺乏生气的领导。11月15日，担任加拿大联邦总理达22年之久的金宣布辞职，圣劳伦特继任为总理。

圣劳伦特于1882年2月1日出生在魁北克省南部的康普顿镇。父亲是法裔加拿大人，母亲则属讲英语的爱尔兰血统。家庭的熏陶，使他从小就熟练地掌握了法语和英语两种语言。受身属自由党的父亲的影响，圣劳伦特从年轻时就把当时的自由党领袖洛里埃当作心目中的政治偶像。1905年从拉瓦尔大学法学院毕业后，圣劳伦特放弃了资助他在牛津大学继续学习的"罗兹奖学金"，开始了律师生涯，1930年就任加拿大律师协会主席。金以国家利益相劝，使圣劳伦特放弃他依依不舍的律师事业，投身于官场之中，担任了金政府的司法部部长。在征兵制危机中，金的内阁行将分裂，几乎所有来自魁北克的政治家都在法裔加拿大人反征兵制运动中推波助澜，唯有圣劳伦特保持了对政府的忠诚。金在1946年的一次演讲中充满感激地说："我将永远相信，正是司法部部长先生在那个危急时刻采取的坚定而有远见的立场，才保证了政府的存在，避免了一场可怕的灾难。"① 因此，经历了第二次世界大战，尤其是征兵制危机，金更增加了对圣劳伦特的信任，让圣劳伦特分担了更多的职责。

圣劳伦特所具有的良好背景也有助于他登上加拿大权力的巅峰。良好的教育使他能够理解并适应现代社会的发展潮流；由于来自魁北克省，他可以比其他地区的政治家更容易为这个政治意向不稳而又举足轻重的独特省份所接受；更为重要的是，圣劳伦特是个坚定的联邦主义者，以维护加拿大的统一为己任，这使他在英裔加拿大人和魁北克的工商界拥有众多的支持者。

圣劳伦特当政的九年是加拿大历史上最富于创造力和最有成就的时期之一。加拿大经济在战后有利的国际环境中获得了迅速发展，使加拿大跻身于世界上少数经济最发达的资本主义国家之列；交通运输建设取得新的进展，成功地实施了圣劳伦斯航道工程，并开始修筑横贯加拿大的高速公路；"加拿大委员会"的成立为加拿大民族文化的发展做出了贡献；第一位由加拿大人担任的总督获得英王任命，加拿大在获得彻底的独立主权方面又前进了一步；在世界事务中表现出积极的姿态，尽管更多的是对美国外交政策的追随，但加拿大的国际影响也确实得以扩大。圣劳伦特政府的外交部部长莱斯特·鲍尔斯·皮尔逊在一段时期既是联合国大会主席，又是北大西洋公约组织部长理事会主席，并因其在解决苏伊士运河危机中所起的关键作用而获得诺贝尔和平奖。

二、战后加拿大经济的起飞

从战争中走出来的加拿大与凋敝破败的欧洲老牌资本主义国家相比，显得更为朝气蓬勃。国民生产总值从 1939 年的 57 亿加元增加到 1946 年的 120 亿加元，到 1957 年上半年超过了 300 亿加元。② 继续执政的自由党政府以保持充分就业和防止战后经济衰退为主要纲领。幸运的是，预料中的战后经济衰退并未真正出现，失业人数也没有多大增加。从 1945 年到 1948 年

---

① 克里斯多夫·翁达奇：《加拿大历届首相小传》（中译本），北京：新华出版社，1991 年，第 101 页。

② Edgar McInnis. *Canada, A Political and Social History*. New York and Toronto: Rinehart & Company, 1959: 598.

的三年中，国民生产总值增加了 25% 以上。1948 年虽然出现了一段短暂的衰退，但影响不大。1950 年以后的七年中，加拿大经济基本上保持了稳步发展的势头，就业人数达到历史上的最高水平。

1952 年 3 月 30 日，《纽约时报》以友好和羡慕的口吻评估了加拿大的经济成就：加拿大的 1400 万人口相当于美国 1830 年的人口数，当时美国国民生产总值为 9.25 亿美元，而现在加拿大国民生产总值却达到了 210 亿美元。[①]

战后新的自然资源的开发推动了新的工业部门的兴起。1947 年在阿尔伯塔的埃德蒙顿地区发现了石油，在魁北克—拉布拉多边界开采了巨大的铁矿。此后十年，加拿大铁的产量从不足 200 万吨增加到 2100 多万吨；原油产量从 800 万桶增至 1.8 亿桶；天然气从 520 亿立方英尺（1 立方英尺≈0.028 立方米）增加到 2200 亿立方英尺。[②] 有色金属出口值在十年内增加了两倍。

总的来看，加拿大战后工业部门的发展仍保持着以往的传统，即以开发本国资源和为其他工业国提供原料和生产半成品为主。这在一定程度上体现了加拿大经济的殖民地特征。但是，战后加拿大的经济结构也呈现出一些新气象，较为突出的是服务性工业的发展，到 1955 年，这类工业的产值已占整个国民收入的一半，另有六分之一来自先进的制造业和建筑业，其余的三分之一来自冶炼和加工工业。

在基础产业中，农业仍居于领先地位，此外，森林开发与采矿业也发展迅速。在八个领先的工业部门中，有七个与基础生产过程有关，只有汽车制造业是例外，而这个部门也主要依靠进口零部件。其他部门中的领先者是木纸浆和造纸业，产值从 1946 年的 5.28 亿加元增加到 1955 年的 16 亿加元。全世界新闻纸一半以上产自加拿大。廉价充足的水电保证了纸浆与纸张以及铝的生产。加拿大的铝产量仅次于美国，居世界第二位。钢产量从 1940 年的 250 万吨增加到 1956 年的 550 万吨。

战后年代，石油、天然气、铁和铀四种自然资源的大量开发对加拿大经济影响颇大。

1947 年和 1948 年，先后在阿尔伯塔的埃德蒙顿附近开发了两处油田。

---

① Edgar McInnis. *Canada, A Political and Social History*. New York and Toronto: Rinehart & Company, 1959: 599.

② 唐纳德·克莱顿：《加拿大近百年史》（中译本），济南：山东人民出版社，1972 年，第 425 页。

1954 年在这一地区发现的皮姆比那（Pembina）油田在两年的时间内成为加拿大产量最高的油田。到 1956 年，石油成为居于领先地位的开采业，供应国内总需求的 75 ％。数十亿加元的资本投入石油工业。与石油开采相伴随的是天然气生产，二者使加拿大的能源开发与利用发生了革命性变化。

除了石油和天然气外，铁矿石的开采也颇为引人注目。加拿大铁矿石生产在 1947 年只有 200 万吨。1948 年在魁北克—拉布拉多边界的昂加瓦半岛发现新的铁矿，加美辛迪加公司旋即成立，展开了大规模的铁矿石开采。到 1957 年，加拿大铁矿石产量达到 2200 万吨。

核时代的开始刺激着对铀这一重要的稀有金属的勘探与开发。加拿大的铀藏量得天独厚。最初的发现是在远北部的大熊湖（Great Bear Lake），战前就已经开始开采。随后在萨斯喀彻温北部也发现了铀矿资源。1953 年安大略北部布林德河（Blinder River）新矿藏的发现使以前的铀矿开发相形见绌，产品最初全部出口到美国。1955 年 1 月，加拿大宣布建立自己的核电站，一年以后开始了铀的冶炼。

新的自然资源的发现也推动着加拿大其他经济部门的发展。这些新矿藏多分布于北部未经开发的荒原地带，机器设备的运进和产品的输出对交通运输业提出了新的要求。同时，能源供应和房屋建筑等也都需跟上。这就为运输、建筑和制造业等部门提供了新的机会。其中能源和运输领域的发展尤为引人注目。加拿大优越的自然条件为水力能源的开发提供了保障，水力发电产生的动力从 1940 年的 860 万马力（1 马力≈735 瓦）增加到 1956 年的 1840 万马力。其中大部分供应建筑业和炼铝业，此外木纸浆和纸张生产也耗费大量电力。

航空运输在最初的采矿业运输中发挥了重要作用。但随着矿产量的增加，开拓陆路和水路运输越发必要。通往马尼托巴北部镍矿区和安大略、魁北克北部铁矿区的铁路先后修筑起来。此外，在圣劳伦斯河口修建了大型港口。圣劳伦斯河深水航道的畅通大大改善了水路运输条件。

1953 年从产油区铺设到温哥华的石油管道第二年延伸到美国的相邻地区；向东铺设的省际管道 1957 年到达多伦多，此外还进入美国的威斯康星州，与苏必利尔湖的水运系统相接。

加拿大的天然气主要产于阿尔伯塔省。为修建横亘大陆直通蒙特利尔的天然气管道，建立了由一家加拿大公司和一家美国公司组成的泛加拿大管道公司。该公司的控制权掌握在美国资本家手中，大部分供应天然气的公司也由美国人控制。这不能不引起加拿大人对泛加拿大管道公司某些意图和做法的怀疑。1956 年 5 月，加拿大众议院围绕加拿大政府对管道工程的抵押债券问题展开旷日持久的大辩论。支持这一计划的贸易与商业部部长 C. D. 豪以计划不能推迟为由强行中止辩论，该计划终于得以实施。

解决运输问题的第二项重大举措是开辟圣劳伦斯航道。关于这一工程的协议早在 1932 年就已达成。1941 年，加、美两国签订了一个新协议以取代以前的协议，虽然罗斯福政府支持该协议，但美国国会却拒绝批准，工程因此而耽搁下来。

20 世纪 50 年代出现的许多新因素为这项争论了四分之一个世纪的工程的实施增添了砝码。

其一是对水电的需求。加拿大的安大略和美国的纽约，随着工业规模的扩大面临严重的电力短缺问题。从战争结束到 50 年代初，尽管安大略的供电量提高了 50 %，但仍处于供不应求状态。处于工业中心地带的所有能够利用的水电资源都已开发，剩下的就是位于美加边界从普雷斯科特（Prescott）到康沃尔（Cornwall）之间的圣劳伦斯河急流部分。水电开发有可能对航道运输产生不利的影响；另外，这项工程耗资巨大。因此，安大略和纽约的联合请求在 1948 年又被美国国会拒绝了。

其二是开发拉布拉多铁矿激发了对圣劳伦斯航道航运价值的重新评估。明尼苏达的炼钢厂面临日益严重的原料不足问题，如能通过圣劳伦斯航道将价格低廉、取之不尽的拉布拉多铁矿石运往明尼苏达，无疑将具有长远的经济意义。

最后，加拿大政府因不满于长期拖延而宣布单方面开发圣劳伦斯航道，那样虽然比联合开发花费大些，但却是完全可行的，也是值得的。这就意味着通过国际急流部分的加拿大一边将完全成为加拿大航道。这一建议引起加拿大各界的浓厚兴趣。一贯主张同美方取得协调的豪提醒美国人说，由于美国政府拒绝合作，圣劳伦斯河将成为一条"加拿大航道"。[①]

根据 1951 年 12 月 12 日通过的一项条例，加拿大成立了圣劳伦斯航道管理局，受权承揽建设和维护圣劳伦斯航道。尽管加拿大方面仍然欢迎美国的合作，但也明确提醒美国政府，加拿大对美国国会能否批准 1941 年协议

[①] Edgar McInnis. *Canada, A Political and Social History*. New York and Toronto: Rinehart & Company, 1959: 608.

已不再感兴趣。

1952 年 1 月，美国总统哈里·S.杜鲁门向国会指出："国会所面临的问题……不再是应否建设圣劳伦斯航道。国会所面临的问题是美国是否参与建设和控制这一对我们的安全和经济发展意义重大的开发。……不管我们是否参与航道建设，这项工程都会实施。"① 1953 年初，美国国会通过《威利—唐德罗法案》，授权在国际急流河段的美国领土上修建运河，造价可高达1.05 亿美元。

美方在最后关头的加入并没有使加拿大人有如释重负之感，他们仍按自己的意志带头修建属于加方的那一部分，不再理会美国人会做什么。工程在1954 年 11 月 17 日动工，1959 年完成。圣劳伦斯航道是这一时期加拿大规模最大的基本建设工程，本来可以作为一项辉煌的民族成就而载入史册，但美国的加入及竣工后的两国共管降低了它在加拿大民族经济发展中的意义。

三、经济上的大陆主义

第二次世界大战及其以后阶段加拿大经济的一个重要特征，就是美国成分的增多及影响的加深。这一特征从上述天然气管道工程和圣劳伦斯航道工程的复杂经历中可见一斑。事实上，这是从金以来自由党政府所奉行的北美大陆主义方针的必然结果。

一方面由于 20 世纪以来，尤其是第二次世界大战以后国际力量对比的急剧变化，另一方面也是出自加拿大国内政治方面的考虑，金和圣劳伦特的自由党政府都试图在各个方面疏远与英国的关系，加强与美国的联系，或者说用加美关系抵消加英关系。自由党政府对英联邦事务表现得越来越漠不关心，而对北美大陆事务则表现出过分的热心。这必然会鼓励美国的经济渗透，加深加拿大经济的美国化倾向。

1900 年，加拿大 85% 的外来投资掌握在英国手中，美国资本仅占14%。到 1954 年，美国资本比重已上升到 80%，而英国资本则降低到18%。1956 年，在 160 亿加元的外资总额中美国占有 117 亿，并且每年增

---

① Edgar McInnis. *Canada, A Political and Social History.* New York and Toronto: Rinehart & Company, 1959: 608.

加 9 亿加元。这些外资有相当一部分投向加拿大经济中的关键部分。到 1954 年，外国投资者控制了加拿大石油工业的四分之三，采矿业的一半和制造业的五分之二以上。加拿大外资企业的五分之四由美国人把持着。从 1946 年到 1953 年的八年中，有 307 家美国公司在加拿大建立了分支机构。加拿大开发新的石油和铁矿资源的资金多半是由美国提供的。[①]

由于美国资本主要集中于对加拿大经济发展有重大影响的新兴工业部门，这就构成了美国资本对这些部门的控制权。加拿大的橡胶制造业和汽车及其零部件工业全部由美国股份控制。在加拿大制造业中，美国股份一直处于上升的势头。1948 年，美国持有 35 % 并控制着 39 % 的加拿大制造业资本。到 1957 年，美国持有的股份增加到 39 %，控制的股份则达到 43 %。同年，美国资本家在加拿大石油和天然气工业中持有 57 % 的股份，并控制了 70 % 的股份。[②]

美国资本的大量流入，对加拿大的经济开发起了巨大的推动作用。正是出于这一考虑，加拿大朝野对之一直持欢迎态度，认为这有利于更快地开发资源，扩大工业规模。加拿大人同样相信美国先进的科学技术和管理方法可以使加拿大工业生产能力迈上一个新台阶。许多加拿大人把战后经济繁荣归因于美国资本的作用。这样，无论在理论上还是在实际上，战后加拿大经济都在很大程度上依赖于美国，甚至工业方针的确立、重大建设工程的实施都要看纽约和芝加哥的眼色行事。

当然，加拿大政府和人民对这种不正常的经济关系也不无忧虑，他们担心操纵加拿大经济命脉的美国资本家会为其自身利益而牺牲加拿大的国家利益。但总的看来，无论是加拿大政府还是人民都没有把美国资本的控制视为有碍民族经济发展的严重问题。他们没有意识到美国资本的倾泻会阻碍加拿大本国资本的成长，减少加拿大用于科学研究和技术革新上的资金，最终把掌握国家命脉的权力拱手让给他人。

---

① Edgar McInnis. *Canada, A Political and Social History.* New York and Toronto: Rinehart & Company, 1959: 610.

② 唐纳德·克莱顿：《加拿大近百年史》（中译本），济南：山东人民出版社，1972 年，第 428 页。

四、追随美国的冷战外交

如果说战后加拿大政府在经济领域积极地鼓励并加强与美国的联系，使加拿大经济日甚一日地依赖于美国的市场和资本的话，那么在外交领域对美国的追随则有过之而无不及。这一政策取向在第二次世界大战期间就已经确定下来，随着冷战格局的形成，加拿大便身不由己地卷入美国领导的在全球"遏制共产主义扩张"的潮流之中。

1947年3月12日，美国总统杜鲁门在国会发表了后来被称为"杜鲁门主义"的讲话，声称全世界所有民族都必须从"两种生活方式"中择一而从，一种是由美国规定标准的所谓"自由制度"，另一种是与美国为敌的所谓"极权"制度。世界被划分为截然对立的两个阵营。毫无疑问，加拿大当属前者。在冷战格局日趋明朗之际，加拿大人发现摆在他们面前的只有两种选择：或者自己来保卫自己，或者冒一定的风险让美国人来为他们做这件事。金的一位有影响的顾问坦白说："如果我们以充分的行动来取信于美国，我们就会比只对风险做冷静的估计更有所作为，由此表明这是必要的。"[1]

美国通过马歇尔计划控制了西欧国家的经济，作为其全球扩张政策的重要步骤。而对加拿大经济的控制既无须政府出面也不必付出像在西欧那样大的代价。20世纪以来，美国资本家在其政府的鼓励和保护下，所做的努力已经达到了马歇尔计划在西欧所要达到的战略目标。

冷战初期美国对苏联威胁的渲染，自然也在加拿大公众中产生了影响。1945至1946年间，加拿大政府宣布破获了一个规模庞大的苏联间谍网，使加拿大人的神经更为紧张。1947年2月，即"杜鲁门主义"提出前一个月，第二次世界大战时期设立的加美防务常设委员会宣布恢复。根据双边防务协定，从此以后加拿大军队将由美国武装，按美国的战略战术进行训练。

在冷战爆发之初，英、美两国的国际立场非常接近，加拿大不必像战前那样苦于从二者之间做出抉择。1948年3月，布鲁塞尔条约组织在欧洲成立后不久，英国首相艾德礼按照美国的意图电告渥太华，建议英、美、加代

---

① Desmond Morton. *A Short History of Canada*. Edmonton Alberta: McClelland & Stewart, 1982: 211.

表通过会商成立大西洋区域性组织，金和圣劳伦特迅速做出肯定的答复。一个月后，圣劳伦特在众议院召开的审议加拿大对外政策的重要会议上宣称，为了集体安全，他赞成自由国家组成一个"西方联盟"，以"建立和保持大不列颠、美国和法国领导的自由世界国家对任何敌对势力或敌对势力间的可能性联合的压倒优势"[①]。此年6月，美国国会通过了《范登堡决议》，与圣劳伦特的倡议遥相呼应。1949年4月4日，由美、加、丹、法、冰、意、葡、挪、英、比、荷、卢12国参加的北大西洋公约组织（NATO）终于脱胎而出。《北大西洋公约》第五条载明："各缔约国一致认为，对欧洲或北美中的一国或数国的武装进攻，将被认为是对所有缔约国的进攻；因此，它们一致同意，发生这种武装进攻时，各缔约国……将立即单独或会同其他缔约国采取行动，援助被进攻的一国或数国，必要时，这种行动将包括使用武力。"[②] 该条约由加拿大新任外交部部长莱斯特·B. 皮尔逊代表加拿大一方签署，4月29日得到加拿大议会批准。

这样，一向畏惧承担国际义务的加拿大担当起与欧洲盟国生死与共的军事和经济义务。1954年，加拿大议会批准了重新武装德国并将其接纳于北约组织的议案。加拿大为这一计划提供了在德国服役的一个步兵旅和由北约领导的12个飞行中队，以及保护北大西洋的40艘海军舰只。除了这些直接投入外，加拿大还参与了在西欧修建防御设施，与欧洲伙伴相互提供武器和空军训练计划。用于此类行动的国防开支高达每年20亿加元，差不多是国家财政预算总额的一半。

加拿大著名史学家唐纳德·克莱顿对加拿大在冷战时期的处境有过中肯的评价：在北大西洋公约组织内，美国这一超级大国的压力分别落在12个不同国家的身上；但在北美，双方实力极不相称的两国同盟的压力却集中在加拿大一国身上。[③] 这就是说，冷战时期加拿大的对外政策所承受的是北约和北美防务协定双重的压力，只能对美国政策亦步亦趋，失去了在外交上的灵活性。

当然，加拿大政府也并不甘心做美国的附庸，努力争取在美国所允许的有限空间内有所作为。战后加拿大对国际事务的兴趣也表现于对联合国事务

---

① Edgar McInnis. *Canada, A Political and Social History*. New York and Toronto: Rinehart & Company, 1959: 617.

② Walter Lafeber. *America, Russia, and the Cold War*. New York: Wiley, 1976: 83.

③ 唐纳德·克莱顿：《加拿大近百年史》（中译本），济南：山东人民出版社，1972年，第429页。

的积极参与，力图在其中发挥自己作为一个中等国家的作用。针对苏联以否决权抵制美国操纵联合国的做法，圣劳伦特于 1947 年 9 月在联合国大会上致开幕辞时指出，全世界将不会无限期地容忍安理会"无所作为，纠纷迭起以致发生分裂"，民主和爱好和平的国家"说不定要联合起来成立新的组织以争取更大的安全"。①

　　加拿大政府在联合国中所表现出的积极姿态使之较早地卷入了朝鲜问题。根据 1945 年波茨坦会议上美、英、苏三方达成的协议，在打败日本侵略军以后，苏军将占领三八线以北的朝鲜，美军则占领三八线以南的地区。但关于朝鲜统一和实施何种政体问题没有达成一致意见。后来这一问题提交联合国解决。联合国在美国的操纵下于 1947 年成立一个临时委员会，旨在监督和建立所谓独立统一的朝鲜。加拿大则是这一临时委员会的成员。但当这个委员会按照美国的意图在三八线以南地区组织单独的选举时，加拿大宣布退出。尽管有迹象表明加拿大政府在这一时期不愿涉足这块美苏冷战的是非之地，但最终还是屈从于美国的压力，承认了大韩民国的国家地位。

　　朝鲜战争爆发后，联合国根据美国所提供的单方面情报，通过一项决议，谴责朝鲜民主主义人民共和国对韩国的"侵略"，要求朝鲜民主主义人民共和国部队立即撤回三八线以北，并号召所有联合国成员国为执行这一决议提供支援。加拿大是这项武断专横的决议的支持者之一。

　　加拿大之所以参与这一由美国策划的阴谋有两方面原因：其一是身为北约组织成员，意味着加拿大已把自己绑在了美国的战车上。当杜鲁门下令"美国的空军和海军向韩国政府的部队提供掩护和援助"后，加拿大已无多少回旋余地，只好随波逐流。其二是美国的冷战宣传通过便利的新闻媒介直接毒害了加拿大人民，就连对国际事务一贯缺少兴趣的法裔加拿大人也对美国的欺骗手法深信不疑。参加"联合国军"的提案轻而易举地在加拿大议会获得通过。加拿大迅速派遣三艘驱逐舰和一支加拿大皇家空军部队开往朝鲜战场，后来又派出一个旅参加了由美国指挥的地面部队。

　　加拿大政府在联合国中的姿态和出兵朝鲜的举动进一步伤害了中国人民的感情。事实上，在朝鲜战争爆发之前，加拿大政府已在考虑承认中华人民共和国的问题了。②战争爆发后，加拿大完全接受了美国提供的不准确情

---

① 唐纳德·克莱顿：《加拿大近百年史》（中译本），济南：山东人民出版社，1972 年，第 405 页。

② Edgar McInnis. *Canada, A Political and Social History*. New York and Toronto: Rinehart & Company, 1959: 622.

报，迅速卷入了这场最终与中国人民为敌的不幸的纷争。在麦克阿瑟的军队逼近中朝边界，中国被迫参加了抗美援朝战争以后，加拿大政府还仿效美国的口径，指责中国的正义行动为"侵略"，甚至准备和美军一道同中国兵戎相见。直到 1950 年 11 月 30 日杜鲁门威胁要使用包括原子弹在内的各种武器来赢得战争后，加拿大政府才有所觉悟。英国首相艾德礼亲自飞往华盛顿表达欧洲盟国对杜鲁门轻率之举的反对态度，加拿大乘机转而支持英国的立场。1950 年 12 月，皮尔逊担任了最初成立的停战委员会委员。加拿大方面尽管认为美国提出的指责中国为侵略者的决议是"不成熟和不明智的"，但仍投票予以支持。① 直到在扩张道路上一意孤行的"联合国军"总司令麦克阿瑟被撤职，加拿大政府中要求尽快结束战争的想法才占据上风。在后来时断时续的停战谈判中，圣劳伦特和皮尔逊开始强调战争的有限目的，否定了任何用武力统一朝鲜的企图。

由于初期的盲目行动，加拿大在朝鲜战争中伤亡 1557 人。也许是吸取了在这场战争中的教训，此后的加拿大外交政策变得较为理智并具有了较强的独立性。当美国插手东南亚事务并拼凑了东南亚条约组织后，加拿大政府谨慎地与其保持着一定的距离。在《日内瓦协议》通过以后，加拿大政府不顾美国对这一协议心怀不轨，应邀与印度、波兰一道组成三国监督委员会，以解决印度支那三国问题。

1954 年，圣劳伦特总理在结束了对部分亚洲国家和地区的访问之后，在汉城（今首尔）曾直率地说："总有一天我们将成为现实主义者，承认中国政府是代表中国人民的政府。"② 这一为时尚早的预言自然要触动美国和加拿大右翼势力过敏的神经，因此一周后圣劳伦特赶忙向加拿大议会和报界做出解释。这类迹象表明，如果不受美国反共政策的束缚，加拿大政府还是愿意同中华人民共和国建立正常关系的。承认中国是加拿大外交政策的实际需要，在经济上也会使这个贸易大国受益无穷。然而，由于受到国内外右翼势力的掣肘，加拿大政府背离了务实的外交传统，在国际事务中唯美国马首是瞻，由于担心任何承认中华人民共和国和支持中国进入联合国的言行都会开罪于美国，所以在对待中国的态度上仍不敢越雷池一步。

统而观之，加拿大在战后积极追随美国的冷战政策有着多方面的原因。

---

① Donald Creighton. *Dominion of the North: A History of Canada*. London: Macmillan Co. Ltd., 1957: 574.

② 唐纳德·克莱顿：《加拿大近百年史》（中译本），济南：山东人民出版社，1972 年，第 396 页。

首先，从地缘政治的角度看，加拿大和美国同处一个北美大陆，两次世界大战的经验与教训，使双方都看到了彼此依存的战略利益。大陆防务成为加、美两国共同的责任。尤其在第二次世界大战中双方建立的防御体系更深刻地体现了两国在变幻莫测的世界风云中唇齿相依的利害关系。成立于1940年的防务常设联席委员会，在战争结束后仍保留下来并得以发展。1947年，两国在协调训练方法和统一设备规格上达成协议。1957年，建立了共同空防司令部，由美国人出任司令，加拿大派驻代办。这种双边体系的不平衡性是显而易见的，美国无论在经济上还是在军事上都占据优势。加拿大不得不承认这个强大邻邦的领导地位。第二次世界大战之后，美国成了所谓"自由世界"的领袖，对社会主义国家实施冷战政策，以遏制共产主义，几乎所有的资本主义国家都纳入了由美国领导的反共阵营。加拿大与其他伙伴国只能支持与服从美国的领导。加拿大由于地理、文化等方面的关系对美国的追随比其他国家更紧，认为美国为了整个"自由世界"的利益肩负起北约组织的防御任务是一种历史壮举。

其次，两国在经济结构上有相似之处。加拿大与美国都是偏重国际贸易的经济大国。尽管加拿大认为，美国的冷战政策将世界的另一半封锁起来意味着失去一半的世界市场，但却对美国的政策目标坚信不疑，认同只有遏制共产主义的发展才能保证剩下的国际市场，而没有认真考虑，或者即便考虑了也无力改弦易辙，做到与社会主义国家共处。另外，前文所述加拿大对美国外交政策的依附性也决定了加拿大的外交取向。

再次，是民族构成方面的原因。历史上美加边界移民的来回流动使美国人与英语加拿大人（即操英语的加拿大人）之间难以划清界限。尽管二者在以往的历史中也曾反目成仇，兵戎相见，但对北美大陆以外的事务却常常所见略同。尤其是20世纪以来，新闻媒介和大众传播的现代化，美国文化向加拿大的迅速渗透导致加拿大文化美国化倾向越来越强，加拿大人对美国政策的认同也越来越多。进入20世纪后，加拿大的迅速开发引来许多美国投资者和冒险家，成为具有美国观念的加拿大人。这些人有的把持着加拿大的经济命脉，有的跻身于政治舞台，对加拿大的内外政策施加影响。曾经先后在金和圣劳伦特政府中担任过要职的C. D.豪就是从美国移居加拿大的。

最后，是加拿大承担的国际义务。战时经济的发展与战后繁荣使加拿大一跃成为世界经济强国，就像一个发育超前而思想尚不成熟的初涉世事的孩子，处处都想证明自己的价值。美国领导的反共"十字军"运动恰好为加拿大实现自我表现欲提供了机会，使其卷入多重国际义务之中而难以自拔，从大陆防务体系到联合国，从北约到科伦坡计划，对美国的政策如影随形，亦步亦趋，耗费了大量的人力、物力、财力，甚至在朝鲜战争中损兵折将。

政治、经济、文化和地理环境等诸多因素决定了加拿大的对外政策与美国的冷战政策紧密联系在一起。只要美国政府认为必要，它就会把整个大陆投入本该美国自己承担的战争风险之中。在杜勒斯反共叫嚣的高潮阶段，美国提出的改进北部防务的指令是没有商榷余地的。由于担心受到越过北极的远程导弹的袭击，美国政府提议在美国北部、加拿大南部建成一条横贯大陆的"松树线"雷达网。随后，美加两国又于 1954 年决定在远北部建立所谓"远距离预报线"。前者由美加共同资助但却由美国操纵，后者则全部由美国包揽，但加拿大保留了最终接管的权利。

总的看来，第二次世界大战以后加拿大承担的众多国际义务制约着其外交政策的灵活性，也削弱了本国的自卫力量。这个只有 1400 万人口的新兴国家却担负起派兵保卫欧洲的任务，将自己的命运押进了美国为之着魔的险象环生的赌局。加拿大在军事上的软弱和主权上的让步，是加拿大当局在冷战旋涡中随波逐流的结果。

五、英联邦中的加拿大

第二次世界大战严重削弱了老牌殖民帝国英国。就连沉湎于帝国梦想的温斯顿·丘吉尔也不能不面对无可奈何花落去的事实。战争结束后，内外交困的英国当局已无力维持风雨飘摇的帝国大厦，英联邦各成员国的关系需要进一步调整以适应不断变化的新形势。

1947 年，印度一分为四，缅甸成为独立国家，印度、巴基斯坦和锡兰虽然仍与联邦体保持联系，但在国际地位上与独立国家并无二致，除了经济上的联系外，旧有的依附关系已极为松弛。1949 年 4 月，爱尔兰从英联邦中分离出去并宣布独立。1957 年，加纳和马来亚成为英联邦中的新成员。这些变化表明，作为联邦纽带的种族联系已逐步为新的国家联合形式所取代。"英联邦"已潜移默化为"国家联合体"，以往习惯于使用的"自治领"等字眼也不复应用。更为重要的是，1926 年《贝尔福报告》中强调的"共同的王尊"（Common Crown）也不再是联邦团体的象征。印度在宣布独立后，采用了共和制政府；巴基斯坦和锡兰也做出了类似的选择；南非也产生了这种倾向。1949 年英联邦国家总理会议解决了如何使那些采用共和制的国家仍保持与联邦之间的联系问题。联邦中其他成员国承认印度是一个拥有主权和独立的共和国，印度则接受"国王为独立各成员国自由联合的象征和全体国民的元首"。这样，各成员国之间进行"自由结合"的同时无须保持"出自共同忠诚的团结"，"共同的王尊"已不复存在，主权掌握在各成员国自己手中。此外，在圣劳伦特的努力下，加拿大公民身份得到确立，上诉伦敦枢密院的法律程序被废除，加拿大与英国关系上的人为束缚正逐渐被挣脱。

1956 年的苏伊士运河危机，使英联邦各国第一次在国际政治中公开分裂。在这次事件中，美国为排挤英、法在中东的势力，笼络第三世界国家，给入侵埃及的英、法两国施加压力。加拿大政府一方面为了在世界上树立独立的自身形象，另一方面也是受了美国的指使，积极在有关国家之间进行斡旋，并联合英联邦中非白人成员国，迫使英国从埃及撤兵。外交部部长莱斯特·皮尔逊在联合国中策划组织起第一支联合国维持和平部队，以平息这次地区性冲突。他本人也因在这次事件中做出的努力被授予诺贝尔和平奖。苏伊士运河事件足以说明战后加拿大自由党政府在加、美、英三角关系中采取了倾向于美国的立场。

加拿大在与联邦其他成员国的联系上具有很大的灵活性。传统的纽带尽管已经松弛，但并未彻底斩断。1957 年，伊丽莎白女王访问渥太华，并在那里以女王身份召开了加拿大议会。与此同时，加拿大又以积极的姿态与亚洲新独立国家发展关系。加拿大总理圣劳伦特和卫生部部长保罗·马丁先后于 1954 年和 1956 年访问了亚洲诸邦友，目的都是加强与这些新国家之间的联系。

加拿大加强同英联邦中第三世界国家的关系，同美国的"第四点计划"是并行不悖的。以美国为代表的西方国家认为，东西方之间的贫富差距是导致共产主义蔓延的根本原因。因此，在 20 世纪 50 年代美国同加拿大等国发起了对处于两大阵营之外的贫困地区的援助计划。在美国的指导下，联合国也开展了一些类似的援助和开发活动。1950 年，联合国发起一项针对不发达成员国的技术援助计划，到 1955 年，加拿大已承担其总开支中的 180 万美元，在援助国中居第三位。与此同时，印度也推出一项规模过大的开发计划，如无外援，势难实行。于是英联邦各国外长齐集科伦坡，商讨援印方案，制订了所谓的"科伦坡计划"。该计划最初设想在六年内提供 52 亿美元的援助额。但参与者的范围很快超出了英联邦，援助对象也扩大到东南亚。美国以其"第四点计划"在其中唱起了主角。在整个计划中，加拿大所提供的援助仅次于美国，居第二位，但加拿大所提供的现金却在全体援助国中居于第一位，由最初的每年 2500 万美元增加到后来的每年 3500 万美元。这些基金所支持的项目包括巴基斯坦的水泥厂，印度的核反应堆，几个国家的水电、灌溉及运输开发计划。加拿大对以英联邦成员国为主的第三世界国家的外援活动，既改善了同这些受援国之间的关系，又加强了自身的国际影响，同时也适应了美国冷战战略的需要。

六、纽芬兰加入与联邦政治

第二次世界大战以后，加拿大的国际地位空前提高，由此形成的反作用力加强了国内各省和各民族的凝聚与团结。种族与地区矛盾虽然仍然存在，但在一段时期内似乎已让位于日益增强的国家意识。战后年代，加拿大出现了前所未有的种族间和地区间的和谐局面，从而为联邦的扩大奠定了基础。

从 1864 年魁北克会议起，加拿大人民就一直相信纽芬兰终将加入联邦中来，并为此做出过多次努力。先是 1867 年提出的合并要求遭到纽芬兰方面的拒绝，1894 年的谈判又因为财政问题而搁浅。在此期间，纽芬兰一直以一个拥有责任政府的单独殖民地而存在。第一次世界大战以后的一段时间纽芬兰曾获得过自治领地位，但大萧条中纽芬兰经济崩溃，英国指定了一个政府委员会予以管理，这样纽芬兰又恢复了殖民地时期的责任政府体制。

第二次世界大战显示了纽芬兰作为战略前哨的重要地位。加拿大、美国在这里建立了海军基地并开展了各种战时活动，大量的军事开支对纽芬兰恢复经济活力产生了巨大的刺激作用，并使之恢复了偿付能力。到战争结束时，纽芬兰已经取得了决定自己命运的权利。1946 年选举产生了国民议会来决定未来的事业。

战后初期，纽芬兰与加拿大合并的氛围已经形成。加拿大方面出于战略上的考虑重新评估了纽芬兰的价值。纽芬兰也与加拿大加强了贸易、金融和交通联系。此外双方还在教育、宗教等领域签订了条约。金和圣劳伦特分别在 1943 年和 1946 年暗示，如果纽芬兰有意，加拿大愿考虑合并问题。加拿大机智地把这一问题的主动权留给纽芬兰自己。纽芬兰对此所做的反应开始并不强烈，联邦主义者约瑟夫·R.斯莫尔伍德提出的派遣一个代表团到渥太华谈判的建议被否决了，继续国家委员会统治或恢复责任政府制度的选择仍占上风。但英国拒绝为重建独立的自治体制提供财政支持，这就决定了纽芬兰未来的命运。

1947年夏天，国民议会向渥太华派出一个代表团，寻求在"公正、平等"基础上的联合。双方代表顾忌到各自所面临的反对意见，谈判进行得小心谨慎。魁北克省总理杜普莱西不愿看到纽芬兰带着大片拉布拉多领土加入联邦。为平息魁北克的不满，圣劳伦特曾试图放弃联合计划，代之以购买拉布拉多，但遭到纽芬兰方面的拒绝。

1947年10月，双方拟定了一项建议书。纽芬兰包括拉布拉多可以参加联邦，获得六个参议员席位、七个众议员席位以及大量补助金。1948年6月，纽芬兰对现存政府委员会执政、恢复责任政府和与加拿大联合三种选择举行公民投票，其结果排除了由政府委员会继续执政的可能性，恢复责任政府与同加拿大联合两种方案的支持率分别为44.5％和41％，均未获得明显多数。7月22日，对两种方案再次投票，支持联合的票数上升到53％。加拿大政府将其作为普遍意愿加以接受。10月6日至12月11日，谈判重新开始并确立了加入的最终形式。1949年3月31日，纽芬兰终于成为加拿大的第十个省。

加拿大的领土扩张以纽芬兰加入而告结束。与此同时，加拿大作为一个国家的独立主权也趋于完备，联邦宪法权力的扩展几乎消除了一切外部制约。根据1947年枢密院决议，上诉枢密院的规定于1949年12月被正式废除，加拿大最高法院成为上诉案件的终审法院。

1949年的一项不列颠条例授权加拿大议会可以就联邦权力所及修改《不列颠北美法案》，但对于联邦权限之外诸如联邦与各省权力分配、下院任期等规定仍无权改动。这就保留了一个广泛的领域，在这个领域内所做的修正必须由英国议会来完成。

1950年1月召开的联邦与各省会议试图寻求一种双方都会满意的方法，使修改权覆盖整个宪法，虽就某些争议较少的问题达成一致意见，但仍有不少遗留问题。

1952年，每十年分配一次的众议院席位问题成为改革的焦点。按照最初规定，魁北克省在众议院中拥有65个席位，其他各省则按人口比例分配名额。这一过时的规则既引起魁北克的不满，也招致其他省份的非议。根据各省要求确立的新规则规定按人口比例在各省分配席位，这不免触及宪法条文的变动。经过 1952 年的重新分配，加上纽芬兰的加入，众议院议席增加到 265 个，参议院则是 102 个。

　　加拿大政治的中心问题是联邦与各省的关系，其中的关键则是公共财政的收支分配。战前提出的《罗厄尔—赛罗伊斯报告》曾提出一项调整方案。虽然该报告本身并未付诸实施，但第二次世界大战中的战时措施却在许多方面达到殊途同归的结果。这些措施包括各省放弃征收所得税和公司税，由联邦从这些税收的岁入中予以补偿。这些暂时措施对于平衡联邦与各省的负担产生了显著效果，因此有必要在战后使之永久化。在 1945 年 8 月和 1946 年 4 月两次联邦—省会议上，渥太华政府向各省提出了这一建议，但未取得广泛一致的支持。联邦政府退而求其次，同除了魁北克和安大略两省以外的其他各省达成新的税收租赁协定。后来安大略省于 1952 年单独与联邦政府达成一项协议，将征收公司税和所得税的权力移交联邦政府，但将征收遗产税的权力仍保留在省内。

　　战后时期的党派政治带有明显的区域性倾向，除了自由党与保守党仍发挥着全国性影响外，其他党派的影响都带有地方特色。民族联盟的势力集中于魁北克省；进步保守党则以安大略省为根据地；平民合作联盟的势力范围主要是萨斯喀彻温；社会信用党的影响仍局限于阿尔伯塔。尽管它们在自己地盘内的势力也经常波动，但还是稳定地控制着多数。

　　进入 50 年代后，自由党的地方势力受到不同程度的削弱。新不伦瑞克和新斯科舍先后于 1952 年和 1956 年从自由党转向保守党。到 1957 年，自由党只控制着纽芬兰和爱德华王子岛两省，并在马尼托巴和保守党平分秋色。然而，自由党在省一级的衰落并未反映到联邦政治之中，在战后进行的三次大选中仍能稳操胜券。这一现象表明，联邦政治与省政治在战后阶段趋于分离。无论在处理复杂的战争问题上还是在充满政治风险的战后调整中，自由党政府都显示出令人信服的领导才能。

　　第二次世界大战以后，国家对经济和社会的干预增多了。战时控制措施随着战争结束而消失，社会服务却更加普遍深入。1945 年，实行了家庭补助政策。1951 年，又在原来的基础上扩大了养老金发放范围。1956 年，联邦政府与省政府合作实施了医疗服务计划。联邦政府在现代经济与社会生活中的作用使较多的民众从中受益。这一方面增加了人民对联邦政府的依赖，另一方面也激发了人民的政治参与意识。此外，战后加拿大国际地位的提高和国内生机勃勃的经济形势，在很大程度上应归功于联邦政府的出色领导。这些成就稳固了自由党的统治地位。因此，战后时期的党派政治虽然十分活跃，但处于反对派地位的政党，包括保守党在内，仍然无力对自由党的执政党地位提出有效挑战。

然而，在1956年约翰·迪芬贝克继乔治·德鲁担任保守党领袖之后，保守党反攻的力度增强了。

迪芬贝克从萨斯喀彻温大学毕业后就在西部从事律师工作。1940年入选众议院后，一直热衷于社会福利事业。尽管他对政治有浓厚兴趣，但却在这个竞技场上机遇不佳，屡遭挫折。直到1956年才时来运转。这一年12月，他在保守党全国代表大会的第一轮投票中即获胜利，以61岁的较高年龄当选为保守党领袖。迪芬贝克孜孜以求的当然不只是一个保守党领袖职位，而是联邦总理的宝座。自由党政府在长时期的统治中滋长的唯我独尊的作风和因此而产生的政策漏洞，为保守党在1957年大选中东山再起创造了机会。

管道辩论中 C. D. 豪蛮横无理地中止辩论的做法，苏伊士运河危机中自由党政府置英、法利益于不顾，一味追随美国的态度，以及小麦积压、物价上涨等问题，使执政的自由党在在野党和公众之中积怨甚多。迪芬贝克成功地利用了这一形势。他在温尼伯竞选时向公众揭露说，C. D. 豪在某一场合曾说过这样的话："如果我们想暗地里做点坏事，谁能够阻止我们？"这位加拿大政坛的奇才，以其火热的真诚和雄辩的口才赢得了加拿大人民的广泛支持。[①]圣劳伦特慈父般的教导已经失去了昔日的魅力。1957年大选的结果令盲目自信的自由党大为震惊。保守党以112个众议院席位跃居领先地位。自由党则减少到105席。尽管双方都没有达到明显多数，但联邦政府总不能为少数派所掌握。6月10日，圣劳伦特向加拿大总督递交了辞呈。6月21日，迪芬贝克登上总理宝座，组成了22年来第一届保守党政府。

大选失败对圣劳伦特的自由党是一个出乎意料的打击。以 C. D. 豪为代表的习惯于在台上指手画脚的一部分内阁成员下台后脱离了政界各奔东西。9月6日，圣劳伦特宣布有意辞去自由党领袖职务。1958年1月，自由党在渥太华召开代表大会，莱斯特·鲍尔斯·皮尔逊当选为新的自由党领袖。

---

① J. L. Granatstein. *Canada: 1957-1967*. Toronto: McClelland and Stewart, 1986: 24.

皮尔逊在圣劳伦特内阁中的显赫地位奠定了他在自由党中的基础，也为他铺平了未来的政治道路。

保守党上台后，迪芬贝克为稳固其统治地位于 1958 年 2 月 1 日解散了议会。在 3 月 31 日选举产生的新议会中，保守党获得联邦成立以来的最大多数，其胜利席卷了除纽芬兰之外的全部地区，共得到 208 个众议院席位。自由党则锐减至 49 席，其席位几乎全部来自安大略和魁北克。平民合作联盟减少到 8 席，社会信用党则是全军覆没。

保守党不仅在议会中获得了明显的多数，更重要的是得到长期属于自由党地盘的魁北克省的有力支持。这个法裔加拿大人占多数的中央省份，在自由党控制了半个世纪以后，此时也顺势应时地转向了保守党。1957 年选举中保守党在这个省只获得 9 席，而 1958 年却猛增到 50 席，与此同时，自由党则由 64 席降至 25 席。政治潮流的变化预示着加拿大历史上一个新时代的来临。

七、摆脱美国控制的努力

迪芬贝克政府的施政纲领主要分为两个方面：一是加强北方开发，以期取得半个世纪前在西部那样的成功；二是摆脱美国资本对加拿大工业和自然资源的控制，进而在外交上减少对美国政策的依赖和屈从，恢复同英联邦国家传统的亲密关系。

迪芬贝克是一位出色的在野党领袖，然而，走入政治舞台的中心后，这位加拿大人心目中的政治天才却黯然失去光彩。在权力的巅峰上，新总理暴露出一个执政者的致命弱点：优柔寡断，统治无术。纵然拥有加拿大历史上前所未有的多数席位，却无力制定并实施自己的改革纲领；既不能有力地领导内阁，也不能有效地运转联邦政府机关。

迪芬贝克在内政方面较为突出的成就是推动了西部经济的繁荣与发展。尽管在自由党统治时期加拿大经济增长很快，但大草原和太平洋沿岸等西部地区却受益甚少。或许是由于这位新总理年轻时在西部的成长经历使其对这些地区感情笃深，迪芬贝克上台后十分热衷于解决西部所面临的经济问题。众所周知，这一地区是加拿大的主要农业区。粮食生产过剩的问题多少年来一直困扰着这里的农场主。迪芬贝克当政后，加拿大农业获得了令人惊喜的机会，通过特殊信贷方式确立了一项大胆的贸易政策，为加拿大小麦打开了潜力巨大的中国市场。此外，迪芬贝克政府还制定了《农业恢复与发展法案》，通过改变边缘地区农场的经营范围，初步解决了加拿大长期被忽视的乡村贫困问题。

迪芬贝克政府的其他措施还包括：增加社会福利；建立国家能源委员会，监督能源的使用；完成了南萨斯喀彻温水坝工程；为开发北部而实行公路建设计划。

然而，一些具有更重要意义的改革计划，如北部开发，却由于组织不力而遭到失败。加上 1957 年保守党上台后适逢资本主义世界普遍性的经济衰退，致使加拿大财政赤字不断增大，外债累累，加元贬值。迪芬贝克对此一筹莫展，无计可施，令加拿大人民大为失望。

迪芬贝克不会忘记管道辩论和苏伊士运河危机在加拿大人民心中投下的阴影，他本人也不满于加拿大对美国的依附地位，而本能地希望恢复同英国的传统关系。然而，迪芬贝克的改弦易辙既没有唤起国内的有力支持，又遇到了国际上的重重阻力。一方面，北美大陆主义经历了 40 年的发展，已成为一种难以逆转的趋势，美国之于加拿大所具有的政治、经济、文化、军事等方面的优势决定了其领导地位不容受到挑战。另一方面，昔日纵横全球的英联邦已经分崩离析，苏伊士运河危机又予以其致命一击。1961 年南非被开除出联邦，标志着这一体系的进一步瓦解。英国积极地在欧洲寻找政治前途，并努力加强同美国的关系。面对这一不可阻挡的趋势，迪芬贝克回天无力，终致失败。

迪芬贝克上台后所遇到的第一个问题是《北美空防协定》。这项计划是自由党执政时期加、美两国共同制定的，1957 年大选前双方已准备接受。迪芬贝克发现双方围绕这项计划所进行的准备工作使他无法改变其进程。1958 年春，根据该协定建立了共同的防空体系，由一位美国人任司令，一位加拿大人任副司令。美加两国原定于 1959 年 10 月举行联合空防演习。整个计划由美国一手包办，当 1959 年 5 月渥太华防务和运输官员被告知该场演习的具体细节时，这项计划实际上已实施六个月了。迪芬贝克政府因而没有予以密切配合，美方为此大为震怒。加拿大驻美大使阿诺德·希尼在 8 月 28 日这一天两次被召到美国国务院听候训斥，被告知美方对加拿大的姿态表示"极大的关注"。①

　　1957 年 7 月初，迪芬贝克为表明新政府在调整对外关系上的决心，向新闻界宣布加拿大政府打算把从美国进口货物的 15 % 改由英国进口。② 这一决定被认为是一个轻率之举。由于英加同处于关贸总协定之中，1932 年《渥太华协议》已经失去了意义。加上英国对新成立的欧洲共同市场兴趣盎然，对加拿大的献媚并不领情，反而认为这是不合时宜的干扰。英国不顾英联邦各国的反对，一再要求加入欧洲经济共同体，这一要求得到美国的积极支持。加拿大面临的是一条牢固的英、美联合阵线。迪芬贝克的举措没能改善加、英关系，却因此激怒了美国。

　　一波未平，一波又起。哥伦比亚河水源开发问题又把迪芬贝克推向了国家计划与大陆主义两难选择的困境。哥伦比亚河是北美第四大河，发源于加拿大，经美国流入太平洋。长期以来，该河丰富的水利资源被拱手送给美国人以换取美方对不列颠哥伦比亚省开发计划的支持。退役后担任国际联席委员会加方主席的麦克诺顿将军对此深感忧虑，呼吁建立加拿大自己的水电工程。联邦政府从国家利益出发企图独自开发该河水源，但此举遭到美国政府和不列颠哥伦比亚省政府的联合抵制，最后还是加拿大联邦政府做出让步。1961 年 1 月签订的《哥伦比亚河条约》规定美、加两国合作开发该河水电资源，大陆主义又一次占据上风。

　　1961 年美国肯尼迪政府上台后，为推翻古巴卡斯特罗政权发动了猪湾事件，结果遭到惨败，之后便运用美国的影响在西半球孤立古巴。加拿大对贸易禁运虽不情愿，却也不敢违背美国政府的意志。1962 年 10 月爆发的古巴导弹危机又一次把人类推向世界大战的边缘。肯尼迪政府希望加拿大政府能够带头响应美国的号召，然而，加拿大方面却反应冷淡，迪芬贝克还在众议院建议由联合国组织一个委员会，对古巴事态的发展进行公正的调查，这无疑是对美国权威不敬的表示。

　　如果说美国方面对加拿大在贸易、开发和外交姿态等方面的分庭抗礼还能勉强容忍的话，那么接踵而至的加拿大政府和人民对核武装的抵制情绪却令肯尼迪政府再也不耐烦了。肯尼迪政府以"导弹差距"为借口，要求驻欧洲的北约部队接受核武装。在加拿大政府和人民中，对于核武装问题存在着

　　① J. L. Granatstein. *Canada: 1957-1967.* Toronto: McClelland and Stewart, 1986: 111.

　　② J. L. Granatstein. *Canada: 1957-1967.* Toronto: McClelland and Stewart, 1986: 44.

严重的意见分歧。围绕加拿大是否参加核战争在全国展开了激烈的辩论。开始，包括自由党在内的加拿大各党派都与政府采取了相同的立场，即支持解除核武装。砂砾派与新民主党都反对加拿大拥有核武器。皮尔逊也表示，核武器不能"以任何实质性方式加入我们自己的或共同的防御之中……因此，我们不应为加拿大军队，不管是由加拿大自己控制的，还是由美加联合控制的加拿大军队，生产或获得核武器"①。后来，在美国的强大压力下，皮尔逊突然于 1963 年 1 月 12 日宣布他改变了主意，支持核武装。1 月 30 日，美国国务院发布新闻电讯，对迪芬贝克在议会中的发言横加篡改，肆意指责，公开干涉加拿大内政，对加拿大人民的政治抉择有意施加压力。肯尼迪还暗中指使其竞选专家秘密赴加拿大帮助自由党竞选。如此凶猛的打击是迪芬贝克的保守党政府难以承受的。在 1963 年 4 月 8 日的大选中，皮尔逊领导的自由党以 129 席对保守党的 95 席居于领先地位，组织起新政府。

当然，保守党政府的倒台不仅仅是其混乱的对外政策所致，更重要的还是国内政策的失败。

首先是魁北克的法裔加拿大人为实现其民族主义改革纲领反对迪芬贝克的泛加拿大主义。1959 年 9 月，魁北克省总理莫里斯·杜普莱西去世，从而结束了民族联盟对该省的长期控制。1960 年 6 月省内选举中，让·勒萨热领导的自由党获胜。勒萨热企图把魁北克政府——"魁北克国家"当作保卫法裔加拿大人权益的唯一政权，这就不可避免地与迪芬贝克的泛加拿大主义相抵触。

其次，迪芬贝克向偏远落后地区和社会中下层倾斜的经济政策触怒了多伦多和蒙特利尔的实业界。这一举足轻重的社会集团在 1957 年选举中曾是保守党的支持者，现在却转向自由党一边反对迪芬贝克。对保守党政府更具有破坏性的打击是它与加拿大银行总裁詹姆斯·科因发生的争执。科因是个坚强的经济民族主义者。他曾告诫加拿大人，由于美国资本输入的结果，他们将失去对自己工业和自然资源的控制。如果他们愿意维持自己国家的整体和自决权，他们必须学会"依靠自己的财力生活"②。科因的主张使那些依附于美国的金融家和制造商感到震惊。迪芬贝克尽管对科因的经济民族主义立场持同情态度，但却担心科因的想法实现会损害加拿大的社会福利计划，

---

① J. L. Granatstein. *Canada: 1957-1967*. Toronto: McClelland and Stewart, 1986: 125.

② 唐纳德·克莱顿：《加拿大近百年史》（中译本），济南：山东人民出版社，1972 年，第 433 页。

因此在实业界的压力下要求科因辞职。科因拒不服从。政府向众议院提交的宣布解除科因职务的议案却被参议院拒绝。1961 年 7 月，科因自动退休，才结束了这起影响极坏的风波。这一插曲暴露了保守党政府经济政策的混乱不堪，并加剧了该政府长期没能解决的财政困境和金融危机。

总之，迪芬贝克政府在财政经济政策上的失败使之既没有拢住社会中下层人民，又失去了在加拿大社会中最有影响的各个阶层的支持。对保守党政府的不满在美国政府的推波助澜下形成汹涌的潮流，最终导致了迪芬贝克政府的垮台。

八、皮尔逊政府的内政与外交

在 1963 年的选举中，自由党在竞选时针对迪芬贝克政府政策混乱、缺乏决断的局面向加拿大人民许诺说，一俟自由党上台，将为加拿大带来“决定性的 60 天”[①]。皮尔逊的新内阁中也确实集合了一批经验丰富、才能卓著的职业政治家，然而，这个新内阁的总体能力并非其成员个人能力之和，在施政过程中所产生的裂缝和漏洞常常成为反对派攻击的靶子。

内阁中第一位敢于标新立异的成员是新任财政部部长沃尔特·L. 戈登。戈登是加拿大经济圈中出类拔萃的人物，也是皮尔逊总理的密友。然而，与坚定的北美大陆主义者皮尔逊不同的是，戈登却是一位公认的经济民族主义者。他上任后推行的一系列财政改革方案体现了他的立场。戈登试图通过税收这一武器来应对通货膨胀，刺激就业，削弱来自美国的对加拿大工业的控制。为此，他建议对加拿大公司向不在加拿大居住的个人或公司出售的股票征收 30 ％ 的接让税。此类措施立即引发蒙特利尔和多伦多金融界的恐慌。在一片怨声中，戈登争取加拿大经济独立的计划被束之高阁。担心因戈登计划影响美国投资的实业界刚松了一口气，却又挨了美国政府的当头一棒。肯尼迪政府为稳定美国财政，决定征收“利润平衡税”，从而减少了美国人在加拿大投资的利润。接二连三的变故使加拿大各交易所的股票一再下跌。加拿大官员匆忙赶往华盛顿，求得加拿大对美国新规定的部分豁免权。但为此商定的条件限制了加拿大的货币自由，并增加了对美国政策的依赖。

---

① J. L. Granatstein. *Canada: 1957-1967.* Toronto: McClelland and Stewart, 1986: 137.

皮尔逊政府在内政方面的举措还包括：向学生提供贷款，建立非政治性选举再分配机制，对铁路重新组合做出限制。但总的看来，所谓"决定性的60天"并没有真正兑现。自由党政府由于政治上的软弱，无法放开手脚改变保守的轨迹。为此，皮尔逊企图通过1965年议会重选赢得明显多数，但结果却不尽如人意。自由党以131席对保守党的97席。尽管如此，同过去相比其效率还是提高了。与此同时，内阁也进行了调整，米切尔·夏普取代戈登担任了财政部部长，一批来自魁北克的年轻政治活动家入选内阁，使自由党政府比过去更团结、更有效率。在新内阁的推动下，《加拿大年金计划》付诸实施；医疗服务方案也已经成型；统一武装力量的法案正在着手制定；宣传媒介还报道了不久的将来将要实施的其他经济和社会改革措施。

任何一个政府，如果要推行大幅度的改革计划，首先必须达到国内各党派集团之间的默契与和谐。而当时的加拿大，无论是自由党还是保守党，一时间仍无力在全国获得足够的支持以建立有效的多数。面对不断变化的外部环境，各党派都被内部分歧所困扰。平民合作联盟在1961年与加拿大劳工大会合并成立了新民主党，其领导人T.C.道格拉斯为获得全面的政治影响放弃了萨斯喀彻温省的总理职位，这个由平民合作联盟控制达20年之久的省份于1964年落入自由党手中。然而，新民主党内部并不和睦，摒弃教条化的社会主义原则而采用温和的社会改革方案仍然在这个新政党中引起激烈的争议。在联邦政治中，这个党表现出强烈的反对派倾向，要求加拿大从北约和共同空防体系（NORAD）中撤出，实行中立主义的外交政策。

社会信用党也因内部分歧而陷入困境。魁北克党员基本上都是分离主义的支持者，因此与远西部的主流很少有共同语言，到1963年完全独立出来，易名为信用党。阿尔伯塔的社会信用党人在前任省总理厄内斯特·曼宁的领导下，为争取全国性影响，吸收了部分右翼保守力量，转向所谓"社会保守主义"。

保守党下野后一直为争夺领导权问题所困扰。老牌政治家迪芬贝克并不甘心放弃对该党的领导权，连续平息了几起内部的不满与反抗。直到1967年，反对势力齐聚多伦多，重新审察党的领导权问题。迪芬贝克遭众叛亲离，新斯科舍总理罗伯特·斯坦菲尔德被选为新的保守党领袖。

相对来说，自由党内部要团结一些。尽管年轻党员倾向于经济民族主义和联邦政府对经济生活的有力干预，并因此常常与循规蹈矩的老政客们发生争执，但并未出现像保守党那样动摇领袖地位的矛盾。皮尔逊早就宣布要退

休，1967 年 12 月 14 日他又公开宣布了这一决定。遴选新领袖的大会在
1968 年 4 月召开，皮埃尔·埃利奥特·特鲁多力压群雄，继任为自由党领
袖。接着，该年 6 月 25 日举行全国大选，自由党夺得 154 席，保守党则减
少到 72 席，新民主党为 23 席，社会信用党因内部分裂而一败涂地，独立
出来的魁北克信用党夺得 14 席，全部来自本省。加拿大政局在经历了六年
的摇摆、混乱之后，重新组成了多数派政府。

　　这次大选中暴露出的一个突出现象就是城市与乡村的政治分野。保守党
的势力几乎被从城市中清除，在多伦多无一席之地，在蒙特利尔只得到 1
席，在其他中小城市也所获甚微。而自由党则控制了在加拿大政治、经济中
举足轻重的各大都市。与此相比，地区性分野却不甚明显。中心加拿大仍为
自由党控制，保守党在大西洋沿岸各省赢得有力支持。自由党的明显多数也
得益于来自安大略、不列颠哥伦比亚和草原诸省的支持。特鲁多在魁北克获
得该省 74 个席位中的 56 席，而代表分离主义的民族联盟只获 4 席。① 由此
表明，分离主义运动尽管曾经在一个时期内甚嚣尘上，但多数魁北克人还是
支持统一国家政策的。

九、工业化影响下的加拿大社会与文化

　　经过半个多世纪的迅猛发展，加拿大已经成为一个发达的资本主义国
家，工业化程度进一步提高，由此产生了对社会结构和文化倾向的深远
影响。

　　与经济发展相伴随的是加拿大社会的繁荣和人口的增长。人口数量从
1941 年的 1100 万增加到 1957 年中期的大约 1650 万。除了人口的自然增长
和战后移民等因素外，1949 年纽芬兰的加入，也带来了 35 万人口。

　　同其他西方国家一样，加拿大起初也面临一个工业化程度提高引发出生
率降低的问题。到 1937 年，出生率降低到 20.1 ‰。第二次世界大战在一定
程度上改变了这一趋势。战后，年轻人早婚现象颇为普遍，并且往往生育几
个子女。到 1947 年，加拿大人口出生率达到 28.9 ‰ 的高峰。同时，死亡

---

① Edgar McInnis. *Canada, A Political and Social History.* New York and Toronto: Rinehart & Company,
1959: 668.

率却降低到 1954 年的 8.2‰。① 这样，加拿大人口的自然增长率保持在每年 2‰ 左右，在全世界居于前列。

在人口自然增长的同时，移民也源源不断地进入加拿大。从第二次世界大战结束到 1957 年，进入加拿大的移民人数大约有 150 万。其中约三分之一是英国移民，来自美国的移民有 10 万人左右，来自欧洲大陆的移民人数占了相当大的比重，另外还有少数亚洲移民。

第二次世界大战结束后初期，加拿大的移民数量并不多，1946 年是 71719 人，1948 年是 64127 人。从 1950 年以后，移民数量迅速增加，到 1957 年达到 282164 人的顶峰。②

移民数量增多的主要原因是加拿大政府移民政策的变化。第二次世界大战后，加拿大当局逐步改变了以往的歧视性移民政策，在 1950 年建立了公民和移民局，并在 1952 年通过了新移民法。新移民法正式废除了种族歧视的移民政策，但却加强了对移民文化程度、健康状况及经济能力等方面的限制，尽管如此，新移民政策仍然比过去的"白人加拿大政策"公正多了。

新移民政策对移民数量的限制主要依据加拿大社会的接受能力而定，并随着加拿大经济状况的不同而灵活运用。因此，移民数量波动很大。20 世纪 60 年代初，由于经济衰退，移民人数减少到每年 7 万多人。1966 至 1967 年，批准移民主要是从加拿大技术力量的发展需要来考虑的，移民人数又迅速增加，1967 年达到 222876 人。③ 从 1950 年到 1967 年，有 208089 名具有一定技术专长的美国人移居到加拿大。技术工人还同时来自其他国家，1953 至 1963 年，有 8 万名专业人员和高级技术人员从其他国家进入加拿大，其中 60% 是英国人。从第二次世界大战结束到 1963 年，移居加拿大的技术工人中，有三分之二来自英国和美国。④ 知识移民的增加，对于推动加拿大经济、技术和文化的发展起了重要作用。

大批战后难民是第二次世界大战以后移民活动的一个新特点。通过国际难民机构，加拿大在战后初期就接受了约 10 万名难民。1956 年匈牙利事件后，有大约 3.6 万名匈牙利人于 1957 年进入加拿大。接受难民的举动常常

① Edgar McInnis. *Canada, A Political and Social History.* New York and Toronto: Rinehart & Company, 1959: 592.

② 阮西湖：《加拿大民族志》，北京：中国社会科学出版社，1986 年，第 183 页。

③ 阮西湖：《加拿大民族志》，北京：中国社会科学出版社，1986 年，第 183 页。

④ 阮西湖：《加拿大民族志》，北京：中国社会科学出版社，1986 年，第 186 页。

受到国内一部分人的非议，1957 年保守党当政后，对发放签证进行了严格限制，使其后几年移民数量骤减。

与半个世纪以前的加拿大移民不同的是，大部分新移民来到加拿大后不再转入农业。这一方面是因为西部的农业边疆已经到了尽头，新的边疆是金属矿源丰富的极北部和正在扩大的草原石油产区。然而，这些新的开发区所能吸收的移民也只是移民总数的一小部分。另一方面，由于新的移民政策，新移民中多数为掌握熟练技术、先进科学知识与管理经验的人才及其亲属，他们到达加拿大后，自然涌入有用武之地的发展迅速的大城市。将近十分之九的新移民成为加拿大的城市居民。

第二次世界大战以后，加拿大加快了由农业社会向工业社会的转变。农业机械化的发展使农业人口在 1941 至 1951 年间减少了 10％。[1]而且这一过程仍在进行之中，1951 年加拿大农村人口占总人口的 38.4％，十年以后降至 29％。[2]像萨斯喀彻温这样的农业省份，人口下降十分明显，马尼托巴及沿海三省人口增长也非常缓慢，而安大略、不列颠哥伦比亚以及稍逊于它们的魁北克和阿尔伯塔，则吸收了大批本国和国外移民。这些移民大多汇集在这些省份的中心城市。到 1956 年，三分之一的加拿大人口集中在 15 个中心城市，其中一半生活于人口 4 万人以上的城市。不列颠哥伦比亚人口的一半以上生活在温哥华和维多利亚，魁北克人口的三分之一以上居住在蒙特利尔，安大略人口的四分之一居住在多伦多。1941 年以后的十年中，15 个中心城市的人口增长了三分之二。[3]

城市化进程的加快引起加拿大人职业结构的变化。新的科学技术的运用把大批加拿大人从繁重的体力劳动中解放出来。从事艰苦的体力劳动的人在 1911 年占总人口的 39％，而在 1955 年只占 21％ 了。从事较熟练技术工作的人占工人总数的三分之一。第三种人，即纯粹的白领阶层，包括专业技术人员、管理人员、神职人员等，约占全部工作人员的 46％。社会财富的分配上两极分化的趋势也日益明显。各大城市中既有气势宏伟的高楼大厦，也有破败不堪的贫民窟，既有腰缠万贯的富商大亨，也有一文不名的乞丐。到

---

① Edgar McInnis. *Canada, A Political and Social History.* New York and Toronto: Rinehart & Company, 1959: 594.

② 唐纳德·克莱顿：《加拿大近百年史》（中译本），济南：山东人民出版社，1972 年，第 474 页。

③ Edgar McInnis. *Canada, A Political and Social History.* New York and Toronto: Rinehart & Company, 1959: 594.

1961 年，仍有 25% 的家庭属于低收入家庭。

城市化增加了人们对与城市生活关系密切的物质和文化设施的需求。这些设施既包括居民住房和交通工具，也包括画廊、博物馆、音乐厅、图书馆和学校。电冰箱和电气炉灶、洗涤和烘干设备减轻了家务劳动。1960 年，加拿大经注册的小轿车有 4104400 辆，为十年前的两倍多。加拿大广播公司从 1952 年秋开始播放电视节目，至 1957 年初已出售了 260 万台电视机。[①]

城市化推动了文化事业的建设和发展，然而，如何发展有特色的加拿大民族文化，是摆在加拿大人面前的一大难题。一方面，作为一个移民国家，加拿大在文化传统上比较驳杂。起源于欧洲的主流文化移植到加拿大以后，融于加拿大的社会环境之中，历经数百年的演变，已失去原来的鲜明特征。另一方面，加拿大迟迟没有以一个独立国家的面目呈现于世界，其具有特色的民族文化的成长没有受到鼓励。来自外来文化尤其是美国文化的冲击，更使加拿大文化失去了自己的特色。

1949 年 4 月，联邦政府成立了国家艺术、文学、科学发展皇家委员会，前驻英国高级专员文森特·梅西任该委员会主席，因此又称"梅西委员会"。经过对加拿大广播公司、国家电影局、国立博物馆、国立档案馆和议会图书馆等联邦机构的考察，该委员会提出，为保持加拿大在知识和精神上的独立性，应"鼓励那些表现民族感情、促进共同了解和增进加拿大人民多种多样和丰富多彩的生活的机构"[②]。梅西委员会发表于 1951 年的报告详细分析了加拿大学者、科学家、作家和艺术家的现状，提出了富有建设性的建议，其中最为重要的有两点：一是由政府建立加拿大协会，以鼓励和支持加拿大人文科学和社会科学；二是由联邦政府拨款补助加拿大各大学。

社会状况的改善增加了人们对艺术的兴趣。加拿大的艺术形式基本上秉承了欧洲的传统。芭蕾舞在 20 世纪 40 年代获得迅速发展，皇家温尼伯芭蕾舞团和多伦多国立芭蕾舞团相继成立。交响乐队首先成立于蒙特利尔、多伦多、魁北克和温哥华四大城市，战后年代扩及其他城市。蒙特利尔和多伦多都成功地举办过短期歌剧剧场。1933 年开始在几个主要城市举办每年一度的自治领戏剧节，有力地促进了戏剧事业的发展。1955 年夏天在安大略

---

① 唐纳德·克莱顿：《加拿大近百年史》（中译本），济南：山东人民出版社，1972 年，第 460—461 页。

② Donald Creighton. *Dominion of the North: A History of Canada*. London: Macmillan Co. Ltd., 1957: 579.

省斯特拉福德（Stratford）创办的莎士比亚戏剧节，也取得了相当大的成功。

　　加拿大艺术事业的发展总的来看是表演甚于创作。梅西委员会指出："无论在国内还是在国外，加拿大在艺术上的声誉主要依靠绘画。由加拿大作曲家创作的严肃的音乐在加拿大仍微不足道……戏剧创作……一直远远落后于其他文学艺术。……无论在法语中还是在英语中，我们都没有真正的民族文学。"①

　　加拿大的作曲家在创作中受到许多限制，包括乐队的数量、规模以及大众对流行名作的偏爱等。加拿大广播公司和后来成立的国家电影局为民族音乐家的成功创造了较多的机会。

　　加拿大的小说家们致力于表现加拿大生活的素材，尽管在创作上仍有局限性，但还是取得了很大成功，其作品的销量在加拿大已大大超过了英国和美国的小说。罗杰·利米林对魁北克市社会关系的敏锐观察，加布里勒·罗伊对蒙特利尔工人阶层细致的描述，休·麦克莱南对蒙特利尔和安大略小城不同社会层面的探究，引起了世界文坛的注意，他们的作品体现了鲜明的加拿大民族特征。

　　梅西委员会的建议，也给在困境中挣扎的加拿大各大学带来了希望。20世纪40年代末50年代初，加拿大各大学在教育经费上都程度不同地依靠公共基金。靠个人捐助和各省援款来满足日益增长的高等教育开支越来越显得捉襟见肘。1942至1951年，本科生注册人数从3.5万增加到5.8万，而这仅仅是适龄人口的7%。在美国，这个比率则是20%。战后的高出生率意味着60至70年代大学在学人数将增加至少两倍，通过联邦政府拨款解决教育经费问题已势在必行。

　　根据梅西委员会的建议，联邦政府在1951年拨款800万加元给各大学。1956年10月，联邦总理又宣布将加倍拨款。加拿大协会成立后接管了此项工作。两位去世的百万富翁为教育捐赠了1亿加元的巨额遗产，全部由加拿大协会掌管，用其中一半建立了大学基本奖授基金，剩下的5000万加元用作资助文化活动的奖学金、贷款和赠款。加拿大协会还作为联合国教科文组织（UNESCO）在加拿大对应的国家机构发挥作用。

---

① Edgar McInnis. *Canada, A Political and Social History.* New York and Toronto: Rinehart & Company, 1959: 595.

战后加拿大文化中的一个突出特征是浓厚的美国化色彩。梅西委员会曾经严肃地提醒加拿大人民要警惕"地理势力"的影响和"文化大陆主义"危险。加拿大协会也不遗余力地鼓励和推动具有民族特色的加拿大文学艺术的发展，扶植加拿大艺术家、音乐家、作家和社会科学家的成长。1958年设立的管制全加拿大广播事务的广播管理委员会规定，广播和电视的"加拿大内容"不得少于55%。1960年又设立了皇家出版委员会，旨在探讨通过出版物促进加拿大文化发展的途径。

然而，文明的流向总是从高处流往低处。脆弱的加拿大民族文化难以抵御借助于政治、经济和科技优势的美国文化的冲击。大量美国宣传工具——无线电台、电视台、电影、报纸杂志几乎垄断了加拿大的文化市场。大批加拿大人对美国商业性娱乐的喜好，对美国播放的电视节目的偏爱，使加拿大的民族主义者们徒叹奈何。由于收听率低，长期致力于加拿大节目和为促进加拿大人才干而斗争的加拿大广播公司长期入不敷出，经济拮据，并因此影响了自身的发展。通过出版物促进加拿大文化发展的努力也收效甚微。至于体育运动，加拿大人也把目光投向美国，而对自己国家组织薄弱、技术低下的体育活动不屑一顾。北美大陆的体育娱乐事业尽在美国的控制之下，加拿大的体育运动，尤其像曲棍球等运动强项，都已与美国的体育运动合流了。

十、工业化时代的阶级矛盾与民族矛盾

20世纪50至60年代，加拿大也同美国一样经历了一个社会秩序极度不稳定的时期。年轻一代对传统的道德观念、法律概念和政治权威提出挑战，新的文化浪潮在席卷了美国之后也波及加拿大。

1957至1964年，劳工队伍从600万人增加到700万人。与此同时，农业雇工从74万人减少到63万人。雇佣工人的就业率随着经济状况的阴晴变化而上下波动，1961年的一段短期萧条就使失业率达到11.3%的高峰。经济复苏以后，失业率又降至1965年底的3.6%。[1]

随着劳工队伍的壮大，工人们开始组织起来为争取就业、改善劳动条件

---

① Edgar McInnis. *Canada, A Political and Social History.* New York and Toronto: Rinehart & Company, 1959: 637.

和提高工资而斗争，劳工运动因而兴起。先是商店女雇员为争取较高工资举行游行，继而邮政职工、教师也举行了罢工。1966 年夏初和秋末两次码头装卸工人罢工使魁北克各港口关闭了五个星期，不列颠哥伦比亚各港口关闭了三个星期，严重影响了进出口业务，并危及向中国、苏联输出小麦的重要协议的完成。

1968 年，加拿大海员为增加工资、改善待遇举行罢工，使海运一度出现了停滞。

加拿大联邦与省政府采取了许多反劳工措施以制止罢工。许多省规定了强制性调停程序并对罢工的合法性予以严格限制。纽芬兰省政府以某一工会领袖参与犯罪活动为借口解散了该工会组织。1967 年，魁北克省通过立法勒令正在罢教的教师返回教室。联邦政府在 1966 年也介入了一起铁路罢工事件。按照联邦的劳工立法，尽管劳工们在理论上有组织起来举行罢工的自由，但在行使这些自由权利时不得损害所谓公共利益，不能对经济和社会的稳定造成严重危害。这样，联邦与各省政府随时可以找到理由制止任何集体抵制或罢工活动。尽管如此，加拿大劳工队伍仍在斗争中逐渐成长壮大，并走向成熟。

加拿大的民族矛盾主要表现为英裔加拿大人同法裔加拿大人之间的矛盾，甚至因为这一矛盾掩盖了其他范围和规模较小的种族矛盾。

1959 年 9 月，莫里斯·杜普莱西的去世结束了民族联盟对魁北克长达 15 年的专制而腐败的统治。杜普莱西的权威足以使任何挑战者望而却步，他甚至独揽魁北克省的一切大权而不容联邦政府染指。但总的看来，他统治的动机主要在于攫取和保持权力，而不是运用权力达到富有建设性的目的。他的去世使民族联盟失去了习惯于遵循的政治指导和行为准则，年轻一代开始打破陈规，提出表现极端民族主义的富有建设性的目标，长期郁积的力量得以解放出来。步专制后尘的往往是混乱，群龙无首的民族联盟在不休的争吵中消耗了力量。

1960 年 6 月，让·勒萨热领导的魁北克自由党在选举中获胜。勒萨热曾为圣劳伦特的自由党内阁成员，1957 年卸任后把目标转向夺取魁北克省领导权，组织起一批具有强烈民族主义倾向的知识分子，以促进魁北克社会与政治现代化和向法裔加拿大人注入新的活力为己任。勒萨热宣称："重建魁北克省的时刻已经开始。"① 他号召魁北克人民起来进行一场"温和革命"。

勒萨热所谓"温和革命"大致在三个层面上进行：其一是要控制影响该省物质进步的各种经济工具；其二是大规模的教育改革计划，旨在赋予年轻的法裔加拿大人以适应现代社会生活的知识和技能；其三是争取独立于联邦政府的可以充分行使的省权，并接受一种足以威胁现行宪法基础的种族参与理论，使省权进一步扩大。

勒萨热的目标是有针对性的。长期以来，魁北克省的经济命脉多半掌握在英裔加拿大人手中。绝大部分基础工业为美国或加拿大的英裔集团所控制。勒萨热认为，只有将其转移到法裔加拿大人手中，才能实现自己的民族主义改革纲领，为此，他提出"购买魁北克"计划，力图将一些控制在私人手中的关键工业部门收归魁北克省所有。然而，要接管这些企业需要大量的资金，单靠魁北克政府自己的力量是难以办到的。建立大型钢铁联合企业的雄心勃勃的计划因缺乏足够的资本和科技手段被迫搁置，积蓄资金投入省内企业的热情也在推行过程中冷却下来。勒萨热政府在经济方面取得的最大成就也许就是将私人电业公司国有化（实际上是归魁北克省所有）。这一建议是由魁北克省自然资源部部长勒内·莱维斯克提出的。魁北克水利工程实现了这一计划的大部分目标，成为魁北克人的骄傲。

总的看来，要全面实现勒萨热"温和革命"中的经济目标绝不可能一蹴而就。摆在魁北克政府面前的既有主观上的障碍，即法裔加拿大人思想观念的过时和老化，也有客观上的障碍，即英裔加拿大人集团经济实力的雄厚和魁北克省政府的势单力薄。

勒萨热政府曾经在两年的时间内推出了一揽子政治改革纲领，包括消除前任民族联盟政府的专制陋习，实现政治决策民主化；改变选区划分，为城市地区提供更多的代表权；减少选举中的秘密基金，限制政府在选举期间的开支；将投票权的年龄限制由原来的 21 岁降低到 18 岁。这些政治改革措施为魁北克带来了清新的气息。

相比之下，勒萨热政府的教育改革也许更具有深远意义。按照传统的教学方式，魁北克省天主教学校以法文授课，基督教学校以英文授课。法裔学

---

① Edgar McInnis. *Canada, A Political and Social History.* New York and Toronto: Rinehart & Company, 1959: 646.

生常常是为获得某种职业才接受高等教育，这些职业不外乎医学、法学或教会几个方面。当然，也有很少一部分人以此谋得在政府中或企业界的职位。尽管像拉瓦尔大学和蒙特利尔大学等著名高等学校都设置政治学、科学和工程学之类的学科，但在基础教学和中等教育中，为未来就业而教学的倾向仍很明显。

魁北克教育皇家调查委员会提交的报告指出，公众"只崇尚人文学，把科学放在可怜的次要地位，而认为技术与商业只能作为最后的选择"。报告建议大幅度地改革大学前教育，使其管理民主化，完善公共教育，使所有孩子都能在广泛的选择中决定自己未来的职业。

1964年设立了监管一切教育领域的教育部。这是勒萨热教育改革的第一步。此外还设立了语言和宗教上的中立学校，限制天主教和基督教委员会安排宗教和道德教学的做法。随后又在全省建立起地方学校的完整体系，既包括基础教育，也包括中等教育。更具有重要意义的改革是在高等教育之前推行两年培养制，向学生全面讲授科技和学术问题，以便在进入商业界或行政领域之前能够得到终期训练，同时也增加了学生接受高等教育的选择面。新的改革方案尤为重视中等教育，将科技教学与普通教学结合起来，使学生能够更全面地认识现代社会。

改革的热情从一开始就与民族精神结合在一起，并因此推动了民族主义运动的高涨。魁北克的民族主义者越来越强烈地感受到来自联邦体制和《英属北美法案》的限制，并为此愤愤不已。因此，冲破宪法障碍，改革加拿大联邦体制，就成为民族主义运动的新目标。

法裔加拿大民族主义者试图从两个方面改变联邦体制。其一是争取正式宣布加拿大为两种语言、二元文化的国家，从而改善法语在全国的地位；其二是争取魁北克在加拿大联邦内享有特殊的独立地位。二者在逻辑上是矛盾的，因而难以同时实现。民族主义运动从开始就存在着两个派别：勒萨热的"温和革命"是在保持一个加拿大国家和联邦政府的前提下，要求充分承认魁北克省的自治权和公平参与联邦事务，让魁北克省在关税、交通和货币政策方面具有发言权。1966年，丹尼尔·约翰逊领导的民族联盟重新得势，一度控制了魁北克政局。约翰逊政府以更激进的要求博得许多民族主义者的支持，即要求魁北克省主权，由省垄断直接税收。如果这些要求得不到满足，魁北克就退出联邦。分离的主张得到一部分为数不多但却能言善辩的学生和年轻知识分子的支持。在他们的眼中，联邦是种族压迫的工具。因此，他们反对一切联合的象征，从国旗到国庆节。他们的主张在法裔加拿大人中获得广泛支持。

在当时的历史条件下，较为切实可行的主张是将魁北克作为一个联系邦（associated state），在继续英裔、法裔平等参与的同时，赋予其各种主权特征。中央政府的职能仅限于铸币、海关和对外关系。但无论是勒萨热的要求，还是约翰逊的主张都超出了这个限度。前者曾在 1965 年提出让魁北克拥有独立同国外就省辖范围内事务进行谈判的权力。后者上台以后，于 1967 年设立了政府间事务部作为将来参与外交事务的机构。

联邦政府倾向于一种被称作合作联邦主义的更现实的解决方案，用莱斯特·B. 皮尔逊的话来说，就是"两级政府既要履行各自的责任，又要尊重对方的责任……他们有义务使其行动互相协调，并行不悖。因此必须建立起磋商与合作"[①]。

然而，民族主义的浪潮一旦掀起，往往会以难以遏制的趋势走向极端。在魁北克省，由圣让浸礼会、市政委员会、校务会和劳工组织代表组成的自称为"总团体"（Estates-General）的组织，在 1967 年 11 月举行的集会上，通过决议，取消英语作为魁北克官方语言，限制在商业用语中使用英语，强行将商业利润留置省内，兼并从哈得孙湾到拉布拉多的一些地区，修改宪法。

曾任勒萨热政府自然资源部部长的勒内·莱维斯克，在其争取魁北克主权的主张被魁北克自由党拒绝后，愤而退出该党，组建了魁北克人党，倡导更激进的民族主义改革纲领。法国总统夏尔·戴高乐借出席 1967 年蒙特利尔国际博览会之机，声言魁北克正在发展为一个与众不同的民族和政治团体，"我们自己民族的一支在这里安置、生根和集聚"[②]。当皮尔逊总理对戴高乐的言行表示不满时，这位目空一切的总统愤而取消了对渥太华的访问，提前回国。回到法国后，他继续扬言要帮助魁北克实现自由目标。法国不能"对自己民族所传下的并对其民族渊源怀有敬意的人民的现在与将来的命运

---

① Edgar McInnis. *Canada, A Political and Social History*. New York and Toronto: Rinehart & Company, 1959: 649.

② Edgar McInnis. *Canada, A Political and Social History*. New York and Toronto: Rinehart & Company, 1959: 651.

漠不关心"①。戴高乐的话使魁北克民族主义分子深受鼓舞，尽管他们争取法国物质帮助的期望最终还是破灭了。总而言之，戴高乐的卷入，增加了加拿大民族问题和国家政治的复杂性。民族矛盾在国内外势力的煽动下演变成暴力冲突。极端民族主义者组成两个恐怖组织——"魁北克解放阵线"和"魁北克解放军"，公开鼓吹实行暴力政策。

加拿大联邦政府为了平息魁北克的民族主义浪潮一再推行绥靖政策。1963 年 7 月任命了一个双重语言、二元文化皇家委员会。委员会的组成建立在两个"创始民族"的文化绝对平等的基础上。卡尔顿大学校长戴维森·邓顿、《义务报》总编辑安德烈·洛朗多是两位联合主席，此外还有三个英裔加拿大人、三个法裔加拿大人和两个"新加拿大人"（一个讲英语，另一个讲法语）。委员会建议，为了联邦目标，法语和英语被正式宣布为官方语言，在政府行政部门和法院中地位平等，基础教育和中等教育或者根据条件使用两种语言中的任何一种，或者因其需要同时使用两种语言。这个文件成为 1968 年 2 月 5 日召开的联邦—省会议上的重要议题之一。渥太华许诺将在下届议会开幕后履行联邦政府方面的义务；魁北克省的丹尼尔·约翰逊总理也拒绝了极端主义分子要求纯粹的法语魁北克邦的主张，接受双语制；其他各省也基本赞同报告内容。这样，在这份报告的基础上，联邦政府与魁北克政府之间达成了妥协，民族矛盾暂时得到缓解。

十一、百年诞辰

1967 年，加拿大联邦迎来了她的百年诞辰。经过一个世纪的发展，加拿大由一个殖民地社会成长为一个政治上日臻成熟、经济上不断强盛的发达资本主义国家。物质方面的成果尤为突出，国民生产总值到 1968 年初已达到 650 亿加元，并且仍在增长之中；人口也突破了 2000 万。

尽管在经济结构上仍然存在许多问题，但加拿大工农业的现代化水平和国民生产总值足以表明，这个国家已经跻身于世界上为数不多的发达资本主义国家之列。丰富的天然资源，加上西方先进的科学技术，使加拿大工业具

---

① Edgar McInnis. *Canada, A Political and Social History.* New York and Toronto: Rinehart & Company, 1959: 651.

备了得天独厚的发展条件。不仅工业产量大幅度地增加，而且工业结构也迅速得到改善，科学技术在经济发展中一直起着开路先锋作用。第二次世界大战以后，加拿大科学技术获得长足发展，许多领域在世界处于领先地位。

在逐步冲破来自国际政治的羁绊之后，加拿大产品在国际市场上越来越受欢迎，基础产品与制造业产品的出口额逐年上升，从 1957 年的不足 50 万加元增加到 1966 年的 100 亿加元。1961 年后，加拿大商品进出口业务一直保持着贸易顺差。这种有利形势在很大程度上得益于 1958 年后向中国和苏联出口的大量小麦，小麦与面粉的出口额从 1960 年的 4.73 亿加元增加到 1964 年的 11.24 亿加元，在加拿大对外贸易中居于领先地位。

美国仍然是加拿大最重要的贸易国。1966 年，出口美国的商品价值达 62.26 亿加元，同时又从美国购得 71.32 亿加元的商品，贸易逆差约 10 亿加元。这种状况引起人们对经济大陆主义的不满。同时，欧洲经济共同体的建立和世界其他地区的贸易前景也吸引着加拿大人的注意力。但这些倾向始终没能上升到加拿大官方政策的高度。加拿大经济对美国的依赖已经深化到内部结构。现代自动化工业生产更加强了两国的联系。主要来源于美国的汽车进口，是加拿大对美贸易逆差的重要因素。1965 年 1 月，两国达成一项协议，据此，部分美加企业进出口汽车和零部件可以免税。这项协议虽然在边境两边都引起了非议，但它给双方带来的好处仍使其得以贯彻。1967 年 6 月，加拿大工业部宣布，该协议已经为加拿大创造了 15900 个新的就业机会，对美国的出口也由 1964 年的 9900 万加元增加到 1966 年的 8.45 亿加元。关贸总协定建立以后，贸易壁垒受到诸多限制，经过所谓肯尼迪回合，国际关税进一步降低，从而有利于依赖国际市场的加拿大经济。

百年诞辰之际，加拿大经济呈现扩展壮大趋势，民众的生活水平仅次于美国，在世界居第二位，国际贸易地位接近于工业大国。而其自然资源和生产能力则预示着前途无量的发展势头。经过一个世纪的发展，加拿大由殖民地成长为高度发达的资本主义经济强国。经济实力奠定了其在国际舞台上的重要地位，尽管在政治上仍属于二流国家，但所发挥的作用却常常令世界各国刮目相看。

经济上的迅速发展为加拿大向福利资本主义迈进创造了必要条件。加拿大的社会福利计划，开始阶段多半是由各省地方政府承担其开支，因此形成了不同省份不同地区之间福利水平上的差异。随着这一事业的发展，在健康、教育和养老金等领域采取共同行动的要求被普遍接受，从而将发展社会福利的重任压在联邦政府肩上。

联邦政府接过了一部分社会福利工作之后，将其在原来的基础上进一步扩大。养老金增加到每月 75 加元，领取养老金的年龄从 70 岁放宽到 65 岁。后来又通过了加拿大年金法，将老年人领取年金的制度固定化。皮尔逊政府制订的《加拿大援助计划》又增加了对老年人和穷人的援助。1966 年，联邦政府确定了最低收入线，为收入达不到此线的人发放补助金。

更多的社会福利项目仍需各省去完成。随着社会福利事业全面深入地展开，各省的财政开支越来越大。例如，1966 年安大略省教育拨款是 5.75 亿加元，相当于该省十年前的财政总额。加上健康和其他福利拨款，总计 7.54 亿加元。为解决联邦与各省之间财政和税收问题，50 年代中期后联邦和各省以及各省之间举行了多次会议，试图找到一种各方都能满意的解决办法。最根本的还是财政问题，并且这一问题常常与联邦制度、宪法体系等牵连在一起，使加拿大社会福利事业的开展一波三折。如何理顺联邦与各省以及各省之间的关系，协调全国不同地区间的经济发展和财政收支，是摆在加拿大政府和人民面前的重要课题。

很明显，到 1960 年，战后税收体系已经行不通了。魁北克省率先要求联邦政府从一些共同的福利计划中撤出并将税收的大部分交归各省。其他省份也表达了类似的意见。到 1966 年，联邦政府已开始从医疗保险等领域撤出并将部分岁入交付各省，以满足其新增加的开支。然而，由于各地区之间经济发展不平衡，并且在自然资源利用上存在着不合理性，由各省独揽福利计划的设想也招来许多非议，尤其来自魁北克以外各省。国家利益要求在全国范围内实行平等的健康、教育和社会保险等服务，唯有联邦政府能够做到这一点。同时，也只有联邦政府才能操纵全国的经济机器，使之富有活力地运转。

现代社会所带来的新问题要求变通越来越不合时宜的宪法体系，或者在旧体系内做出新的调整和解释。要做到这一点，有必要建立联邦与各省之间的通力合作。然而，要想在所有重大问题上都取得一致意见是不可能的。联邦与各省的政治关系要达到和谐，彼此的权力范围就应该重新划分。这必须从宪法基础上予以调整。而加拿大人所遵从的《英属北美法案》的修改权操纵在英国威斯敏斯特议会手中，加拿大人自己无权更动。在许多加拿大人眼中，仍然依靠威斯敏斯特议会来修改宪法是加拿大人的耻辱，因此，50 年代流行着一句口号叫作"宪法归国"。可是，一旦宪法归国，如何运用它还是一个悬而未决的问题，尤其在修改法案还未落到实处之前。

1960年秋开始的一系列会议专门讨论了这一问题。在这一年10月的一次会议上通过了一个"富尔顿—法弗罗准则"，得到各省总理的一致同意。据此，在宪法修改中，对语言权和省立法权等问题上的变动必须征得一致同意；其他修正案必须得到拥有全国50%人口的三分之二省份同意，省权由联邦代理行使的变动至少要有四个相关省份同意。[①] 这一准则在民众中引起很大反响，来自青年学生和律师的反对最为激烈。尽管有许多批评和反对意见，十个加拿大省仍然有九个接受了它。只有魁北克在原来的立场上退缩了。勒萨热曾接受这一准则并将其提交立法会议批准。但在强大的反对势力面前，他的热情一落千丈。1966年1月，他辞去了魁北克省总理职务，从而也放弃了使这一准则得到批准的努力。在联邦政府方面，皮尔逊总理也不满于这一安排，认为没有一致同意，联邦政府将寸步难行。这样，为使加拿大宪法成为"真正完整的加拿大宪法"而做的努力再次陷入停顿状态。

第二次世界大战后争取独立主权的斗争早在金执政时期就开始了。金和圣劳伦特在争取国家地位方面有三个目标：一个由加拿大人担任的总督；一面有特色的加拿大国旗；独立的加拿大公民身份。后两条是第二十届议会第一次会议提出的建设纲领的一部分。1946年的加拿大公民法案为"加拿大公民"这个名词下了定义，第一次把加拿大公民身份和普通国民身份加以区别。文森特·梅西是第一位被任命为加拿大总督的加拿大人。

早在1945年秋，联邦政府就提出了拥有一面有特色的加拿大国旗的建议。然而，加拿大议会对于国旗的设计方案存在着严重分歧。讲英语的议员们坚持英国国旗一定要成为加拿大国旗的一部分元素；讲法语的议员则要求坚决摒弃英国国旗图案。为此而设立的委员会最后提出的方案是：将英国国旗的底色由红的改为白的，在旗面上以一片金色枫叶代替盾牌。这一方案仍然遭到以勒萨热为首的法裔加拿大议员的强烈反对。金为避免政府分裂，拒绝了该法案。这样，确定加拿大国旗的第一次努力以失败告终。

直到皮尔逊政府时期，在确立了双语制和二元文化之后，"有特色的"加拿大国旗方案作为"新加拿大"的象征又被提了出来。皮尔逊政府提出的方案是白色中间部分有三片红枫叶，两端为蓝色宽边。议会对这一方案争执

---

① Edgar McInnis. *Canada, A Political and Social History.* New York and Toronto: Rinehart & Company, 1959: 644.

不休。1964 年秋,白底上一片红枫叶,两端为红色宽边的图案得到了委员会多数人的支持,议会在经过几周的辩论之后接受了这一图案。1965 年 2 月 15 日,枫叶旗作为加拿大国旗第一次在议会大厦升起。

几位著名加拿大历史学家,如唐纳德·克莱顿、W. L. 莫顿等反对这一方案,认为它"空洞无物",不能反映加拿大过去的特点。在他们看来,"这一乏味的国旗,不但不能促进民族团结,反而会助长一种不负责任的态度,进而危及加拿大的生存"①。但不管怎么说,加拿大终于有了自己的国旗,对于当了多年殖民地臣民的加拿大人来说,不能不引为骄傲。

百年诞辰之际,加拿大的国际影响难以一言以蔽之。从经济实力上看,加拿大已经成为一个世界强国,但又因其对国外经济的依赖性,这一强国地位不免大打折扣;从加拿大在国际政治中发挥的作用看,尽管历届政府都曾以积极的姿态参与国际事务,并尽量显示加拿大在外交上的独立性,但却难以彻底摆脱美国的影响,从而也减少了这些外交努力本身所具有的意义。

第二次世界大战以后到 20 世纪 50 年代中期,加拿大在国际政治中扮演了一个积极的角色。然而,从 50 年代中期以后,加拿大在国际政治中的影响逐渐减弱。这一变化是与当时的国际环境密切相关的。50 年代中期后,随着西欧国家的复兴,西方阵营开始分崩离析。同时,社会主义阵营也出现裂痕。在第三世界国家兴起了不结盟运动,并作为一支新的政治力量在国际事务中发挥越来越大的作用。世界政治格局由原来的两极化逐渐转向多极化,全球性对立变成了区域性冲突。国际形势的变化为加拿大摆脱冷战轨迹、推行独立自由的外交政策提供了契机。然而,要彻底摒弃美国的控制和影响并非易事,这一时期加拿大在对外关系上表现出的观望、徘徊,反映了加拿大在国际政治中这种两难处境。

迪芬贝克当政时期,加拿大在对外政策上经常陷入混乱。无论是他亲自主持外交事务,还是由两位外交部部长先后处理对外关系,都少有建树。保守党政府疏远美国、亲近英国的倾向使其在美、英双方都失去了支持。加之保守党新领导人与旧有的公务员班底合不来,更降低了加拿大在外交上的效率。

自由党政府重新执政以后,皮尔逊总理及其外交部部长保罗·马丁将一众专家们重新拢在一起,但世界形势已时过境迁,对于 20 世纪 60 年代动

---

① J. L. Granatstein. *Canada: 1957-1967*. Toronto: McClelland and Stewart, 1986: 202.

荡不安的世界形势，超级大国尚感力不从心，像加拿大这样的二流国家更是无所适从。

第二次世界大战以后，联合国增加了许多新成员，这些新成员带来了对国际问题的不同观点和看法，美国控制下的"意见一致"成为明日黄花。迪芬贝克时期的外交部部长霍华德·格林曾积极致力于裁减军备活动，但收获不大。皮尔逊和马丁的维护和平之举对于平息国际纷争不过是杯水车薪。加拿大政府对于解决西奈半岛冲突、塞浦路斯和刚果的危机都做出过努力，但仅取得了有限的成果。加拿大长期致力于在联合国中建立一支常备的维护和平部队，并在1964年11月安排了一次由22国参加的国际会议，但只有少数国家完全支持它的动议，1966年11月的联合国大会也没能通过有利于这一计划的决议。1967年埃、以冲突中，埃及曾强令联合国非常部队离境，并特别强调加拿大部队应迅速撤出。加拿大也曾协助几个大国解决阿以战争问题，但所扮演的角色并不引人注目。

面对新的国际形势，加拿大曾试图脱离美国确立的轨道，谋求自身利益。向中国和苏联出售小麦，自然会引来美国人嫉妒的目光，而拒绝对古巴的禁运政策更招致美国政府的指责。加拿大对美国长期拒绝承认中华人民共和国的做法很不以为然，但慑于这个强大邻邦的压力，几届加拿大政府都不敢越雷池一步。这一时期，美国侵越战争不断升级，引起美国人民和全世界人民的批评和谴责，加拿大人民也在其中。

加拿大涉足越南事务始于1954年。根据这一年日内瓦会议的安排，圣劳伦特政府派出一个由外交和军事人员组成的使团，力图调解印度支那的冲突，但由于反对《日内瓦协议》的美国从中作梗，加拿大的努力收效甚微。当美国直接卷入越南战争并导致这场地区性冲突不断升级之后，加拿大作为国际控制委员会成员又被推上了国际舞台的中心。通过对这场纷争的考察，皮尔逊逐渐意识到美国是"在世界上一个错误的地区打一场错误的战争"[1]。皮尔逊的态度和言论惹恼了美国总统林登·约翰逊，致使这位战争总统将皮尔逊邀入戴维营而向他大光其火。皮尔逊和其外交部部长马丁为解决冲突做出的努力，受到冲突双方的冷遇，这使他们深切地意识到，加拿大作为一个中等国家，要解决由超级大国厕身其中的国际纷争谈何容易！

进入20世纪60年代后，加拿大的外交政策逐步脱离冷战的轨道。这

---

[1] J. L. Granatstein. *Canada: 1957-1967*. Toronto: McClelland and Stewart, 1986: 209.

一转变虽然也可以从加拿大内部找到许多原因，但主要还应归因于美国的世界形象和国际影响以及世界政治格局的变化。从第二次世界大战结束到 50 年代末，加拿大一直盲目地追随美国的冷战政策，对"国际共产主义阴谋"的神话和美国在为"民主和自由的斗争"中的领导地位深信不疑。然而，美国在世界上的专横跋扈，四处插手，激起各国人民的愤慨，也引起加拿大方面对美国政策的怀疑。迪芬贝克摆脱美国控制的努力及其失败，使加拿大国家主义者更深切地感受到来自美国的巨大威胁。1965 年 4 月，皮尔逊总理曾一度冲破谨小慎微的约束，公开提出"停止对北越的空袭"，为此引起美国总统林登·约翰逊的强烈不满。①

　　总而言之，百年诞辰时的加拿大，已经成为世界经济大国之一，但在联邦政治、国家地位和世界影响等方面还有许多不尽如人意之处，要冲破并消除来自国内外各种因素的制约，加拿大政府和人民仍需做出巨大努力。

---

① 唐纳德·克莱顿：《加拿大近百年史》（中译本），济南：山东人民出版社，1972 年，第 515 页。

第十二章　从特鲁多时代到马尔罗尼当政

一、特鲁多时代的加拿大经济形势

皮埃尔·埃利奥特·特鲁多作为一颗新星登上加拿大政治舞台之后，迎来的却是这个国家的多事之秋。

特鲁多长期以来得到魁北克年轻的自由党知识分子的有力支持。他曾撰文尖锐批评过魁北克人的狭隘、保守和故步自封，杜普莱西政府的腐败、独裁，主张在魁北克实行民主改革。他是"温和革命"的支持者，拥护建立有效的联邦权威。在担任司法部部长期间，他一直致力于扩大加拿大的个人自由，曾提出过一项放宽离婚法和使堕胎、同性恋合法化的法案，更改了有关性侵犯的刑律。与魁北克总理约翰逊的对抗更奠定了他在法裔加拿大人中充当联邦主义代言人的地位。他的朝气蓬勃与坚强果断使加拿大的政治氛围焕然一新。然而，历史的重任往往被赋予有才能的政治家，满腹宏论的特鲁多上台以后遇到了加拿大历史上前所未有的严峻挑战，他执政的十余年间，正是加拿大社会新问题、新矛盾不断涌现的时代。

从 1968 年 4 月 20 日就任加拿大总理开始，特鲁多占据这个职位长达 13 年之久，历经四次大选，成为加拿大执政最长的联邦总理之一。他毫无疑问是整个 70 年代加拿大政治的统治者。因此，通常把加拿大历史上特鲁多执政的年代称为"特鲁多时代"。

特鲁多所面临的挑战首先来自经济方面。百年诞辰之后，加拿大人对经济问题的担忧超过了 20 世纪 30 年代以来历史上的任何时期，70 年代的大部分时间，高失业率、高通货膨胀率和低经济增长率，加剧了加拿大地区间、联邦与各省间以及各阶级间长期积压的矛盾。

进入 70 年代后，世界经济结构发生了重大变化，进而造成了经济形势的长期不稳。从 1944 年布雷顿森林会议以来建立的一系列世界经济秩序保证了战后四分之一世纪内世界资本主义经济平稳迅速的发展。布雷顿森林体系以美元为国际储备货币，美元与黄金的兑换值固定在每盎司黄金 35 美元。这一安排奠定了其他国际经济合作形式的基础。这类经济合作形式包括国际货币基金组织（IMF）、世界银行和关税及贸易总协定（GATT）。通过这类合作，消除或减少了国与国之间的贸易障碍，从而促进了这些合作体系参与国贸易的发展和经济的增长。

然而，由于 60 年代后美国侵越战争的升级，增加了其国内的财政负担，进而导致危及整个资本主义世界的通货膨胀。贸易赤字和美国人在国外抢购财产造成大量美元外流，以致理查德·尼克松总统不得不在 1971 年终止布雷顿森林体系。此后世界实行"浮动"汇率，黄金价格猛涨。

除此之外，世界范围内的粮食价格和石油价格的上涨也是导致世界性通货膨胀的重要原因。70 年代许多国家农作物歉收，致使粮价迅速上升。1973 年底，阿拉伯产油国将石油价格提高四倍，油价的上涨使得严重依赖进口石油的西方工业机器脱离了高速发展的轨道。1973 至 1974 年世界范围的资本主义经济危机导致了较长时期的经济衰退。

经济危机暴露出加拿大经济对外依附性所带来的危害。摆脱外来控制的努力一次又一次遭到失败，成千上万的加拿大人靠捧外国公司的饭碗谋生，大部分加拿大商业领袖都强烈要求保护外来投资，认为这样至少可以保证产品市场。经济学家也可毫不费力地证明，加拿大的繁荣靠的是"固定"的外来资本。[①]

在加拿大，采用何种经济理论医治加拿大经济的争议贯穿了整个 20 世纪 70 年代。这种争议主要存在于新凯恩斯主义者和货币学派之间。新凯恩斯主义者认为，石油价格上涨是导致消费增加和通货膨胀的根源；而货币学派则认为，通货膨胀从其根本上说，总是一种货币现象，石油价格的上涨可以通过降低石油之外的商品价格予以调节。他们认为，加拿大联邦政府与中央银行不应试图干预国际市场的石油价格，而应将注意力放在稳定国内货币供应、逐步降低其增长率上。

加拿大政府基本上采纳了主张较少国家干预的货币学派的主张，并取得了一定成效。如同在英国和美国一样，货币学派的理论几乎成为 70 年代加

---

① Desmond Morton. *A Short History of Canada*. Edmonton Alberta: McClelland & Stewart, 1982: 251.

拿大官方经济学。加拿大政府通过削减政府开支，减少财政赤字，使通货膨胀暂时受到抑制，但到 1979 年又出现了通货膨胀程度超过以往的回潮，并因石油输出国组织（OPEC）再次将海湾石油提价而达到几乎难以控制的地步。特鲁多总理"将通货膨胀按倒在地"的乐观目标并未达到，控制货币的结果仍然是高利率、经济衰退、失业、银行破产。世界范围内的生产增长缓慢和实际生活水平降低困扰着包括加拿大在内的几乎所有资本主义国家。在英国，保守党政府运用了货币学派理论，得到的结果是 1981 年的失业率超过了劳工人数的 10%。美国也在这一年年中经历了两年来的第二次经济衰退。美国增加利率的措施殃及其他国家，1981 年夏末，加拿大利率超过了20%。

面对世界范围的经济"滞胀"，特鲁多政府进退维谷，摇摆不定。70 年代初，联邦政府曾采取了一些失业保障和财政向各省转移之类的措施，结果造成联邦财政赤字的急剧增加。1975 年 10 月，特鲁多采取了一个他曾经反对过的举动，对工资和物价实行管制，引起许多加拿大人的不满。面对世界范围的危机，特鲁多认为自由企业制度已经失败，只有通过国家干预才能挽救经济，稳定社会。这使他疏远了多年来支持自由党人的商业界。从 1975年到 1978 年，在联邦反通货膨胀委员会的指导和监督下，进行了直接的反通货膨胀控制。根据货币学派的理论，1975 年加拿大银行减少了货币供应量，导致利率的急剧增加。尽管联邦政府和中央银行都采取了许多措施，但通货膨胀率和失业率仍居高不下。80 年代初，几乎整个加拿大都处于经济失调状态。

表 12.1　经济指数：生产、通货膨胀、失业 [1]

年度	国民生产总值 （按 1971 年美元价格） （增长百分比）	消费价格指数 （增长百分比）	年失业率 （%）
1961—1965（平均）	5.6	1.6	5.4
1966—1970（平均）	4.8	3.8	4.4
1971	6.9	2.9	6.2
1972	6.1	4.8	6.2

----

[1] Edgar McInnis. *Canada, A Political and Social History*. New York and Toronto: Rinehart & Company, 1959: 670.

续表

年度	国民生产总值 （按 1971 年美元价格） （增长百分比）	消费价格指数 （增长百分比）	年失业率 （%）
1973	7.5	7.6	5.5
1974	3.6	10.9	5.3
1975	1.2	10.8	6.9
1976	5.5	7.5	7.1
1977	2.2	8.0	8.1
1978	3.4	8.9	8.4
1979	2.7	9.1	7.5
1980	0.1	10.5	7.5
1981	3.0	12.5	7.6

从 1981 年第三季度到 1982 年第三季度，加拿大经历了 20 世纪 30 年代以来最严重的一次经济衰退。1982 年国民生产总值下降 5％左右，有 41003 家企业和个体经营行业破产。1982 年平均失业率为 11％，12 月份失业人数达到 149.4 万人。1982 年 6 月，加元贬值到历史最低点，1 加元只等于 77.45 美分。为防止资金外流，银行实行高利率。1982 年 6 月，国家银行利率为 16.59％，商业银行利率为 18.25％。[①] 这些金融措施直接危及人民生活，引起广泛不满。1981 年 11 月，8 万名加拿大市民在议会大厦前示威，反对高利率。组织这次行动的劳工大会还把矛头指向其他社会问题。当时失业率已经超过了 8％的高峰，年消费价格指数增长率达到 12％。如同其他资本主义国家一样，通货膨胀、高利率、高失业率和长期以来经济增长缓慢等一系列经济问题一直困扰着特鲁多时代的加拿大，构成这个时代众多矛盾纠葛的大背景。

二、特鲁多时代的社会问题

1981 年年中，加拿大人口达到 2410.6 万人。20 世纪 40 至 50 年代的高

---

① 世界知识年鉴编辑委员会，编：《世界知识年鉴》，北京：世界知识出版社，1982 年，第 311 页。

出生率，是加拿大人口增长的一个重要因素。60 至 70 年代，人口出生率处于下降趋势。移民一直是加拿大人口增长的重要来源，除去从加拿大移出人数的净移民人数占 70 年代人口总增长的 33.8 %，高于 20 世纪 20 年代以来的其他时期。① 大部分移民是为寻求较好的生活条件而来加拿大的，也有一部分是不同时期来自捷克斯洛伐克、智利、乌干达和印度支那的政治难民。在美国侵越战争期间，许多美国人为逃避兵役而移民加拿大。从区域分布上看，新移民主要来自欧洲、美国、拉丁美洲和亚洲。来到加拿大以后，大多数进入各大中城市，安大略、魁北克、不列颠哥伦比亚、阿尔伯塔和马尼托巴等工业化程度较高的省份吸收的移民较多。新移民的到来很容易打破加拿大在民族问题上脆弱的平衡，许多英裔加拿大人对大批罗马天主教徒的迁入感到担忧；一些法裔加拿大人则担心新移民多数汇入英裔集团，甚至进入蒙特利尔的移民也乐于学习英语而非法语。从 1975 年初开始，加拿大政府发布了绿皮书，对移民政策予以指导。议会两院委员会的报告中指出，每年增加 10 万名新移民，可以弥补加拿大的低出生率。但如果每年的移民数量超 10 万人，就可能引起麻烦。② 70 年代末，加拿大移民人数逐渐减少，甚至达不到 10 万人的定额。

第二次世界大战后，因纽特人和印第安人的数量增长很快。根据 1971 年的人口统计，因纽特人有 1.8 万人，印第安人则达到 30 万人。这些土著居民的出生率高于加拿大人口的平均出生率，尽管在整个人口中仍处于少数，但其人口比重一直处于不断增长之中。特鲁多标榜要建立"公平社会"，首先着手解决土著居民问题。1969 年的《印第安人政策白皮书》，答应取消限制印第安人生存权利的《印第安人法》，允许印第安人"充分、自由和不受歧视地参与加拿大社会"。③

印第安人与因纽特人并不满足于这些形式上的承诺，开始自觉地站起来捍卫自己的权利，开创自己的未来。1968 年成立的全国印第安人兄弟会和 1971 年成立的"因纽特貘"，都是这些土著居民自发组织的保护自身权益的组织，表明他们决心在行动中自己解放自己。

① Edgar McInnis. *Canada, A Political and Social History.* New York and Toronto: Rinehart & Company, 1959: 250.

② Edgar McInnis. *Canada, A Political and Social History.* New York and Toronto: Rinehart & Company, 1959: 250.

③ Desmond Morton. *A Short History of Canada.* Edmonton Alberta: McClelland & Stewart, 1982: 250.

　　加拿大政府为开发自然资源，越来越多地侵犯了土著居民的利益。在富藏自然资源的一些地区，土著居民的领地要求一直得不到解决。1975 年，溪谷印第安人提出了对西北地区 110 万平方千米的领地要求以及在加拿大内部实行民族自决。1974 年，因纽特人也提出将西北地区一分为二，由因纽特人控制北半部。1979 年，"因纽特貘"正式将这一要求写入其纲领。联邦政府对土著居民的上述要求一概置之不理，特鲁多在 1977 年宣布说，正如不能给魁北克以特殊地位一样，对其他土著居民也一视同仁。①

　　1978 年，原始居民权利委员会代表班克斯岛的因纽特人同联邦政府印第安人事务和北方开发部成功达成协议，部分解决了因纽特人的土地要求。但数年以后，因纽特领地内石油和天然气的开发再次侵犯了因纽特人的利益。土著居民争取自己权利的道路仍很漫长。

　　加拿大人口增长在全国分布上是不平衡的。除了新移民多半定居在城市外，为数甚多的加拿大乡村人口也源源不断地流入城市。这一情况在三个西部省份表现尤为突出。由于石油和天然气工业的兴旺发达，阿尔伯塔省的人口从 1971 年到 1981 年增长了 36％；历来缺少人口的萨斯喀彻温省人口增长也很迅速；不列颠哥伦比亚省因其地理优势和工业化水平较高，人口增长在全国居于前列。两大中心省份——安大略和魁北克仍然是人口最稠密的地区。1981 年两省人口占全国总人口的 62％。人口分布在地区间的不平衡使联邦政府与靠资源发展起来的西部各省之间的关系更为复杂。西部人总担心渥太华政府的政策为选民人数众多的中央省份所左右，由不信任产生的对联邦政府政策的抵触情绪加剧了两者之间长期存在的矛盾。

　　国民收入在不同阶层和不同地区之间都表现出巨大的差异。1980 年，收入最低的 20％的家庭只得到国民总收入的 4％，而收入最高的 20％则得到国民总收入的 42％，贫富悬殊一目了然。各地区之间也长期存在着收入上的不平衡。魁北克、马尼托巴、萨斯喀彻温和大西洋沿岸各省在整个 70 年代人均收入低于全国的平均水平，而不列颠哥伦比亚则始终高于全国平均水平，到 70 年代末成为全国人均收入最高的省份。安大略则处于下降趋势。阿尔伯塔的人均收入，由于得益于石油和天然气，在 1973 年后迅速增加。

---

　　① Edgar McInnis. *Canada, A Political and Social History.* New York and Toronto: Rinehart & Company, 1959: 680.

表 12.2　1969—1979 年人均收入的地区分布情况[①]

地区	1969 年	1974 年（加元时价）	1979 年	1969—1979 年增长率（%）
不列颠哥伦比亚	3226	5761	9821	204
阿尔伯塔	2944	5238	9717	230
安大略	3470	5843	9608	177
加拿大	2943	5226	8902	202
育空和西北地区	2596	4883	8569	230
魁北克	2601	4733	8341	221
萨斯喀彻温	2368	5021	8335	252
马尼托巴	2762	4950	8198	197
新斯科特	2279	4156	7088	211
新不伦瑞克	2062	3882	6472	214
爱德华王子岛	1847	3478	64057	228
纽芬兰	1796	3518	5862	226

　　1979 年，加拿大劳工人数达到 1100 万，其中妇女人数增长很快，许多已婚妇女仍旧牟取职业，还有一些妇女在子女长大后重返工作岗位。她们之所以如此，既是出于经济上的需要，也是妇女运动推动的结果。1967 年，皮尔逊政府任命了一个妇女状况皇家委员会，由佛罗伦斯·波德任主席。该委员会在三年后提交的报告中罗列了 167 条建议，内容涉及教育、妇女的经济地位和家庭地位等几个方面。其中属联邦职权范围内的 122 条，有 42 条在 1974 年之前得到解决，37 条得到部分解决。但报告中提出的男女同工同酬一直没有成为现实，十年后仍然还是妇女运动奋斗的目标。尽管在劳工队伍中妇女人数已达三分之一，但主要集中在白领阶层。70 年代末，妇女进入法律、医疗卫生、会计和商业管理等行业的人数大大超过了以往。

　　经济发展改变了传统的职业结构，公共管理、贸易、金融、商业、通信和私人服务等行业都得到迅速发展。到 1980 年为止，将近三分之二的加拿大工资收入者是白领工人，受雇于制造业、建筑业和交通运输业的人数占十分之三，从事农业的人数占二十分之一，从事森林业、采矿业、捕鱼和狩猎

[①] Edgar McInnis. *Canada, A Political and Social History.* New York and Toronto: Rinehart & Company, 1959: 682.

的人数占劳工总数的五十分之一。

随着劳工队伍的壮大，工会会员人数也迅速增加，1976年工会会员人数达到304.2万人，比1962年增长一倍多。1964年，非农业工人有29.4%是工会会员，12年后上升到37.3%，新会员多数是白领工人和服务业职工。工会组织的壮大增强了工人运动的力量。从60年代到80年代，加拿大工人罢工次数和参加罢工的人数都呈增长趋势（如表12.3所示）。

表 12.3 1961—1980年加拿大罢工与空厂（Lockouts）情况[1]

年度	罢工、空厂次数	参加工人人数
1961—1865（平均）	355	105625
1966—1970（平均）	572	291109
1971	569	239631
1972	598	706474
1973	724	348470
1974	1218	580912
1975	1171	506443
1976	1039	1570940
1977	803	217557
1978	1058	401668
1979	1050	462504
1980	1028	441025

有组织的劳工运动的重要目标之一是增加实际收入。20世纪70年代，工人要求的高工资有时甚至超过了生产所得，雇主则通过提高物价将负担转移给消费者，这是引起通货膨胀的原因之一。通货膨胀反过来又刺激了工人对工资的要求，而这些要求又受到高失业率和反通货膨胀委员会活动的抑制。70年代初期和中期，工人实际收入曾有所增长，但到后期又开始下降。工人为避免失业往往不得不忍受低工资待遇。

妇女劳工人数的增多，增加了工人运动的女权色彩。白领阶层和公共服务业的工会给予妇女更多的重视。1981年，加拿大邮政工人工会（Union of Postal Workers）举行罢工，提出的要求之一就是全部补发女职工在产假期

---

[1] Edgar McInnis. *Canada, A Political and Social History*. New York and Toronto: Rinehart & Company, 1959: 683.

间的工资，得到满足后，其他工会也纷纷效仿。然而，尽管妇女已经争取到许多工作权利，但大多数在职妇女回到家中后仍要承担起繁重的家务。要实现妇女运动所争取的目标仍有一段较长的路要走。

为解决资本主义经济无节制地发展引起的诸多社会问题，就有必要增加社会福利，改善人民的生存条件，进而缓和阶级矛盾。尽管广泛的社会福利计划常常被认为是造成国家财政赤字的重要原因，但是，从长远来说，资本主义制度要存在下去，就不得不从结构上做出某些调整。要防止资本主义制度造成的种种弊端，一定程度的国家干预是不可缺少的。

皮尔逊政府为建立全面的社会保险制度，曾采取过许多重要措施，其中最有影响的立法是 1966 年通过的《医疗服务保障法》和《加拿大援助计划》。但直到特鲁多上任以后，这些计划仍未真正实施。联邦政府从 1968 年 7 月 1 日起，对于各省负责执行的医疗服务计划支付一半的费用，但另一半开支对各省来说仍是一项不小的负担。只有财力较为雄厚的萨斯喀彻温和不列颠哥伦比亚打算从指定的时间起承担费用。阿尔伯塔、马尼托巴、纽芬兰、新斯科舍和安大略在 1969 年接受了该计划。到 1969 年底，只有爱德华王子岛还无采纳这项计划的近期打算。《加拿大援助计划》在 1965 年的众议院辩论中曾被誉为"充分利用人类资源和消灭贫困"的有效之举，但也没有马上付诸实施。1971 年，参议院反贫困委员会承认，要筹集到解决贫困问题的 20 亿加元并非易事。加拿大社会贫困现象主要存在于土著居民、妇女和法裔加拿大人当中，从而加深了这个社会的许多固有矛盾。1969 至 1970 年，加拿大各级政府用于社会福利方面的开支达到 85 亿加元，然而，贫困问题仍未解决。为削减开支，有关部门决定，缩小各种福利计划的受益面，集中帮助那些真正需要援助的人。1970 年发布的题为《加拿大人收入保障》的联邦白皮书，强烈主张建立对老年人补贴和家庭援助的收入考察制，理由是要确认那些收入最低的个人或家庭，并予以援助，以便有限和有效地使用政府开支。联邦政府的所谓"经过考察的家庭收入保障计划"因 1972 年议会解散而被搁置，新议会中反对收入考察制的新民主党力量增加，使这一计划受阻。1973 年 4 月，全国健康与福利部部长马克·拉朗德提交的报告和随后通过的新的家庭补助法案，将原来的计划开支增加了近三倍。两年后，老年补助金也相应地做了提高。然而，实行充分的社会保险计划所需的巨额资金使加拿大政府仍感力不从心。1975 年，联邦政府为减少财政赤字，取消了一些就业计划，随后又撤销了社会服务法。尽管阻力重重并出现了一些倒退，《加拿大援助计划》仍在艰难曲折中获得普及。

三、特鲁多时代的魁北克问题

国家统一是特鲁多长期追求的目标，然而，在特鲁多时代，地区之间、中央与地方之间以及英语和法语两大民族之间的矛盾都达到了十分尖锐的程度，其中以民族矛盾表现得最为突出，产生的影响也最大。

20 世纪 70 年代，加拿大争议最多的政策当属双语制。事实上，关于语言问题的争论在 60 年代就成为加拿大两大民族之间关系的焦点。根据 1961 年的统计，有 12284762 名加拿大人说英语，3489866 名加拿大人说法语，有 2231172 人操双重语言，另有 232447 人既不说英语也不说法语。而溯其母语，英语和法语分别为 10660534 人和 5123151 人。[①] 讲法语的人与母语是法语的人之间的差额说明，操双重语言的人多半来自法语集团。这就不免引起法裔加拿大人对法语在加拿大地位的担忧。围绕如何在加拿大推行双语制问题，有识之士们提出许多方案，也引起一些长期的争论，并因此导致分离主义的崛起。

特鲁多认为，如果法裔加拿大人在语言和文化上的平等地位得到保障，就可以解决魁北克分离主义问题。1969 年通过的《官方语言法》规定，在联邦行政服务系统、皇家机构和联邦法院，英语和法语将被同时平等地使用。根据该法设立的委员会，将在那些英语和法语居于少数但却达到当地人口 10％ 的地方建立"双语区"。在"双语区"内将以两种语言实行充分的联邦服务。由一名直接向议会报告的联邦语言专员监督这一立法的执行。特鲁多在 1969 年 7 月的一次记者招待会上解释说："要建立和保持一个团结有力的国家，就有必要使讲法语和讲英语的加拿大人在这个国家的所有地方都能惬意如归。作为我们大语言团体中的一员，他们的权利应该得到联邦政府的尊重。这就是《官方语言法》和我们双语制政策的目的所在。"[②] 政治学教授基思·斯派塞担任了官方语言委员会的第一任主席。在此之前成立的双重语言、二元文化皇家委员会，在 1969 年和 1970 年先后完成其报告的第

---

① J. L. Granatstein. *Canada: 1957-1967*. Toronto: McClelland and Stewart, 1986: 246.

② Edgar McInnis. *Canada, A Political and Social History*. New York and Toronto: Rinehart & Company, 1959: 691.

三卷和第四卷，题目分别为《工作世界》和《其他种族的文化贡献》，报告中提出，要结束英语充斥的现象，必须支持建立法语教学设施。为此政府要花费巨额资金建立一套复杂的体系，以满足公共服务业的法语教学所需。

上述措施引起一些英裔加拿大人的批评。一批进步保守党人指责双语制政策是"蒙特利尔黑手党"操纵国家和破坏英语加拿大传统的佐证。尽管如此，双语制计划仍取得了一定成果。到 1974 年底，双语公务员人数达到5.3 万人，大约是总数的 19％。[①] 1976 年 5 月盖洛普测试的结果说明，有54％的加拿大人认为对双语制的强调过分了。这年 6 月，因魁北克航空调度使用法语而引起一场争论，致使全加拿大航空业受阻。英裔加拿大人热烈支持要求在航空调度中使用英语的飞行员和调度员，反对交通部同时使用法语的决定。许多法裔加拿大人则认为，这一事件的关键不是安全问题，而是语言问题。三年后接手处理这一事件的委员会提出报告说，在航空调度中使用两种语言并没有什么风险，并提议在魁北克实行双语调度。当政府接受这一建议时，英裔加拿大人的狂热已经冷却下来，公众反响不大。

语言问题的争论使两大民族之间的关系不断恶化，致使 1976 年魁北克人党在省选举中获胜。该党成立于 1968 年 10 月，当时的盖洛普测试表明，在魁北克支持分离主义的人只有 11％，反对的则有 72％，另有 17％的人犹豫不决。但在以后的几年中，魁北克人党的影响迅速扩大，许多法裔加拿大人把魁北克人党执政看作扩大法语使用范围的最好途径。以语言为职业工具的知识分子，由支持法语官方化发展到支持魁北克人党。法裔工商业者和工人阶级都相信，使法语取得统治地位，意味着给他们带来更多的进取机会，并可以由此复兴魁北克。尽管其中许多人并不是分离主义者，但多数人还是担心，如果不主动采取防范措施，魁北克会逐步被同化于英语大陆之中。

双语制给英裔加拿大人带来的一些不便使其在魁北克以外的各省受到程度不同的抵制。1977 年联邦政府建立的特别工作组在两年后提交的报告中批评说，在公共服务中使用双语制，"代价高昂而效率降低"[②]。双语制在西部，尤其是草原各省实行起来尤为困难。然而，政府的多元文化计划却赢得

---

① Edgar McInnis. *Canada, A Political and Social History*. New York and Toronto: Rinehart & Company, 1959: 692.

② Edgar McInnis. *Canada, A Political and Social History*. New York and Toronto: Rinehart & Company, 1959: 693.

各省政治家更多的支持。这一计划为各种民族背景的加拿大人保持、加强并弘扬他们对加拿大文化的贡献提供了多种渠道。一些人认为，双语制不但没能使国家团结，反而使之更加分裂。不管怎么说，双语制的推行对于吸收大批法裔加拿大人进入加拿大公务系统做出了有益和持久的贡献。

围绕双语制问题的纷争只是魁北克法裔加拿大人与其他地区英裔加拿大人矛盾突出的一个侧面。更激烈的冲突则是针对魁北克在加拿大联邦中的特殊地位而展开的。随着法裔加拿大民族主义的发展，魁北克政府不仅要最大限度地控制经济上的关键地区，而且要使自身具有法裔加拿大人故乡的特殊地位，这导致了 20 世纪 60 至 70 年代在该省先后执政的民族联盟政府和自由党政府同渥太华中央政府之间的多次对立。1976 年魁北克人党执政以后更加剧了这种对立状态。

教育、语言和移民在魁北克社会中的位置一直是 60 年代末和整个 70 年代魁北克省的中心问题。1968 年，蒙特利尔市郊圣列奥纳德教育局决定，所有罗马天主教移民的子女都要进法语学校就读。此举引起许多争议，省府不得不加以干预。1969 年 10 月，该省国民议会提出"63 号法案"，确定以法语为主要教学用语，但移民家长可以从法语和英语中自由选择其子女接受教育的语言形式。

随着民族主义情绪的日益增长，许多法裔加拿大人已经不再满足于小节上的宽容，而把争取民族地位的目标放在长远的利益上。1970 年 4 月魁北克省的选举中，民族联盟败北，除了经济增长缓慢等原因外，更重要的是许多法裔民族主义者转到魁北克人党一边。该党在此次选举中获得 23 % 的选票，仅次于获胜的自由党。

1969 年和 1970 年的蒙特利尔恶性事件接连不断。先是 1969 年 3 月要求麦吉尔大学改为法语机构的"进军"和与此相伴而生的掠夺和破坏，继而是圣让浸礼日的一场大混乱，然后是 8 月联邦人力中心的大爆炸和 9 月蒙特利尔市市长让·德拉皮奥家的炸弹事件，此类事件一直延续到 70 年代，主要是由分离主义恐怖组织"魁北克解放阵线"制造的。最引人注目的要数 1970 年的所谓"十月危机"。这年 10 月 5 日，"魁北克解放阵线"的一个小队绑架了英国驻蒙特利尔贸易专员詹姆斯·克罗斯，五天以后，该组织的另一小队又绑架了魁北克劳工部部长皮埃尔·拉波特，并提出由政府公布《魁北克解放阵线宣言》等一系列条件作为释放人质的交换条件。魁北克布拉萨政府和联邦政府都没有对这些要挟让步。联邦政府调动了军队以保护那些可能受到恐怖组织攻击的目标。布拉萨和蒙特利尔市市长德拉皮奥请求渥太华提供紧急援助。10 月 16 日，渥太华方面做出反应，实施了《战争措施法》，以应对蒙特利尔"令人恐惧的暴乱"。士兵们开始在蒙特利尔街头巡逻，警察逮捕了 400 名"魁北克解放阵线"的嫌疑分子。《战争措施法》虽然具有一定的震慑力量，但并没有降服这个恐怖组织。10 月 18 日，警察在一辆被盗汽车的后备厢里发现了拉波特的尸体，全国陷入悲痛与震惊之中。有人转而指责说，是政府实施《战争措施法》造成了这一后果。一些民间团体一开始就曾怀疑政府这一措施的必要性。特鲁多也曾在众议院承认此举"有些令人不安"，并表示政府将采取一些更有节制的措施来处理地方性问题。[1] 12 月通过了《公共秩序暂时措施法》，取代了波及面过大的《战争措施法》。

"十月危机"既没有削弱分离主义势力，也没有消除魁北克的恐怖活动。"魁北克解放阵线"组织策划的炸弹事件一直持续到 1971 年。恐怖活动的结束也许应当归功于该组织的主要理论家皮埃尔·瓦利埃，他在 1971 年底撰文谴责了恐怖活动，主张诉诸其他明智之举。

在魁北克省的动乱年代，魁北克人党获得了越来越多的支持，而执政的布拉萨自由党政府既无力扭转经济颓势，又拿不出具有说服力的民族主义纲领安抚魁北克的分离主义者。在 1976 年的选举中，魁北克人党许诺说，一旦获胜，将提出反映魁北克民族主义纲领的宪法修正案。选举的结果，魁北克人党获得 41.4% 的选票和 71 个国民议会席位，因而得以上台执政。而自由党则降至 26 席，民族联盟只获 11 席。

分离主义政府的上台使许多加拿大人为之震惊。1976 年的选举即便不是魁北克的独立行动，也是朝这一方向迈出的重要一步。新政府上台后，采取了较为谨慎的态度。总理莱维斯克 1977 年 1 月告诉纽约经济俱乐部说：加拿大不会彻底分裂，享有主权的魁北克会参与加拿大的经济联合。[2] 1977 年的民意测验证明，魁北克政府要修改宪法并非易事，甚至许多法裔加拿大人也反对独立。对"主权联系"的支持率也不过 40%。

魁北克人党政府立法方案的中心一环是语言法案，即"101 法案"。这一法案于 1977 年 8 月通过，使法语成为魁北克的官方语言。不仅在法院、

---

① Edgar McInnis. *Canada, A Political and Social History.* New York and Toronto: Rinehart & Company, 1959: 702.

② Edgar McInnis. *Canada, A Political and Social History.* New York and Toronto: Rinehart & Company, 1959: 704.

国民议会、工作和劳资关系中要使用法语，而且将法语作为所有儿童的教学语言。尽管加拿大最高法院在 1979 年曾宣布魁北克"101 法案"违犯了《英属北美法案》中的第 133 条，但并未动摇魁北克政府以立法手段强制推行法语制的决心。

以公决方式决定魁北克的未来命运，也许是分离主义者所能找到的最好方法。在这一点上，魁北克政府行动也非常谨慎，试图逐步地达到预期的目的。首先要征得多数魁北克人对寻求"主权联系"的谈判的支持。1980 年 5 月 20 日举行的公民投票，莱维斯克及其政府间事务部部长克劳德·莫林提出的第一个问题是：你是否支持旨在谋求"主权联系"的谈判？即使这样温和的问题，也在省外引起强烈反响。联邦政府和其他九省政府都毫不含糊地指出，他们不会接受这样的谈判，如果魁北克要分离出联邦，将会随之失去由联邦所带来的经济上的好处。这样，魁北克人就不能不认真权衡退出联邦的利弊得失。公民投票的结果是，82 % 的选民参加了投票，每十人中有六人回答"不"。非法裔居民的投票绝大部分是否定的；法裔居民则一分为二，年长者和妇女倾向于支持联邦主义，年轻人和受过较好教育的人则倾向于回答"是"。只有圣让和圣劳伦斯北岸地区毫无保留地支持魁北克政府的全部计划。

公民投票的结果使分离主义者受到暂时的挫折。魁北克人党领导人只好寄希望于"下一次"。1981 年 4 月，魁北克人党赢得了第二次选举胜利，以 80 席对自由党的 42 席。其他党派在国民议会中销声匿迹。许多魁北克人从 1980 年的公决中增加了对魁北克人党的信任，认为要提高魁北克人的地位和履行改革计划，非魁北克人党莫属。

当然，魁北克人党所面对的反对力量也是十分强大的。省内自由党新领袖克劳德·瑞安主张分散的联邦主义，而反对在主权上分离。特鲁多更是坚决抵制一个独立的魁北克的思想。他在 1980 年公决运动中，采取积极的姿态来贯彻自己的信念。他在公民投票的前一天晚上说，公决的结果，将为加拿大人重建联邦提供机会。第二天，他告诉众议院，他将迅速恢复在 1979 年被搁置起来的宪法修改进程。①

---

① Edgar McInnis. *Canada, A Political and Social History.* New York and Toronto: Rinehart & Company, 1959: 706.

四、宪法归国与政治纠葛

修改宪法的努力起码可以追溯到 1927 年。当时加拿大政府曾设法与英方达成一个协议，允许"宪法回家"。特鲁多决心不仅要找到一个既为联邦又为各省所接受的修改方案，而且要增加一个权利宪章，以扩大个人权利。1971 年的维多利亚会议起草了加拿大宪法章程，并迅速得到各省总理的支持。修改方案给予任何达到加拿大人口 25 % 的省份、任何大西洋沿岸两省、任何人口之和达到西部人口一半的西部两省以否决权，扩大了个人自由的范围，但不包括特鲁多所期望的教育和语言权利。然而，这次修改方案最终还是因魁北克的反对而流产。

1975 年特鲁多又旧事重提，但在各省总理当中却没有像 1971 年那样得到一致支持。1976 年的省级会议上，几个省总理在省权等问题上争论不休，莫衷一是。魁北克人党的上台更增加了问题的复杂性。莱维斯克总理马上宣布说，在公决之前，他不会参加宪法讨论，1977 年，莱维斯克拒绝了特鲁多在新宪法中扩大教育、语言权利的建议。魁北克形势的变幻莫测，使特鲁多深刻地感到，收回宪法是实现国家目标的必要象征。

1978 年 6 月，渥太华提出题为《行动的时刻》的宪法问题白皮书和《宪法修改法案》。在 10 月份的第一部长会议上，特鲁多表示如果各省总理能够同意修改方案和增加权利宪章，他愿意在所期望的问题上让步。然而，会上并未达成一致意见。1980 年 9 月，特鲁多再次与各省总理讨论宪法问题，提出在权利分配上更为集中的意见，遭到大多数省的反对。特鲁多试图使渥太华单方面行动，但遭到以莱维斯克为首的六位省总理的坚决抵制，后来又有两位省总理加入其中。各省在渥太华是否有权单方面行动问题上又陷入争论。最高法院 1981 年 9 月 28 日的裁决肯定了联邦政府有权做其想做的事，但又认为这样做在宪法上是不合适的。这种模棱两可的判决，使法律问题与政治问题纠缠到一起，支持联邦政府的新民主党要求联邦与各省举行新一轮谈判。1981 年 9 月 28 日，举行了一次具有决定意义的会议。会上经过各方妥协，终于达成协议。宪法议案于 12 月 2 日和 12 月 8 日先后在众议院和参议院获得通过，由司法部部长让·克雷蒂安呈送伦敦。经英国议会表决之后，女王将赴加拿大，作为《英属北美法案》归国进程的最后一步。

在最后一次会议上，仍坚持反对意见的魁北克陷于孤立，徒劳地要求当初为与其他七省总理联合而反对过的否决权。莱维斯克感到魁北克被渥太华和其他诸省出卖了。在一年一度的魁北克人党大会上，该党决定取消主权联系目标中的经济联系。此外，魁北克政府还做出了其他反应，使加拿大政治关系又罩上了一层阴云。特鲁多时代，联邦与各省之间的关系达到一个世纪以来前所未有的紧张程度。金钱与省权是争论的主要焦点。许多省指责渥太华侵犯了宪法赋予各省的权利，同时，也指责联邦占有本属各省的财政来源，却不履行其应有的责任。

特鲁多对联邦主义有他自己的独特见解。在他 1968 年发表的论文集《联邦主义与法裔加拿大人》中，人们可以清楚地看到他对加拿大联邦主义、对解决法裔加拿大人民族主义问题所持的态度。在 1969 年的政策辩论中，他又对自己的一些理论进行了发挥。

特鲁多是一个坚定的联邦主义者，同时也是一个相信国家应该为所有公民提供平等机会的自由党人。他在 1968 年曾指出，自由主义，就是要维护"国家财富的公平分配"。他在 1969 年联邦—省会议上阐述道："在新宪法下，加拿大议会应该有权重新分配财富，以缩小家庭收入的悬殊差别和减少遍及加拿大的贫困……任何政府都能取钱于民，任何政府也应该能够用钱于民。"[①]

面对社会福利开支的日益庞大，几乎所有的省总理都感到力不从心。他们意识到要解决财政问题只有两条道，一条是增加税收，另一条是加强联邦对各省的财政支持。增加税收自然不会为公众所欢迎，所以各省几乎一致寻求第二条途径。联邦政府同意给各省增加财政支持的同时，也扩大了社会福利计划、健康保险、医疗服务以及中等后教育的庞大开支，对各省来说仍是个沉重负担。一些省要求渥太华继续增加财政支持。但特鲁多及其内阁也为用于失业保险等福利的开支的不断增加而束手无策。两级政府不能达成一致意见，只好修改用于中等后教育的分担开支方案。要彻底解决公共开支问题就有必要调整联邦与各省的财政收支模式。渥太华方面倾向于由联邦与各省分享收入、分担开支，这一计划首先遭到几个富省的反对。

1973 年底，围绕石油和天然气展开的争论使联邦与三个西部省的关系

---

① Edgar McInnis. *Canada, A Political and Social History.* New York and Toronto: Rinehart & Company, 1959: 696.

迅速恶化。萨斯喀彻温的新民主党总理艾伦·布莱克尼对渥太华分享收入、分担开支计划表示的异议颇有说服力。他并不拒绝联邦政府重新分配收入的建议，用他的话说："我们的财富利益与我们对国家问题的负担应该由所有人公平分担，不管他住在哪里。"但随后他又问道："为什么只把这一原则用于石油？为什么不包括铜、锡和其他矿藏？"①

1973 年，石油输出国组织将石油价格提高了两倍，加拿大几个产油省的石油价格也随之上调，引起其他省的不满。特鲁多政府支持多数省提出的将石油价格控制在低于国外油价的水平。联邦政府可以通过增加直接税和控制商务贸易等手段迫使产油省就范。1975 年达成的石油价格协议允许逐步提高油价，但不能高出国际价格水平。这一协议得到大多数省的支持。

总的看来，特鲁多政府在西部诸省积怨甚多。1971 年的税收改革使采矿业损失最大，双语政策也在西部激起不满。在渥太华能够长期执政的自由党在西部却处于失势状态：在不列颠哥伦比亚、萨斯喀彻温和马尼托巴当政的是新民主党，阿尔伯塔则是进步保守党的天下。这四个省份在诸如关税、交通运输政策、农业政策、对采矿业的税收以及联邦能源政策等问题上很容易联合起来反对渥太华。事实上，到 1980 年，在阿尔伯塔、不列颠哥伦比亚，分离主义运动已经出现。萨斯喀彻温的一个小团体也在谋求同美国合并。尽管持分离主义的人在西部仍处于少数，但其前景却难以预料。

在特鲁多时代，西部四省的政治命运是与其自然资源的发现和利用密切相关的。在阿尔伯塔，社会信用党的独霸地位始于 1935 年，结束于 1971年。嗣后，皮特·拉菲德成为该省第一位进步保守党总理。1973 年世界石油价格的变动使这个加拿大主要产油省受益匪浅，保守党的统治也因此得以稳固。省政府利用岁收余额建立了阿尔伯塔遗产基金，帮助扩大了该省的工业基础。阿尔伯塔人清醒地意识到，石油和天然气是无法再生的，面对日益减少的自然资源，有必要为该省的未来做些准备。到 20 世纪 80 年代初时，遗产基金已经达到 100 亿加元。

社会信用党在 1972 年结束了对不列颠哥伦比亚省长达 20 年之久的统治，以戴维·巴雷特为首的新民主党上台执政。新政府在社会福利和控制土地使用方面的大胆革新使为之震惊的反对力量联合起来。1975 年的选举

---

① Edgar McInnis. *Canada, A Political and Social History.* New York and Toronto: Rinehart & Company, 1959: 698.

中，社会信用党在许多保守党和自由党人的支持下东山再起，重获政权。

萨斯喀彻温省从 1971 年新民主党当政后，总理艾伦·布莱克尼大胆改革，其中最激进的措施是将钾碱工业收归国有（省有）。70 年代，石油和钾碱方面的收入使这个穷省得以致富。

1977 年，马尼托巴省一贯支持渥太华政策的爱德华·施赖尔领导的新民主党政府因经济和财政困难被赶下台。施赖尔在 1978 年被任命为加拿大总督，这是加拿大历史上第一位既非英裔又非法裔血统的总督。新上台的进步保守党政府在克服马尼托巴省资源不足、财政短缺等经济困难方面并无建树。在 1981 年选举中，新民主党重新夺回了政权。

东部沿海诸省，20 世纪 70 年代一直在贫困中挣扎。纽芬兰政局长期控制在进步保守党手中，几位领导人都坚决主张由省政府控制近海石油和天然气的开发。新的自然资源开发为该省摘掉贫困和高失业率的帽子增强了信心。新斯科舍也境况不佳，捕鱼业的发展难以补偿制造业的落后。经济困难使自由党政府在 1978 年倒台，约翰·布坎南的进步保守党政府在 1981 年选举中再次获胜。与此同时，自由党所控制的最后一个省份爱德华王子岛也于 1979 年落入保守党之手。在新不伦瑞克，和蔼、精明的政治家理查德·哈特菲尔德在 1970 年就从自由党手中夺得总理职位。尽管该省也面临许多经济困境和种族分歧，但哈特菲尔德总能设法从各个方面获得足够的支持。

70 年代魁北克省的状况前文已述。另一个中央省份安大略长期以来为保守党所控制。尽管该省在 70 年代失去了人均收入位列榜首的地位，但仍不失为加拿大的富裕省份。该省所倚重的制造业生产在 70 年代很不景气，造成工厂倒闭，失业率提高。尽管如此，执政的威廉·戴维斯政府仍能连选连任，并在 1981 年选举中夺回前两次失去的多数席位。到 1983 年，保守党在该省执政已长达 40 年之久。

经济困境导致自由党政府在各省频频垮台。特鲁多政府在 1976 年以前的几次大选中勉强支撑下来。1976 年，魁北克人党在省内的胜利为风雨飘摇的自由党政府提供了转机。特鲁多在魁北克公决中所持的态度予人以深刻印象。他在 1977 年 2 月曾对议会两院和电视观众说："我有充分的把握对你们说我能驾驭形势，加拿大的统一不会被打破。"① 人们相信，自由党政府

① Edgar McInnis. *Canada, A Political and Social History*. New York and Toronto: Rinehart & Company, 1959: 723.

当政有利于化解魁北克的分裂主义。民意测验的结果表明，保守党迅速失势。然而，经济问题仍困扰着特鲁多政府。通货膨胀、失业率上升、经济增长缓慢以及加元对美元的贬值，动摇着人们对自由党政府的信心。随着魁北克分离问题的淡化，自由党的威信也逐渐下降。

1979 年大选中，保守党在组织上和财政支持上都胜自由党一筹，该党得到了 136 席，而自由党则降至 114 席。1976 年当上保守党新领袖的乔·克拉克出任联邦总理，组织起保守党政府，但新政府在议会中仍处于少数派地位。

克拉克政府上台后，既要适应久已陌生的联邦机器，又要设法赢得公众的支持，在制定新政策中的分歧从内部削弱了它的力量。克拉克将国有加拿大石油公司转让给私人的企图引起广泛不满。新的能源政策得不到国人的理解。凡此种种，动摇了新政府的统治地位。在 1980 年 2 月 18 日的选举中，特鲁多领导的自由党奇迹般地卷土重来，获得了众议院 282 个席位中的 147 个，达到明显多数。选举的结果反映了保守党短命政府新政策的失败。支持加拿大石油公司的人和不喜欢较高的石油和天然气价格的人，在选举中都支持自由党。急于求成和经验不足使得还没来得及一显身手的保守党再次败北。

重新上台后的特鲁多掌握着一个多数派政府，但除了在收回宪法方面完成了具有历史意义的成果外，其他方面少有建树，尤其是面对长期没有解决的经济问题，自由党的政策更是败多胜少。"国家能源计划"是特鲁多新政府的第一个经济措施。然而，这项旨在减少外国人在加拿大石油工业中所占份额的计划，得到的结果令人极为担忧。大量资本转移到国外，进一步削弱了加元的地位。同时，美加关系又趋紧张，影响了美国在加拿大的投资。工业生产不景气，造成失业率居高不下。

特鲁多当政末年，经济已经开始复苏，但许多加拿大人意识到，特鲁多时代已经结束，加拿大需要一位具有全新意识的新领袖。尽管特鲁多仍然是加拿大举足轻重的政治家，但动荡的政治、经济形势耗去了他过多的精力，精神上的挫折使他对政治事务产生了厌倦。1984 年 2 月 29 日，特鲁多突然宣布了辞职的决定。在 1984 年 6 月 16 日的自由党代表大会上，曾担任过皮尔逊政府内阁部长的约翰·内皮尔·特纳获得了自由党领袖职务，从而也当上了联邦总理。但特纳在议会中却没有席位，为此他要求在 1984 年 9 月 4 日举行大选。然而，在这次大选中，保守党新领袖马丁·布赖恩·马尔罗尼一举击败了特纳而荣登总理宝座，从此开始了加拿大历史上的又一个新时代。

五、特鲁多时代加拿大的对外关系

20 世纪 60 年代末 70 年代初，国际政治力量又开始一次大改组，美苏两国的争霸也出现新的态势。中国同众多的亚、非、拉发展中国家构成了第三世界，在国际舞台上发挥着越来越重要的作用；过去受美国支配的西欧和日本现在已羽翼渐丰，不愿再听从美国的摆布，并在国际市场及金融等领域同美国展开激烈的竞争；美国的全球扩张政策已走入死胡同，由于身陷印度支那，消耗了大量的人力、财力、物力，在同苏联的竞争中越来越感到力不从心；苏联则借机发展自己的实力，谋求成为全球性强国。

面对变化了的世界形势，美国在尼克松政府上台后调整对外关系。意识到"超级大国的时代行将结束"和"多极化将成为未来的潮流"，尼克松总统及其国务卿亨利·基辛格提出了以尼克松主义为标志的新的全球战略，试图在"均势外交"中发挥美国的领导作用。

美国对外政策的调整也影响到加拿大的外交取向。特鲁多上台后曾提出要更新加拿大对外政策。1970 年 6 月发布的《外交关系白皮书》包括六个小册子，分别阐述了加拿大在欧洲、拉丁美洲、太平洋、联合国、国际开发和"加拿大人对外政策"几个领域的外交方针。这些小册子强调了六个主题：主权与独立、和平与安全、社会公正、生存平等、自然环境和经济发展。将经济发展放在首位，反映出加拿大政府已不准备继续在世界事务中发挥积极作用，而把主要精力放在促进国际贸易和振兴国内经济上。特鲁多政府认为，"维护和促进本国的经济增长"、寻求"经济伙伴更加多样化"，是其"外交政策的一个主要基石"。① 在政府部门中，贸易与商务部将在对外关系中发挥更大影响。

从 20 世纪 50 年代以来，加拿大就积极谋求同中国发展外交和经贸关系，并从中获益匪浅。但在尖锐冷战时期，中加关系一直受到美国反华政策的掣肘。1949 年 11 月 16 日至 17 日，加拿大众议院就承认中华人民共和国

---

① 世界知识年鉴编辑委员会，编：《世界知识年鉴》，北京：世界知识出版社，1982 年，第 667 页。

和对华政策等问题举行了一场综合性的外交政策大辩论。外交部部长皮尔逊倾向于从国际现实着眼，承认中华人民共和国，他指出："我们不能拒绝中国和它的 4.5 亿人民这个基本事实。……一个独立的能履行它的国际义务的中国政府在那里建立起来，又为中国人民所接受，那么在适当的时候，经过和其他友好政府协商之后……我们必须承认我们所面对的现实。"① 但圣劳伦特总理在承认中国的问题上一直迟疑不决。朝鲜战争的爆发最终使这一已获得巨大进展的外交政策搁浅了，并被延误了数十年之久。

尼克松政府对中国态度的转变扫除了中加关系中的障碍。1969 年 2 月 2 日，尼克松就任总统后 12 天，就指示其国家安全事务助理基辛格"探索同中国人和解的可能性"。随后美国政府采取的一系列姿态和中国政府所做的反应逐渐融化了冻结数十年的中美关系。看到美国外交取向的转变，加拿大政府决定先行一步。1970 年 10 月 13 日，加拿大给予中华人民共和国以充分的承认，中加两国旋即建立了正式外交关系。

中加建交以后，加拿大积极支持中国恢复在联合国的合法席位。1973 年 10 月，特鲁多总理应周恩来总理的邀请访问了中国。两国领导人就共同关心的问题进行了诚挚友好的会谈，为在国际事务中进行多方面的合作铺平了道路。这次会谈的直接后果是双方签订了一个为期三年的贸易协定。嗣后不久，两国又就领事馆设立、科技文化交流等问题完成了换文。

中加建交使加拿大成为最早同中国开展双边贸易的西方发达国家之一。1973 年贸易协定签订后，其覆盖范围又数度扩大。据此，双方互相给予最惠国待遇，并建立了联合委员会以推进双边贸易的开展。1978 年开始，中国实行改革开放政策，一方面加速发展对外贸易，另一方面积极吸收外来投资，引进外国先进的技术设备和管理方法。同年，加拿大政府也对外交政策做了调整，把发展同亚洲，尤其是同中国的政治、经济关系放在重要地位。加拿大外交部宣布成立加中贸易理事会，总部设在多伦多，并在北京设立代表处，为加中贸易的进一步发展架桥铺路。这一年，加拿大国际开发署（CIDA）还向中国提供了 20 亿加元的买方贷款。1979 年，中加签订了经济合作议定书。从 1980 年起，加拿大对中国实行普惠税待遇。1981 年，加拿大政府宣布，重点发展同中国的经济合作，利用加拿大国际开发署的 8000 万加元赠款，开展一项涉及森林资源、能源开发、教育与培训等领域的五年

---

① 李节传：《关于中加相互承认与建交问题》，长春：吉林教育出版社，1992 年，第 182 页。

计划。在中加两国政府的积极推动和支持下，两国贸易以前所未有的速度发展。1980 年，双边贸易额首次突破 10 亿加元大关，次年达到 12 亿加元，1982 年贸易额又增加到 14 亿加元。[①]

1983 年和 1984 年，中加高层领导人频繁互访，推动中加两国关系向着更成熟的方向发展。

20 世纪 70 年代，加美关系的发展道路上阴影重重。两国之间最突出的矛盾还是表现在贸易关系上。自从 1965 年《加美汽车条约》签订以来，加拿大制造的汽车向美国的出口超过了其对美国汽车的进口。处于经济滞胀状态的美国同时又为外贸逆差所困扰。美国人要求消除这种对外贸易，尤其是对加贸易上的不平衡。1971 年 8 月，尼克松总统宣布实行新经济政策。该政策包含了一系列旨在鼓励国内工业发展和消除外贸赤字的保护性措施。新政策对加拿大也毫不例外。这对于三分之二的出口品销往美国市场的加拿大无疑是个沉重打击。特鲁多在该年 12 月会晤了尼克松，试图从新经济政策的条目中为加拿大寻求一些例外，但收效甚微。尼克松也在翌年 4 月访问渥太华时告知加拿大议会，美国将对加拿大和其他国家一视同仁。一直期望同美国保持特殊关系的加拿大人民和政府现在只能面对现实，至少在经济领域，美加两国的特殊关系是不存在的。

美国政府改变对加拿大的贸易优惠政策，不仅仅是由于国内经济状况方面的原因，更重要的是特鲁多政府所推行的一系列国家主义经济政策程度不同地损害了美国在加拿大的经济利益。1973 年，世界石油价格上涨后，加拿大减少了对美国的石油出口。1975 年成立的加拿大石油公司，开始执行一套石油双重价格政策，使美国企业难以从加拿大石油中获益。1980 年，自由党政府的"国家能源计划"加强了对加拿大出产的石油和天然气的控制，从而更加激怒了美国人。围绕能源利用问题产生的矛盾，只是美加经济摩擦的一个方面。1973 年成立的加拿大外国投资审查署，对所有新的国外直接投资进行了评估，引起美国投资者的不少怨言。此外，加拿大的农业保护政策，1976 年《C-58 法案》（Bill C-58）所采取的保护性措施，萨斯喀彻温省的钾碱工业国有化行动，都在美国积怨甚多。这样，就不难理解为什么尼克松总统会撕去那层温情脉脉的面纱，对加拿大人板起面孔了。

---

① 韩经纶：《中加贸易关系源远流长》，载陈炳富、韩经纶，主编：《加拿大研究论文集》，天津：南开大学加拿大研究中心，1992 年，第 27 页。

幻想破灭以后，加拿大政府开始重新审视对美关系。1972 年 10 月，《国际透视》（*International Perspective*）上发表了外交部部长米切尔·夏普的题为《加美关系的未来》的文章，讨论了加拿大对外政策的三种取向：不干涉主义、更紧密的一体化和较强的独立。夏普倾向于第三种选择，具体言之，就是减少对美国的依赖，独立自主地发展同其他国家和地区的关系。

夏普的观点在加拿大朝野有许多支持者。进入 20 世纪 70 年代以来，加美两国的分歧越来越多，经济、政治上的摩擦频频发生，即使一些具有强烈亲美倾向的加拿大人也开始正视现实。围绕阿拉斯加输油管工程、西雅图水电工程、大湖区水质保持等一系列问题，加美双方屡屡交锋。此外，边界地区美国工厂造成的大气污染，也曾使两国关系出现许多矛盾纠葛。美国政府出于政治、经济等方面的考虑，鼓励以煤代替石油为燃料，其结果则是空气污染日益严重，美国东北部及加拿大的安大略、魁北克都出现了因污染造成的"酸雨"。加美两国于 1978 年开始的为签订《国际大气污染协定》举行的谈判，因美方的阻挠迟迟没有结果。加拿大人民非常愤怒，1981 年 5 月美国总统罗纳德·里根访问渥太华时遭到当地市民的强烈抗议。

尽管在两国政治家的口中，加美关系的调子唱得仍很高，但彼此都意识到，友谊并不能代替两国寻求各自的经济利益。相比之下，还是加拿大经济更易受美国政策的影响。许多加拿大经济界人士也意识到，很少有哪一个国家像加拿大那么依赖一个单一的贸易伙伴。加拿大有三分之二以上的出口品销往美国市场，差不多同等比例的进口品也是购自美国。很显然，无论是美国的经济状况还是其商业政策的变化，对加拿大来说，都是至关重要的。[①]况且，加拿大对美国的依赖和对美国政策的敏感不仅仅限于贸易领域，还表现在投资、金融等领域，加元极易受到美元价值升降的影响。也正因为如此，夏普的所谓"第三种选择"，要真正付诸现实，绝非易事。

要走经济独立的道路，加拿大所遇到的不仅仅是来自美国的掣肘，同时也受到西欧的冷遇。按照夏普的设想，为减少对美国的依赖，加拿大应积极发展同欧洲经济共同体的关系。1973 年，加拿大任命了驻欧共体大使。次年 10 月和 1975 年 2、3 月间，特鲁多两次出访西欧。1976 年，加拿大与欧共体签订了《商业与经济合作模式协定》，从而达到了渥太华孜孜以求的

① Danis Stairs & Gilbert R. Winham. *The Politics of Canada's Economic Relationship with the United States*. Toronto: University of Toronto Press, 1985: 67.

"条约性联系"。然而，欧共体并没有对加拿大施以特别恩惠，协定签订五年以后，加拿大向欧洲的出口在其出口总额中所占的比重正好与 1975 年的 12.6％相同。而欧共体对加拿大的贸易额在其外贸总额中的比重从 1975 年的 2.7％下降到 1980 年的 2.2％。虽然双方在某些领域建立了一定程度的合作与协商，但分歧仍然存在，尤其在加拿大农产品出口、捕鱼业和加拿大外资评审法的执行等方面双方矛盾仍很突出。与此同时，加拿大对美国的贸易额在其外贸总额中的比重仍占绝对优势。由于各方面条件的限制，所谓"第三种选择"，只能流于渥太华的口头形式。

在特鲁多时代，加拿大对于改善英联邦乃至世界范围的南北关系，推动第三世界国家的经济发展发挥了较为积极的作用。作为一个经济大国，战后以来，加拿大在对外援助方面也做出了相当大的贡献。1974 年，加拿大在世界 16 个对外援助国中国民生产总值居第三位，全部外援按人均计算列第五位，在官方提供的开发性外援方面列第七位。特鲁多倡导建立一种新的国际秩序，使国际经济、贸易不至于太不利于发展中国家。1968 年，他在阿尔伯塔大学的讲话中说，"对加拿大最大的威胁将来自离其所寻求的体面生活越来越远的三分之二的世界"。单靠外援是无济于事的，只有"优惠贸易协定"方能奏效。[①] 然而，特鲁多的理想主义并没有得到加拿大工商界的响应，优惠贸易将增加来自国外的对加拿大制造业的竞争，这是工商界人士所难以接受的，他们反对进口低工资国家的工业品。因此，在 70 年代，加拿大运用的实际上还是进口定额制，而非优惠贸易。

1975 年 3 月，特鲁多在伦敦发表讲话，建议扩大发展中国家在世界银行和国际货币基金中的作用。1981 年 7 月，在渥太华召开的七国首脑会议上，特鲁多也曾积极地支持南北合作，但响应者寥寥。因为改善南北关系意味着让发达资本主义国家从长远利益考虑做出某些暂时性牺牲，然而，无论是加拿大还是其他资本主义国家，都把保护自己的经济利益放在首位。许多发达国家宁可坐视一些经济发展落后的国家被掏空、挤扁，进而最终失去某些市场，也不愿意拔一毛以利天下，保持世界经济的相对平衡。当然，特鲁多的倡导也并不完全是急公好义之举，更多的还是出自本国经济利益上的考虑。从长远来说，改善南北关系，增加一些发展中国家人民的购买力，也就

---

① Edgar McInnis. *Canada, A Political and Social History.* New York and Toronto: Rinehart & Company, 1959: 714.

是扩大了世界范围的商品市场，对加拿大这个经济贸易大国来说将不无裨益；从眼前利益看，通过这些宣传，赢得某些发展中国家的好感，也有利于扩大加拿大的贸易范围。由此可见，特鲁多的理想主义宣传是建立在增加本国经济利益的现实之上的。

1974 年 6 月至 8 月，在委内瑞拉的加拉加斯举行的联合国海洋法会议上，加拿大的民族利己主义立场暴露无遗。会上，加拿大代表坚决要求加拿大对于离其海岸线 200 英里（约 321 千米）以内的所有生命资源的管理与收获拥有排他性主权，对隶属于这些区域的海域中的此类资源享有优先权。① 1981 年，加拿大曾支持对海床开采实行国际控制，但这只不过是为加拿大的镍工业提供保护。此外，在捕鱼权之类的国际协定中，加拿大都积极地捍卫自己的经济利益。国际关系从来都是一种利益关系，国际经济关系尤其如此，在这一点上，加拿大也概莫能外。

由于在核技术方面的领先地位，加拿大自然卷入核扩散问题。1974 年印度爆炸了一个核装置，对此，加拿大难辞其咎。加拿大曾为印度发展核能提供大量援助。面对国际方面对核扩散问题的压力和由核技术出口带来的巨大经济利益所产生的诱惑，加拿大政府进退两难。特鲁多在 1975 年 6 月告诫加拿大核能委员会，要求"确保加拿大提供的核材料、设备和技术不被用于生产爆炸性核装置，不管发展这些装置是否被说成是以民用为目的"②。对于拒绝签订这方面协定的一些国家和地区，包括德国、意大利、瑞士、日本等国，加拿大在 1977 年初开始停止运铀，直到得到适当保证。1978 年，加拿大也与欧共体签订了原子能合作协定。当然，加拿大对核扩散所采取的一些防范措施多半是源自国际社会的压力，而这些承诺并不能得到永久的保证，要全面防止核扩散，还需要世界各国，尤其是拥有核武器的国家做出共同努力。

由于加拿大所处的特殊地位以及 70 年代以来国际关系趋于缓和，加拿大的国防开支逐步减少。1969 年 4 月，特鲁多发表了一份题为《加拿大国防政策》的文件，阐述了加拿大军队的四种作用：警戒加拿大领土和海岸线；与美国军队合作保卫北美；在同意的前提下完成在北约中的任务；执行

---

① Edgar McInnis. *Canada, A Political and Social History.* New York and Toronto: Rinehart & Company, 1959: 715.

② Edgar McInnis. *Canada, A Political and Social History.* New York and Toronto: Rinehart & Company, 1959: 716.

加拿大所能担当的联合国维持和平任务。出于对国内政治、经济等方面的考虑，加拿大从 60 年代以来实行逐步裁军并尽量减少在军事上承担国际义务。1973 年，加拿大成为欧洲安全与合作会议的 34 个成员国之一，同年还参加了控制和监督越南停战的国际委员会。加拿大的国防开支在西方国家中相对较少。1979 年，加拿大国防开支在国民总收入中所占的比重在北约中仅比卢森堡高。

六、马尔罗尼当政及其经济开放政策

在 1984 年 9 月的大选中，保守党获得 211 个议会席位，达到加拿大历史上的空前多数；1984 年 9 月 17 日，马尔罗尼成为加拿大第十八任首相，从而开启了马尔罗尼时代。仪表堂堂、举止温和的马尔罗尼，当选首相时年仅 45 岁，但已经是一位成熟而富有经验的政治家了。他出身于魁北克省贝科莫一个爱尔兰裔家庭，青年时期曾就读于圣弗朗西斯·格扎维埃大学。在那里他参加了保守党，开始积极投身于政治活动，并与当时的保守党领袖约翰·迪芬贝克建立了联系。大学毕业后，马尔罗尼进入魁北克城的拉瓦尔大学法学院，被迫重操法语，因而熟练掌握了加拿大的两种主要语言。从法学院毕业后，马尔罗尼很快成为蒙特利尔市一位颇负盛名的律师。1973 年，他同比他小 13 岁、出身于南斯拉夫移民家庭的米拉结婚，婚后生育了三个子女。

克拉克政府倒台后，一度退避企业界的马尔罗尼复出参加保守党领袖竞选，在第三轮投票中击败了克拉克，当选为保守党新领袖，并通过补缺入选众议院。

马尔罗尼进入众议院后接触的第一个政治"麻团"就是在马尼托巴省使用法语的权利问题。有关语言问题的争论，在这个省起码可以追溯到 19 世纪 90 年代的分离学校。尽管马尼托巴的保守党和许多保守党议员反对在该省扩大使用法语的权利，但马尔罗尼坚决支持双语政策，并迫使一些持异议的保守党成员服从他的有力领导。通过这一举动，马尔罗尼向魁北克表明，保守党同自由党一样有能力维护法语加拿大人的权利。

魁北克人党政府在魁北克上台以后，在涉及魁北克主权的所有问题上都与自由党领导的联邦政府处于对立状态。这样，传统上为自由党势力范围的魁北克逐渐转向保守党一边。尤其在马尔罗尼出任保守党领袖之后，魁北克人看到了一位来自魁北克省，能讲漂亮的法语，并且尊重法裔加拿大人利益的政治新星。在 1984 年大选中，保守党在魁北克赢得了 75 个议席中的 58 个，为该党组成多数派政府增加了决定性的砝码。

马尔罗尼政府上台后，人们对其政治背景和政策倾向做过许多推测。尽管马尔罗尼一再声称自己是中间派，以有别于深具保守主义特色的英国首相玛格丽特·撒切尔和美国总统罗纳德·里根，但人们很自然地把这三位领导人归为一类。马尔罗尼政府的主要内阁成员还包括：副总理兼国防部部长埃里克·尼尔森、外交部部长查尔斯·约瑟夫·克拉克、国际贸易部部长詹姆斯·弗朗西斯·凯莱赫、财政部部长迈克尔·霍尔库姆·威尔逊。

失业和联邦财政赤字是马尔罗尼政府所面临的两个紧迫问题，解决这些问题的途径是促进联邦的经济繁荣。尽管受到民族主义者的批评，但许多经济学家和工商界人士仍然相信，吸引外资有利于刺激经济繁荣。同工商界一直保持着密切关系的马尔罗尼也深信此道。他上台后，新政府把"振兴经济，扩大贸易，吸引新投资和寻求新市场"视为首要任务，注重扩大私人企业和吸引外国投资，以解决失业问题。

当时，美国在加拿大的投资急剧减少，其主要原因是两国的经济衰退，但也有部分原因在于《外国投资审查法》的干预和"国家能源计划"的推行，尤其是后者，导致数十亿加元外资离开了加拿大。马尔罗尼一方面说服加拿大人看到外资给加拿大经济带来的好处，另一方面又向一些重要的美国投资者、金融家和经济学家保证："加拿大再次向企业界开放。"[①]

为克服经济衰退，马尔罗尼政府采取了一套新自由主义经济政策，大致包括以下诸端：

第一，减少国家对经济生活的控制和干预，全面或局部地放松国家对运输业、电讯业、银行业及金融业的管制；通过新的能源政策加强市场价格机制。

第二，建设更为开放的市场导向经济，将原来一批国家拥有的企业和资产转让给私人所有。自 1984 年至 1990 年秋，政府辖下资产总值达 5000 万加元的 17 家企业实行了私有化[②]。

---

① 克里斯多夫·翁达奇：《加拿大历届首相小传》（中译本），北京：新华出版社，1991 年，第 191 页。
② *Canada Reports*. Vol. Ⅱ, No. 3, 1990: 2.

第三，改善外来投资环境。1985 年，撤销了外国投资审查署，设立加拿大投资部，以促进本国投资和吸引外来投资，"确保加拿大在这个竞争日益激烈的世界市场内稳操胜券"[①]。1988 年，外国在加拿大投资总额为 3890亿加元，包括直接投资 1103 亿加元、有价证券 1820 亿加元，其中美国资本占 75 %。[②] 与此同时，加拿大本国的企业也增强了信心，在固定设备投资上维持着较高水平。

第四，致力于同美国开展自由贸易。1989 年 1 月生效的《加美自由贸易协定》（Canada-U.S. Free Trade Agreement），是加拿大政府彻底放弃保护性的国家主义政策，实行全面的市场导向经济的一个重要标志。

马尔罗尼政府上台后，积极努力同美国建立更为紧密的经济关系。1985年，他就请求美国方面重开关于全面自由贸易协定的谈判。1987 年 10 月，两国同时宣布，他们已经达成协议，一俟美国国会和加拿大议会及各省批准同意，将于 1989 年 1 月 1 日生效。1988 年 11 月再次当选总理后不久，马尔罗尼又为加拿大的自由贸易政策推波助澜，他对金融界人士说："没有什么比美国对加拿大的企业家开放市场更好。美加市场合并起来值 5 万亿加元，比世界任何其他市场都富裕。"[③] 加拿大国际贸易部部长约翰·克罗斯比在协议批准后对加拿大出口商说："从这笔交易中所得到的利益是巨大的。加拿大在过去因其经济向外国的投资和技术开放而获益良多。现在轮到加拿大企业来利用仅需越过边界的自然市场了。嗣后，他们将准备走向世界。"[④]

《加美自由贸易协定》的主要内容包括以下几个方面：

第一，通过降低和取消关税，取消进出口配额及农产品出口补贴，终止大部分能源产品的进出口限制等措施，来促进两国市场的彼此渗透。协议规定，两国将从 1989 年元旦起，取消所有加拿大和美国产品的关税。

第二，制定排解经济贸易纠纷的有效规则；成立一个两国专员公署（Binational Commission），专门负责排解纠纷（金融服务、抵销关税和反倾销个案除外）。对于解决抵销关税和反倾销方面的纠纷，协议规定允许各自继续援引现行国家法律。也可按照要求，组成两国专案小组代替法院审查。但在应用本国法律时，必须相应考虑符合国际法。

---

① *Canada Reports*. Vol. Ⅱ, No. 3, 1990: 17.

② 世界知识年鉴编辑委员会，编：《世界知识年鉴》，北京：世界知识出版社，1991 年，第 688 页。

③ *Canada Reports*. Vol. Ⅱ, No. 3, 1990: 11.

④ *Canada Reports*. Vol. Ⅱ, No. 3, 1990: 11.

第三，减少服务性贸易限制，两国政府在协议中做出承诺，"在未来立法时，不会歧视对方提供服务的公司"。加拿大将取消美国银行在加拿大的分行16％资产上限的规定；终止对美国购买受联邦管制的保险和信托公司股权的限制；对美国公司申请加入加拿大金融市场的审查将与加拿大公司的申请等同看待；容许美国银行包销及交易加拿大政府或政治机构支持的债券。协议也"保证加拿大银行可继续经营在美国的跨州分行"。

第四，方便商业旅行，"为商务旅客、投资者、贸易商、专业人士和行政人员的调派"发放临时签证。

第五，保证双边投资的顺利进行。企业的"成立、获得、出卖和经营都得到所在国的同等待遇"。加拿大更承诺终止对于间接投资的审查，并将直接投资的审查门槛提高到1.5亿加元（以1992年固定币值计算）。[1]

由自由党执政时期的保护主义经济向开放型市场经济的转变，是马尔罗尼时代经济政策的主要特征。《加美自由贸易协定》的签订，为更多的加拿大产品进入美国市场创造了条件。大批加拿大公司加入了对美国市场的出口行列，从而扩大了企业规模，提高了经济效益。加拿大企业在开放与竞争激烈的北美市场中逐渐立稳了脚跟，增强了活力，同时，也以更有力的姿态投身于全球性贸易竞争之中。

根据加拿大官方对自由贸易协定所做的充满信心的总结，该协议对加拿大有三个方面的影响：第一，经济规模的扩大提高了生产能力，降低了成本；第二，新市场的开放增强了加拿大各企业的信心；第三，自由贸易协议为产品进入美国市场提供了方便，积极推动了本国和外来投资者在加拿大的投资。[2] 为了吸引更多的国内外投资者，加拿大不断降低税率。1988年，联邦全部企业所得税税率由35％降至28％；1991年，制造业税率从1990年的25％降至23％。与此形成对照的是美国的制造业和其他方面的联邦所得税税率仍高达34％。[3] 那么，自由贸易协定及其鼓励下的外资份额在加拿大的增加是否会削弱加拿大民族经济的发展呢？对此，一些加拿大经济民族主义者是不无忧虑的，在经济学界也存在分歧。毫无疑问，加拿大会比以往更容易受到美国经济阴晴变化和美国政策翻云覆雨的影响。然而，加拿大人也逐渐认清了一个事实，那就是要想使加拿大免受国际经济形势的影响几乎是

① *Canada Reports*. Vol. Ⅱ, No. 3, 1990: 16.

② *Canada Reports*. Vol. Ⅱ, No. 3, 1990: 15.

③ *Canada Reports*. Vol. Ⅱ, No. 3, 1990: 18.

不可能的。加拿大人有理由以更积极的姿态参与国际贸易。他们比任何其他
地方的人购买更多的外国产品，也从外销中赚取更多的利润。加拿大的外贸
收入，大约占国民生产总值的 25％ 到 30％，是美国的两倍，日本的 1.5
倍。[①] 事实上，世界上经济发展比较迅速的国家都在积极参与国际经济活
动。根据 20 世纪 90 年代的统计，全球 35 个以上的国家，500 个州郡，
6000 多个城市，都在设法引进外资。[②] 加拿大利用其在国际经济中的优越条
件先行一步，就是在国际经济的大棋局中抢了先手。马尔罗尼政府的国际贸
易部部长克罗斯比说："1985 年以来，我们把创纪录的国外直接投资引入加
拿大。我们把投资局面从那一年的净资外流数值上扭转过来，实现了 1986
年获净外资额 16 亿加元，1987 年更增加到 48 亿加元。"1980 至 1988 年间
这些直接投资的书面价值从 620 亿加元增至 1100 亿加元。[③] 同时，加拿大在
国外的投资也相应增长，从 1983 年到 1988 年，加拿大在国外的投资增长
了 60％，从 378 亿加元增加到 605 亿加元。[④]

　　国外市场的扩大和国内投资的兴旺，推动了加拿大经济的高速发展。
1984 至 1988 年间，加拿大国民生产总值每年的平均增长率为 4.7％，领先
于日本（4.5％）、美国（4％）和欧共体（2.5％）。联邦赤字在国民生产总
值中的比重也显著降低。除负债成本外，加拿大的"原始赤字"从 1984 至
1985 财政年度的 201 亿加元的高峰持续下降到 1988 至 1989 财政年度的 20
亿加元。[⑤] 从经济增长速度和财政收支状况来看，加拿大已经从 70 年代的经
济滞胀中走了出来。

　　随着经济增长速度的加快，加拿大的经济结构也发生了变化。制造业基
础比较雄厚并且人才集中的中央省份安大略和魁北克，从开放型经济中受益
匪浅。而服务行业的兴起对这些中央省份以及西部的不列颠哥伦比亚更有如
锦上添花。1963 年，服务行业只占加拿大国民生产总值的 51.7％，到 1988
年就已经达到了 60.5％。它雇用了加拿大 70％ 的劳动力，增加了对新技能
的需求和重新调配资本的需要，从而也改变了加拿大的职业结构，使之更趋
于知识化。相对而言，加拿大以前所倚重的开采业和农业则发展较慢。石油

---

① *Canada Reports*. Vol. Ⅱ, No. 3, 1990: 6.

② *Canada Reports*. Vol. Ⅱ, No. 3, 1990: 17.

③ *Canada Reports*. Vol. Ⅱ, No. 3, 1990: 17.

④ *Canada Reports*. Vol. Ⅱ, No. 3, 1990: 3.

⑤ *Canada Reports*. Vol. Ⅱ, No. 3, 1990: 3.

工业的不景气依然笼罩着阿尔伯塔。连续两年的干旱，加之当时世界农产品价格处于低水平，使西部诸省损失颇多。直到 1988 年，林木、鱼类、矿产、金属、石油和谷物价格才出现回升的迹象。然而，从全国的形势来看，经济发展的不平衡仍严重存在。尽管如此，经济结构的变化使加拿大经济趋于完善。资源出口在加拿大外贸中所占的比重越来越小，由 1963 年的 40％降至 80 年代末 90 年代初的约 20％。只有不足 13％的加拿大工人受雇于基本工业。[①]

七、民族关系、政治关系和教育、科技、文化状况

虽然加拿大已经在 1982 年完成了宪法归国的历史使命，但对于宪法的修改方案各省没有达成完全的一致。魁北克拒绝接受 1981 年 11 月渥太华会议上由其他省份一致通过的宪法形式，坚决维护《加拿大人权利和自由宪章》，因而导致谈判仍需持续。尽管根据法律或按照惯例，魁北克都无权对 1982 年宪法法案所肯定的 1981 年 11 月会议结果进行否决，但魁北克还是期望联邦与各省能做出一些让步，使魁北克有条件地加入这一政治协议。1985 年，莱维斯克曾提出过一些条件；1986 年，魁北克新总理罗伯特·布拉萨又提出了五个最低条件。这些条件最终在 1987 年 4 月 30 日魁北克米契湖（Meech Lake）会议上为马尔罗尼总理和其他各省总理接受，并于 1987 年 6 月 3 日在渥太华被确定为法律和终极形式。1987 年 6 月 23 日，魁北克国民议会批准了这一协议。1987 年 9 月 21 日，联邦议会两院委员会对该协议予以接受。10 月 26 日，众议院以 242 票对 16 票通过了该协议。

《米契湖协议》主要有五个方面内容：关于加拿大的双语制和魁北克社会的独特性；关于联邦开支权力；关于增加各省在移民方面的权力；最高法院及其民事机构宪法化，由联邦当局依各省提名任命最高法院法官及参议员；关于宪法的修正规则。[②] 尽管在各省总理中对该协议仍存在分歧，安大略省总理戴维·皮特逊和马尼托巴省总理霍华德·鲍利尤表异议，妇女和少数民族组织也予以反对，但在马尔罗尼的斡旋下，最终还是达成妥协，从而

---

① *Canada Reports*. Vol. Ⅱ, No. 3, 1990: 4.

② *The Canadian Encyclopedia*. Vol. 2. Edmonton: Historica Canada of Toronto, 1988: 1331.

也解决了宪法归国所遗留的问题，使魁北克加入宪法协议。

加拿大对少数民族尤其是土著居民的政策，得益于 1948 年 12 月 10 日联合国大会通过的《世界人权宣言》。1966 年，联合国又制定了两项盟约以增强该宣言的效力，分别是《经济、社会和文化权利国际盟约》（ICESCR）和《公民与政治权利国际盟约》，这两份盟约所做出的一个重要补充就是民族自决权。除此之外，联合国通过的《清除一切形式种族歧视国际公约》对于改善加拿大境内少数民族的处境也起了促进作用。1982 年《加拿大人权利和自由宪章》成为加拿大新宪法的重要组成部分。该宪章明确规定：禁止任何形式的歧视，尤其是种族、肤色、国籍、宗教、性别、年龄、精神或身体不健全等方面的歧视行为。这些规定为加拿大少数民族争取民族平等权利提供了法律依据。1982 年宪法法案的第二部分确认了加拿大的原始民族，包括印第安人、因纽特人和梅蒂人享有宪法所赋予的一切权利，包括作为原始民族的特别权利和以前签署的条约所赋予他们的种种权利。此外，《加拿大人权利和自由宪章》还特别指出，该宪章的任何条文不能用来干涉原始民族所享有的特权。[①]

1988 年秋，马尔罗尼在西北地区的一个土著民族社区内签署了一份历史性协议，给予 1.5 万名居住在马更些河盆地的甸尼（Dene）和梅蒂族部落以西北地区 1 万平方千米土地的拥有权，包括地下权在内。马尔罗尼说："这份原则性条约，一旦彻底执行，将会在生长于斯的人民和服务于他们的政府之间建立起一个新的、更密切、更健康的关系。"[②]

这些条约还没有触及民族自决权等问题，少数民族为获得彻底的民族平等仍在继续努力。这些平等不仅要体现于法律条文中，更重要的是要体现在实际生活中。

马尔罗尼在强调民族和解的同时，在同各省打交道时也持谨慎态度，使联邦政府的政策能够照顾到各省的利益。1985 年 2 月，联邦与纽芬兰省达成一项海洋开发协议，确定石油收入大部归纽芬兰省。3 月，联邦政府调整了能源政策，与西部产油省就石油、天然气价格达成协议，使联邦政府与各产油省份长期存在的矛盾得到不同程度的缓解。

在 1988 年 11 月 21 日的联邦选举中，保守党再次获胜，使该党的既定

---

① *Canada Reports*. Vol. Ⅱ, No. 1, 1989: 7.

② *Canada Reports*. Winter, 1988/1989: 25.

政策得以继续执行。这些政策还包括国营企业私有化、改革税制、减少政府干预、缓和国内矛盾。1989 年 1 月 30 日，马尔罗尼总理宣布改组内阁，并成立了由总理任主席的政府开支审查委员会，以控制政府开支，减少财政赤字。8 月 8 日，财政部部长迈克尔·威尔逊提出，联邦政府将于 1991 年 1 月 1 日实行新的联邦销售税，遭到十个省总理的一致批评。联邦政府不得不做出妥协，将原计划 9 ％的销售税率改为 7 ％。[①]

　　进入 80 年代以后，加拿大的党派政治保持着相对稳定状态。在地方上，进步保守党与自由党的影响基本上是平分秋色。保守党的主要力量在安大略省和西部各省，自由党则在魁北克省、安大略省及东部沿海诸省保持着影响力。1986 年 11 月，自由党召开全国代表大会，审议了该党政策，约翰·特纳继续担任领袖。1988 年 11 月联邦大选中，自由党再次败北，党内要求更换领袖的呼声日益高涨。1989 年 5 月，特纳宣布将辞去自由党主席职务。自由党全国执委会决定于 1990 年 6 月召开代表大会，选举新领袖。除两大党外，其他党派的影响范围要小得多，基本局限于地方。1961 年由原"平民合作联盟"与"加拿大劳工大会"合并组成的新民主党，常常以"社会主义"标榜自己的路线，主张企业公营，反对美国在政治、经济、军事、文化等方面控制加拿大。其领袖原为爱德华·布罗德本特，1989 年 3 月，布罗德本特宣布将辞去领袖职务，该党在 11 月召开的代表大会上选举奥德雷·麦克劳克林为领袖。与新民主党政见明显对立的社会信用党，继续奉行道格拉斯的货币学说，主张发展个体经济，公开反对社会主义和共产主义。1980 年大选中，该党失去在上届议会中的全部六个席位。其领袖为威廉·温德·赞。加拿大劳工大会仍然是加拿大的主要工会组织，1988 年有会员 230 万。

　　进入 80 年代后，加拿大的教育、科技和文化事业呈现出一派蓬勃向上的局面。1981 年，全国接受高等教育的人数有 150 万，占成人总数的 8 ％。全国有综合性大学 67 所，中等专科学校 192 所。著名学府有多伦多大学、不列颠哥伦比亚大学、拉瓦尔大学和麦吉尔大学等。1986 至 1987 年度，全国直接用于教育的开支为 367.7 亿加元，相当于当年国民生产总值的 7.3 ％。[②]

---

① 世界知识年鉴编辑委员会，编：《世界知识年鉴》，北京：世界知识出版社，1991 年，第 686 页。
② 世界知识年鉴编辑委员会，编：《世界知识年鉴》，北京：世界知识出版社，1991 年，第 686 页。

　　科技研究与发展工作有政府、企业和大学三个系统。加拿大科技发展水平居于世界前列，尤其在电话、微波、卫星、光纤通信技术方面处于领先地位。1984 年，建成 3400 千米长的光纤网络。遥感技术被广泛应用于林业、农业、地质和水产等领域。此外，航天、微电子工业和生物技术等也很先进。1986 至 1987 年度加拿大科技经费预算为 42 亿加元，约占政府总开支的 3.6 %。

　　尽管加拿大文化事业的发展仍难以摆脱美国的巨大影响，但自身规模还是在不断扩大。1982 年，全国有 114 家日报，其中英文 104 家，法文 10家。加拿大的主要通讯社有加拿大通讯社、索瑟姆通讯社、加拿大合众国际社等。在众多的报纸中，发行量最大的当属《多伦多星报》《环球邮报》等。前者创办于 1892 年，1988 年日发行量达到 52 万份，居各报之首；后者是加拿大唯一一家全国性报纸，1936 年由《环球报》和《邮报》合并而成，1988 年日发行量为 33 万份。主要法文报纸有《蒙特利尔日报》，创办于 1964 年，1988 年日发行量也达到 31 万份。创刊于 1911 年的《麦克林斯》新闻周刊，是加拿大最有影响的杂志。

　　1936 年为推动加拿大本土文化发展而成立的加拿大广播公司，现在是加拿大主要的全国性电台、电视广播公司。该公司用英文和法文对国内广播，覆盖率为全国人口的 99.4 %。1945 年，加拿大广播公司成立了国际广播电台，目前可用 11 种语言向世界各地播音。

八、马尔罗尼政府的对外政策

　　同经济、贸易领域的开放政策相配合，加拿大在马尔罗尼时代更积极地参与了国际事务。1985 年 5 月发表的对外关系绿皮书指出：加拿大要在国际事务中发挥积极和建设性作用，要为维护和平和控制军备，尤其是控制核武器做出更多的努力。加拿大政府认为，在国际形势动荡不安，国际贸易竞争加剧，保护主义倾向盛行的情况下，加拿大面临两大问题：一是维护世界和平与国家安全，二是加强本国的经济力量。[①]

　　加拿大为维护当代世界的和平做出了很大贡献。同以往主要充当军事伙

---

① 世界知识年鉴编辑委员会，编：《世界知识年鉴》，北京：世界知识出版社，1986 年，第 510 页。

伴的角色有所区别的是，新时期加拿大在世界舞台上所扮演的主要是"客观调和者"①的角色，即通过联合国参与平息世界各地的军事冲突，维持停战协议约束下的和平。

联合国停火监察组织成立以来，加拿大比任何其他国家派遣了更多的官兵参加了维持和平行动。从 1949 年的克什米尔战争，到 80 年代的印度支那问题，在联合国维持和平部队中，加拿大无不厕身其间。1988 年，为褒扬联合国维持和平部队在世界各地为和平事业所做的贡献，诺贝尔委员会将诺贝尔和平奖授予这个团体，加拿大以其在这支队伍中所发挥的重要作用而引以为荣。

1988 年加拿大在国际事务中值得自豪的另一件事是得到在安理会中为期两年的理事国席位。自 1948 年联合国成立以来，加拿大先后四次被选为安理会非常任理事国，大约每十年一次。马尔罗尼政府的外交部部长克拉克说："我们对能够在安理会寻求和平与安全的活动中扮演一个特别角色这个机会表示欢迎。与持有不同意见的人合作去解决难题，加拿大在这方面有熟练的经验。"②

对于当时一些重大的国际问题，加拿大政府的态度是明朗的。对于柬埔寨问题，加拿大要求越南从柬撤军，恢复柬埔寨主权、独立和领土完整；主张以政治办法解决柬埔寨问题。谴责苏联干涉阿富汗内政，要求苏联从阿富汗完全撤军。在中美洲支持孔塔多拉集团的倡议，主张有关各方加强接触，欢迎尼加拉瓜和美国直接对话。在美国对尼加拉瓜实行禁运后，加拿大不仅继续同尼加拉瓜保持经贸联系，而且同意把尼加拉瓜原设在美国的贸易办事处迁往加拿大。

除了积极参与维持世界和平外，加拿大还热衷于改善自然环境和人权状况。前者主要通过联合国和其他国际性组织来达到加拿大自己的政策目标，后者往往是追随美国的人权外交。

因污染造成的全世界共同面临的环境问题使加拿大也难以洁身自好。防止世界性的环境污染只能靠世界各国的共同努力才能奏效，一些针对世界环境问题的国际组织和机构纷纷成立。1972 年，在斯德哥尔摩举行了人类历史上第一次环保会议，即斯德哥尔摩人类环境会议。加拿大商人莫里斯·史

---

① *Canada Reports*. Vol. Ⅱ, No. 1, 1989: 26.

② *Canada Reports*. Vol. Ⅱ, No. 1, 1989: 28.

特朗当选为会议主席。随后他又被推举为新发起的联合国环境计划的第一位领导人。在加拿大等国的推动下，联合国在 1984 年成立了布伦特兰特委员会，由曾任挪威环境部部长、后成为挪威首相的格罗·哈莱姆·布伦特兰特担任主席。该委员会的成员包括来自 21 个国家的 22 位代表，史特朗是加拿大代表之一。加拿大的另一位代表是担任该委员会总书记的詹姆斯·麦克尼尔。1987 年 4 月，布伦特兰特委员会发布了题为《我们的共同未来》的报告，号召世界各国寻求和开展对自然环境无害的工商业活动，采取"使自然环境可以继续生存下来的开发方式"，未来的经济发展方式必须有异于以往对自然环境可能造成巨大危害的方法。①

　　由于深受空气污染造成的酸雨危害，加拿大在 1984 年 3 月发起召开了旨在减少酸雨及长期性空气污染的渥太华国际会议，除了加拿大外，还有九个欧洲国家派代表出席了会议。这个国际行动促成世界各国在 1985 年签署了以降低硫污染为目标的《赫尔辛基草约》。1987 年，在加拿大蒙特利尔举行的一次国际会议上，各国代表签订了《蒙特利尔草约》，表示要在 1999 年之前把所有对臭氧层有害的物质的产量降低 50 %。1989 年 2 月，加拿大环境部部长卢西恩·布沙特说，所有国家都应把对臭氧层有害化学物质的产量降低 85 %，并表示，加拿大希望在十年内，全面禁止此类化学物质在国内使用。② 1988 年 9 月 29 日，马尔罗尼在联合国大会的致词中说："当今世界正面临一场空前严重的环境危机。大自然亦向我们发出紧急警告：假使我们再不密切注意这个问题，它将会给我们带来灾难。这个危机的讯号有目共睹：林木短缺，表土瘠化，广泛的土地沙漠化，鱼类数量剧降，大批海狗在北海死亡和白鲸被冲上圣劳伦斯河畔，等等。还有人说，人类的生存已经受到直接威胁。"③ 1989 年 3 月，马尔罗尼总理参加了在海牙举行的最高级会议，这也是世界历史上第一次针对自然环境问题而举行的各国首脑会议。他号召世界各国为保障全人类的生存权利，共同起来防止大气污染和减轻温室效应。

　　世界环境问题是人类所面临的共同课题。许多问题需要各国之间携手合作才能予以解决。对于当代国际关系中这一新的内容，加拿大政府给予了相当多的重视并在国际合作中发挥着推动作用。

---

① *Canada Reports*. Spring, 1990: 10.

② *Canada Reports*. Spring, 1990: 11.

③ *Canada Reports*. Spring, 1990: 2.

20 世纪 80 年代初，加拿大外事机构发生了很大变化。1981 年 4 月，国外移民计划的管理责任与加拿大雇佣和移民委员会班子一起被移交到外交部。这一计划所包括的编置移民、接纳难民、安排来加旅游者及学生和短期工作人员等事项全部成了外交部的管辖范围。加拿大国际开发署也相应成为外交部的一个机构。1982 年 1 月，联邦政府又对经济与外事部门进行调整，将原来隶属工业、贸易与商业部的有关国际贸易政策和贸易促进等职能划归外交部。这样，加拿大外交部的职权范围大大扩充了，几乎包揽了加拿大的一切对外事务，包括外交政策、贸易、移民和对外援助。

外事机构的调整与加拿大政府施政重心的转移和加拿大国际地位的变化密切相关。经过半个多世纪的发展，加拿大由一个不具备外交权力的自治领发展为一个在世界上有广泛影响的外交大国。到 1985 年，加拿大在 124 个国家派驻了外交或领事使团，有 101 个国家在渥太华派驻了外交机构，另有 45 个国家设立了非常驻办事机构。加拿大还在许多国际组织中设立了常驻代表团，在诸如南北对话、裁军、环境、人权、海洋法、能源控制和防止核扩散等国际谈判中施加影响。

在发展同其他国家的关系方面，加拿大一方面稳定了它与美国和英联邦国家的关系，另一方面也努力加强同亚太国家之间的联系。

发展与稳定同英联邦各国的关系，一直是加拿大对外政策的一个重要方面。到 1984 年，英联邦成员国达到 49 个，包括种族、肤色、语言、信仰各不相同的 10 亿人口。其中一大批发展中国家成为英联邦的新成员。加拿大在英联邦中的政策目标是：加强团结，为国际和平与发展做出贡献；加强作为实用性合作圈子的自身发展。①

在英联邦内，英国已不再是一个发号施令者了。1989 年 10 月，49 个英联邦国家政府首脑在吉隆坡会晤，商讨世界政治、经济问题，重点是环境问题和南非问题。与会各国不顾英国的反对，发表了关于南非问题的《吉隆坡宣言》，谴责了南非的种族隔离主义，通过了在财经、军备等方面制裁南非的一系列决议。

同美国的关系是加拿大对外关系的重心。美、加两国依然是军事盟国，对北约承担着义务。1986 年 3 月，马尔罗尼总理访问了美国，两国签署了共同治理酸雨污染的协议，续签了《北美航空航天防御司令部协定》；1987

---

① *Canada Year Book.* 1988: 21-23.

年 2 月，加美巡航导弹试验又自动延期了五年。在经济贸易领域，两国彼此是最好的市场。1985 年，加拿大出口商品的 78 % 销往美国，占其国民生产总值的 24 %，同时也进口了占美国出口总额 22 % 的商品。①《加美自由贸易协定》签订以后，两国的经济关系更为密切。约翰·布什当选总统后，首先出访了加拿大，与马尔罗尼总理商讨了诸如酸雨及《加美自由贸易协定》的履行等问题。1989 年以来，两国在政治上的见解更趋一致，并加强了协商合作。马尔罗尼总理与布什总统除保持着里根时期建立的两国领导人年度磋商外，还进行了一些非定期会晤。

为了在国际政治中发挥积极作用及促进对外贸易与合作，加拿大还加强了同第三世界国家的关系，中国便是其中之一。中国经济改革步伐的加快及"七五计划"（1986—1990 年）的制定，为中加之间继续进行经济、贸易往来提供了新的机会。以经济合作为主要目的的政治接触也更加频繁。

1989 年 3 月，加拿大驻华使馆华南商务办事处与中国广东省政府联合举办了"89·加拿大节"，加拿大驻华大使厄尔·德里克出席了开幕式。加拿大不列颠哥伦比亚省、马尼托巴省、萨斯喀彻温省、阿尔伯塔省、安大略省和魁北克省的驻港代表也参加了庆祝典礼。1989 年 5 月，在中国举办了以"共享未来"为主题的加中友好月，内容包括教育、文化、体育、经济开发和贸易促进等领域的 20 多项活动。马尔罗尼总理为此专门发表了电视致辞。

加中友好月所举办的各项活动，反映了中加关系已经在相当广泛的领域内获得发展。在两国建交 20 周年之际，双方曾充满信心地总结过去的友谊与合作，展望未来的发展前景，以期真正实现友好月的口号：共享未来。

然而，事与愿违，1989 年之后，中加关系急转直下。加拿大政府对中国实行了一系列有损两国关系的制裁措施，包括中止部长级以上的高层交往，停止军事往来，放宽移民政策。6 月 30 日，加拿大外长查尔斯·克拉克发表了对华关系声明，表示"加中关系不能一如既往"，并再次重申了制裁措施。两国政治、经济及文化交流等诸种关系的发展受到严重影响。但较低层次的交往仍继续保持，1989 年 11 月，中国四川省绵阳市与加拿大安大略省金斯敦市达成了建立友好关系的协议。随着时间的推移与中国改革开放政策的深入，两国关系也逐步得到恢复和发展。

---

① *Canada Year Book*. 1988: 21-24.

附录一 加拿大历任总督名单（截至 1995 年）

法国统治时期

塞缪尔·德·尚普兰（Samuel de Champlain） 1612—1629 1633—1635

夏尔·德·蒙马尼（Charles de Montmagny） 1635—1648

路易·代勒布斯·德·库隆日（Louis d'Ailleboust de Coulonge） 1648—1651

让·德·劳松（Jean de Lauson） 1651—1657

穆泽子爵（Le vicompte de Mouzay） 1658—1661

达沃古尔男爵（Le baron d'Avaugour） 1661—1663

奥古斯坦·德·梅西（Augustin de Mésy） 1663—1665

达尼埃尔·德·库尔塞勒（Daniel de Courcelle） 1665—1672

弗龙特纳克和帕吕奥伯爵（Le comte de Frontenac et de Palluau） 1672—1682

约瑟夫·德·拉巴尔（Joseph de La Barre） 1682—1685

德农维尔侯爵（Le marquis de Denonville） 1685—1689

弗龙特纳克伯爵（Le comte de Frontenac） 1689—1698

路易·德·卡利埃（Louis de Callière） 1698—1703

沃德勒伊侯爵（Le marquis de Vaudreuil） 1703—1725

博阿努瓦侯爵（Le marquis de Beauharnois） 1725—1747

拉加利索尼耶尔伯爵（Le comte de La Galissonière） 1747—1749

拉容基耶尔侯爵（Le marquis de La Jonquière） 1749—1752

迪凯纳侯爵（Le marquis du Quesne de Menneville） 1752—1755

沃德勒伊—卡瓦尼亚尔侯爵（Le marquis de Vaudreuil-Cavagnal） 1755—1760

英国统治时期

杰弗里·阿美士德爵士（Sir Jeffrey Amherst）	1760—1763
詹姆斯·默里（James Murray）	1764—1768
盖伊·卡尔顿爵士（Sir Guy Carleton, Baron Dorchester）	1768—1778
弗雷德里克·哈尔迪曼德爵士（Sir Frederick Haldimand）	1778—1786
多尔切斯特男爵（Lord Dorchester）	1786—1796
罗伯特·普雷斯科特（Robert Prescott）	1796—1799
罗伯特·米尔恩斯爵士（Sir Robert Milnes）	1799—1805
托马斯·杜恩（Thoms Dunn）	1805—1807
詹姆斯·克雷格爵士（Sir James Craig）	1807—1811
乔治·普雷沃斯特爵士（Sir George Prevost）	1812—1815
戈登·德拉蒙德爵士（Sir Gordon Drummond）	1815—1816
约翰·谢布鲁克爵士（Sir John Sherbrooke）	1816—1818
里士满公爵（Duke of Richmond）	1818—1819
达尔豪西伯爵（Earl of Dalhousie）	1820—1828
詹姆斯·肯普特爵士（Sir James Kempt）	1828—1830
爱尔默男爵（Lord Aylmer）	1830—1835
戈斯福德伯爵（Earl of Gosford）	1835—1837
约翰·科尔伯恩爵士（Sir John Colborne）	1837—1838
德拉姆伯爵（Earl of Durham）	1838—1839
西登汉男爵（Lord Sydenham）	1839—1841
查尔斯·巴盖特爵士（Sir Charles Bagot）	1842—1843
查尔斯·梅特卡夫爵士（Sir Charles Metcalfe）	1843—1845
卡斯卡特伯爵（Earl Cathcart）	1846—1847
埃尔金伯爵（Earl of Elgin and Kincardine）	1847—1854
埃德蒙·赫德爵士（Sir Edmund Head）	1854—1861
蒙克子爵（Viscount Monck）	1861—1867

联邦建立后

蒙克子爵（Viscount Monck）	1867—1868
约翰·扬爵士（Sir John Young）	1869—1872
达弗林伯爵（Earl of Dufferin）	1872—1878
洛恩侯爵（Marquess of Lorne）	1878—1883
兰斯多恩侯爵（Marquess of Lansdowne）	1883—1888
斯坦利男爵（Baron Stanley of Preston）	1888—1893
阿伯丁伯爵（Earl of Aberdeen）	1893—1898
明托伯爵（Earl of Minto）	1898—1904
格雷伯爵（Earl Grey）	1904—1911
康诺特和斯特拉森公爵（Duke of Connaught and Strathearn）	1911—1916
德文郡公爵（Duke of Devonshire）	1916—1921
拜恩子爵（Viscount Byng of Vimy）	1921—1926
威灵顿子爵（Viscount Willingdon）	1926—1931
贝斯巴勒伯爵（Earl of Bessborough）	1931—1935
特威兹穆尔勋爵（Lord Tweedsmuir）	1935—1940
阿斯隆伯爵（Earl of Athlone）	1940—1946
亚历山大子爵（Viscount Alexander）	1946—1952
文森特·梅西（Vincent Massey）	1952—1959
乔治·瓦尼埃（Georges Vanier）	1959—1967
丹尼尔·米切纳（Daniel Michener）	1967—1974
朱尔斯·莱杰（Jules Léger）	1974—1979
爱德华·施赖尔（Edward Schreyer）	1979—1984
让娜·索韦（Jeanne Sauvé）	1984—1990
雷蒙·约翰·纳蒂欣（Ramon John Hnatyshyn）	1990—1995

附录二 加拿大历任总理名单（截至 1993 年）

约翰·亚历山大·麦克唐纳爵士（Sir John A. MacDonald） 保守党
    1867 年 7 月 1 日— 1873 年 11 月 7 日

亚历山大·麦肯齐（Alexander MacKenzie） 自由党
    1873 年 11 月 7 日— 1878 年 10 月 8 日

约翰·亚历山大·麦克唐纳爵士（Sir John A. MacDonald） 保守党
    1878 年 10 月 17 日— 1891 年 6 月 6 日

约翰·阿伯特爵士（Sir John Abbott） 保守党
    1891 年 6 月 16 日— 1892 年 11 月 24 日

约翰·斯帕罗·汤普森爵士（Sir John Sparrow Thompson） 保守党
    1892 年 12 月 5 日— 1894 年 12 月 12 日

麦肯齐·鲍威尔爵士（Sir MacKenzie Bowell） 保守党
    1894 年 12 月 21 日— 1896 年 4 月 27 日

查尔斯·塔珀爵士（Sir Charles Tupper） 保守党
    1896 年 5 月 1 日— 1896 年 7 月 8 日

威尔弗里德·洛里埃爵士（Sir Wilfrid Laurier） 自由党
    1896 年 7 月 11 日— 1911 年 10 月 7 日

罗伯特·莱尔德·博登爵士（Sir Robert Laird Borden） 保守党
    1911 年 10 月 10 日— 1917 年 10 月 11 日

罗伯特·莱尔德·博登爵士（Sir Robert Laird Borden） 保守党/联合党
    1917 年 10 月 12 日— 1920 年 7 月 10 日

阿瑟·米恩（Arthur Meighen） 联合党/国家自由党和保守党
    1920 年 7 月 10 日— 1921 年 12 月 29 日

威廉·莱昂·麦肯齐·金（William Lyon MacKenzie King） 自由党
    1921 年 12 月 29 日— 1926 年 6 月 28 日

阿瑟·米恩（Arthur Meighen）　保守党
　1926 年 6 月 29 日— 1926 年 9 月 25 日

威廉·莱昂·麦肯齐·金（William Lyon MacKenzie King）　自由党
　1926 年 9 月 25 日— 1930 年 8 月 7 日

理查德·贝德福德·贝内特（Richard Bedford Bennett）　保守党
　1930 年 8 月 7 日— 1935 年 10 月 23 日

威廉·莱昂·麦肯齐·金（William Lyon MacKenzie King）　自由党
　1935 年 10 月 23 日— 1948 年 11 月 15

路易斯·圣劳伦特（Louis St. Laurent）　自由党
　1948 年 11 月 15 日— 1957 年 6 月 21 日

约翰·迪芬贝克（John Diefenbaker）　保守党
　1957 年 6 月 21 日— 1963 年 4 月 22 日

莱斯特·鲍尔斯·皮尔逊（Lester Bowles Pearson）　自由党
　1963 年 4 月 22 日— 1968 年 4 月 20 日

皮埃尔·埃利奥特·特鲁多（Pierre Elliott Trudeau）　自由党
　1968 年 4 月 20 日— 1979 年 6 月 3 日

查尔斯·约瑟夫·克拉克（Charles Joseph Clark）　保守党
　1979 年 6 月 4 日— 1980 年 3 月 2 日

皮埃尔·埃利奥特·特鲁多（Pierre Elliott Trudeau）　自由党
　1980 年 3 月 3 日— 1984 年 6 月 30 日

约翰·内皮尔·特纳（John Napier Turner）　自由党
　1984 年 6 月 30 日— 1984 年 9 月 17 日

马丁·布赖恩·马尔罗尼（Martin Brian Mulroney）　保守党
　1984 年 9 月 17 日— 1993 年 6 月 25 日

附录三 加拿大历史大事记（截至 1989 年）

2.5 万—1 万年前　今加拿大境内开始有人类活动。

公元 990 年　　　维京人到达纽芬兰岛北部。

1497　　　　　　5 月，约翰·卡波特首次到加拿大东海岸探查，宣布所到之处归英王所有。

1524　　　　　　法王弗朗西斯一世派意大利探险家维拉扎鲁从佛罗里达北上，宣布所到之处归法王所有。

1534—1541　　卡蒂埃率船队对加拿大内地进行了三次考察探险。

1541—1543　　法国首次在加拿大进行建立殖民地的尝试，但以失败告终。

1603　　　　　　塞缪尔·德·尚普兰首次到加拿大探查，接近了大湖区。

1604　　　　　　尚普兰在阿卡迪亚建立了一个移民定居点，1607 年放弃。

1608　　　　　　尚普兰在今魁北克市一带建立定居点。

1610　　　　　　英国人亨利·哈得孙发现哈得孙湾。

1612　　　　　　尚普兰被任命为新法兰西殖民地第一任总督。

1627　　　　　　新法兰西公司成立。

1628—1629　　英国人克尔克兄弟带人围攻魁北克，新法兰西第一次落入外地人之手。

1634　　　　　　尚普兰建立三河定居点。

1635　　　　　　尚普兰在魁北克逝世。

1642　　　　　　蒙特利尔建立。

1647　　　　　　魁北克议会成立。

1663　　　　　　新法兰西成为法王直辖殖民地。

1665　　　　　　法国向新法兰西派出常驻军队。

1670	哈得孙湾公司从英王手中获得加拿大西北地区的贸易垄断权，英国殖民势力打入加拿大。
1674—1684	魁北克主教拉瓦尔在新法兰西建立了天主教会的强力统治。
1686	英、法争夺哈得孙湾。
1702—1713	安妮女王之战，北美殖民地为分战场。
1712	法国人建立路易斯安那。
1713	英法签订《乌特勒支条约》，英国从法国手中夺得阿卡迪亚、纽芬兰和哈得孙湾沿岸地区。
1744—1748	乔治王之战。
1745	英国殖民者攻陷路易斯堡。
1749	一支法国探险队进入俄亥俄河流域，驱逐了那里的英国毛皮商。英国人康华利斯建立哈利法克斯。
1755	英属阿卡迪亚当局对当地居民进行强迫迁移。
1756—1763	"七年战争"，北美成为英法交战的主战场。
1759	9 月，英军攻陷魁北克。
1760	9 月，英军攻陷蒙特利尔。
1763	《巴黎和约》签订，法国将新法兰西割让给英国。 10 月，英王颁布"王室诏谕"。
1769	爱德华王子岛从新斯科舍分出，成为独立的英国殖民地。
1774	英国议会通过《魁北克法案》。
1775	美国独立战争爆发，大陆军进攻魁北克。 英国议会通过《限制法案》，禁止新英格兰参与纽芬兰渔业贸易。
1783	英美签订《巴黎和约》，效忠派大批迁入加拿大。
1784	新不伦瑞克成为独立殖民地。
1787	蒙特利尔商人成立西北公司。
1789	苏格兰人亚历山大·麦肯齐（一译马更些）沿马更些河北上到达北冰洋。
1791	英国议会通过《1791 年宪法法案》，把原魁北克省分为上加拿大和下加拿大两省。
1792	英国人乔治·温哥华从海路到达不列颠哥伦比亚。

1793	上加拿大首府约克（今多伦多）建立。
	上加拿大宣布取消奴隶制。
	亚历山大·麦肯齐从阿萨巴斯卡湖向西经落基山脉，到达太平洋海岸。
1794	11 月 19 日，英美签订《杰伊条约》。
1809	摩尔逊建造加拿大第一艘汽船。
1812—1814	英美战争。
1814	英美签订《根特和约》，确定了落基山脉以东双方边界。
1817	蒙特利尔银行成立。
	英美签订《拉什—巴戈特条约》。
1821	哈得孙湾公司合并西北公司，垄断了加拿大毛皮贸易。
1824	威廉·莱昂·麦肯齐创办《殖民地鼓吹者》报。
1825	纽芬兰结束军事统治，英国任命文职总督。
	经蒙特利尔，连接渥太华河和圣劳伦斯河的拉希纳运河竣工。
1827	斯特罗恩为上加拿大的国王学院（即后来的多伦多大学）争得特许状。
1829	威兰运河通航。
	新不伦瑞克大学成立。
1834	上加拿大通过《九十二条决议案》。
1835	下加拿大通过《十七点报告》。
1836	第一条客运铁路通车，全长仅 16 千米。
1837	上、下加拿大发生改革派起义。
1838	英政府任命德拉姆伯爵为驻加拿大高级专员和总督。
1839	查尔斯·汤普森接替德拉姆出任总督。
	《德拉姆报告》问世。
1840	英国议会通过《联合法案》，上、下加拿大合并。
1842	英美签订《韦伯斯特—拉什伯顿条约》，划定新不伦瑞克与缅因边界。
1844	乔治·布朗创办《环球》杂志。
1846	英美签订《俄勒冈条约》，规定北纬 49°线为美、加西部边界。

1847	加拿大铺设第一条电报线。
1848	1 月 28 日，新斯科舍建立责任政府。
	3 月 11 日，加拿大建立责任政府。
1849	英属北美各省签订互惠协定。
	加拿大议会通过《暴乱损失补偿议案》。
1851	爱德华王子岛建立责任政府。
	加拿大创办邮政业，发行第一枚邮票。
	连接蒙特利尔和缅因州波特兰的国际铁路通车。
1854	新不伦瑞克建立责任政府。
	英属北美各省与美国签订互惠条约。
	庄园制（领主制）被废除。
	自由保守党建立。
1855	纽芬兰建立责任政府。
1856	大干线铁路（东部）通车。
1857	加拿大兴起要求按人口比例选举议员的运动。
	12 月 31 日，渥太华被定为加拿大省新的首府。
	不列颠哥伦比亚成为英国皇家殖民地。
	第一批华人随淘金队伍从旧金山来到不列颠哥伦比亚。
1859	温哥华皇家殖民地成立。
1861	"特伦特"号事件引起英美战争危机。
1864	9 月，大西洋沿岸各省在爱德华王子岛夏洛特敦举行会议讨论联合问题。
	10 月 10 日，英属北美各省在魁北克举行会议，商讨联合，通过了《魁北克决议》。
1865	美国宣布废除与英属北美各省签订的互惠条约。
1866	12 月，温哥华岛并入不列颠哥伦比亚。
	加拿大、新不伦瑞克、新斯科舍各省代表在伦敦举行协商联合的第三次会议。
1867	2 月，英国议会通过《英属北美法案》。
	7 月 1 日，加拿大自治领成立，蒙克爵士任加拿大总督，麦克唐纳就任加拿大联邦第一任总理。
	新斯科舍发生反联邦运动。

1868	英国议会通过《鲁珀特地法案》，支持哈得孙湾公司将鲁珀特地的统治权移交给加拿大自治领。
	红河地区路易·里埃尔发动武装起义。
1869	联邦政府购得哈得孙湾公司全部领地。
1870	5 月 2 日，联邦议会通过《马尼托巴法案》，马尼托巴省建立。
1871	华盛顿会议召开，加拿大被迫接受《华盛顿条约》。
	4 月，联邦议会通过《统一货币法》，加拿大元取代各省货币成为统一货币。
	7 月，不列颠哥伦比亚加入联邦，成为加拿大联邦第六个省。
	"加拿大第一"运动兴起。
1872	联邦政府颁布《自治领土地法案》。
1873	1 月 1 日，爱德华王子岛加入联邦。
	太平洋铁路丑闻导致麦克唐纳政府辞职，亚历山大·麦肯齐组成自由党政府。
	"西北骑警队"组建。
1875	加拿大最高法院成立。
	联邦政府颁布《西北地区法案》。
1876	省际铁路通车。
1878	保守党在大选中获胜，麦克唐纳再次出任联邦总理。
1879	"国家政策"正式开始实施。
1880	加拿大在伦敦派驻高级代表。
	加拿大从英国接管北极岛屿。
	太平洋铁路公司成立，并获准修建太平洋铁路，大约 2000 名华人参加了铁路修建。
1885	路易·里埃尔起义被镇压。
	太平洋铁路竣工。
	加拿大众议院通过法案，对入境中国移民征收人头税。
1887	加拿大参加英国首届帝国会议。
1888—1889	《耶稣会财产法案》之争。
1890	马尼托巴取消分离学校制，导致长达六年之久的《马尼托

巴学校法案》之争。

1891	5 月，麦克唐纳逝世。
1896	全国大选，自由党获胜，洛里埃出任联邦总理。
1897	育空地区设立。
	西北地区建立自治政府。
	加拿大对英国实行"特惠关税"。
1899 — 1901	加拿大参加南非战争。
1903	加、美发生阿拉斯加边界争端。
1905	阿尔伯塔、萨斯喀彻温两省成立。
1908	魁北克庆祝建城 300 周年。
	美加边界联合委员会成立。
1909	加拿大农业协会成立。
1910	加拿大议会通过《海军法案》。
1911	9 月，保守党领袖博登出任联邦总理。
1912	夏，博登赴英与英外交大臣格雷和海军大臣丘吉尔讨论战争问题。
	12 月，博登《海军方案》在众议院通过，却被参议院搁置。
1914	8 月 4 日，英国向德国宣战。
	加拿大召开国会特别会议，一致批准参加战争。
	10 月 3 日，加拿大步兵第一师从加斯佩港出发，奔赴英国。
	安大略农民联盟成立。
1915	2 月，加拿大第一师开赴法国前线。
	9 月，加拿大第二师抵达法国，整个加拿大军队组成独立的加拿大军团。
1916	2 月 3 日至 4 日，渥太华议会大厦毁于火灾。
	加拿大第三师、第四师先后开赴欧洲战场。
1917	5 月，魁北克法裔加拿大人为反对征兵制举行多次抗议集会。
	6 月 11 日至 7 月 6 日，议会和全国就博登《兵役法案》举行三个星期的大辩论。

7 月 24 日，博登《兵役法案》在议会通过。

9 月 6 日，实施《战时选举法》。

9 月 26 日，颁布《义务兵役法》。

10 月 12 日，由博登任总理的联合政府上台执政。

帝国战争会议做出决定，召开帝国宪法会议重新规范自治领与母国之间的关系。

12 月，加拿大北方铁路被收归国有。

1918	5 月 24 日，联邦议会通过《妇女选举权法案》，赋予 21 岁以上加拿大妇女以联邦选举权。

2 月 17 日，洛里埃去世。

1919	5 月，温尼伯工人大罢工。

西部工会组织发起统一大工会运动。

加拿大在《凡尔赛和约》上签字。

战时成立的小麦委员会被解散。

1920	加拿大加入国际联盟。

1 月，国家进步党成立。

7 月 10 日，博登辞职，阿瑟·米恩继任总理。

1921	12 月，自由党在大选中获胜，麦肯齐·金出任联邦总理。
1922	钱纳克危机，加拿大拒绝出兵援助英国侵略土耳其。
1923	议会通过《议席重新分配法案》，将众议院席位由 235 席增加到 245 席。

美加签订《比目鱼条约》。

大干线铁路、大干线太平洋铁路、加拿大北方铁路同国有横贯大陆铁路、殖民地间铁路合并，组成加拿大国有铁路。

加拿大议会通过《中国移民法》，全面禁止中国移民入境。

1926	6 月 28 日，金政府辞职，米恩应总督之召组成新政府。

9 月，自由党在大选中获胜，麦肯齐·金重新出任总理。

加拿大加入《洛加诺公约》。

帝国会议通过《贝尔福报告》，确认自治领与英国地位平等。

加拿大向华盛顿派驻外交使节。

1928　加拿大任命驻日本和驻法国使节。

参加《白里安—凯洛格非战公约》。

1929　4 月 9 日，美国海岸巡逻艇在墨西哥湾击沉一艘加拿大船只，加拿大政府提出抗议。

世界性经济危机波及加拿大。

1930　7 月 28 日，保守党在全国大选中获胜，贝内特组成新政府。

1931　英国议会通过《威斯敏斯特条例》，正式承认包括加拿大在内的各自治领的独立地位。

1932　7 月 21 日至 8 月 21 日，在渥太华召开英联邦国家经济会议，签订了《渥太华协定》，英国同意各自治领享受特惠关税。

1933　8 月，"平民合作联盟"在里贾纳成立。

纽芬兰成为英国直辖殖民地。

1935　3 月 11 日，加拿大银行开始营业。

7 月，H. H. 史蒂文斯创建复兴党。

10 月，自由党在大选中获胜，麦肯齐·金再次出任联邦总理。

11 月 15 日，麦肯齐·金与美国签订《互惠贸易协定》。

1936　杜普莱西出任魁北克省总理。

1939　5 月，英王乔治六世及伊丽莎白王后访问加拿大。

9 月 10 日，加拿大对德宣战。

魁北克杜普莱西政府倒台。

12 月，加拿大第一师抵达英国。

1940　8 月，举行公民登记，征召适龄男子在国内服役。

加、美成立防务常设联席委员会。

1941　4 月 20 日，麦肯齐·金与富兰克林·罗斯福总统签订《海德公园协定》。

12 月 8 日，加拿大对日宣战。

12 月，加拿大军队参加香港保卫战。

1942　1 月，加拿大派往国外的部队组成加拿大第一军。

	4 月 27 日，举行第一次公民投票，决定征兵制问题。

4 月 27 日，举行第一次公民投票，决定征兵制问题。

9 月和 12 月，保守党人在豪普港和温尼伯举行两次集会，讨论改革方案，自由保守党改名为进步保守党。

| 1943 | 加拿大第一师参加西西里战役。 |

| 1944 | 6 月，加拿大第三师参加诺曼底登陆。 |

11 月 23 日，联邦政府宣布将征召的 1.6 万名国内防务部队派往国外。

| 1945 | 春，金率加拿大代表团参加旧金山会议。 |

10 月，联合国成立，加拿大为初始会员国之一。

| 1946 | 加拿大宣布破获一苏联间谍网。 |

7 月 1 日，颁布加拿大公民法案，为"加拿大公民"下了定义。

| 1947 | 在阿尔伯塔的埃德蒙顿附近发现储量丰富的油田。 |

| 1948 | 11 月 15 日，麦肯齐·金退休，路易斯·圣劳伦特接任总理。 |

| 1949 | 3 月 31 日，纽芬兰加入联邦，成为加拿大第十个省。 |

4 月 4 日，加拿大加入北约。

4 月，梅西委员会成立。

11 月 16 至 17 日，加拿大众议院就承认中华人民共和国和对华政策举行大辩论。

12 月，上诉英国枢密院的规定被废除，加拿大最高法院成为加终审法院。

| 1950 | 6 月，朝鲜战争爆发，加拿大军队作为"联合国军"的一部分入朝参加战争。 |

| 1951 | 12 月 12 日，加拿大成立圣劳伦斯航道管理局。 |

| 1952 | 文森特·梅西出任加拿大总督，成为出任该职的第一位加拿大人。 |

| 1953 | 5 月 14 日，加拿大广播公司成立。 |

| 1954 | 3 月，加拿大第一条地铁在多伦多建成。 |

| 1955 | 1 月，加拿大宣布将建立自己的核电站。 |

夏，安大略省斯特拉福举办第一届莎士比亚戏剧节。

| 1956 | 5 月至 6 月，加拿大议会进行管道辩论。 |

	11 月，苏伊士运河危机爆发，加拿大支持联合国派遣和平部队。
1957	6 月 21 日，约翰·迪芬贝克当选为联邦总理。
	7 月，美、加签订《北美空防协定》，建立了共同空防司令部。
	伊丽莎白女王访问渥太华，以女王身份召开加拿大议会。
1959	6 月，加、美圣劳伦斯航道联合工程竣工。
1960	6 月，让·勒萨热领导的魁北克自由党在魁北克省选举中获胜。
	8 月，加拿大议会通过《权利法案》。
	10 月，通过"富尔顿—法弗罗准则"。
1961	平民合作联盟与加拿大劳工大会合并组成新民主党。
1963	4 月 8 日，自由党在大选中获胜，皮尔逊出任联邦总理。
	7 月，双重语言、二元文化皇家委员会成立。
1964	秋，议会通过国旗法案。
1965	2 月 15 日，枫叶旗第一次在议会大厦前升起。
	8 月，加拿大决定向苏联、中国出售小麦。
	加、美签订《加美汽车条约》。
1966	议会通过《医疗服务保障法》和《加拿大援助计划》。
1967	4 月，海陆空三军统一组成加拿大武装部队。
	4 月至 10 月，加拿大举行自治领成立 100 周年庆祝活动。
	蒙特利尔举办世界博览会。
	皮尔逊政府任命了一个妇女状况皇家委员会。
1968	6 月 25 日，特鲁多当选为联邦总理。
	10 月，魁北克人党成立。
	全国印第安人兄弟会成立。
1969	7 月，颁布官方语言法，规定英语和法语为联邦政府官方语言。
1970	10 月，"魁北克解放阵线"恐怖分子绑架了英国贸易专员和魁北克省劳工部部长，引发"十月危机"。
	10 月 13 日，加拿大与中国建立外交关系。
	10 月 16 日，特鲁多总理宣布实施《战时措施法》。

	12 月 1 日，通过《公共秩序暂时措施法》以取代《战时措施法》。
1971	特鲁多召集维多利亚会议，起草了加拿大宪法章程。
	"因纽特貘"成立。
1973	议会通过《家庭补助法案》。
	10 月，特鲁多总理访问中国，中加签订了为期三年的贸易协定。
	加拿大成立外国投资审查署。
1975	加拿大石油公司成立。
1976	8 月，魁北克人党在省议会选举中获胜，成为魁北克执政党，引起该省与联邦关系紧张化。
	加拿大与欧共体签订商业与经济合作模式协定。
	保守党在大选中获胜，约瑟夫·克拉克当选联邦总理。
1977	8 月，魁北克省议会通过"101 法案"，使法语成为魁北克唯一官方语言。
1978	6 月，渥太华发表宪法问题白皮书和《宪法修改法案》。
1980	2 月 18 日，特鲁多在大选中获胜，重新出任联邦总理。
	5 月 20 日，魁北克省就以"主权联系"原则与联邦政府谈判问题进行公民投票。
	特鲁多政府宣布"国家能源计划"。
	加拿大对中国实行普惠税待遇。
1981	12 月，联邦政府与魁北克省以外的九省政府就修宪问题达成协议。
	联邦议会通过加拿大宪法决议案。
1982	3 月 29 日，《英属北美法案》回归加拿大。
	加拿大议会通过《加拿大人权利和自由宪章》，使之成为宪法的组成部分。
1984	1 月，中国国务院总理访问加拿大。
	2 月，特鲁多提出辞职。
	6 月，自由党新领袖约翰·特纳出任联邦总理。
	4 月 28 日，温哥华市 10 万人游行示威，要求制止军备竞赛。

9 月 4 日，保守党在全国选举中获胜，马尔罗尼出任联邦总理。

1985 3 月，美国总统里根访问加拿大，与马尔罗尼总理讨论酸雨、贸易等两国关心的问题。

7 月，中国国家主席李先念访问加拿大。

9 月，加拿大政府宣布拒绝参加美国的"战略防御计划"。

1986 3 月，马尔罗尼总理访问美国，讨论酸雨问题，续签了《北美空防协定》。

5 月，马尔罗尼总理访问中国。

1987 3 月，加拿大总督让娜·索韦访问中国。

4 月，加拿大共产党总书记卡什坦访问中国。

4 月 30 日，联邦与各省总理在米契湖举行会议，解决了《宪法法案》通过后遗留的问题。

10 月，加拿大与美国签订《加美自由贸易协定》。

1988 11 月 21 日，保守党在大选中再次获胜，马尔罗尼继续执政。

1989 1 月，《加美自由贸易协定》生效。

5 月，在中国举办了以"共享未来"为主题的加中友好月活动。

5 月，中国万里委员长访问加拿大。

附录四　英汉译名对照

A

Abbott, J.J.C.　艾伯特・J. J. C.

Aberhart, William　阿伯哈特，威廉

Acadia　阿卡迪亚

Acadians　阿卡迪亚人

Agricultural Rehabilition and Development Act　《农业恢复与发展法案》

Aitken, Max　艾特肯，马克斯

Albany　阿尔巴尼

Alberta Heritage Fund　阿尔伯塔遗产基金

Allen, Hugh　艾伦，休

Allies　协约国

Alverston, Lord　阿尔弗斯顿，勋爵

Amiens　亚缅

Angus, Richard B.　安格斯，理查德・B.

Anti-Inflation Board　反通货膨胀委员会

Armee pour la Liberation de Quebec (ALQ)　魁北克解放军

Arstor, John Jacob　阿斯特，约翰・雅各布

Athabaska River　阿萨巴斯卡河

Aylesvorth, Allen B.　艾尔斯沃斯，艾伦・B.

B

Baldwin, Robert　鲍德温，罗伯特

Balfour Report 《贝尔福报告》

Baltimore 巴尔的摩

Banks Island 班克斯岛

Barr, Robert 巴尔，罗伯特

Barrett, David 巴雷特，戴维

Beaverbrook, Lord 比弗布鲁克，勋爵

Bella Coola River 贝拉一库拉河

Bennett, Richard Redford 贝内特，理查德·莱德福德

Bilingual Districts 双语区

Bill 63 "63 号法案"

Bill 101 "101 法案"

Bird, Florence 波德，佛罗伦斯

Bishop, W.A. 毕晓普，W. A.

Blackeney, Allan 布莱克尼，艾伦

Blake, Edward 布莱克，爱德华

Blair, Andrew 布莱尔，安德鲁

Bleus 蓝党

Borden, Robert Laird 博登，罗伯特·莱尔德

Borden Naval Program 博登《海军方案》

Bouchard, Lucien 布沙特，卢西恩

Bourassa, Henri 布拉萨，亨利

Bourassa, Robert 布拉萨，罗伯特

Bowell, MacKenzie 鲍威尔，麦肯齐

Bracken, John 布雷肯，约翰

Bretton Woods System 布雷顿森林体系

British Board of Trade 不列颠贸易委员会

British Commonwealth Air Trainmg Plan 《英联邦空军训练计划》

British North America Act 《英属北美法案》

Broadbent, Edward 布罗德本特，爱德华

Brock, Isaac 布拉克，伊萨克

Brown, George 布朗，乔治

Brussels Pact 《布鲁塞尔条约》

Buchanan, John　布坎南，约翰

Bush, George　布什，乔治

Byng, Julian, Sir　拜恩，朱利安，爵士

C

Cabot, John　卡波特，约翰

Cahan, C.H.　卡恩，C. H.

Calgary　卡尔加里

Canada, Bank of　加拿大银行

Canada Corn Act　《加拿大谷物法》

Canada Council　加拿大协会

Canada Pacific Railway　加拿大太平洋铁路

Canada Pacific Railway Company　加拿大太平洋铁路公司

Canada Pension Plan　《加拿大年金计划》

Canada-U.S. Automobile Pact　《加美汽车条约》

Canada-U.S. Free Trade Agreement　《加美自由贸易协定》

Canadian Assistance Plan　《加拿大援助计划》

Canadian Broadcasting Corporation　加拿大广播公司

Canadian Charter of Rights and Freedoms　《加拿大人权利和自由宪章》

Canadian Corps　加拿大军团

Canadian Council of Agriculture　加拿大农业协会

Canadian Employment and Immigration Commission　加拿大雇佣和移民委员会

Canadian Expeditionary forces　加拿大远征军

Canadian Foreign Investment Agency　加拿大外资审查署

Canadian Institute of Public Opinion　加拿大民意研究所

Canadian Labor Congress　加拿大劳工大会

Canadian Manufacturers' Association　加拿大制造商协会

Canadian National Railways　加拿大国有铁路

Canadian Northern Railway　加拿大北方铁路

Canadian Nuclear Association　加拿大核能委员会

Canadian Shield　加拿大地盾

Cape Breton　布雷顿角

Carleton, Guy, Sir　卡莱顿，盖伊，爵士

Carmack, George　卡马克，乔治

Carnarvon, Lord　卡纳文，勋爵

Cartier, George Etienne　卡蒂埃，乔治・埃蒂尼

Cartier, Jacques　卡蒂埃，雅克

Cartwright, Richard, Sir　卡特赖特，理查德，爵士

Central Selling Agency　中心销售代理处

Chamberlain, Joseph　张伯伦，约瑟夫

Chamberlain, Neville　张伯伦，内维尔

Champlain, Lake of　尚普兰湖

Champlain, Sameul de　尚普兰，塞缪尔・德

Chanak Crisis　钱纳克危机

Chespeake, The　"切萨皮克"号

Chretien, Jean　克雷蒂安，让

Churchill, Winston　丘吉尔，温斯顿

Clark, Charles Joseph　克拉克，查尔斯・约瑟夫

Clark, Joe　克拉克，乔

Clay Belts　黏土带

Collishaw, Raymond　科利绍，雷蒙德

Colombo Plan　科伦坡计划

Colonial Courts of Admiralty Act　《殖民地海事法院法案》

Combines and Fair Prices Act　《合并与公平价格法》

Committee on Original People's Entitlement　原始居民权利委员会

Commonwealth of Nations, The　英联邦

Conference on Security and Cooperation in Europe　欧洲安全与合作会议

Conscription　征兵制

Constitutional Act of 1791　1791 年《宪法法案》

Constitutional Act of 1982　1982 年《宪法法案》

Constitutional Amendment Bill　《宪法修改法案》

Continental Congress　大陆会议

Co-Operative Commonwealth Federation (CCF)　平民合作联盟

D

Drake, Earl　德里克，厄尔

Drury, E.C.　德鲁里，E. C.

Dumont, Gabriel　杜蒙，加布里埃尔

Dunton, Davidson　邓顿，戴维森

Duplessis, Maurice　杜普莱西，莫里斯

E

Economic Club of New York　纽约经济俱乐部

Economic Nationalism　经济国家主义

Embargo Act　《禁运法令》

Equal Rights Association　平等权利协会

Estates-General　总团体

F

Fallen Timbers, Battle of　落木战役

Family Allowances Act　《家庭补助法案》

Fenians　芬尼党人

Fielding, W.S.　菲尔丁，W. S.

First Canadian Army, The　加拿大第一军

Fordney-McCumber Tariff　《福特尼—麦坎伯关税法》

Foreign Exchange Control Board　对外交流控制局

Forke, Robert　福克，罗伯特

Foster, George E.　福斯特，乔治·E.

Foster, Wiliam Alexander　福斯特，威廉·亚历山大

Franklin, Benjamin　富兰克林，本杰明

Front de Liberation Quebecoise (FLQ)　魁北克解放阵线

Fulton-Favreau Formula　富尔顿—法弗罗准则

Fundy, Bay of　芬迪湾

Fur trade　毛皮贸易

G

Galt, Alexander Tilloch, Sir 高尔特，亚历山大·蒂洛赫，爵士

Galt, Charles 高尔特，查尔斯

Gaspe 加斯佩港

General Agreement on Tariffs and Trade 《关贸总协定》

George, Lloyd 乔治，劳合

Ghent, Treaty of 《根特和约》

Ginger Group 议会促进派

Godbout, Adélard 戈德布，阿特拉尔

Gorden, Walter L. 戈登，沃尔特·L.

Gourlay, Robbert 古尔利，罗伯特

Grain Growers Grain Company 谷物种植者谷物公司

Grand Trunk, The 大干线铁路

Grand Trunk Pacific, The 大干线太平洋铁路

Grange 格兰其

Great Lakes, The 大湖区

Green, Howard 格林，霍华德

Green Mountain Boys "绿山健儿"

Green Paper 绿皮书

Greenway, Thomas 格林韦，托马斯

Grey, Edward 格雷，爱德华

Grits 砂砾派

H

Haliburton, Robert Grant 哈利伯顿，罗伯特·格兰特

Halifax 哈利法克斯

Harrison, William Henry 哈里森，威廉·亨利

Hartford Convention 哈特福德代表大会

Hatfield, Richard 哈特菲尔德，理查德

Hawley-Smoot Tariff 《霍利—斯穆特关税法》

Heavysege, Charles 赫尔维塞奇，查尔斯

Heeney, Arnold 希尼，阿诺德

Helsinki Protocol 《赫尔辛基草约》

Hepburn, Mitchell F. 赫伯恩，米切尔·F.

Herald 《先驱报》

Highland Scots 高地苏格兰人

Hincks, Francis 欣克斯，弗朗西斯

Howde, Camillien 霍德，卡米林

Howe, Clarence D. 豪，克拉伦斯·D.

Howe, Joseph 豪，约瑟夫

Howland, Oliver 豪兰，奥利弗

Hudson Bay Railway 哈得孙湾铁路

Hudson's Bay Company 哈得孙湾公司

Hughs, Sam 休斯，萨姆

Hull, William 赫尔，威廉

Hunter-Duvar, John 亨特·杜瓦尔，约翰

Hyde Park Agreement 《海德公园协定》

I

Ilsley, James Lorimer 伊尔斯利，詹姆斯·洛里默

Imperial War Cabinet 帝国战时内阁

Imperial War Conference 帝国战争会议

Income Security for Canadians 《加拿大人收入保障法》

Income-tested Family Income Security Plan 经过考察的家庭收入保障计划

Indian Act 《印第安人法》

Intercolonial railways 殖民地间铁路

International Air Pollution Agreement 《国际大气污染协定》

International Control Commission 国际控制委员会

International Covenant on Civil and Political Rights (ICCPR)
　　《公民与政治权利国际盟约》

International Covenant on Economic, Social and Cultural Rights (ICESCR)
《经济、社会和文化权利国际盟约》
International Convention on Elimination of All Forms of Racial Discriminaiton
《消除一切形式种族歧视国际公约》
International Labor Organization　国际劳工组织
International Monetary Fund (IMF)　国际货币基金组织
Interoceanic Railway Company　两洋铁路公司
Inuit　因纽特人
Inuit Tapirisat　"因纽特貘"
Iroqois　易洛魁印第安人

J

Jackson, Andrew　杰克逊，安德鲁
Jay, John　杰伊，约翰
Jay Treaty　《杰伊条约》
Jette, Louis　杰特，路易
Johnson, Daniel　约翰逊，丹尼尔
Joint Economic Committee　联合经济委员会

K

Kelleher, James Francis　凯莱赫，詹姆斯·弗朗西斯
Kennedy, John F.　肯尼迪，约翰·F.
Kennedy Round　肯尼迪回合
King George's War　乔治王之战
King William's War　威廉王之战
Kooteney　库特尼地区

L

Lafontain, Louis　拉方丹，路易

Lake St. John　圣约翰湖

Lalonde, Marc　拉朗德，马克

Lamontagne, Gilles　拉蒙塔涅，吉尔

Lapointe, Ernest　拉普安特，厄内斯特

Laporte, Pierre　拉波特，皮埃尔

Laurendeau, Andre　洛朗多，安德烈

Laureire, Wilfrid　洛里埃，威尔弗里德

League Covenant　《国际联盟盟约》

League of Canadian Municipalities　加拿大城市联盟

League of Nations　国际联盟

Le Devoir　《义务报》

Lemelin, Roger　利米林，罗杰

Leopold, The　"利奥波德"号

Lesage, Jean　勒萨热，让

Liberal-Progressives　自由进步党人

Lighthall, W.D.　赖特霍尔，W. D.

Lindon, Johnson　约翰逊，林登

Lodge, Henry Cabot　洛奇，亨利·卡伯特

Lougheed, Peter　拉菲德，皮特

Lower Canada　下加拿大

M

MacDonald, A.L.　麦克唐纳，A. L.

MacDonald, John A., Sir　麦克唐纳，约翰·A.，爵士

MacEachen, Allan Joseph　麦凯琴，阿伦·约瑟夫

MacKenzie, Alexander　麦肯齐，亚历山大

MacKenzie and Mann　麦肯齐—曼财团

MacKenzie Basin　马更些盆地

MacKenzie Valley　麦肯齐谷

MacKenzie, William Lyon　麦肯齐，威廉·莱昂

MacLennan, Hugh　麦克莱南，休

MacNab, Allan, Sir　麦克纳布，阿伦，爵士

MacNeil, James　麦克尼尔，詹姆斯

MacPherson, David　麦克弗森，戴维

Maginot Line, The　马奇诺防线

Mair, Charles　梅尔，查尔斯

Mann, Donald　曼，唐纳德

Manning Ernest,　曼宁，厄内斯特

Maritime Rights　"沿海地区权利"

Marshall Plan　马歇尔计划

Martin, Paul　马丁，保罗

Massey, Vincent　梅西，文森特

Massey Commission　梅西委员会

McCarthy, D'Alton　麦卡锡，多尔顿

McConnell, Richard G.　麦克康内尔，理查德·G.

McDougall, William　麦克杜格尔，威廉

McGee, D'Arcy　麦吉，达西

McIntype, Duncan　麦金泰普，邓肯

McNaughton, A.G., General　麦克诺顿，A. G.，将军

Medical Care Insurance　《医疗服务保障法》

Meech Lake Accord　《米契湖协议》

Meighen, Arthur　米恩，阿瑟

Mercier, Honore　梅西埃，霍诺拉

Metis　梅蒂人

Middleton, Fred　米德尔顿，弗雷德

Milita Act　《民兵法》

Military Service Act　《兵役法案》

Missile gap　导弹差距

Monk, F.D.　蒙，F. D.

Montreal Protocal　《蒙特利尔草约》

Morgan, Henry James　摩根，亨利·詹姆斯

Morin, Claude　莫林，克劳德

Morrice, James W.　莫里斯，詹姆斯·W.

Morton, W.L.　莫顿，W. L.

Mount Sorrel　蒙特索雷尔

Mowat, Oliver　莫厄特，奥利弗

Mulroney, Martin Brian　马尔罗尼，马丁·布赖恩

Multiculture Program　多元文化计划

N

Nantel, Bruno　南蒂尔，布鲁诺

National Adjustment Grant　国家调整赠款

National Adjustment Grants, The Scheme of　《国家调整让渡法案》

National Ballet of Toronto　多伦多国立芭蕾舞团

National Energy Board　国家能源委员会

National Indian Brotherhood　全国印第安人兄弟会

National Policy　国家政策

National Progressive Party　国家进步党

National Resources Mobilization Act　《全国资源调动法》

National Transcontinental　国有横贯大陆铁路

National Unemployment Insurance Act　《全国失业保险法》

Navel Service Act　《海军服役法》

Navigation Act　《航海条例》

Neo-Keynesian　新凯恩斯主义

New Deal　新政

New Democratic Party　新民主党

New National Policy　《新国家政策》

Niagara Falls　尼亚加拉瀑布

Nielsen, Erik H.　尼尔森，埃里克·H.

Nixon, Richard　尼克松，理查德

Nonintercourse Act　《不来往法》

Norman oilwells　诺尔曼油田

Norquay, John　诺魁伊，约翰

North Bay　北部湾

S

Shakespeare Festival　莎士比亚戏剧节

Sharp, Mitchell　夏普，米切尔

Sifton, Clifford　西夫顿，克利福德

Smallwood, Joseph R.　斯莫尔伍德，约瑟夫・R.

Smith, Donald　史密斯，唐纳德

Smoot-Hawley Tariff of 1930　1930 年《斯穆特—霍利关税法》

Social Conservatism　社会保守主义

Social Credit Party　社会信用党

Social Credit Theories　社会信用理论

Soldier Settlement Board　士兵安置委员会

Somme　索姆河

Sovereignty-association　主权联系

Spicer, Keith　斯派塞，基思

St. Eloi　圣埃卢瓦

St. Jean Baptiste Day　圣让浸礼日

St. John　圣约翰

St. Lawrence　圣劳伦斯

St. Lawrence Seaway Authority　圣劳伦斯航道管理局

St. Lawrence Valley　圣劳伦斯河谷

St. Leonard　圣列奥纳德

St. Lourent, Louis　圣劳伦特，路易斯

Stanfield, Robert　斯坦菲尔德，罗伯特

Stephen, George　斯蒂芬，乔治

Stevens, H.H.　史蒂文斯，H. H.

Stockholm Conference on the Human Environment　斯德哥尔摩人类环境会议

Stom Troops　风暴部队

Strong, Maurice　斯特朗，莫里斯

Suez Crisis　苏伊士运河危机

T

Talon, Jean　塔隆，让

Teconderoga　提康德罗加

Tecumesh　特库姆塞

Territorial Grain Growers' Association　西北地区谷物种植者协会

Thompson, John　汤普森，约翰

Tilley, Leonard, Sir　蒂利，伦纳德，爵士

Tippecanoe　蒂普卡努

Torrington, F.H.　托林顿·F. H.

Town-meeting　城镇大会

Trudeau, Pierre Elliott　特鲁多，皮埃尔·埃利奥特

Truman Doctrine　杜鲁门主义

Truman, Harry S.　杜鲁门，哈里·S.

Tupper, Charles　塔珀，查尔斯

Turner, George　特纳，乔治

Turner, John Napier　特纳，约翰·内皮尔

Tyrrell, J.B.　蒂勒尔，J. B.

U

Union Nationale　民族联盟

United Farmers of Ontario　安大略农民联盟

United Nations Environment Programme　联合国环境计划

University Capital Grant Fund　大学基本奖授基金

UN's Truce Supervisory Organization　联合国停火监察委员会

Upper Canada　上加拿大

Utrecht, Treaty of　《乌特勒支条约》

V

Vallieres, Pierre　瓦利埃，皮埃尔

Van Horne, William　范霍恩，威廉

Van Rensselaer, Stephen　范伦塞勒，斯蒂芬

Vancouver, George　温哥华，乔治

Vandenberg Resolution　《范登堡决议》
Versailles Treaty　《凡尔赛条约》

W

Wabash River　瓦巴什河
Walker, Edmund　沃尔克，艾德蒙德
War Hawks　"战鹰"
War Measures Act of 1914　1914 年《战争措施法》
War of Spanish Succession　西班牙王位继承战争
War Supply Board　战争供应局
Ward, Joseph　沃德，约瑟夫
Wartime Elections Act　《战时选举法》
Wartime Prices and Trade Board　战时物价与贸易局
Watson, Homen　沃森，霍曼
Westminster, the Parliament at　威斯敏斯特议会
Westminster, the Statute of　《威斯敏斯特条例》
Wheat Board　小麦委员会
Wheat Pools　小麦联营
White Canada Policy　白人加拿大政策
White Paper on Indian Policy　《印第安人政策白皮书》
White, Thomas　怀特，托马斯
Wiley-Dondero Bill　《威利—唐德罗法案》
Wilson, Michael Holcombe　威尔逊，迈克尔·霍尔库姆
Wilson, Woodrow　威尔逊，伍德罗
Woodsworth, J.S.　伍兹沃思，J. S.
World Bank, the　世界银行

Y

York　约克
Yorkshire　约克郡

Ypres　依普尔

Z

Zalm, William Vander　赞，威廉·温德

主要参考书目

英文著作

Bailey, Thomas A. *A Diplomatic History of the American People*. New York: Crofts, 1944.

Bemis, Samuel F. *A Diplomatic History of the United States*. New York: H. Holt, Rinehart and Winston, 1942.

Borden, Robert L. *His Memoirs. Vol I, 1854-1915*. Toronto: McClelland and Stewart, 1969.

Brady, Alexander, and F. R. Scott. *Canada After the War: Studies in Political, Social and Economic Policies for Post-War Canada*. Toronto: Macmillan, 1943.

Brandley, A. G. *Le Canada: Empire Des Bois Et Des Bles*. Paris: Roger, 1922.

Canada Year Book Section. *Canada Year Book, 1978-1979*. Ottawa: Census and Statistics Office, 1979.

Canada Year Book Section. *Canada Year Book, 1988*. Ottawa: Census and Statistics Office, 1988.

Careless, James M. S. *Canada: A Story of Challenge*. Cambridge, England: Cambridge University Press, 1953.

Creighton, Donald G. *Dominion of the North: A History of Canada*. London: Macmillan, 1958.

Easterbrook, W. T., and Hugh G. J. Aitken. *Canadian Economic History*. Toronto: University of Toronto Press, 1988.

Graham, Gerald S. *A Concise History of Canada*. New York: The Viking Press, 1969.

Granatstein, Jack L. *Canada 1957-1967*. Toronto: McClelland and Stewart, 1986.

Jennings, William E., P. C. Moffatt, and E. G. Staunton. *Canada's Economy: An Activity Approach*. Toronto: OISE Press, 1981.

Laut, Agnes C. *Canada, the Empire of the North: Being the Romantic Story of the New Dominion's Growth from Colony to Kingdom*. Toronto: Ryerson Press, 1924.

LaFeber, Walter F. *America, Russia, and the Cold War, 1945-1975*. New York: J. Wiley and Sons, 1976.

Le, Bourdais D. M. *Nation of the North: Canada Since Confederation*. London: Methuen, 1953.

Marsh, James H. *The Canadian Encyclopedia*. Edmonton, Alberta: Hurtig Publishers, 1988.

Marshall, Herbert, Frank A. Knox, and L. A. Skeoch. *Canadian-American Industry: A Study in International Investment*. Toronto: McClellan and Stewart, 1976.

Matthews, Keith. *Lectures on the History of Newfoundland, 1500-1830*. St. John's, Newfoundland: Breakwater, 1988.

McGee, Harold F. *The Native Peoples of Atlantic Canada: A History of Indian-European Relations*. Ottawa: Carleton University Press, 1983.

McInnis, Edgar. *Canada: A Political and Social History*. New York: Holt, Rinehart and Winston, 1959.

McInnis, Edgar. *Canada: A Political and Social History*. Toronto: Holt, Rinehart & Winston of Canada, 1982.

Morton, Desmond. *A Short History of Canada*. Edmonton, Alberta: Hurting Publishers Ltd., 1983.

Newman, Peter C. *Company of Adventurers*. Markham, Ontario: Penguin Books Ltd., 1985.

Parkman, Francis. *France and England in North America*. New York: NY Literary Classics of the United States, 1983.

Singer, Martin. *Canadian Academic Relations with the People's Republic of China Since 1970*. Ottawa: International Development Research Centre, 1986.

Stairs, Denis, and Gilbert R. Winham. *The Politics of Canada's Economic Relationship with the United States*. Toronto: University of Toronto Press, 1985.

Van, Loon R. J., and Michael S. Whittington. *The Canadian Political System: Environment, Structure and Process*. Toronto: McGraw-Hill Ryerson Ltd., 1981.

Wade, Mason. *The French Canadians, 1760-1945*. London: Macmillan, 1955.

Whittington, Michael S., and Glen Williams. *Canadian Politics in the 1980s*. Toronto: Methuen, 1984.

Williams, William A. *From Colony to Empire: Essays in the History of American Foreign Relations*. New York: John Wiley & Sons, 1972.

Woodcock, George. *A Social History of Canada*. Markham, Ontario: Viking Penguin, 1988.

中文著作（含译著）

陈秉富、韩经纶. 主编. 加拿大研究论文集. 天津：南开大学加拿大研究中心，1992.

〔加〕克里斯多夫·翁达奇. 林志鹏. 译. 加拿大历届首相小传. 北京：新华出版社，1991.

《加拿大导报》. 1989 年（第 2 卷，第 1 期）；1990 年（春季号）.

阮西湖. 加拿大民族志. 北京：中国社会科学出版社，1986.

世界知识年鉴编辑委员会. 编. 世界知识年鉴 1982. 北京：世界知识出版社，1982.

世界知识年鉴编辑委员会. 编. 世界知识年鉴 1985 — 1986. 北京：世界知识出版社，1986.

世界知识年鉴编辑委员会. 编. 世界知识年鉴 1990 — 1991. 北京：世界知识出版社，1991.

宋家珩. 枫叶国度——加拿大的过去与现在. 济南：山东大学出版社，1986.

〔加〕唐纳德·克莱顿. 山东大学翻译组. 译. 加拿大近百年史. 济南：山东人民出版社，1972.

《寻找加拿大丛书》编辑组. 编. 加拿大：成功的启迪. 长春：吉林教育出版社，1991.

《寻找加拿大丛书》编辑组. 编. 加拿大：文化的碰撞. 长春：吉林教育出版社，1992.

后　记

为满足广大读者了解加拿大历史的需要，配合高等院校的加拿大历史教学工作，我们编写了《加拿大通史简编》一书。张友伦参与了全书的总体设计，并撰写了序言。原祖杰为全书拟定了编写提纲。各章执笔人为：第一章李剑鸣；第二章杨令侠；第三、四、五章樊文治；第六、七章张聪；第八、九、十、十一、十二章及附录原祖杰。原祖杰还对各章做了修改、补充和调整。

本书 1993 年首次出版以后，已基本形成了高水平的加拿大史教学和研究队伍，尤其在魁北克省问题、加拿大太平洋铁路、加拿大福利制度、多元文化主义以及移民史、对外关系史方面有较为丰硕的历史研究成果。加拿大与中国建交迄今已有五十余年，值此之际拟定再版。

本书的编写和出版得到加拿大驻华使馆的资助，南开大学国际问题研究中心娄向哲先生、南开大学加拿大研究中心韩经纶先生以及南开大学出版社也给予了不少支持和帮助，在此谨表谢忱。

编者
2022 年 3 月

作品简介

本书是一部有关加拿大历史（从殖民时期到 20 世纪 90 年代）的史纲性著作。全书共 12 章加 4 个附录，主要内容包括：加拿大作为法国殖民地"新法兰西"时期的早期发展，18 世纪中后期到 19 世纪早期北美独立战争及美英冲突对加拿大的影响，从移民开拓到联邦责任政府的建立，加拿大自治领的政治体制及加拿大英语区与法语区的统一，加拿大的建国纲领与麦克唐纳第二次执政，19 世纪末的"加拿大世纪"及加美关系，加拿大卷入第一次和第二次世界大战，跻身世界强国以及世界政治中的加拿大，从老特鲁多到马尔罗尼等。附录包含加拿大历史大事记、历届总督及总理名单等。

本书初版问世于 20 世纪 90 年代，是国内较早的系统介绍加拿大历史发展概貌的研究著作；编写者对于加拿大史学的发展脉络、理论流派、代表著作等均有较为充分的研读、梳理和借鉴，使得本书汲取了现当代加拿大史学的新思潮、新观点，是一部全面了解和深入研究加拿大的重要国别史读本。

主编简介

张友伦，南开大学历史学院美国历史与文化研究中心（现为美国研究中心）教授、博士生导师（已退休）。多年从事世界近现代史、国际工人运动史和美国史的教学与研究；曾任南开大学学术委员会委员、历史研究所所长、美国研究室主任、中国美国史研究会理事长、中华美国学会常务理事，以及教育部人文社科重点研究基地南开大学世界近现代史研究中心学术顾问、中国美国史研究会顾问、《美国研究》编委。著有《马克思恩格斯和第一个国际无产阶级组织》等书十余部，著作曾获第四届中国图书奖一等奖、首届国家图书奖提名奖及多项省部级哲学社会科学优秀成果奖；在《历史研究》等多家重要学术刊物发表论文数十篇。